# यथाप्रसंग

[आलोचना]

# यथाप्रसंग

नामवर सिंह

सम्पादक
आशीष त्रिपाठी

राजकमल प्रकाशन

ISBN : 978-93-94902-31-2

**मूल्य :** ₹995



**पहला संस्करण** : 2022

**प्रकाशक :** राजकमल प्रकाशन प्रा.लि.
1-बी, नेताजी सुभाष मार्ग, दरियागंज
नई दिल्ली-110 002
द्वारा प्रकाशित

**शाखाएँ :** अशोक राजपथ, साइंस कॉलेज के सामने, पटना-800 006
पहली मंजिल, दरबारी बिल्डिंग, महात्मा गांधी मार्ग, प्रयागराज-211 001
36 ए, शेक्सपियर सरणी, कोलकाता-700 017

वेबसाइट : www.rajkamalprakashan.com
ई-मेल : info@rajkamalprakashan.com

**मुद्रक :** बी.के. ऑफसेट
नवीन शाहदरा, दिल्ली-110 032

YATHAPRASANG
*Criticism by* Namvar Singh
*Edited by* Ashish Tripathi

# लोकतांत्रिक विविधता का आईना

प्रो. नामवर सिंह हिन्दी का चेहरा थे। उनमें हिन्दी समाज, साहित्य-परम्परा और सर्जना की संवेदना रूपायित होती थी। वे न सीमित अर्थों में साहित्यकार थे और न आलोचक। वे हिन्दी में मानवतावादी, लोकतांत्रिक और समाजवादी विचारों की व्यापक स्वीकृति के लिए सतत संघर्षशील प्रगतिशील आन्दोलन के अग्रणी विचारक थे। उन्होंने हिन्दी की साहित्यिक सर्जना को समुचित विचार और दृष्टि के साथ शिक्षितजनों के बीच स्वीकृति दिलाने का महत्त्वपूर्ण कार्य किया। साथ ही, स्वातंत्र्योत्तर भारतीय समाज और राजनीति की जनपक्षधर शक्तियों को अपनी वैचारिकता, आलोचकीय प्रतिभा और लोकसंवेदी तर्कप्रवण वक्तृता से निरन्तर मजबूत किया। वे देश में समतावादी समाज का सपना सँजोये रखनेवाली सामाजिक शक्तियों के पक्ष में और सामन्तवादी-पुनरुत्थानवादी शक्तियों और पूँजीवादी फासीवादी शक्तियों से निरन्तर मुठभेड़ करनेवाले वैचारिक योद्धा थे। उन्होंने जहाँ एक ओर धर्म, लोक, परम्परा और संस्कृति के मानवीय मूल्यों पर जोर देनेवाले सर्जकों और विचारकों की विरासत की सटीक व्याख्या की वहीं इनको उपकरण बनाकर सामाजिक भेदों को स्वीकृत करानेवाले बौद्धिक प्रयत्नों के खिलाफ हमलावर तेवर अपनाए। उन्होंने परम्परा और आधुनिकता के मूल्यांकन की प्रगतिशील परम्परा को आगे बढ़ाया।

नामवर जी मूलत: साहित्यिक समाज का हिस्सा थे, पर उनकी सबसे बड़ी खूबी यह थी कि वे उसमें कैद नहीं रहे। उन्होंने साहित्येतर समाज में अपनी स्वीकार्यता निर्मित की। साहित्येतर अनुशासनों के संवेदनशील शिक्षितों और बौद्धिकों के बीच वे सहज ही अपनी छाप छोड़ सके तो इसके पीछे उनकी सामाजिक प्रतिबद्धता, जनपक्षधरता और अकुंठ प्रतिभा है। साहित्य को सीमित साहित्यिक व्याख्या से बाहर निकालकर उसे सामाजिक सम्बद्धता के वृहद् परिप्रेक्ष्य में देखने की प्रवृत्ति, जो प्रगतिशील साहित्य-धारा की प्रमुख पहचान है, को उन्होंने व्यापक रूप से फैलाने में प्राय: एक बुद्धिजीवी कार्यकर्ता की तरह कार्य किया। इस क्रम में उन्होंने ठेठ स्थानीय स्थितियों से लेकर वैश्विक परिदृश्य की अपनी भ्रमहीन समझ का परिचय दिया। समाजशास्त्र, राजनीतिशास्त्र, दर्शन, इतिहास,

अर्थशास्त्र जैसे अनेक अनुशासनों की नवीनतम हलचलों की जानकारी और उन्हें जनता के दीर्घकालिक हितों के परिप्रेक्ष्य में कसने का विवेक उन्हें भारतीय लोक और मार्क्सवाद की सच्ची समझ से प्राप्त हुआ। उनकी गहरी जड़ें साहित्य की धरती में थीं। परन्तु, 'ज्ञानियों' और 'पोथी पंडितों' की तरह वे सूचनाओं के उच्चारणकर्ता-लेखक मात्र नहीं थे। वे ज्ञान को आतंक की तरह नहीं, संवेदना के सहभागी की तरह प्रस्तुत करते थे। बौद्धिक प्रतिभा की कौंध उनके लेखन में हर जगह व्याप्त है, परन्तु यह ध्यान में रखना आवश्यक है कि परिदृश्य में प्रभावी हस्तक्षेप करनेवाली और हिन्दी आलोचना में क्लासिक का दर्जा प्राप्त कर चुकी अनेक महत्त्वपूर्ण किताबों के बावजूद वृहद् हिन्दी समाज में उनकी ख्याति प्रायः उनके व्याख्यानों के कारण रही है।

व्यक्तियों, विचारकों और लेखकों पर बात करते हुए हम अक्सर उन्हें एक स्थिर इकाई मान लेते हैं, जबकि उन्हें क्रमशः विकसनशील माना जाना चाहिए। उन्हें एक इकाई मान लेने से उनके आन्तरिक परिवर्तनों पर हमारा ध्यान नहीं जा पाता है। उदाहरण के तौर पर तुलसी और निराला को ले सकते हैं। यदि हम यह मान लें कि तुलसीदास जीवन-भर एक ही तुलसीदास रहे हैं तो 'रामचरितमानस' लिखनेवाले तुलसीदास और 'विनय-पत्रिका', 'कवितावली', 'गीतावली' और 'हनुमान बाहुक' लिखनेवाले तुलसीदास में कोई अन्तर नहीं रह जाएगा। हमें मानना चाहिए कि रामचरितमानस के लेखक तुलसीदास के विचार भिन्न थे और उन विचारों में से बहुत सारे विचारों को 'विनय-पत्रिका', 'कवितावली', 'गीतावली' तक आते-आते या तो उन्होंने पूरी तरह छोड़ दिया या उनका फोकस बदल गया था। अपनी बाद की कविता में उन्होंने जीवन-जगत को देखने का एक नया नजरिया विकसित किया। निराला भी अपनी जीवन-यात्रा और अपनी रचना-यात्रा में एक ही निराला नहीं रहे। अपनी पहली कविता 'जुही की कली' से लेकर अन्तिम कविता 'पत्रोत्कंठित जीवन का विष बुझा हुआ है' तक निराला अनेक चरणों में अलग-अलग दिखाई देते हैं। उनके जीवन-जगत को देखने के नजरिए और विचारों में निरन्तर परिवर्तन होता गया है। तुलसीदास और निराला की तरह नामवर सिंह भी एक नामवर सिंह नहीं हैं। उनकी पूरी आलोचना-यात्रा को तीन युगों में बाँटा जा सकता है।

पहले दौर में, 1952 से 1975 तक, नामवर जी का फोकस पूँजीवाद की प्रच्छन्न वैचारिकी से उत्पन्न प्रगतिशीलता विरोधी साहित्य चिन्तन पर है। विशेषतः कलावाद पर। वे इससे गहरी मुठभेड़ करते हैं। दूसरे दौर में,1973 से 1992 तक, उनके विचारों के केंद्र में दूसरी परम्परा अर्थात लोकधर्मी साहित्य है, जिसके प्रतिनिधि हैं नागार्जुन और हरिशंकर परसाई जैसे कवि-लेखक। तीसरे दौर में, 1992 से 2019 तक, नामवर जी का फोकस ज्यादा वैचारिक है। राजनैतिक। नामवर जी शीतयुद्ध के

जमाने के हैंगओवर से बाहर निकलते हैं। वह प्रगतिशीलता के 'नई कविता'—'नई कहानी' और 'लोकधर्मिता'—'दूसरी परम्परा' वाले प्रादर्शों से आगे बढ़कर नए ज़माने के सवालों से टकराते हैं। इस दौर में नामवर जी दो सामाजिक राजनैतिक प्रवृत्तियों का लगातार बहुत ही ताकतवर ढंग से एक विचारक कार्यकर्ता की तरह मुकाबला करते हैं। ये दो पहलू हैं—पुनरुत्थानवादी-कट्टरपंथी-सम्प्रदायवादी फासीवाद तथा नवउपनिवेशवादी—नवसाम्राज्यवादी पूँजीवाद। नवपूँजीवाद जिसे सामान्यत: भूमंडलीकरण कहा जाता है। निबंधों, साक्षात्कारों और व्याख्यानों के माध्यम से नामवर जी ताकत के साथ फासीवाद पर हमला करते हैं और उसके लिए वैचारिक समर्थन जुटाने के क्रम में वे शीतयुद्ध के जमाने के बुर्जुआ लोकतांत्रिक विचारकों के साथ खड़े होते हैं।

विचार-यात्रा के दूसरे दौर में नामवर जी आलोचना की सीमित दुनिया से बाहर निकलकर विपरीत परिस्थितियों में एक शिक्षक और एक विचारक के तौर पर, एक कार्यकर्ता की तरह हिन्दी क्षेत्र में घूमते हैं। वे कस्बों-नगरों में जाते हैं। साहित्यिक और गैर-साहित्यिक विषयों पर शिक्षित लोगों से बातचीत करते हैं। पढ़े-लिखे लोगों से बात करना कितना जरूरी जरूरी है यह इस बात से समझा जा सकता है कि हिन्दी क्षेत्र का ताकतवर दक्षिणपंथी, घनघोर सम्प्रदायवादी और फासीवादी चेहरा, जिसे हम आज देख रहे हैं, इस क्षेत्र की गवईं अनपढ़ जनता से नहीं, बल्कि कुपढ़ शिक्षितों से आकार लेता है। हिन्दी क्षेत्र में फासीवाद इसलिए ताकतवर हो सका है, क्योंकि शिक्षित लोग सुपढ़ होने के बजाय कुपढ़ हुए हैं। उन्होंने परम्परा, संस्कृति, धर्म, आधुनिकता, ज्ञान-विज्ञान—सबकी अतार्किक और अतिरेकी सम्प्रदायवादी—फासीवादी व्याख्याओं पर भरोसा किया है। शिक्षित लोगों के पास जाना और उनसे बात करना जरूरी है। उनके बीच जाकर धर्मनिरपेक्ष, लोकतांत्रिक, प्रगतिशील और जनवादी विचारों को पहुँचाना जरूरी है। उनके दिमागों में छाए हुए वैचारिक जालों को साफ करना जरूरी है। इस बात की जरूरत को प्रगतिशील आन्दोलन और नामवर जी बहुत गम्भीरता से समझते थे।

इस जरूरत को गहराई से समझने के कारण अपने हजारों व्याख्यानों के माध्यम से नामवर सिंह जी ने प्रगतिशील नवजागरण को आगे बढ़ाया। उन्होंने साहित्यिक कृतियों, साहित्यकारों और साहित्यिक प्रवृत्तियों के विश्लेषण द्वारा जहाँ समाज के अन्धकार के खिलाफ रोशनी के दीये जलाये, वहीं सचेतन विधि से समाज को नई दुनिया में समतावादी सपनों के साथ प्रवेश दिलाने की कोशिश की। जाति, धर्म, पूँजी, लिंग के अनेक अवरोधों को उपकरण की तरह इस्तेमाल करनेवाली सामाजिक-राजनीतिक ताकतों के खिलाफ वैचारिक संघर्ष चलानेवाले बुद्धिजीवियों में वे अग्रणी रहे हैं। जनविरोधी अर्थनीति, राजनीति और समाजनीति की समझ पैदा करने में उनके इन व्याख्यानों की भूमिका महत्त्वपूर्ण रही है। खगेन्द्र

ठाकुर ने ठीक ही कहा है : 'नामवर सिंह ने देश-भर में विशेष कर हिन्दी क्षेत्र में घूम-घूमकर क्रान्तिकारी विचारों के बीज बोये हैं।...नामवर जी ने जिस तरह से जिन विचारों के बीज बोये हैं, वे इतिहास सम्बन्ध रखते हुए भी भारतीय विचार-परम्परा का अंग होते हुए भी इसलिए महत्त्वपूर्ण हैं कि वे वर्तमान में वैचारिक लड़ाई में शामिल हैं। उनका व्याख्यान करना वास्तव में लड़ाई का मोर्चा खोलना है।' प्रसिद्ध मार्क्सवादी आलोचक डा. रामविलास शर्मा ने प्रेमचन्द को जनता का शिक्षक कहा था। कहना न होगा कि नामवर सिंह समकालीन समाज में शिक्षित जनता के शिक्षक थे।

1991-92 के बाद की वैश्विक और भारतीय परिस्थितियों के परिप्रेक्ष्य में, यानी नामवर सिंह के तीसरे दौर में, ये बौद्धिक प्रयत्न महत्त्वपूर्ण हो उठते हैं, जब हम अपेक्षाकृत पिछड़े हुए और गोबरपट्टी कहे जानेवाले हिन्दी क्षेत्र के सन्दर्भ में उन्हें देखते हैं। यह दिखाई देता है कि भारत का सबसे मजबूत आधारों वाला साम्प्रदायिक आन्दोलन अपने भयावह रूप में यहीं उभरा, कि यहाँ नवजागरण की प्रक्रिया ठीक से सम्पन्न नहीं हो सकी और सामन्तवाद की सामाजिक-सांस्कृतिक संरचनाएँ और उनकी मूल्य-प्रणाली आज भी बेहद प्रभावी ढंग से मौजूद हैं, कि अन्ततः सुधारवादी स्वरों के विविध आन्दोलन उसके द्वारा सोख लिए गए हैं, कि भारतीय लोकतंत्र की विकृतियाँ अपने प्रभावी स्वरूप में यहाँ मौजूद हैं। नामवर सिंह जी के सक्रिय अवदान का महत्त्व तब और बढ़ जाता है जब हम यह देखते हैं कि हिन्दी क्षेत्र में बुद्धिजीवियों के सरोकार विस्तृत होने के बावजूद वे कोई व्यापक प्रभाव नहीं छोड़ पा रहे हैं और बौद्धिक प्रतिभा के मामले में दरिद्र माने जाते हैं। अंग्रेजी बुद्धिजीवियों के सम्मुख उनकी पूछ प्रायः नहीं है। प्रसिद्ध पत्रकार और सामाजिक-राजनीतिक प्रश्नों पर राष्ट्रीय सहारा के प्रसिद्ध परिशिष्ट 'हस्तक्षेप' के संयोजक अरुण पांडेय कहते हैं—"दर्जनों विषयों पर हम और हमारी टीम के साथियों ने नामवर जी से बात की। हर बार लगा कि कम से कम हिन्दी में एक आदमी है जो साहित्येतर दुनिया पर पैनी नजर रखे हुए है और विचारों की जकड़न से ऊपर उठकर एक नई विभाजक रेखा खींचने की क्षमता रखता है। खुशी तब होती थी जब अंग्रेजीवालों से हम बात करते थे और अक्सर यह निष्कर्ष निकालने को मजबूर होते थे कि हिन्दी का नामवर अंग्रेजीवालों पर भारी है।"

इस प्रक्रिया में नामवर सिंह एक संवादी के रूप में उभरकर आए। उनके 'संवादी' की बुनियादें एक ओर भारतीय समाज, लोकतंत्र और प्रगतिशील आन्दोलन में हैं तो दूसरी ओर उनके निज व्यक्तित्व में। नामवर सिंह के व्याख्यान उनके संवादी-व्यक्ति की सबसे सटीक अभिव्यक्ति करते हैं। कहना न होगा कि नामवर सिंह आधुनिक हिन्दी के सबसे बड़े संवादी हैं। जिस अर्थ में महात्मा गाँधी आधुनिक भारत के। वाद विवाद संवाद को अनिवार्य मानते हुए संवाद के

प्रत्येक रूप के लिए प्रस्तुत। संवादी आलोचक। आलोचना में 'सहयोगी प्रयास' के पक्षधर। साहित्य-समाज में छिड़ी चर्चाओं में अपनी मान्यताओं और तर्कों के साथ उपस्थित होकर उसमें अपने ढंग से हस्तक्षेप करना उन्हें जरूरी लगता रहा है। रुचिकर भी। इसमें वे रमते रहे हैं।

वाद विवाद संवाद की इस प्रक्रिया में नामवर जी ने साहित्यिक और साहित्येतर विषयों, व्यक्तियों और प्रकरणों पर अपने विचार विस्तार से व्यक्त किये। कहना न होगा कि इस प्रक्रिया में वे साहित्यिक आलोचक की सीमित परिधि से बाहर निकलकर हिन्दी समाज में एक विचारक के तौर पर उभरे। हिन्दी में आलोचक हिन्दी वैचारिकता के श्रेष्ठ प्रतिनिधि होते आए हैं। रामचन्द्र शुक्ल, हजारी प्रसाद द्विवेदी, राम विलास शर्मा और मुक्तिबोध जैसे आलोचकों-विचारकों की कड़ी में नामवर जी का नाम सहजता से लिया जा सकता है। नामवर जी ने हिन्दी वैचारिकता को उचित परिप्रेक्ष्य से आगे बढ़ाया है। अपनी रचनात्मकता के दूसरे और तीसरे दौर में उभरी विशिष्ट परिस्थितियों में नामवर जी ने साहित्यिक और इतर विषयों पर इतने व्याख्यान और साक्षात्कार किये कि उन सबका संग्रहण कर पाना भी सम्भव न हो सका है। इन विषयों की लोकतांत्रिक विविधता भी हमारा ध्यान खींचती है। यह पुस्तक 'यथाप्रसंग' इस लोकतांत्रिक विविधता का आईना है।

हम 2010 से नामवर जी की पुस्तकों के प्रकाशन में संलग्न हैं। अब तक चौदह पुस्तकें प्रकाशित हुई हैं। चार पुस्तकें प्रकाशन की प्रक्रिया में हैं। खोज का यह काम 2005 में प्रारम्भ हुआ। निरन्तर पत्र-पत्रिकाओं-पुस्तकों, पुस्तकालयों, इंटरनेट एवं खासतौर पर निजी संग्रहों को खँगालने पर यह सामग्री प्राप्त हुई—लगभग 2000 पृष्ठ। उसमें नामवर जी के आलेखों, व्याख्यानों और साक्षात्कारों के लिप्यन्तरित पाठ, वाचिक टिप्पणियाँ, व्यक्तिगत साक्षात्कार एवं सामूहिक परिसंवाद शामिल हैं। इसके बावजूद अभी अनेक आलेख और व्याख्यानों और साक्षात्कारों के मुद्रित पाठ खोजे जाने बाकी हैं। नामवर जी ने जब स्वयं यह संग्रह देखा तो उन्हें आश्चर्य हुआ। अनेक आलेख, व्याख्यान और साक्षात्कार उनकी स्मृति में नहीं थे। इस सामग्री को पुस्तकों में बाँटने की प्रमुखतः दो योजनाएँ विकल्प के रूप में सामने थीं—विषयवार पुस्तकें और लिखित-वाचिक की अलग-अलग पुस्तकें। हमने बीच का रास्ता अपनाया। सामयिक विषयों पर एक स्वतन्त्र पुस्तक 'जमाने से दो दो हाथ' के साथ प्रेमचन्द पर केन्द्रित पुस्तक 'प्रेमचन्द और भारतीय समाज' में—आलेख, भाषण एवं वाचिक टिप्पणियाँ एक साथ मौजूद हैं। इसके अतिरिक्त व्याख्यानों की दो पुस्तकें 'आलोचना और विचारधारा' तथा 'साहित्य की पहचान', लिखित की पाँच पुस्तकें 'कविता की ज़मीन और ज़मीन की कविता', 'हिन्दी का गद्य पर्व', 'पूर्वरंग', 'आलोचना और संवाद' तथा 'तुम्हारा नामवर' और साक्षात्कार-संवाद

की तीन पुस्तकें 'साथ साथ', 'सम्मुख' तथा 'संग सत्संग'। नामवर जी के पुस्तक केन्द्रित आलेखों, व्याख्यानों, साक्षात्कारों और वाचिक टिप्पणियों और साक्षात्कार-अंशों से हमने 'किताबनामा' पुस्तक बनाई और आत्मकथात्मक वक्तव्यों और साक्षात्कारों से 'जीवन क्या जिया'। इसी क्रम में यह नई पुस्तक आपके सामने है। यह मुख्यतः नामवर जी के व्याख्यानों का संकलन है, जिसमें तीन महत्त्वपूर्ण साक्षात्कार भी शामिल हैं। इन पुस्तकों से गुजरते हुए आप नामवर जी की प्रतिभा के विविध आयामों से संवाद कर सकेंगे।

सम्पूर्ण खोज-यात्रा में स्मृति शेष प्रो. कमला प्रसाद जी के साथ ही हिन्दी के वरिष्ठ कथाकार प्रो. काशीनाथ सिंह का प्रोत्साहन मेरी शक्ति रहा है। अनेक आदरणीय वरिष्ठों एवं मित्रों ने इस कार्य में निरन्तर दिलचस्पी ली है और बहुविध सहयोग किया है।

इस सम्पूर्ण यात्रा के प्रारम्भिक पाँच-छह वर्षों में एक बात मैं निरन्तर महसूस करता रहा कि इसके संग्रहण एवं प्रकाशन के प्रति नामवर जी में गहरी असम्पृक्ति रही है। सम्भवतः यही कारण है कि इतनी ढेर सारी सामग्री अब तक पुस्तक रूप मे संकलित-प्रकाशित नहीं हो सकी है। अनेक व्याख्यान व साक्षात्कार तो उन्होंने प्रकाशित रूप में देखे भी न थे। आज के समय में, जबकि लोग आत्म-प्रदर्शन की प्रवृत्ति के शिकार हैं, नामवर जी में एक किसान का-सा संकोच था। अपने लिखे और बोले हुए के प्रति नामवर जी की यह असम्पृक्ति और उसके व्यवस्थित प्रस्तुतिकरण के प्रति उनका यह संकोच, मुझे अनेक तरह से अपरिग्रह के पुराने मूल्य का ही एक नया रूपान्तर लगता रहा है। उनके समकालीनों, हमउम्रों और उन्हें ज्यादा जानने का दावा करनेवाले लोगों के विचारों के समानान्तर मुझे नामवर जी में एक 'सूफियाना विराग' मिलता है। एक बार मेरे पूछने पर उन्होंने स्पष्ट रूप से कहा था कि 'चाहे निबन्ध हों या पुस्तक, मुझे उसका प्रकाशन तभी जरूरी लगता रहा है, जबकि वह मौजूदा परिदृश्य में हस्तक्षेप करे, उसके ठहराव को तोड़े और वाद-विवाद-संवाद की प्रक्रिया को आगे बढ़ाए। मेरी ज्यादातर पुस्तकें अपने समय की बहसों में भागीदार होकर लिखी गई हैं। इसीलिए संग्रह के लिए संग्रह निकालना मेरी प्राथमिकता नहीं रहा है।' इसी विचार के कारण पर्याप्त सामग्री के बावजूद ये संग्रह उनके सामने नहीं आ सके। मैंने देखा था कि 'वाद विवाद संवाद' के साथ ही आलोचना में उनकी एक अन्य पुस्तक का विज्ञापन छपा था—'जब हिन्दी नई चाल में ढली'। वह पुस्तक नहीं आ सकी। शुरुआती दिनों में मैंने भी उनके आलोचनात्मक निबन्धों के पुस्तक रूप में प्रकाशन की जब भी बात की, उन्होंने ज्यादा रुचि नहीं ली।

इसके बावजूद यदि इन पुस्तकों का प्रकाशन हो रहा है, तो इसका आशय यह नहीं है कि नामवर जी का विचार बाद में बदला था। वस्तुतः अनेक मित्रों के निरन्तर

दबाव और आग्रह के कारण उन्होंने इनके प्रकाशन की अनुमति दी थी। संकोच के साथ। इनके प्रकाशन से गत सत्तर वर्षों से अधिक में फैली उनकी रचनात्मकता अपने ज्यादा आयामों में उभर सकेगी। छह दशकों में प्रगतिशील आलोचना की प्रभावशाली एवं निर्णायक भूमिका का खुलासा भी उनसे हो सकेगा तथा नामवर जी की अपनी वैचारिक स्थिति अधिक स्पष्ट हो सकेगी।

इस पुस्तक के प्रकाशन के पहले ही नामवर जी हमें छोड़कर चले गए हैं। पुस्तक की पांडुलिपि देखकर वे खुश हुए थे। अगली किताबों के बारे में भी उन्होंने उत्साहपूर्ण प्रतिक्रिया दी थी। 1957-58 में उन्होंने हिन्दी कविता का एक प्रतिनिधि संचयन तैयार किया था। हमने उसकी पांडुलिपि उन्हें दिखाई तो वे बच्चों की तरह खुश हुए। बोले इसे अप-टू-डेट करना चाहिए। हमने इस सम्बन्ध में बातें कीं। सकुचाते हुए जब मैंने उनसे उनकी रचनावली की अनुमति माँगी, तो न सिर्फ़ उन्होंने उसकी अनुमति दी बल्कि उसके खंडों की योजना पर भी पूछताछ की। पहली दस किताबों और रामचन्द्र शुक्ल रचनावली के प्रकाशन के बाद उनमें अपनी पुस्तकों के प्रकाशन को लेकर एक उत्सुकता जागी थी। अस्वस्थता के बावजूद वे अगली पुस्तकों के बारे में लगातार पूछते-बात करते रहते थे। योजनाएँ बनने के बाद उनके क्रियान्वयन में होनेवाली देरी से वे नाराज़ और दुखी हो जाते थे। आज वे नहीं हैं। मेरे लिए यह निजी क्षति है जिसकी भरपायी सम्भव नहीं है। एक ख़ालीपन जो हमेशा एक शून्य की तरह जीवित रहेगा। अनिवार्यत:। उनके न रहने पर उनके साथ बनी योजनाएँ पूरा करने के लिए हम प्रतिबद्ध हैं।

नामवर जी की अनुपस्थिति में नामवर जी की वैचारिकता का महत्त्व बढ़ेगा, ऐसा मेरा विश्वास है। उनकी वैचारिकता, बेहतर के लिए उनकी प्रतिबद्धता, उनका आलोचना संघर्ष हमें निरन्तर विकसित करेगा। उनके विचारों का समग्र जल्द-से-जल्द प्रकाशित हो ताकि नामवर जी को सम्पूर्णता में देखा-पढ़ा-समझा जा सके, ऐसी हमारी कामना है। उम्मीद है कि वर्ष 2022 का समापन होते-होते हम उनका सम्पूर्ण शेष साहित्य आपके समक्ष रख सकेंगे। इस विश्वास के पीछे उनके सुपुत्र श्री विजय सिंह और राजकमल प्रकाशन के निदेशक श्री अशोक महेश्वरी का संबल है और विख्यात कथाकार काशीनाथ सिंह का संवेदनापूर्ण मार्गदर्शन। इन सबके रहते काम में कोई बाधा आने का प्रश्न ही नहीं उठता।

नामवर जी को सादर नमन के साथ यह पुस्तक उनकी स्मृति को समर्पित है।

**—आशीष त्रिपाठी**

# क्रम

## आलोचना और समाज



## साहित्य और विचारधारा

**साहित्य और समय**

# आलोचना और समाज

# आलोचना की प्रकृति

मैं आरम्भ करना चाहता हूँ राजशेखर के श्लोक से जिसे आप चाहें तो मंगलाचरण के रूप में भी ग्रहण कर सकते हैं। राजशेखर ने स्वयं इसे मंगलाचरण के रूप में प्रस्तुत नहीं किया था। काव्य-मीमांसा में काव्य-पुरुष के जन्म का उपाख्यान लिखा हुआ है। जन्म लेते ही उस काव्य-पुरुष ने माँ सरस्वती को प्रणाम किया और जिस रूप में प्रणाम किया, वे शब्द इस प्रकार हैं :

*यदेतद् वाङ्मयं विश्वमर्थमूर्त्या विवर्तते।*
*सोऽस्मि काव्यपुमानम्ब पादौ वन्देय तावकौ॥*

यह सारा वाङ्मय विश्व जिसके द्वारा अर्थ मूर्ति में परिणत होता है, मैं वही काव्य-पुरुष हूँ। हे माँ, मैं तुम्हारे चरणों की वन्दना करता हूँ।

प्राचीन कवि और आचार्य अपना मूल वक्तव्य आम तौर से मंगलाचरण में ही रख दिया करते थे। मैं उस काव्य-पुरुष की वन्दना करता हूँ जिस काव्य-पुरुष ने सरस्वती की वन्दना की थी। यह वह काव्य-पुरुष है जो विश्व को वाङ्मय मानता है। भाषा से बना हुआ भाषामय विश्व है और काव्य-पुरुष उस भाषा में विश्व को अर्थ की मूर्ति में विवर्तित करता है। विवर्त पारिभाषिक शब्द है। उनकी व्याख्या की आवश्यकता नहीं है। इसलिए वाङ्मय विश्व को अर्थ में मूर्तिमान करनेवाले काव्य-पुरुष की वन्दना वस्तुत: आलोचना का बुनियादी कर्म है और इस वन्दना से मैं आरम्भ करना चाहता हूँ। मेरी यह धारणा है कि सुप्रसिद्ध मार्क्सवादी आलोचक वाल्टर बेंजामिन, जो स्वयं कवि, कहानीकार, उपन्यासकार आदि नहीं थे, की यह धारणा थी और वह धारणा मेरे अनुकूल प्रतीत होती है कि आलोचना को कलाकारों की भाषा में ही बात करनी चाहिए। यह इसलिए आवश्यक है कि जो लोग आलोचना को विज्ञान बनाने पर तुले हुए हैं और उसकी एक अपनी स्वतंत्र भाषा गढ़ने में लगे हैं, शायद उनके लिए यह प्रीतिकर आश्चर्य होगा कि एक आलोचक स्वयं यह अनुभव करता है कि आलोचना को कलाकारों की ही भाषा में बात करनी चाहिए। स्वयं कलाकृति बनने का दुस्साहस न करते हुए। मैं जोड़ना चाहता हूँ कि कविता की आलोचना में आप दूसरी कविता लिखें; यह खास काट की आलोचना हुआ

करती है। कवि लोग उसी को रचनात्मक आलोचना कहा करते हैं; इस अर्थ में मैं कह रहा हूँ। उनकी भाषा बोलने में और स्वयं वैसा ही बन जाने में एक बारीक अन्तर है जिसकी ओर ध्यान दिया जाना चाहिए। इसलिए मैं अपना यह वक्तव्य एक कविता से आरम्भ करना चाहता हूँ जो आपकी जानी-पहचानी हिन्दी की कविता है, जिसे पढ़ा तो सभी ने होगा। आपका ध्यान उस कविता की ओर खींचना चाहता हूँ। कविता निराला की है : 'हिन्दी के सुमनों के प्रति'। 1937 में निराला ने लिखी थी :

'मैं जीर्ण साज बहु छिद्र आज / तुम सुदल सुरंग सुबास सुमन / मैं हूँ केवल पद तल आसन / तुम सहज विराजे महाराज / ईर्ष्या कुछ नहीं मुझे यद्यपि / मैं ही वसन्त का अग्रदूत / ब्राह्मण समाज में ज्यों अछूत / मैं रहा आज यदि पार्श्व छवि/ तुम मध्य भाग के महाभाग / तरु के उर के गौरव प्रशस्त / मैं पढ़ा जा चुका पत्र न्यस्त / तुम अरि के नव रस रंग राग / देखो पर क्या पाते तुम फल / देगा जो भिन्न स्वाद रस भर / कर पार तुम्हारा भी अन्तर / निकलेगा जो तरु का सम्बल / फल सर्वश्रेष्ठ नायाब चीज / या तुम बाँधकर रँगा धागा / फल के भी उर का कटु त्यागा / मेरा आलोचक एक बीज।'

यह शुभारम्भ की वार्ता 'मेरा आलोचक : एक बीज' शीर्षक के साथ प्रस्तुत करना चाहता हूँ। यद्यपि अन्तिम चरण के अर्थ के बारे में अब भी मेरे मन में दुविधा है। विशेष रूप से ये पंक्तियाँ—मित्र लोग इस पर प्रकाश डालें तो बेहतर होगा। मित्रो, चूँकि 'समवाय' की परम्परा में आत्म समीक्षा और आत्म चेतना पर बहुत बल रहा है और यह ऐसा अवसर है कि इस बीच आलोचना के देशकाल के सन्दर्भ में उस परम्परा पर भी ध्यान दें जिसमें पहली बात मुख्य रूप से मेरे सामने उभरती है कि जिस कविता के सहारे मैं अपनी बात कहना चाहता हूँ, लगभग ऐसा प्रतीत होता है कि आलोचना अपने मूल प्रतिपाद्य या उसका जो विषय है, उससे सरकती-हटती हुई यानी स्वयं साहित्य और साहित्यिक कृति में रमने, रस लेने और उससे ग्रस्त होने के बजाय या तो उसे पूर्णत: आत्मसात करे या उसके द्वारा अपने-आपको आत्मसात हो जाने दे। इन तमाम चीजों से हटती-सरकती हुई किसी ऐसे क्षेत्र में प्रवेश कर रही है जो लगभग स्वधर्म से उसे दूर ले जाता हुआ दिखाई पड़ता है जिसका संकेत जो आरम्भिक वक्तव्य दिया था, उसमें भी था।

पश्चिमी देशों में सिद्धान्त, सैद्धान्तिक विमर्श या थ्योरी मुख्य हो गई है। स्वयं साहित्य, साहित्य के विभागों में भी गौण होता चला जा रहा है और अपने यहाँ भी आम तौर से देखें, जो भाषाई विभाग हैं—वह हिन्दी हो, कन्नड़ हो, बंगला हो, उनमें इन भाषाओं के साहित्य को पढ़ाने की जिम्मेदारी जिन लोगों पर है, जिनके हाथों में है, उनकी साहित्य में कम-से-कम रुचि है। वेतनमान आदि में, प्रोन्नति में और तमाम चीजों में जितनी हो, लेकिन स्वयं साहित्य में डूबने की जो परम्परा रही है या डूबते रहने की; ऐसे कम ही लोग दिखाई पड़ते हैं। यही नहीं बल्कि सिद्धान्त

के प्रति आकर्षण इस हद तक बढ़ गया है कि पश्चिमी विद्वानों और विद्यार्थियों के बारे में एक विद्वान ने शिकायत करते हुए कहा कि उनके लिए ज्याँ बोद्रिया कुन्देरा से ज्यादा महत्त्वपूर्ण हो चुके हैं। हमारे यहाँ वह स्थिति तो नहीं है कि लोग अपने लेखकों और कवियों की अपेक्षा जैक देरिदा का नाम ज्यादा लें। पढ़ना तो दूर, उन पर लिखी गई किसी पुस्तक की समीक्षा के आधार पर, उनमें पाए जानेवाले कुछ उद्धरणों में ज्यादा गहरी दिलचस्पी न सही, तो उसके प्रदर्शन की प्रवृत्ति ज्यादा दिखाई पड़ती है। स्वयं साहित्य लगभग गौण-सा हो चुका है या एक इस्तेमाल किये जानेवाला मसाला रह गया है। स्वयं अपना लक्ष्य वह नहीं रहा है।

इस प्रवृत्ति के कारण जिस प्रकार की आलोचना विकसित हुई है, उसकी चर्चा न भी करें तो एक हमारी अपनी परम्परा आलोचना की रही है। जब उन्नीसवीं सदी के मध्य में भारतेन्दु-युग में आलोचना का आरम्भ हुआ था—साहित्यिक पत्रिकाओं के माध्यम से, आम तौर पर हमारी आलोचना एक तथाकथित सामान्य पाठक को सम्बोधित हुआ करती थी—केवल साहित्य के विद्यार्थियों और अध्यापकों को नहीं; अथवा शुद्ध आलोचक तब भी बहुत कम थे। इसलिए यह भी नहीं कि आलोचकों में आपसी बातचीत या विवाद के लिए लिखी जाती रही हो बल्कि एक सामान्य पाठक जैसी कोई वस्तु थी या उसकी कल्पना करके आलोचक हुआ करते थे। अंग्रेजी में जिसे पब्लिक क्रिटिक कहते थे। बजाय इसके कि हम उसको सार्वजनिक समीक्षक का आदर्श कहें—वह आदर्श, जो एक लोक-समीक्षक का हुआ करता था, जो क्लास रूम से बाहर ऐसे उन पाठकों के लिए था जिनका साहित्य को पढ़ना मुख्य कर्म नहीं हुआ करता था बल्कि वे जीवन-कर्मों के बीच अवसर निकालकर साहित्यिक कृतियाँ पढ़ा करते थे, वह सामान्य पाठक आज कहाँ है? किसी ने देखा है? और वह न भी हो तो कम से कम उसकी परिकल्पना करके आलोचना लिखने या आलोचना कर्म में प्रवृत्त होने की आवश्यकता है कि नहीं? यह एक ऐसा बिन्दु मुझे दिखाई पड़ता है जिसे मैं अक्सर महसूस करता हूँ। इसका गहरा सम्बन्ध आलोचना की भाषा से; आलोचना के स्वरूप और प्रकृति से और उन तमाम सरोकारों से है जिन सरोकारों से एक आलोचक जूझना चाहता है।

वह सामान्य पाठक सुगठित समूह के रूप में हमें भले ही दिखाई न पड़ता हो; जैसे अनेक चीजें टूटी हैं, सम्भव है कि हिन्दी-भाषी प्रदेश का या अन्य जो भारतीय भाषाएँ हैं, उनमें भी जो एक बिखरा हुआ सामान्य पाठक है, वह टूट गया हो; बिखर गया हो। बावजूद इसके मैं यह महसूस करता हूँ कि न भी हो तो उसकी कल्पना करके, उसे निर्मित कर यदि उसकी छवि हम सामने रखें तो हमारा आलोचना-कर्म बिलकुल दूसरे प्रकार का होगा और यदि हमारे दिगाम से एकदम वह गायब हो और हमारे थोड़े-से कुछ कवि-लेखक या थोड़े आलोचक या विद्यार्थी हों तो निश्चित है, वह आलोचना दूसरे प्रकार की होगी। इसलिए हिन्दी आलोचना

की वह जो परम्परा थी हजारी प्रसाद द्विवेदी, रामविलास शर्मा तक और आचार्य रामचन्द्र शुक्ल उसी परम्परा के लेखक थे। भले ही उनका कहना हो कि उन्होंने विश्वविद्यालय के विद्यार्थियों के लिए इतिहास लिखा, बावजूद इसके हम उनका आलोचना-कर्म गोस्वामी तुलसीदास, जायसी, सूरदास पढ़ते हुए बराबर महसूस करते हैं। मुझे ऐसा लगता है कि धीरे-धीरे आलोचना की उस परम्परा से आज के प्रबुद्ध आलोचक हटते-से दिखाई पड़ रहे हैं और शायद उस परम्परा को भूलते-से भी दिखाई पड़ रहे हैं। इसके अपसरण के बाद जो हुआ है, उस पर विलाप करने की अपेक्षा जरूरत उसके विश्लेषण की है।

मुझे लगता है कि एक निश्चित विकास की प्रक्रिया के बाद हर विधा एक हद तक आत्मोन्मुख होती है; आत्म-सजग होती है और फिर वह अपनी पद्धतियों पर, अपनी टेक्नीक पर, अपनी अवधारणाओं पर विचार करती है और इस क्रम में परम्परा से प्राप्त अवधारणाओं की परीक्षा भी किया करती है। अगर इस शताब्दी के आलोचना-कर्म पर हम ध्यान दें तो मुझे ऐसा लगता है, जैसा मैंने कहा कि सभी विधाओं के साथ हुआ है। न्यूटन के बाद का जो विज्ञान है या मेक्स वेवर के बाद का समाजविज्ञान है या दर्शन में, जिसे अंग्रेजी में 'एनालिटिकल फिलॉसफी' कहते हैं, 'भाषा-विश्लेषण' का दर्शन कहते हैं, उसमें और उसके साथ हम देखें तो उसके समानान्तर जो आधुनिक कला और आधुनिक साहित्य है, वह स्वयं अपने कर्म के प्रति, अपनी भाषा के प्रति इतना आत्मसजग हुआ, आत्मचेतन हुआ है कि स्वयं उन टेक्नीकों पर ज्यादा विचार करने लग गया। और इसका नतीजा हुआ कि बीसवीं शताब्दी में आलोचना भी आत्मोन्मुख हुई और स्वयं रचे जाते हुए साहित्य पर विचार करने से पहले वह स्वयं अपनी भाषा, अपनी अवधारणाएँ, अपने प्रत्ययों पर पुनर्विचार करना जरूरी समझती है कि हम जिस औजार के जरिये बात करने जा रहे हैं, वह औजार स्वयं क्या है, कितना सटीक है। यह प्रक्रिया है।

जो पुराने 'संस्कृत काव्यालंकार' नाम के ग्रंथ या जो भामह-दंडी का काव्य-आदर्श था; आनन्दवर्धन जो नौ सौ ईसवी के आसपास के पहले आचार्य हैं, उस पुरानी कड़ी से जुड़े हुए हैं, साथ ही नवीं शताब्दी के बाद जो नई परम्परा कायम हुई, उसके बाद देखें तो संस्कृत काव्यशास्त्र आत्मसजग होकर अपनी अवधारणाओं की ही पुन:परीक्षा करता दिखाई पड़ता है और नवीं से लेकर लगभग सोलहवीं शताब्दी तक पंडितराज जगन्नाथ तक जिसकी पराकाष्ठा है; उसमें देखें तो 'रस गंगाधर' जो अधूरा रह गया था, उसमें नव्य नय की शब्दावली में काव्यशास्त्र की भाषा और परिभाषाओं की सूक्ष्म और गहरी परीक्षा दिखाई पड़ती है। मुझे ऐसा लगता है कि जाने-अनजाने पश्चिम की आलोचना तो लगभग आलोचना के रेटरिक की बारीकियों की छानबीन तो कर रही है, हिन्दी आलोचना उस हद तक सजग, सचेत और व्यवस्थित रूप से यह कार्य भले न कर रही हो लेकिन लगभग जैसाकि

मदन सोनी के आलेख से यह प्रकट होता है कि उसकी समीक्षा की एक प्रवृत्ति या उसकी ओर उन्मुखता दिखाई पड़ने लगी है। यह आत्मसजगता अति तक हमारे यहाँ नहीं पहुँची है लेकिन मैंने कहा कि यह आत्मसजगता एक शापमय वर है। भारतीय दर्शन इस प्रक्रिया से गुजरते हुए नव्य न्याय के उस बिन्दु पर पहुँचा जहाँ जीवन और जगत के बारे में; जो आरम्भ में किसी समय साहसिक चिन्तन किया गया था, उससे हटकर लगभग दर्शनकार तो भाषा परीक्षण और भाषा विश्लेषण पर गया था। यदि आलोचना स्वयं अपने मुख्य विषय साहित्य और साहित्यिक कृतियों और रचनाओं को छोड़कर परीक्षण को साध्य बना लेगी और साधन मात्र नहीं मानेगी तो मेरा खयाल है कि वह सिमटती-सिकुड़ती हुई एक प्रकार की आलोचना की आलोचना बन करके रह जाएगी; या आलोचकों की आलोचना बन करके रह जाएगी। रचना दरकिनार होकर उसे चुनौतियाँ देती रहेगी अथवा उसका तिरस्कार करती हुई दिखाई पड़ेगी।

उसमें आलोचना की प्रकृति इस प्रक्रिया में किस प्रकार बदलती है, इसके दो उदाहरण मैं देना चाहता हूँ और यह सारी की सारी चीजें हमें नहीं भूलनी चाहिए कि यह रचना से जुड़ी हुई हैं। जब कविता कविता के बारे में लिखी जाए, उपन्यास उपन्यास के बारे में लिखा जाए तो जाहिर है, आलोचना आलोचना के बारे में लिखी जाएगी। दोनों समानान्तर चलती हैं और अंग्रेजी आलोचना के दो उदाहरण लें और यह द्वन्द्व जो प्रकट हुए, किसी-न-किसी रूप में मेरा खयाल है कि अन्यत्र भी दोहराए जाते हुए दिखाई पड़ रहे हैं। जब समझा जाता था कि उपन्यासों की आलोचना लिखनेवाले अपेक्षाकृत कला पक्ष की अपेक्षा समाज, सामाजिक सम्बन्धों, सामाजिक सरोकारों और संघर्षों में दिलचस्पी लेते हुए दिखाई पड़ते हैं जबकि कविता के आलोचक सम्भव है कि उतनी दूर तक समाज के बारे में चिन्तित न दिखाई पड़ें; उसकी चर्चा न करें। वे कविता की भाषा और कविता की टेक्नीक, इन चीजों पर ज्यादा विचार करें। मैंने कहा, यह हो सकता है, आवश्यक नहीं कि यह हो, लेकिन जब अंग्रेजी में हेनरी जेम्स, जेम्स ज्वायस के उपन्यास आए तो उन उपन्यासों ने उपन्यास की समीक्षा को इस हद तक प्रभावित किया कि मार्क सोरर ने 1948 में एक लेख लिखा जिसका काफी महत्त्व कथा-साहित्य की आलोचना में माना जाता रहा है—'टेक्नीक एज़ डिस्कवरी' और वह कथा-समीक्षा थी। कविता की समीक्षा नहीं थी। मार्क सोरर कविता की दुनिया से कथा-साहित्य में नहीं आए थे, कथा-समीक्षक के रूप में ही वह थे जिसमें उन्होंने बताने की कोशिश की कि ज्वायस की, हेनरी जेम्स की जो शैली है, वही उनका कथ्य है और उसका विश्लेषण करके ही उनके कथ्य को जाना जा सकता है। उससे बाहर या उसकी उपेक्षा करके आप उसके कथ्य को नहीं जान सकते और टेक्नीक डिस्कवरी है उस जीवन के अनुभव की, जीवन के सच की, और जीवन का खोया हुआ अनुभव इस हद तक

उस टेक्नीक से बँधा और जुड़ा हुआ है कि दोनों को हम उसके बिना समझ ही नहीं सकते हैं, जब तक कि हम शैली को न समझें। और इसका जवाब दिया 1956 में फिलिप रैब ने। हिन्दी में उस लेख का हवाला देवीशंकर जी ने दिया था।

यह सही है कि कुछ कथाकार ऐसे हैं जिनकी शैली ही उनका कथ्य है लेकिन कुछ ऐसे भी हैं; जैसे दोस्तोएव्स्की या टॉल्स्टॉय जो खराब शैलीकार के रूप में जाने-माने जाते हैं, लगभग इतना ध्यान नहीं देते अपनी भाषा पर। यहाँ तक कि कथानक के विधान में भी ध्यान नहीं देते हैं। अगर उनको केवल कुछ अंशों के आधार पर जाँचना चाहेंगे तो उनका महत्त्व हम आँक नहीं सकेंगे। वे जो छोटे-छोटे ब्यौरे एकत्र करके एक खास दिशा में उन्मुख होते हुए जो ढाँचा बनाते हैं, वह उस भाषा, शैली या टेक्नीक से बाहर एक ऐसी चीज है कि उसकी उपेक्षा करके हम उस सच को नहीं पा सकते। मैं नहीं कह रहा हूँ कि मार्क सोरर गलत थे और फिलिप रैब सही हैं लेकिन आलोचना में आलोचना की पद्धतियों की जाँच-परख और उसकी सीमाएँ क्या हो सकती हैं, इन दोनों को लेकर एक द्वन्द्व और एक तनाव रहता है। उसका कोई हल ढूँढ़ लिया गया हो, मुझे तो नहीं दिखाई पड़ा। इस प्रसंग में ढूँढ़ें कि अवधारणाओं की जाँच जरूरी है लेकिन क्या यह उतनी जरूरी है कि उसके बिना साहित्यिक कृति की जाँच या परख या मूल्यांकन हो ही नहीं सकता? दोनों में क्या सम्बन्ध होगा, क्या रिश्ता होगा, इसकी जाँच-पड़ताल मुझे दिखाई नहीं पड़ती है।

इस बीच में जो चीज आई है, इस टेक्नीक की जाँच के क्रम में, उनमें दो स्थितियाँ दिखाई पड़ती हैं। जो उत्तर आधुनिक विमर्श है या सैद्धान्तिक विमर्श है, उस विमर्श में जैक देरिदा के इस कथन को, जिसकी झलक कई जगहों पर (जो निबन्ध वितरित किए गए हैं, उनमें) दिखाई पड़ेगी कि टेक्स्ट के बाहर कुछ भी नहीं है। टेक्स्ट को हमारे यहाँ पाठ कहते हैं, कुछ लोग ग्रंथ कहना चाहेंगे, कोई दूसरा बेहतर शब्द मिले तो और अच्छा है। टेक्स्ट का अर्थ न पाठ देता है, न ग्रंथ देता है, इसलिए जिसे टेक्स्ट कह रहे हैं, वह टेक्स्ट भी किसी-न-किसी प्रकार की कोई न कोई विचारधारा से ग्रस्त या बद्ध है। इसके बाहर कुछ भी नहीं है। शब्द से रचा हुआ चाहे वह साहित्य हो, चाहे वह आलोचना हो, इसके बाहर कुछ भी नहीं है। यह शब्द से रची हुई जो चीज है, वह स्वयं विचारधारा है और इससे बाहर कुछ भी नहीं है। तो इसका नतीजा यह है कि साहित्य का एक बहुत बड़ा कर्म यह हो गया है कि साहित्यिक कृतियों में विचारधारा की खोज और अपने अनुकूल-प्रतिकूल पाकर उस विचारधारा की आलोचना और यह कहनेवाले जरूरी नहीं कि मार्क्सवादी ही हों, गैर-मार्क्सवादी भी हैं। पॉल-डि-मान कोई मार्क्सवादी आलोचक नहीं थे लेकिन उन्होंने कहा कि भाषा सन्दिग्ध है। सन्दिग्ध इस अर्थ में कि इतना तो हम सभी जानते हैं कि 'वो हँसी बहुत कुछ कहती थी फिर भी अपने में रहती थी'।

सब कुछ कहती है और यह भ्रम पैदा करके कि जो कहना चाहती है, वही नहीं कहती। इसलिए रचना की ही नहीं, स्वयं आलोचना की भाषा अगर वह रेटरिक है, तो आइडियोलॉजिकल है, विचारात्मक है और सन्दिग्ध है। इस सन्दर्भ में सवाल यह उठता है कि जो यह मानता है कि आइडियोलॉजी के बाहर कुछ भी नहीं है, जो भी है, सब आइडियोलॉजी है; सम्पूर्ण लेखन, पूरा आलेख, सारा टेक्स्ट, तो यह जो कहनेवाला है या उस आइडियोलॉजी का रहस्योद्घाटन करने का दावा या संकल्प लेकर जो चलता है, क्या वह आइडियोलॉजिकल खुद नहीं है?

टेक्स्ट की व्याख्या टेक्स्ट के द्वारा, आइडियोलॉजी की उधेड़बुन आइडियोलॉजी के द्वारा—ये सारी चीजें एक ऐसे दुष्चक्र का निर्माण करती हैं जिसनें लगभग यह स्थिति बन गई है कि जब कोई भी आदमी इन सब चीजों से परे नहीं है अर्थात जिस आलोचना का यह गुण माना जाता था नि:संगता और कभी-कभी वस्तुनिष्ठता; यदि वस्तुनिष्ठता सम्भव नहीं है, यदि नि:संगता सम्भव नहीं है तो आलोचना का जो मूल धर्म है, उसका क्या होगा? एक बहुत बड़ी समस्या, इन सिद्धान्तों के चलते या कहना चाहिए कि इस आत्मसजगता के कारण, एक महीन बारीक सन्देहवाह की कई समस्याओं में से एक है। मैंने जिस मंगलमय वचन के साथ शुभारम्भ किया था, मैं इस सन्देह को आपके सामने प्रस्तुत करते हुए इसका समापन करता हूँ।

[भारत भवन द्वारा आयोजित 'समवाय' का उद्घाटन भाषण।<br>'साक्षात्कार', अंक 191-192 : नवम्बर-दिसम्बर, 1995]

# साहित्य सिद्धान्त और आलोचना

आलोचक के बारे में महाकवि निराला ने लिखा है : 'फूल के भी उर का कटु त्यागा, मेरा आलोचक एक बीज'। यानी रचनाकार फल-फूल से लदा वृक्ष होता है—फल की तरह मीठा और कोमल जबकि आलोचक बीज की तरह कड़वा और कठोर...(याद करके) आम की गुठली। साहित्य अकादेमी के सचिव और मलयालम कवि के. सच्चिदानन्दन तथा अयप्पा पणिक्कर तथा अन्य लोग भी जो कह रहे हैं, उनसे एक चीज बार-बार ध्वनि हो रही है—थियरी, थियरी, थियरी। मैं आज जो कहने जा रहा हूँ, वह बात थोड़ी कड़वी है फिर भी मैं कहूँगा क्योंकि एक आलोचक होने के नाते मुझे कहना चाहिए। आज कुछ ज्यादा पढ़े-लिखे लोग यह चाहते हैं कि भारत में भी 'थियरी' एक हो, जैसा पश्चिम में हुआ था। पश्चिम में जो 'थियरी' चली या चल रही है, उसकी प्रयोगशाला फ्रांस है और कारखाना अमरीका के विश्वविद्यालय। हमारे तुलसीदास लिख गए हैं कि कुछ चीजें पैदा कहीं होती हैं और शोभा कहीं और पाती हैं : 'उपजहिं अनत, अनत छवि लहहिं'। ये लोग 'थियरी' के लिए त्राहि-त्राहि मचाए हुए हैं और इससे सबसे बड़ा खतरा यह हो गया है कि पढ़ना ही खत्म होता जा रहा है। यह सोच कि 'थियरी' हो जाने से भारतीय आलोचना समृद्ध हो जाएगी, बहुत सारे लोग 'थियरी-थियरी' चिल्ला रहे हैं।

पश्चिम के कई विद्वान हमें यही बता भी रहे हैं कि चूँकि आज हमारे पास कोई 'थियरी' नहीं है इसलिए हम अपने संस्कृत काव्यशास्त्र को पुनर्जीवित करें। ठीक उसी तरह की यह बात है कि जैसे हिन्दुत्व को 'रिवाइव' करें यानी वे स्वदेशीवाद के साथ-साथ संस्कृत काव्यशास्त्र के रिवाइवल की बात कर रहे हैं। हमें याद रखना चाहिए कि उत्तर-उपनिवेशवाद भी अभी तक उपनिवेशवाद ही है। उनके इस आग्रह के कई खतरे हैं जिसका एक सिरा फासीवाद तक जाता है। संस्कृत काव्यशास्त्र का आरम्भ सातवीं-आठवीं सदी में तब हुआ जब लगभग सभी महान लेखक हो चुके थे और स्वर्णयुग समाप्त हो रहा था जिसे बनाए रखने के लिए काव्यशास्त्र का विकास हुआ। पश्चिम आज हमें यह बताकर कि उस काव्यशास्त्र की रिवाइव किया जाए, यह समझा रहा है कि हम काव्य छोड़कर 'थियरी' में ध्यान लगाएँ। हमें याद रखना चाहिए कि 'थियरी' के लिए साहित्य एक 'इलस्ट्रेशन' है जो आलोचना

को संकीर्ण और अमानुषिक बनाती है। आनन्दवर्धन को पढ़ने से पता नहीं चल सकता कि कालिदास कितने बड़े कवि थे। इलस्ट्रेशन मॉडल बड़ी रचना को छोटा करता है क्योंकि तब आलोचना रचना की व्याख्या करने के बजाय 'थियरी' का ही प्रतिपादन कर रही होती है।

'थियरी' से दूसरा खतरा यह है कि यह साहित्य को अमानवीय बनाती है। कविता, कहानी या उपन्यास एक जानदार चीज है जिसे पाठक पढ़ते हुए वैसे ही स्पर्श करता है, जैसे हम जीवित प्राणियों को करते हैं। 'थियरी' पाठक को भी अमानुषिक बनाती है। रचना को टेक्स्ट में बदल देने पर पाठक, पाठक नहीं रहता। इस पूरी प्रक्रिया में मौत अगर हुई है तो वह पाठक की हुई है। समालोचक अन्तत: एक पाठक ही है। डॉ. जानसन ने अंग्रेजी में दो शब्दों का प्रयोग किया है : 'कॉमन रीडर' और 'कॉमनसेंस'। इसे अमरीकी नहीं समझ सकते। हो सकता है कि डॉ. जानसन के लिए 'कॉमन रीडर' एक मुखौटा रहा हो जिसकी आड़ में वे फैसले दिया करते थे। इस परम्परा को 20वीं सदी में वर्जीनिया वुल्फ ने रिवाइव किया जिसे उनकी प्रसिद्ध पुस्तक 'ए रूम ऑफ वंस ऑन' में देखा जा सकता है। इस परम्परा में 'नॉन प्रोफेशनल' और 'नॉन टेक्निकल' ढंग से आलोचना लिखी जा सकती है बशर्ते कि कॉमन रीडर को ध्यान में रखा जाए। गरज यह कि 'थियरी' के आतंक में पाठक की मृत्यु हो चुकी है। दूसरी ओर आलोचना की दुनिया में कुछ विद्वान कूटभाषा में विद्वानों के लिए बड़े-बड़े शोधपत्र लिख रहे हैं। ये लोग कॉमन रीडर को हिकारत से देख रहे हैं। इन्हें लगता है कि यदि इनके पास एक 'थियरी' हो जाएगी तो ये सम्पन्न हो जाएँगे। आलोचना की असली चुनौती 'थियरी' नहीं, उस कॉमन रीडर को पुनर्जीवित करना है।

यदि हम आजादी के पहले और उसके बाद की आलोचना के विकास को देखें तो स्पष्ट होगा कि आलोचना का सीधा सम्बन्ध संस्थान से है। 'थियरी' एक दिन में नहीं बनती। संस्कृत काव्यशास्त्र को विकसित होने में डेढ़ हजार साल लगे। लम्बी गुरु-शिष्य परम्परा के बाद 'रस' और 'ध्वनि' के कवि तक पहुँचा जा सका। जब इस देश में विश्वविद्यालय नहीं थे तो आलोचना का एक ही माध्यम था—पत्र और पत्रिकाएँ। फिर आचार्य रामचन्द्र शुक्ल काशी हिन्दू विश्वविद्यालय और आचार्य हजारी प्रसाद द्विवेदी 'विश्वभारती' जैसी संस्था से जुड़े थे। अब सौ साल में कोई 'थियरी' कैसे विकसित हो सकती है? आज भारत में आलोचना के ह्रास का बड़ा कारण है कि हमारे बड़े-बड़े शिक्षा संस्थानों का पतन हो चुका है। कविता, कहानी और उपन्यास संस्थानों से बाहर लिखे जा सकते हैं, पर आलोचना के लिए संस्थान जरूरी है। नाटक के लिए भी संस्थान जरूरी है।

जिस कॉमन रीडर की बात डॉ. जानसन और वर्जीनिया वुल्फ ने की, उसे आचार्य रामचन्द्र शुक्ल ने 'लोक-हृदय' कहा है। लेखक-आलोचक का हृदय लोक

से मिला होता है। इस बीच हमने शब्दों का लगातार अपमान और निरादर किया है। शब्द को पवित्र माना गया है। संस्कृत में कहा गया है कि 'एक ही शब्द जानो, ठीक से जानो।' रचना को फिर से 'टेक्स्ट' से मानुषिक बनाना है। दुखद यह हुआ कि आलोचक कविता, कहानी या उपन्यास पढ़ते हुए सहृदय पाठक का कृति के प्रति अनुराग की बजाय उससे 'थियरी', 'स्त्री-विमर्श', 'दलित-विमर्श', 'आधुनिकता', 'उत्तर आधुनिकता' आदि विचार ढूँढ़ने में लग गए हैं। हम पढ़ने का आनन्द भूल गए हैं जिसे रोला बाथ 'प्लेजर ऑफ टेक्स्ट' कहते हैं। हम जब कोई रचना पढ़ते हैं तो समस्त इन्द्रियों से पढ़ते हैं। हम रचना को छूते हैं तो वैसे ही, जैसे हम किसी जानदार चीज को छूते हैं। 'थियरी' लिख सकते हैं पर पढ़ना तो ज़िन्दगी भर का काम है। पोलैंड के प्रथम नोबेल पुरस्कार विजेता कवि चेश्वा मियोश (जो देश छोड़कर अमरीका चले गए थे और अब वापस आ गए हैं) अपनी एक कविता में कहते हैं : 'तुमने मुझसे पूछा/ ग्रीक (भाषा) में बाइबिल पढ़ने का क्या फायदा/मैंने जवाब दिया कि यही उचित है कि हम अपनी उँगली फिराएँ/उन अक्षरों पर जो ज्यादा टिकाऊ हैं/बजाय उनके जो पत्थर पर खुदे हैं/और धीरे-धीरे प्रत्येक अक्षर का उच्चारण करें/और इस तरह भाषा की सच्ची गरिमा की खोज करें।' यानी साहित्य को पढ़ना एक मानवीय प्रक्रिया है। भारत में साहित्यिक समालोचना के क्रम में आज दुनिया भर के नवीनतम मतों या सिद्धान्तों की चर्चा की जा रही है। ये सारे मत पिछले दो दशकों से प्रचलित उत्तर आधुनिकतावाद और उत्तर-संरचनावाद की विचारधारा से जुड़े हुए हैं। भारतीय आलोचना के सन्दर्भ में उन सिद्धान्तों की चर्चा करते हुए यह चिन्ता जताई जा रही है कि उन पश्चिमी सिद्धान्तों का पूरी तरह उपयोग न करने के कारण हम बहुत पिछड़े हुए हैं। साहित्य अकादेमी की इस राष्ट्रीय संगोष्ठी में पढ़े गए कई पर्चों में यह बात उठाई गई। इस क्रम में विशेष रूप से 'द एम्पायर राइटॅस बैक' नाम की किताब का जिक्र किया गया जिसके लेखक एशक्राफ्ट, ग्रिफिथ्स और टिफिन हैं। 1989 में प्रकाशित इस किताब में भारतीय आलोचकों को प्राचीन संस्कृत काव्यशास्त्र को पुनर्जीवित करने का सुझाव दिया गया है। गरज कि इन लेखकों का जोर साहित्य सिद्धान्त पर है यानी कि आज भारतीय समालोचना की सबसे बड़ी चिन्ता एक साहित्य सिद्धान्त रचने की है।

मेरी समझ में हमारे सामने आज का मुख्य मुद्दा साहित्य सिद्धान्त नहीं है। यहाँ मैं स्पष्ट कर देना चाहूँगा कि प्रस्तुत प्रसंग में 'सिद्धान्त' से मेरा क्या आशय है। उत्तर आधुनिक विचारक 'थियरी' शब्द का प्रयोग करते हैं जिसके लिए हमारी प्राचीन परम्परा में 'मत', 'दृष्टि' और 'शास्त्र' शब्द का प्रयोग होता रहा है। अब इधर कुछ वर्षों से हिन्दी में 'थियरी' के लिए सिद्धान्त शब्द प्रचलित है। कठिनाई यह है कि अंग्रेजी के 'प्रिंसिपल' को भी और कभी-कभी 'आइडियोलॉजी' शब्द के लिए भी हिन्दी में सिद्धान्त शब्द का प्रयोग किया जा रहा है। इस कारण अक्सर

भ्रम पैदा होते हैं इसलिए मैं 'सिद्धान्त' की जगह फिलहाल 'थियरी' शब्द के प्रयोग को ही निरापद समझता हूँ। बहरहाल स्वयं इंग्लैंड और अमरीका की अंग्रेजी आलोचना में 'थियरी' के विरोध का स्वर उग्र से उग्रतर हो रहा है और हम हैं कि उसी 'थियरी' को आयात करने को व्याकुल दिखाई दे रहे हैं। पश्चिम में जब से 'थियरी' का बोलबाला हुआ है, साहित्यिक कृतियों को पढ़ने में रुचि कम हो गई जिसे साहित्य के लिए खतरा समझा जा रहा है। ऐसी स्थिति में भारत में 'थियरी' की हिमायत का क्या मतलब?

'थियरी' आलोचना को संकीर्ण और एकांगी बनाती है। कार्ल मार्क्स ने अपनी पुस्तक 'जर्मन आइडियोलॉजी' में लिखा है कि 'मैंने हीगेल का सारा दर्शन जो सिर के बल खड़ा था, उसे पैर के बल खड़ा कर दिया।' उनके अनुसार आइडियोलॉजी माने मिथ्या चेतना, एक अधूरी आत्मछवि। मार्क्स ने आइडियोलॉजी के बरअक्स विज्ञान को महत्त्व दिया। मार्क्सवाद आइडियोलॉजी नहीं, विज्ञान है। मार्क्स ने कहा भी कि 'मैं खुद मार्क्सवादी नहीं हूँ।' जैसे ही आप किसी 'वाद' के शिकार होते हैं, आपकी दृष्टि एकांगी हो जाती है। इसका असर हम अपनी आलोचना पर देख सकते हैं। गौतम बुद्ध ने इसे 'दिढ्ढी' कहा और सभी 'दिढ्ढियों' का विरोध किया। जयशंकर प्रसाद ने 'कामायनी' में एक जगह लिखा है : 'सब कहते हैं खोलो-खोलो, छवि देखूँगा जीवन धन की। आवरण सभी बनते जाते हैं, भीड़ लग रही दर्शन की।' यानी जिसे देखने के लिए हर आदमी पहुँचता है, कतार बनती जाती है और दूसरों के लिए यही भीड़ आवरण (बाधा) बन जाती है। यहाँ 'दर्शन' का प्रयोग 'श्लेष' में किया गया है। सभी दर्शन तो सत्य को देखने के लिए गढ़े जाते हैं पर यही दर्शन सीमित होकर सत्य को पूरी तरह देखने में बाधक बन जाता है। यदि हम किसी खास दर्शन या 'थियरी' के चश्मे से देखेंगे तो साहित्य के मर्म तक नहीं पहुँच सकते। संस्कृत काव्यशास्त्र में यद्यपि आनन्दवर्धन से ध्वनिमत की स्थापना की पर वे स्वयं अपने ग्रंथ 'ध्वन्यालोक' में कहते हैं : 'न सर्वत्र ध्वनि रागिणा भवितव्यम।' अर्थात् सभी जगह ध्वनि ही नहीं देखना चाहिए। इसलिए किसी रचना की व्याख्या अपने सिद्धान्त के आग्रह से मुक्त होकर एक सहृदय की तरह करना चाहिए। प्राचीन काव्यशास्त्र के तीन विद्वानों—आनन्दवर्धन, अभिनव गुप्त और कुन्तक—के सिद्धान्त अलग-अलग हैं। पर जब वे किसी कविता की व्याख्या करते हैं तो एक सहृदय की तरह करते हैं, न कि सिद्धान्तकार की तरह। आनन्दवर्धन शैव हैं पर जब वे एक बौद्ध धर्मकीर्ति की कविताओं की व्याख्या करते हैं तो एक सहृदय की तरह।

जॉक देरिदा ने जब कहा था कि 'टेक्स्ट' के बाहर कुछ भी नहीं है—तो इसका गहरा अर्थ है यानी कि जो शब्द या साहित्य है, वह टेक्स्ट है और जो बाहर है, वह समाज है। वह भी टेक्स्ट ही है। जैसे 'महाभारत' एक टेक्स्ट है और उस समय के समाज के बारे में हमें जिन अन्य ग्रंथों, अभिलेखों और पुरातात्त्विक सामग्रियों से

जानकारी मिलती है, वह भी टेक्स्ट ही है। देरिदा से काफी पहले कबीर ने अपने दोहे में लिखा : 'जल में कुम्भ, कुम्भ में जल है, बाहर-भीतर पानी। फूटा कुम्भ, जल जलहि समाना, यह तत् कहऊ गियानी॥' इस दोहे से हम समालोचना की अर्थ-मीमांसा की प्रक्रिया को समझ सकते हैं। कोई कविता या कहानी कुम्भ है और जल बाहर का संसार है। जो जल है, वह कुम्भ यानी रचना में भी है और बाहर भी है। यह दुनिया एक आईनाखाना है जिसमें परस्पर तसवीरों से अर्थ खुलते हैं। यदि कबीर को देरिदा के बरअक्स पढ़ें तो कई अर्थ खुलेंगे। जिसे देरिदा आगे 'इंटरटेक्स्टुअलिटी' कहते हैं, यह रीडिंग यानी अर्थ-मीमांसा ही आलोचना का मूल है जिसके लिए रचना-रूपी घड़े को फोड़ना पड़ता है, संसार से मिलाना पड़ता है। आलोचना एक ही कृति में देखता है जो दूसरों ने अब तक नहीं देखा। इसलिए पाठक केवल रचना पढ़ता नहीं, उसका नया टेक्स्ट रचता है। रचना के अर्थ की कई तहें होती हैं। विद्यापति ने भी कहा है : 'सुन्दर वह है जो सदा-सदा नया दिखे।' यही कविता का भी सौन्दर्य है। जो कविता पाँच सौ साल पहले सुन्दर थी, वह आज भी सुन्दर है। पर आज कोई नया आलोचक उसमें नया अर्थ, नई सुन्दरता देखता है। अब इस नये अर्थ को देखने में जरूरी नहीं कि 'थियरी' मददगार ही हो। पर इसका फैसला कौन करेगा कि यह सौन्दर्य कितना कविता में है या कितना देखनेवाले की आँखों में?

इसलिए कृति के साथ सहृदय संवाद जरूरी है। जिस तरह तैरने की किताब पढ़कर तैरना नहीं सीखा जा सकता, उसी तरह केवल 'थियरी' पढ़कर समालोचना नहीं की जा सकती। आज अधिकतर आलोचक 'थियरी' बहुत जानते हैं पर कविता पढ़ना ही नहीं जानते। यदि आलोचक के पास लोक-हृदय की समझ नहीं है तो वह नितान्त व्यक्तिवादी समीक्षा करने लगेगा। अच्छी आलोचना तभी होगी जब आलोचक स्वयं को डिक्लास करके साधारण पाठक की नजर से पढ़ेगा—लोक की धड़कन से उसके दिल की धड़कन जुड़ेगी। उसे यह सोचना चाहिए कि उसी रचना को एक स्त्री या एक दलित कैसे पढ़ेगा। लोक कोई अमूर्त अवधारणा नहीं है। आलोचक तो कॉमन रीडर का प्रतिनिधि होता है। वाल्ट ट्रीटमैन कहा करते थे : 'हम जब किसी किताब को छूते हैं तो किसी बेजान चीज को नहीं, किसी जीते-जागते मनुष्य को छूते हैं।'

[साहित्य अकादेमी, नई दिल्ली में 'साहित्योत्सव, 2002' में 'साहित्यिक समालोचना की स्थिति : प्रतिक्रिया, पाठ, मुद्दे' विषय पर आयोजित संगोष्ठी में दिया गया बीज वक्तव्य। 'बहुवचन-47' में 'पाठक का प्रतिनिधि होता है आलोचक' शीर्षक से प्रकाशित]

# आलोचना में लोकतंत्र और बहुलतावाद

महाभारत में भीष्म से जब कोई सवाल पूछा जाता है तो वे कहते हैं कि पहले भी इसी विषय पर कुछ लोगों ने ऐसा ही कहा था। उस शैली में यदि मैं कहूँ तो यह एक संयोग ही है कि जिस वर्ष 'पूर्वग्रह' स्थापित हुआ, लगभग उसी समय शिकागो में 'क्रिटिकल इंक्वायरी' नाम की पत्रिका स्थापित हुई और दस वर्ष पूरा होने की उम्मीद करने से पहले ही आज से दो साल पहले उसके सम्पादक ने लगभग ऐसा ही प्रश्न उठाया। वह प्रश्न था : 'आलोचना में प्यूरलिज़्म की आवश्यकता'। 'पूर्वग्रह' ने पाँच वर्ष होने पर ऐसा कोई प्रश्न नहीं उठाया था और जहाँ तक मुझे याद है, उस समय आलोचना में प्रचलित दो प्रवृत्तियाँ 'पूर्वग्रह' ने अपनी ओर से रेखांकित की थीं—अकादेमिक आलोचना और धंधई आलोचना। इन दो के विकल्प के रूप में 'पूर्वग्रह' 'तीसरा साक्ष्य' प्रस्तुत करना चाहता था। पाँच वर्ष के बाद 'पूर्वग्रह' को यह अनुभव हुआ कि दरअसल ज्वलन्त समस्या आलोचना में लोकतंत्र की या जनतंत्र की है यानी जनतांत्रिक मूल्यों की भी और जनतांत्रिक पद्धति की भी। यह भी संयोग की ही बात है कि अपने परिपत्र में अशोक वाजपेयी जी ने बहुलता और बहुवाचकता की बात उठाई है जिसमें यह निहित है कि हम आलोचना में लोकतंत्र की अपेक्षा करते हैं तो हम उसमें एक तरह की बहुलता प्यूरलिज़्म या बहुत्ववाद की अपेक्षा करते हैं। जो प्रश्न मेरे मन में उठ रहा है, वह यह कि आम तौर से लोकतंत्र की आवाज़ वे लोग उठाते हैं जो सत्ता में नहीं होते, सत्ता के विरोधी होते हैं और अपने को अल्पसंख्यक समझते हैं क्योंकि यह समझा जाता है कि सत्ता स्वयं अपने को चाहे जितना लोकतांत्रिक कहे लेकिन लोकतंत्र की आवश्यकता सबसे ज़्यादा उसे अनुभव होती है जो सत्ता में नहीं होता, सत्ता के विरोध में होता है और इसी कारण वह अल्पसंख्यक भी हुआ करता है। सामान्यत: हम राजनीति में यही देखते हैं।

साहित्य में क्या स्थिति है? पाँचवें वर्ष के अवसर पर भी 'पूर्वग्रह' ने अपने को अल्पसंख्यक साक्ष्य कहा था और अशोक वाजपेयी जी ने अपने वक्तव्य में अपने को, यानी 'पूर्वग्रह' को वैचारिक अल्पसंख्यकों में गिना है। मैं सिर्फ यह जानना चाहता हूँ, मेरे मन में यह जिज्ञासा उठ रही है कि साहित्य में, आलोचना

में इस समय कितने प्रकार की प्रवृत्तियाँ सक्रिय हैं और जितने प्रकार के लोग हैं उनमें बहुसंख्यक कौन हैं? वह कौन-सी प्रवृत्ति है? कौन-सा साहित्यिक मूल्य है जो सत्ता में नहीं? साहित्य में सत्ता का दर्जा हासिल करनेवाला जो मूल्य या आलोचना प्रणाली है, उसका सम्बन्ध स्वयं हमारे सार्वजनिक जीवन की सत्ता से क्या है, कैसा है?—जब तक इसका निर्णय नहीं होता, तब तक अल्पसंख्यकों की संख्या ज़्यादा दिखलाई पड़ रही है—और मुझे ऐसा प्रतीत होता है कि आलोचना में सारी की सारी बहस विभिन्न अल्पसंख्यकों के बीच चल रही है। मसलन मार्क्सवादी विचारधारा को माननेवाले लोग न हमारे सार्वजनिक जीवन में सत्ता में हैं और न हमारे हिन्दी साहित्य में वर्चस्व के रूप में, सत्ता के रूप में प्रतिष्ठित मार्क्सवादी आलोचना पद्धति है; भले ही उसके कितने ही रंग हों। विचित्र स्थिति है कि सारा का सारा रचनात्मक साहित्य और आलोचनात्मक साहित्य भी व्यवस्था-विरोधी है, सब सत्ता-विरोधी हैं। और व्यवस्था-विरोधी और सत्ता-विरोधी जितने भी हैं, किसी-न-किसी रूप में उन सारे के सारे लोगों को यह विश्वास है कि वे अल्पसंख्यक हैं। 'पूर्वग्रह' स्वयं अपने को अल्पसंख्यक कहता है तो कोई कारण नहीं कि हम उसे बहुसंख्यक मान करके चलें।

अशोक वाजपेयी जी ने अपने वक्तव्य में एक और बात उठाई है जो 'क्रिटिकल इंक्वायरी' की ही एक बात से समानता रखती है, वह यह कि साहित्य एक सामाजिक संस्था है। चूँकि आलोचना एक साहित्य है तो आलोचना स्वयं एक संस्था है। आचार्य दुबे समाजशास्त्री हैं, कदाचित उनको कोई आपत्ति हो क्योंकि समाजशास्त्र में संस्था का, इंस्टीट्यूशन का जो अर्थ लगाया जाता है, वह बिलकुल दूसरा है, इसलिए साहित्य के संस्था होने का प्रश्न निर्विवाद नहीं है, विवादास्पद है किन्तु 'क्रिटिकल इंक्वायरी' के सम्पादक ने यह स्वीकार किया है कि आलोचना किसी-न-किसी रूप में वैचारिक होते हुए भी चाहे शिक्षा संस्थाओं के द्वारा, अकादेमियों के द्वारा, साहित्यिक संगठनों के माध्यम से, यहाँ तक संगोष्ठियों के माध्यम से भी किसी-न-किसी रूप में कभी भौतिक संस्थान से जुड़कर और कभी नितान्त अभौतिक-बौद्धिक स्तर पर भी संस्था का रूप ग्रहण कर सकती है। इसीलिए प्रत्येक आलोचना को (जैसाकि ईमानदारी के साथ उसने भी स्वीकार किया) जब भी वह बहुलता का आग्रह करती है तब उसे स्वयं भी आत्मालोचन करना चाहिए, स्वयं भी जाँच करनी चाहिए कि यदि वह स्वयं संस्था है तो उस संस्था का सामाजिक आधार क्या है और कौन-सी वह सामाजिक संस्था है जिससे वह जुड़ी हुई है, जिसके सामाजिक हित से वह जुड़ी हुई है अथवा जिसकी पीठिका पर वह प्रतिष्ठित है? यह उपयोगी होगा। अल्पकाल में मैं कतई इस पर विचार करने या फतवा देने की स्थिति में नहीं हूँ, न मैं चाहता हूँ कि अल्पसंख्यकों की जिस कोटि में 'पूर्वग्रह' अपने को मानता है, उस 'पूर्वग्रह' का—यदि वह संस्था है तो उस संस्था का सामाजिक आधार क्या है? पर स्वयं वह सामाजिक आधार अल्पसंख्यक है, विरोध का है अथवा सत्ता का—जब तक

इसकी जाँच नहीं होती, तब तक केवल अल्पसंख्यक कहने से भ्रम हो सकता है। मैं इस बात को थोड़ा-सा स्पष्ट करने के लिए कहूँ कि ऐसा हुआ है कि आलोचना में विरोध की भूमिका अदा करनेवालों की कोटि लगभग अल्पसंख्यकों की रही है। यदि बहुत दूर न जाएँ तो बीसवीं सदी का ही उदाहरण लें। एक एफ.आर. लिविस का उदाहरण स्वयं शाह साहब ने लिया है या स्वयं मैथ्यू ऑर्नाल्ड का उदाहरण लें तो उससे ले करके एफ.आर. लिविस और इलियट तक की परम्परा के बहुत सारे लोग अपने को माइनॉरिटी मानते थे। लिविस आत्मसजग थे अपने अल्पसंख्यक होने को लेकर। अमरीका का सारा का सारा न्यू क्रिटिसिज़्म स्वयं अपने को उत्तरी अमरीका के दक्षिणी भाग के उन अल्पसंख्यकों की कोटि में रखता था जो वर्तमान सभ्यता और उस पर निर्भर जनतांत्रिक मूल्यों के खिलाफ़ संघर्ष करता रहा है। इस पूरे संघर्ष में यानी मैथ्यू ऑर्नाल्ड से लेकर जो मुख्य धारा अंग्रेजी आलोचना की एफ.आर. लिविस तक आती है, वह वैचारिक अल्पसंख्यकों की रही है और हम देखते हैं कि ये वैचारिक अल्पसंख्यक समाज के समाप्त होते हुए, क्षीण होते हुए उस अभिजात वर्ग के, और आधुनिक वर्ग के पूर्व के इंग्लैंड—जिसको आर्गेनिक सोसाइटी कहते हैं—उसके मूल्यों की प्रतिष्ठा करनेवाले थे, इस अर्थ में अल्पसंख्यक थे, पर आगे चल करके हम देखते हैं कि उसी कैम्ब्रिज ने, जिसने लिविस को दरकिनार किया था, उसकी उपेक्षा की थी, अन्त में लिविस उसी के द्वारा स्वीकृत, मान्य, प्रतिष्ठित हुए। स्क्रूटनी अल्पसंख्यक से बहुसंख्यक बने।

मैंने यह उदाहरण इसलिए दिया है कि इतना कहना काफी नहीं होता कि आज वैचारिक अल्पसंख्यकों की जो संख्या है—वे विरोध में हों, यह महत्त्वपूर्ण नहीं है। विरोध विरोध में भी फ़र्क होता है। अल्पसंख्यक हैं, यह भी महत्त्वपूर्ण नहीं है, महत्त्वपूर्ण यह है कि कुल मिलाकर जिन मूल्यों की प्रतिष्ठा कर रहे हैं, वे कहीं-न-कहीं सत्ता द्वारा स्वीकार्य होने की स्थिति में हैं। सत्ता का समर्थन करते हैं या नहीं करते हैं, मेरे खयाल से जब भी ऐसे प्रश्नों पर विचार करें और खास तौर से जब हम लोकतंत्र को आलोचना में प्रतिष्ठित करना चाहते हैं और मूल्यों की उस पद्धति का निरूपण करना चाहते हैं तो इसकी और जाँच की जानी चाहिए कि बहुलता को स्वीकार करते हुए अल्पसंख्यकों के सामाजिक ढाँचे का आधार क्या हो सकता है।

दूसरी बात इसी सन्दर्भ में यहाँ मैं और जोड़ते हुए कहूँ कि अतीत लोगों को बड़ा मनोहर लगा करता है। कहा गया कि 19वीं शताब्दी की आलोचना ज़्यादा जनतांत्रिक थी, बीसवीं सदी में अपेक्षाकृत असहिष्णु हो गई है। मैं अंग्रेजी साहित्य का विद्यार्थी नहीं हूँ, जो कुछ थोड़ी-बहुत सूचनाएँ मिली हैं, उन्हीं के आधार पर बात कर रहा हूँ। इस सन्दर्भ में मैथ्यू ऑर्नाल्ड को बहुत जनतांत्रिक कहा गया है। 'अवर कल्चरल एनॉर्की' किताब को मैं जितना देख सका हूँ, समझ सका हूँ—एनॉर्की के विरुद्ध कल्चर की प्रतिष्ठा करते हुए उस पुस्तक के अन्त में मैथ्यू

ऑर्नाल्ड (और ध्यान देने की बात है कि फ्रांसीसी क्रान्ति के मूल्यों के विरुद्ध मैथ्यू ऑर्नाल्ड 'कल्चरल एनॉर्की' किताब लिख रहे थे) हड़ताल का विरोध करते हैं, जुलूस का विरोध करते हैं। कहते हैं, इससे अराजकता फैलती है। जो सर्वोत्तम सोचा और लिखा गया है, उन मूल्यों की प्रतिष्ठा करनेवाले मैथ्यू ऑर्नाल्ड कहते हैं कि यह हड़ताल, जुलूस आदि के पीछे शुरू हुई मनोवृत्ति। ऐसे कार्यों के लिए, उनके कल्चर का पर्याय बन जाता है स्टेट। और कहते हैं कि राज्य को चाहिए कि वह इसका पूरी तरह से दमन करे। इसकी जाँच की जानी चाहिए। आम तौर से जब हम बहुलता की चर्चा करते हैं, बहुत्ववाद का तो अक्सर जहाँ भी विरोध होता है, उस सारे विरोध को हम अराजकता का नाम दे दिया करते हैं और उस अराजकता के विरुद्ध हम कहते हैं कि व्यवस्था होनी चाहिए। मैं इसलिए यह बात कह रहा हूँ कि लोकतंत्र खतरे में है।

रघुवीर सहाय जी की एक कविता है : 'लोकतंत्र का अन्तिम क्षण है, कहकर आप हँसें'। कभी-कभी सत्ता में प्रतिष्ठित लोकतंत्र भी कहता है कि लोकतंत्र खतरे में है, केवल विरोधी ही नहीं कहता। तो कितने आप सुरक्षित होंगे, मैं सोचने लगा। जब लोकतंत्र बहुत सुरक्षित होता है तब वह 'लोकतंत्र खतरे में है' जैसी बात कहकर हँस सकता है। इसलिए सोचने की बात यह है कि लोकतंत्र का सवाल कब सत्ता की ओर से उठाया जाता है और यह कहा जाता है कि अराजकता फैल रही है, लोग फालतू सवाल उठा रहे हैं, जूतम-पैजार कर रहे हैं, गाली-गलौच कर रहे हैं, तो इस अराजकता को समाप्त करने के लिए हमको लोकतांत्रिक मूल्यों की व्यवस्था स्थापित करनी चाहिए। आम तौर से उसका अर्थ यह हुआ करता है, जिसमें निहित होता है एक सहमति प्राप्त करना, कॉशेंसियस पर जोर देना और इस कॉशेंसियस या सहमति के आधार पर वह उन लोकतांत्रिक मूल्यों की प्रतिष्ठा करना चाहती है। इसलिए मैं निवेदन करूँगा कि इस पूरी चर्चा में यदि आपको प्रासंगिक प्रतीत हो तो हम देखें कि लोकतांत्रिक मूल्यों और पद्धतियों का सवाल किस सन्दर्भ में आज हम उठाते हुए दिखाई दे रहे हैं? राजनीति के सन्दर्भ को अपनी सुविधा के लिए यदि आप छोड़ दें, महज परिप्रेक्ष्य के रूप में ही रखें तो स्वयं साहित्य के अन्तर्गत मेरे सामने यह सवाल है। यदि 'पूर्वग्रह' जिन साहित्यिक मूल्यों के लिए संघर्ष कर रहा, वे विरोध में हैं, प्रतिपक्ष में हैं, अल्पसंख्यक हैं तो सबसे पहले हमें यह निर्धारित करना चाहिए कि इस समय वे कौन-से साहित्यिक मूल्य हैं जो सत्ता में हैं? और जो जड़ हैं, जो रूढ़ हैं जिनके विरुद्ध संघर्ष करना चाहिए, वैचारिक स्तर पर और तर्क आदि चीज़ों का सहारा ले करके करना चाहिए, वे मूल्य कौन-से हैं? वह बात सारे फसाने में जिसका ज़िक्र नहीं, वह नागवार गुज़री है कि नहीं? लेकिन स्पष्ट करना चाहिए। जैसाकि पिछली बार कहा गया था कि अकादेमिक आलोचना और धंधई आलोचना, दो खतरे हैं, वैसे ही आज स्पष्ट रूप से बताया जाना चाहिए कि

आलोचना में अराजकता फैलानेवाले या तानाशाही पर बल देनेवाले मूल्य कौन-से हैं? मैं नहीं कहता कि लोगों का नाम लिया जाए, पर यह अपरिभात्रित रूप जब तक रहेगा, तब तक बहुत स्पष्टता के साथ बहस नहीं हो सकती चूँकि स्वयं अपरिभाषित यह चीज़ है इसलिए अनेक प्रकार की व्याख्याओं की छूट ले करके अपनी ओर से उसकी कोई संज्ञा नहीं देना चाहता। लेकिन इसको कहीं-न-कहीं रेखांकित किया जाना चाहिए।

यहाँ ऐसा प्रतीत हो रहा है कि साहित्य के क्षेत्र में विचारधारा या आइडियोलॉजी को बल देने के कारण स्वभावत: एक प्रकार की तानाशाही आती है इसलिए उससे जब तक मुक्त नहीं हुआ जाएगा, तब तक साहित्य के क्षेत्र में उस प्रकार की तानाशाही मनोवृत्ति के खतरे बने रहेंगे, भले ही वह आइडियोलॉजी मार्क्सवादी हो या कुछ भी हो।

मैं यहाँ एक बात और कहकर समाप्त करूँगा। इस सिलसिले में मुझे हन्ना एरेंट की किताब 'बिटवीन पास्ट एंड फ्यूचर' के अन्तिम अध्याय में एक बहुत ही उपयोगी बात मालूम हुई। उन्होंने कॉन्ट के 'क्रिटिक ऑफ जजमेंट' का हवाला देते हुए कहा कि कॉन्ट अपने 'क्रिटिक ऑफ जजमेंट' में यह कहते हैं कि कला और साहित्य की दुनिया में दर्शन से यह भिन्नता और विशिष्टता होती है कि दर्शन में तो अपने-आपसे संवाद और स्वयं अपने-आपमें सुसंगत बने रहने का प्रयास होता है यानी उसे इस रूप में निरूपित किया जाता है कि सारी दुनिया से विरुद्ध होने की मैं इतनी परवाह नहीं करता; लेकिन मुझे इसकी चिन्ता ज़्यादा है कि मैं स्वयं अपने विरुद्ध न रहूँ, मैं अपने-आप में सुसंगत रहूँ।

हन्ना एरेंट ने कहा कि साहित्य और कला की दुनिया इस मामले में भिन्न होती है कि हम केवल अपने इम्प्रेशन, केवल अपनी भावनाओं तक ही सीमित नहीं रहते बल्कि हम अपने-आपको दूसरों की स्थिति में रखकर सोचने का प्रयास करते हैं जहाँ दूसरे के मत की अपेक्षा रहती है जिसे उन्होंने कहा कि 'एन्लॉर्ज मेंटलिटी' की जरूरत पड़ती है। इसीलिए उन्होंने कहा कि साहित्य में रुचि, अभिरुचि पर बल दिया जाता है। दर्शन से साहित्य इस मामले में भिन्न है कि वैचारिक मतभेदों के बावजूद हम देखते हैं कि किसी कलाकृति के पसन्द-नापसन्द के आधार पर हम किसी को अपना साझीदार मान लेते हैं, बावजूद इसके कि विचारों के मामले में हम उससे घोर असहमत हुआ करते हैं। इस सिलसिले में उन्होंने सिसिरो के एक कथन का उदाहरण दिया। सिसिरो ने कहा कि मैं 'अफलातून' के साथ भटकना पसन्द करूँगा किन्तु अफलातून के विरोधियों के साथ सही रास्ते पर चलना मंज़ूर नहीं करूँगा। मैं एक उदाहरण दे सकता हूँ पंडित विष्णुकान्त शास्त्री का जिनके नाम से कदाचित आप परिचित हों। उनकी विचारधारा यद्यपि भारतीय जनता पार्टी की है। दूसरी ओर डॉ. रामविलास शर्मा हैं, जो मार्क्सवादी हैं। विचित्र बात है कि

तुलसीदास को लेकर या निराला को लेकर टेक्स्ट के धरातल पर दोनों आदमी एक बिन्दु पर मिलते हैं जबकि विचारों में इन दोनों के बीच कोई मेल नहीं है। इसीलिए जैसाकि हन्ना एरेंट ने कॉन्ट के 'क्रिटिक ऑफ जजमेंट' के हवाले से कहा है कि उसने टेक्स्ट को किसी व्यक्ति की राजनीतिक सीमाओं और क्षमताओं के अतिरिक्त रखा है। कदाचित जब कॉन्ट के सौन्दर्यशास्त्र से कोई आदमी पूरी तरह से ही असहमत हो तो उस दायरे को तोड़कर दूसरी स्थापना कर सकता है। किन्तु मुझे ऐसा प्रतीत होता है कि साहित्य और कलाओं के सिलसिले में जिस आइडियोलॉजी का स्थान ठीक-ठीक निरूपित नहीं किया जा सका है, उस पर ज़्यादा विचार किया जाना चाहिए। इसी के कारण शायद वह असहिष्णुता दिखाई पड़ती है क्योंकि तर्क में, दर्शन में, तत्त्वचिन्तन में और राजनीतिक विवाद में तो ज़्यादा गुंजाइश है लेकिन साहित्य और कला में आइडियोलॉजी कदाचित वही भूमिका अदा नहीं करती, जैसाकि कॉन्ट मानते थे। 'क्रिटिक ऑफ जजमेंट' में कॉन्ट अपने असहिष्णु रूप में दिखाई पड़ते हैं। लेकिन 'क्रिटिक ऑफ जजमेंट' में उस असहिष्णुता को छोड़कर कहीं उस विस्तृत मानसिकता (एनलॉर्ज मेंटलिटी) को स्थापित करते हुए दिखाई पड़ते हैं।

हम लोग ठीक-ठीक अभी तक साहित्य और कला में विचारधारा की भूमिका पर बहुत गम्भीरता और गहराई से शायद विचार नहीं कर सके हैं—न विचारधारा के समर्थक, न विचारधारा के विरोधी। इन्हीं कारणों से आलोचना में वह कट्टरता या तानाशाही रवैया दिखाई पड़ रहा है। जिन सुलझे हुए महत्त्वपूर्ण मार्क्सवादियों ने विचारधारा की भूमिका को साहित्य-सृजन में बहुत नियामक नहीं माना है, उनमें से एक डॉ. रामविलास शर्मा का नाम मैं ले सकता हूँ। 'आस्था और सौन्दर्य' किताब को ही देखें, और भी किताबों में। बार-बार वे कहते रहे हैं कि साहित्य में ऐन्द्रिय बोध भी होता है, भावबोध भी होता है। प्योर विचारधारा के रूप में साहित्य को लेना सही नहीं है। और यदि यह बात सही है तो इसी में से एक रास्ता निकलता दिखाई देता है, जहाँ हम साहित्य और कला के क्षेत्र में कदाचित अधिक बहस-मुबाहसे के दौरान लोकतांत्रिक पद्धति का विकास कर सकते हैं, जहाँ चिन्तन में तो विकास हो ही, कदाचित अभिरुचि के द्वारा भी हम एक ऐसी साझेदारी की स्थापना कर सकते हैं।

['पूर्वग्रह-66' : जनवरी-फरवरी, 1985]

# आलोचना : परम्परा और विचारधारा

मैं पाँच शब्दों को आधार बनाकर सूत्ररूप में टिप्पणियाँ करना चाहता हूँ। ये शब्द हैं साहित्य, परम्परा, भाषा, विचारधारा और समाज। सुविधा के लिए अजित जी का यह कथन स्वीकार किया जाता है कि स्वतंत्रता आलोचक की और स्वायत्तता आलोचना की। आलोचना की यह स्वायत्तता किससे? साहित्य से? कहा गया कि उसका एक अलग शास्त्र होना चाहिए। आचार्य शुक्ल ने अपने 'इन्दौर वाले भाषण' में 'आलोचना' को भी 'साहित्य' के अन्तर्गत ही शामिल किया है। यह बात इससे स्पष्ट हो जाएगी कि साहित्य पर समाजशास्त्री भी लिखते हैं, राजनीतिक भी लिखते हैं, इतिहासकार भी उसका उपयोग करते हैं लेकिन वह मात्र इसीलिए आलोचना नहीं हो जाती कि उसका 'विषय' साहित्य है। प्रश्न यह है कि वह 'साहित्यिक' है कि नहीं? 'साहित्यिकता' इस बात में नहीं होती कि कविता पर एक दूसरी कविता लिख दी जाए—आलोचना के नाम पर! कहा गया है कि उसकी अपनी 'ज्ञान-मीमांसा' या 'पद्धति' होनी चाहिए। यह पद्धति क्या है, मैं नहीं जानता। पद्धतियाँ बहुत हैं लेकिन इस सिलसिले में एक कवि आलोचक की कही गई बात मुझे बहुत संगत लगती है : 'देयर इज़ नो मैथॅड एक्सेप्ट टू बी वैरी इंटेलीजेंट'। पद्धतियाँ तो बहुतों के पास होती हैं, सवाल यह है कि कैसे वह पद्धति अन्तत: समालोचक को 'इंटेलीजेंट' बनाती है? जैसे रचनाकार की सर्जनशीलता को नहीं समझाया जा सकता, वैसे ही आलोचक की उस संवेदनशीलता या विवेक को भी परिभाषित करना कठिन है। यह कहकर मैं उसे रहस्यमंडित नहीं कर रहा हूँ और न यह कहना चाहता हूँ कि वह कोई 'ट्रेड सीक्रेट' है।

आलोचना एक सांस्कृतिक क्रम है लेकिन आलोचना की भी एक संस्कृति है और होनी चाहिए। समय होता, तो इस पर चर्चा होती कि आलोचना की अपनी वह संस्कृति क्या है? यह शब्द जब मैं कह रहा हूँ तो 'कांग्रेस कल्चर' या अमुक कल्चर के अनुकरण पर नहीं कह रहा हूँ जो कि 'कल्चर' का 'वल्गराइजेशन' है बल्कि एक गहरे अर्थ में कह रहा हूँ जिसके चलते किसी अनुशासन की या चिन्तन-पद्धति की संस्कृति की बात होती है।

सही बात है कि आलोचना की मुक्ति, परम्परा के अन्तर्गत ही है। इस बीच कहा गया है कि हिन्दी में कुछ नया ढूँढ़ने की न इच्छा है, न साहस है। परम्परा के अन्तर्गत आलोचना की स्वतंत्रता का अर्थ यह होता है कि आप कुछ नये सवाल उठाते हैं कि नहीं? प्राचीन प्रश्नों के नये उत्तर देते हैं कि नहीं? बहुत-से प्राचीन प्रश्न जो भूल गए हैं, उनकी पुन: याद दिलाते हैं कि नहीं? इन कार्यों के द्वारा हम परम्परा के अन्तर्गत मुक्ति प्राप्त करते हैं और साथ ही उसमें नया कुछ जोड़ते हैं। मैं कहना चाहता हूँ कि यह स्वतंत्रता आलोचना का अपना ही धर्म नहीं है, यह रचना का भी धर्म है। अन्य क्षेत्रों में स्वतंत्रता जिस गहरे अर्थ में होती है, आलोचना में भी है।

तीसरी बात भाषा। वात्स्यायन जी ने कहा और जितना मैं समझ पाया—भाषा का प्रश्न केवल आलोचना की भाषा का नहीं है, या काव्य-भाषा पर विचार करना ही आलोचना का कार्य नहीं है बल्कि भाषा की जो सार्वभौम सत्ता है, जिसके बड़े दायरे में हम सब लोग बँधे हुए हैं, जिससे प्रत्येक कर्म नियन्त्रित-निर्धारित होता है, उस भाषा पर विचार का भी प्रश्न है। बहुत दिनों तक हम लोग 'इकोनॉमिक डिटर्मनिज्म' की बात करते थे लेकिन आज लगभग एक 'लिंग्विस्टिक डिटर्मिनिज्म' की बात हो रही है। क्यों कोई कृति तोड़ नहीं पाती है नई दिशाओं को? क्यों समाज के विरुद्ध लड़ नहीं पाती है—कवि की इच्छा के रहते हुए भी?—इन तमाम चीजों की खोज करने पर, कदाचित भाषा की उस प्रकृति की ओर ध्यान जाएगा। अभी तक हम लोग भाषा को सिर्फ 'माध्यम' मानते थे, 'वाहन' मानते थे, जबकि वह हमारे चिन्तन और अनुभव का भी अस्त्र है।

चौथी बात 'विचारधारा', 'पूर्वग्रह', 'संस्कार'। मैं एक संस्कार लेकर आया हूँ। आलोचना उस संस्कार से एक बहुत बड़ा संघर्ष है—आत्मसंघर्ष, जिसे संस्कार की समीक्षा कह सकते हैं; दूसरे शब्दों में 'संस्कार का संस्कार' कह सकते हैं। यह पहला संघर्ष है—साहित्य के क्षेत्र में—प्रत्येक आलोचक के लिए हम पूर्व पीढ़ी से प्रदत्त साहित्यिक संस्कार लेकर आते हैं, जैसे छायावादी संस्कार कविता में लाए गए हैं और 'नई कविता' पर विचार कर रहे हैं। ऐसी स्थिति में अक्सर कठिनाइयाँ होती हैं उस आत्मसंघर्ष में। उसका एक दूसरा रूप है : 'पूर्वग्रह'। कहा भी गया कि पूर्वग्रह उस समय पूर्वग्रह नहीं रह जाता जब यह कहकर उपस्थित किया जाता है कि यह मेरा पूर्वग्रह है। पूर्वग्रह उस समय घातक होता है जब शाश्वत सिद्धान्त के रूप में उपस्थित किया जाता है या सत्य के रूप में और कहा जाता है कि पूर्वग्रह नहीं है। इसलिए कोई आलोचक यह कहकर कि यह मेरा पूर्वग्रह है, अपने को अनावृत्त करके वध्य बनाता है, आलोच्य बनाता है। निरन्तर अपने पूर्वग्रहों की समीक्षा आलोचना की मुक्ति का एक परम सूत्र है। निर्मल जी ने सही कहा कि विचारधारा आदर्शों का ही एक विकृत या जड़ीभूत रूप है। मैं स्पष्ट हूँ कि

मैं संस्कार कुछ और लेकर चला, अध्ययन-क्रम में मैंने मार्क्सवाद को जीवन में अपनाया, उस मार्क्सवादी दायरे में मैं अपनी आलोचना लिखता हूँ। मार्क्सवाद एक जीवनदृष्टि है लेकिन विचारधारा भी वही है। यह उसकी विडम्बना है कि एक बड़े आदर्श को लेकर चलनेवाली जीवनदृष्टि 'ऑइडियोलॉजी' बन गई। मैं पारिभाषिक अर्थ में ही 'ऑडडियोलॉजी' कह रहा हूँ। उस 'ऑइडियोलॉजी' की सीमाओं की ओर ध्यान जाना, उसके प्रति आलोचनात्मक रुख रखना, आलोचना की मुक्ति का स्वरूप है। जॉर्ज लूकाच मार्क्सवाद को स्वीकार करते हुए कभी सफल हुए, कभी नहीं हुए। यह बात मार्क्सवाद के साथ ही नहीं है। यह बात उस इलियट के साथ भी है जिसने 'एंग्लो कैथोलिसिज्म' को आस्था के रूप में स्वीकार किया था। कुछ लोग वेदान्त को स्वीकार करके भी चल सकते हैं। इसलिए यह भ्रम नहीं होना चाहिए, जैसाकि कहीं एक जगह कहा गया है कि एक ही मार्क्सवाद को लेकर दो या तीन आलोचक, एक ही कृति के बारे में तरह-तरह का मत रखते हैं। चिन्तित होने की जरूरत नहीं है—एक वेदान्त को लेकर चार या छह प्रकार के अद्वैत रखनेवालों के प्रति हम चिन्तित नहीं होते हैं। बड़ी बात यह नहीं है, महत्त्वपूर्ण यह नहीं है। हम यह नहीं जानना चाहते कि आप मार्क्सवाद को लेकर चलते हैं या किसको लेकर चलते हैं, आप सतर्क हैं कि नहीं, उसके ऊपर सन्देह का भाव पैदा होता है कि नहीं!

अन्तिम बात 'समाज'। हमारे मराठी के बन्धु डॉ. पाध्ये ने कहा कि आलोचना की स्वायत्तता उसी समाज में हो सकती है जिस समाज में साहित्य स्वायत्त होता है और निर्मल जी ने कहा कि पराधीन समाज में क्या आलोचना सम्भव है? सबसे बड़ा यह सवाल है। फिलहाल यह विषय अपराह्न वाली गोष्ठी 'आलोचना और राजनीति' के लिए सुरक्षित रखें। मैं एक संक्षिप्त टिप्पणी करूँगा और वह यह कि निर्मल जी का ऐसा विश्वास है कि पराधीन समाज में रचना तो सम्भव हो पाती है लेकिन आलोचना के लिए कठिनाइयाँ हैं। मैं समझ सकता हूँ उस अन्तर को; वह है क्योंकि विचारसूत्रों के एक रूप में स्पष्टता के साथ आती है आलोचना। 'बिम्ब', 'प्रतीक' आदि कुछ ऐसी चीजें हैं जहाँ आप सेंसर को बुत्ता दे सकते हैं। लेकिन क्या प्रयत्न नहीं किया जा सकता है या लोगों ने नहीं किया है जहाँ 'फेबुल' की शैली में भी आलोचनाएँ लिखी गई हैं? बेंजामिन ने दूसरा क्या किया? उस स्तालिनवादी दौर में बहुत दूर तक लूकाच ने भी ऐसी ही लुका-छिपी खेलने की कोशिश की है। हम ऐसा समझते हैं कि यूरोप का समाज अपेक्षाकृत अधिक स्वाधीन है जबकि हम भारत वाले अपेक्षाकृत अधिक पराधीन हैं। जिसे हम परम स्वाधीन समाज समझते हैं, उन विकसित पूँजीवादी समाजों में सतह पर विचारों का लोकतंत्र बहुत अधिक हो सकता है, सेंसर नहीं भी हो सकता है लेकिन 'ऑइडियोलॉजिकल स्टेट अप्रेटस' वहाँ इतनी गहराई तक काम करते हैं कि वहाँ उनकी दूसरी बड़ी चुनौतियाँ हैं,

कठिनाइयाँ हैं। विकासशील देशों में से वहाँ, जहाँ सैनिक तानाशाही है, जहाँ स्पष्ट सेंसर है, वहाँ तो जाहिर है कि कठिन कार्य होगा लेकिन अपने देश भारत में मैंने कहा कि वह 'विकल्प का अवकाश' या स्पेस अपेक्षाकृत सुरक्षित है और देखने की बात यह है कि वहाँ उसका कितना उपयोग हम करते हैं। मुझे ऐसा लगता है कि उस सुलभ अवकाश का जितना अधिक उपयोग होना चाहिए, हम नहीं कर सके हैं। यह बात मैं आत्म-समीक्षा के रूप में कह रहा हूँ दूसरे आलोचकों पर आरोप के अर्थ में नहीं।

# आलोचना और मैं

हिन्दी साहित्य में कभी-कभी कुछ समीक्षकों पर पूरा-का-पूरा ग्रंथ लिखा जाता है। हिन्दी आलोचना का इतिहास भी लिखा जाता है। प्राचीन भारतीय संस्कृत काव्यशास्त्र है, पाश्चात्य काव्यशास्त्र, उनका इतिहास लिखा जाता है। फिर कुछ वाद और आन्दोलन हैं—जैसे अभिव्यंजनवाद, प्रतीकवाद। अलग-अलग सिद्धान्त और वाद हैं, उनका इतिहास लिखा जाता है। आलोचना में एक और भी प्रवृत्ति है—जैसे आधुनिकतावाद, उत्तरआधुनिकतावाद। इन पर लिखा जाता है। उत्तर आधुनिकता के अन्तर्गत अलग-अलग लेखकों-विचारकों पर लिखा जाता है, जैसे जब जॉक देरिदा भारत आए थे तो कुछ लोगों ने उन पर लिखा। फिर कुछ लोग पुस्तक समीक्षा के अलावा हिन्दी में कविता समीक्षा, कथा समीक्षा, नाटक समीक्षा या कुछ लोकगीतों और प्रबन्ध काव्यों पर अलग से विचार करते हैं। सौन्दर्यशास्त्र पर विचार करते हैं तो आलोचना के विविध रूप हैं, और सबका लेखा-जोखा लेकर चलना तो इस बातचीत में बड़ा लम्बा होगा।

मोटे तौर पर यह कि सिद्धान्त-चर्चा को मैं समीक्षा नहीं मानता—चाहे भारतीय साहित्यशास्त्र हो, चाहे पश्चिमी साहित्यशास्त्र। जिसे लिटरेरी थियरी कहते हैं, सैद्धान्तिकी, उसे मैं समीक्षा नहीं मानता। समीक्षा, जिसे उर्दू में तन्कीद कहते हैं, वह तो किसी एक कृति को लेकर होती है—चाहे किसी कविता, कहानी, उपन्यास, नाटक को लेकर, चाहे किसी लिरिक या किसी गजल या नज़्म को लेकर। अंग्रेजी में आजकल उसको कहते हैं—रीडिंग्स या व्याख्या। अंग्रेजी में जिसे कहते हैं प्रैक्टिकल क्रिटिसिज्म यानी व्यावहारिक समीक्षा। तो मुख्य समीक्षा वही रीडिंग्स, और हिन्दी में यह काम बहुत कम हो रहा है। हो रहा है, मगर कम हो रहा है। अब जैसे एक कहानी लीजिए और उसकी समीक्षा कीजिए। एक कविता लीजिए और उसे अच्छी तरह से देखिए। उर्दू में ऐसे काम बहुत हुए हैं। ग़ालिब और मीर की कुछ गजलों को समीक्षकों ने लिया है, कभी एक शे'र को ही उठाया है और उस पर बात हुई है। कोई एक नज़्म ली, उस पर चर्चा की है। पुराने लोगों में एक कालीमुद्दीन अहमद साहब थे जो अब नहीं रहे, 'उर्दू शायरी पर एक नजर' उनकी किताब थी। तो बहुत तीखी निगाह थी साहब, उनकी।

आचार्य रामचन्द्र शुक्ल को देखिए तो उन्होंने ज्यादातर समीक्षाएँ लिखी हैं। सूर, तुलसी और जायसी, तीन पर विशेष रूप से लिखा है। 'हिन्दी साहित्य का इतिहास' में उनकी इतिहास सम्बन्धी मान्यताओं से भले ही किसी का मतभेद हो, कई इतिहासकारों ने लिखा भी है। मगर जिन कविताओं, उपन्यासों, कहानियों पर उन्होंने जो छोटी-छोटी टिप्पणियाँ ही लिखी हैं, उनसे पता चलता है कि वे सच्चे अर्थों में समालोचक थे। अब हिन्दी साहित्य का कोई अच्छा इतिहास चूँकि नहीं था तो उन्होंने विद्यार्थियों के समझने के लिए लिख दिया था। वह इतिहास अपनी जगह पर है, उसका अपना महत्त्व है। लेकिन विश्लेषण और मूल्यांकन जो उन्होंने किया, उसका कोई जवाब नहीं।

अंग्रेजी में इस परम्परा में आई.ए. रिचड्र्स ने तो पहले 'प्रिंसिपल्स ऑफ लिटरेरी क्रिटिसिज्म' लिखा और फिर 'प्रैक्टिकल क्रिटिसिज्म' लिखा है। एफ.आर. लिविस उनके थोड़े बाद के हुए हैं। वे थियरी पर नहीं, बल्कि क्रिटिसिज्म पर बात करते थे। इधर उत्तर आधुनिक युग में जो हुए हैं, अन्य भाषाओं को छोड़ दें तो अंग्रेजी और फ्रेंच में एक पालीमान हुए हैं। रीडिंग पर जिन्होंने जोर दिया है, वे जॉक देरिदा हुए हैं। तो ऐसे लोग हुए हैं कि कोई कृति ली, एक कविता ली और उस पर गम्भीरता से विचार किया। हिन्दी में ऐसी गम्भीर समीक्षा की परम्परा कम है। राय देनेवाले लोग हैं, खारिज करनेवाले मिल जाते हैं। फैसला सुनानेवाले लोग मिलेंगे। वाह-वाह करनेवाले लोग मिल जाएँगे। मगर थोड़ा रुककर, थोड़ा देर तक विचार करनेवाले लोग कम हैं। स्कूल के दिनों में जो हमारे अच्छे अध्यापक होते थे, वे तुलसी के किसी एक दोहे या चौपाई को, बिहारी के किसी दोहे को कई दिनों तक पढ़ाते थे। वह टेक्स्ट ठीक से पढ़ने-पढ़ानेवाली परम्परा अब कम है।

समीक्षा का यह काम बड़ा ही इतमीनान वाला है, और मुश्किल काम है। पता चल जाता है कि आलोचना कितने पानी में है। आप कुछ समझ रहे हैं या वैसे ही बिना समझे दाद दिये चले जा रहे हैं। ऐसे कई शायर हुए हैं कि अगर किसी ने गलत जगह पर दाद दी तो मारकर भगा दिया। फ़िराक साहब का एक किस्सा था जो शमशेर जी सुनाया करते थे। 1950 के दशक की बात है। उन दिनों फ़िराक साहब इलाहाबाद में बैंक रोड पर रहा करते थे। शमशेर जी उनसे मिलने जा रहे थे। उन्होंने देखा कि सुबह-सुबह सड़क पर एक आदमी भागा जा रहा है और फ़िराक साहब उसके पीछे हाथ में चप्पल लिये दौड़े चले जा रहे हैं। उन्होंने पूछा तो फ़िराक साहब बोले, "बैठो, अभी आ रहा हूँ। सुबह-सुबह आकर कहा कि शे'र सुनाओ और गलत जगह दाद दे दी है।" आज रचनाकारों को आलोचकों से यह शिकायत है कि लोग उनकी रचनाएँ समझ नहीं रहे हैं, बिना समझे ही प्रशंसा करते चले जा रहे हैं। खारिज कर रहे हैं। फैसला लोग ज्यादा सुनाते हैं, इस बात का प्रमाण कम देते हैं कि उन्होंने रचना को ठीक से समझा है।

मैंने कहानियों पर जब लिखना शुरू किया था—यही 1956-57 में, जब 'कहानी : नई कहानी' लिख रहा था—आपने देखा होगा कि मैं शुरू में एक कहानी लेता था। प्रेमचन्द की कहानी 'मुक्ति का मार्ग' लिया था। जिन कहानियों पर कम चर्चा होती थी—जैसे जैनेन्द्र की कहानी 'नीलम देश की राजकन्या', वह ली थी। प्रसाद की कहानी 'स्वर्ग के खँडहर' ली थी। अज्ञेय की कहानी उनके संग्रह 'जयदोल' से ली थी। तो मैंने एक-एक कहानी ली थी। उनकी समीक्षा प्रस्तुत की थी। उन दिनों 'नई कहानी' पर ज्यादा सैद्धान्तिक बहस चल रही थी। उसमें मेरी कोई खास दिलचस्पी नहीं थी। द्विजेन्द्रनाथ मिश्र 'निर्गुण' की एक कहानी थी।... मेरी समीक्षा से वे बहुत नाराज हुए थे क्योंकि मैंने कह दिया था कि वह तो बड़ी सेंटीमेंटल कहानी है। इस तरह एक-एक कहानी का मैंने अध्ययन प्रस्तुत किया था, जबकि बहुत खतरा था। लोग नई कहानी को लेकर लम्बी बहसें चला रहे थे, मोटी पुस्तकें लिख रहे थे। होगी नई कहानी भैया! मेरा कहना था कि कहानी की समझ तो होनी चाहिए। लोग मनोरंजन के लिए कहानी पढ़ते हैं, उसका प्लाट सुना देते हैं, थीम बता देते हैं और सोचते हैं कि हो गई समीक्षा। भई, पूरी थीम का ट्रीटमेंट कैसा है?—आपने रचनाकार की कला क्या दिखाई है? यह महत्त्वपूर्ण है।

'छायावाद' पुस्तक की बात करें तो ठीक है, पुस्तक छायावाद पर लिखी है। पर उसमें भी मैंने अलग-अलग कविताओं पर विचार किया है। 'कविता के नये प्रतिमान' में भी मेरे सामने कविताएँ थीं। मैं कोई प्रतिमान नहीं बना रहा था। मेरी यह धारणा है कि जैसे कहानी या उपन्यास लिखते समय यह माना जाता है कि रचनाकार के विचार जितने छुपे हुए हों, रचना उतनी ही अच्छी मानी जाती है; इसी प्रकार आलोचक का सिद्धान्त जितना छिपा हुआ हो, उतना ही अच्छा है। आपकी व्याख्या बोलेगी कि आप किस दृष्टि से देख रहे हैं। लोग आजकल दृष्टिकोण ज्यादा दिखाते हैं। मालूम ही नहीं होना चाहिए कि आलोचक का सिद्धान्त या उसकी विचारधारा क्या है। सवाल यह नहीं है कि आपने कौन-सा हथियार इस्तेमाल किया, सवाल यह है कि आपने ऑपरेशन ठीक से किया है या नहीं? आलोचना भी एक ऑपरेशन ही है। डॉक्टर की डिग्री महत्त्वपूर्ण नहीं होती, उसका काम महत्त्वपूर्ण होता है। मैं सैद्धान्तिक और व्यावहारिक आलोचना के अन्तर या विभाजन को गलत मानता हूँ। आलोचना तो आलोचना है, वह सैद्धान्तिक और व्यावहारिक, दो भागों में बँटी नहीं होती। यदि ऐसा होता है तो वह कोई सिद्धान्त होता है और फिर वह अप्लाई होता है। यह आलोचना अप्लाइड साइंस जैसी कोई चीज नहीं होती। यदि ऐसा होता है तो यह बहुत यांत्रिक होगा। थियरी हरबा-हथियार नहीं है कि आप औजार लेकर आए और फिर आप ऑपरेशन कर रहे हैं। रीडिंग इसीलिए एक ऐसा शब्द है, जो बहुत-सी चीजों को शामिल करता है।

आजकल दुर्व्याख्याएँ भी हो रही हैं समीक्षा के नाम पर। जैसे डॉ. धर्मवीर हैं। उन्होंने कबीर को लेकर हजारी प्रसाद द्विवेदी की आलोचना की है। उन्होंने दुर्व्याख्या ही की है। बहस होनी चाहिए इस पर। दलित समालोचकों ने प्रेमचन्द की कहानी 'कफन' पर लिखा है और उसको दलित-विरोधी माना है। 'दूध का दाम' को दलित-विरोधी माना है। सत्यजित रे ने जिस कहानी पर फिल्म बनाई है 'सद्गति', उसे दलित-विरोधी बताया है। 'दूध का दाम' के बारे में लिखा गया है कि इसमें प्रेमचन्द ने दलितों के दर्द को नहीं दिखाया है। इन बातों की व्याख्या करके देखें तो यह पता चलेगा कि ये लोग गलत लिख रहे हैं। 'सद्गति' को गलत पढ़ रहे हैं और 'कफन' के साथ तो ज्यादती की जा रही है। स्त्री-विमर्श के बारे में भी यही कहा जा सकता है। जैनेन्द्र जैसे लेखक की कहानी है 'सुनीता', जिसकी नायिका अन्त में नंगी हो जाती है। उसकी आलोचना इधर की गई है और उसे अश्लील कहा गया है। अभी काशीनाथ सिंह का छोटा-सा उपन्यास आया 'रेहन पर रग्घू', 'तद्भव' में छपा है। सारे उपन्यास की तारीफ इसलिए की गई है कि यह एक बूढ़े आदमी की कहानी है। मुझे यह गलत जगह पर दाद देनेवाली ही बात लगती है। यदि केवल इतनी ही सी बात होती तो यह उपन्यास क्यों महत्त्वपूर्ण होता? इधर राजेन्द्र यादव से मेरी बात हो रही थी। वे कह रहे थे कि बहुत-से लेखक, खास कर सवर्ण लेखक हैं जो बूढ़ों के बारे में लिख रहे हैं। मैंने कहा कि इसमें क्या बुराई है? क्या यदि युवा लेखक युवा लोगों के बारे में लिखेंगे तभी वह समकालीन लेखन होगा? वे कह रहे थे कि बीसवीं शताब्दी के दो महत्त्वपूर्ण उपन्यास एक निर्मल वर्मा का 'अन्तिम अरण्य' और कृष्णा सोबती का 'समय सरगम' बूढ़ों के बारे में हैं। कोई उपन्यासकार यदि टेक्निक के चलते बूढ़े पात्र को चुन लेता है तो महत्त्वपूर्ण यह नहीं है कि इन लेखकों के चरित्र बूढ़े या जवान हैं। महत्त्वपूर्ण यह है कि निर्मल वर्मा या कृष्णा सोबती वास्तव में कहना क्या चाहते हैं। सवाल स्त्री या पुरुष पात्र का नहीं है। मैक्सिम गोर्की ने एक कहानी '26' और '1' नाम की लिखी थी। बड़ी पुरानी कहानी है। अब इस कहानी में महत्त्वपूर्ण यह है कि वे कहना क्या चाहते हैं। यह महत्त्व की बात नहीं कि इस कहानी में एक माशूका और दो या तीन दीवाने हैं। लेखक बूढ़े अथवा जवान पात्रों को साधने के रूप में अपनी कहानी या उपन्यास में रखता है।

राजेन्द्र जी कह रहे थे कि इधर उपन्यास से मुसलमान पात्र गायब हो रहे हैं। प्रेमचन्द जब लिखते थे और बँटवारे से पहले तक हमारी शामिल ज़िन्दगी हुआ करती थी। मुझे ठीक से याद है कि हमारे यहाँ धोबी और नाई मुसलमान हुआ करते थे। हमारे बगल में एक गाँव था जहाँ से ताजिया निकलता था। हिन्दू और मुस्लिम औरतें सामूहिक रूप से ताजिए की पूजा किया करती थीं। मैं कहना यह चाहता हूँ कि उस समय ज़िन्दगी के त्योहार साथ मनाए जाते थे। तो उस समय यदि प्रेमचन्द

ने मुसलमानों के बारे में लिखा तो एक सामूहिक जीवन था। बनारस में था, हमारे पूरे क्षेत्र में था। विभाजन के बाद बहुत-से लोग तो गाँव से चले गए। साथ में त्योहार मनाना बन्द हुआ। विभाजन की कड़वाहट थी, उसका प्रभाव हमारे जीवन पर पड़ा। कुछ बड़ी संस्थाओं में साथ रह गया, जैसे कांग्रेस और कम्यूनिस्ट पार्टियों में। राजनीतिक तौर पर लोग मिलते थे। मगर जो रोजमर्रा के जीवन में एक अटूट साथ था, वह बात नहीं रह गई थी। अब यदि आप एक-दूसरे को नहीं जानेंगे, तो लिखेंगे क्या? राजेन्द्र जी जब कह रहे थे तो मुझे आश्चर्य हुआ कि हमारे यहाँ यह दूरी स्वतंत्रता के बाद किस कदर बढ़ती गई है! किसी समुदाय को जानने का सबसे बढ़िया तरीका यह है कि हम उसके घर जाएँ, खाएँ-पिएँ। दफ्तर में मिलने से जीवन की बातें समझ में नहीं आ सकती हैं। तो यह कहा तो जा रहा है कि हिन्दी कहानी से मुस्लिम पात्र गायब हो रहे हैं, मगर उनके कारणों को नहीं समझा जा रहा है।

मैं इसे मार्क्सवादी समीक्षा की गड़बड़ी ही कहूँगा कि विचारधारात्मक आलोचना अधिक हो रही है। डॉ. रामविलास शर्मा ने एक दौर में विचारधारा के आधार पर राहुल सांकृत्यायन, सुमित्रानन्दन पंत, महादेवी वर्मा, यशपाल, रांगेय राघव जैसे तमाम लेखकों को खारिज कर दिया था। केदारनाथ अग्रवाल उन्हें एकमात्र ऐसे महत्त्वपूर्ण कवि मिले जो विचारधारा की दृष्टि से पूरे मार्क्सवादी निकले। उन्होंने शमशेर और मुक्तिबोध को भी खारिज कर दिया था। इसी तरह शिवदान सिंह चौहान भी थे। दूसरी ओर प्रभाववादी आलोचना थी जो वाह-वाह तक सीमित थी। यह सब अतिरेकपूर्ण आलोचनाएँ थीं। अतिरेकपूर्ण विचारधारात्मक समीक्षा को कुछ लोग समाजशास्त्रीय आलोचना भी कहते हैं, मगर वह वास्तव में कुत्सित समाजशास्त्रीय आलोचना है। प्रगतिशील आलोचना की इन्हीं कमजोरियों का फायदा उठाते हुए 'परिमल' के लोग आए। उन्हें फार्मलिस्ट कहा गया। उस असर से आलोचना उबर तो गई, मगर यह प्रवृत्ति दूसरे तरीके से ही सही, काम तो कर ही रही है।

मैं यह मानता हूँ कि हमारी जो भी परम्परा रही है, जैसे मार्क्सवादी परम्परा मेरी आलोचना का आधार रही है। मगर इसका यह मतलब नहीं है कि जो दूसरे लोग हैं, उनसे हम कुछ नहीं सीख सकते। उनसे भी हम बहुत कुछ सीख सकते हैं। जैसे मार्क्स और लेनिन, इन दोनों को लेते हैं। मार्क्स जिन कवियों और लेखकों की विचारधारा को समाज-विरोधी मानते थे, उनकी भी तारीफ करते हैं। उदाहरण के लिए, वे बाल्जाक की तारीफ उसके यथार्थवाद के लिए करते हैं। यद्यपि वे मानते हैं कि उसकी सहानुभूति बुर्जुआ क्लास के साथ है। लेनिन टॉल्स्टॉय की विचारधारा की आलोचना करते हुए भी उनकी तारीफ करते हैं। हमारे यहाँ चलता था 'इन्स्पाइट ऑफ' और 'बिकाज ऑफ' यानी विचारधारा के होते हुए और विचारधारा के बावजूद। ये दो तरह की चीजें हैं जिन्हें पहचानने की तमीज हमारी आलोचना में रही है और यह तमीज व्यवहार में आज भी कायम की जानी चाहिए

क्योंकि साहित्यकार वकील नहीं है कि फीस लेने के बाद गलत चीज़ की तारीफ करता चला जाए। वह रचना में निहित अन्तर्विरोधों को भी देखता है। कुछ लोग होते हैं जो बढ़िया ब्रीफ तैयार करते हैं। मगर हम लोग तो रचना के अन्तर्विरोधों को भी देख लेते हैं।

अन्तर्विरोध होता है, इसे लोग भूलते जा रहे हैं। चाहे वह प्रगतिशील हो, चाहे गैरप्रगतिशील। गैरप्रगतिशील तो आम तौर पर इसे भूल ही जाते हैं। दलित लोग यह भूल जाते हैं कि दलितों में भी अन्तर्विरोध होते हैं। सारी स्त्रियाँ भी एक जैसी नहीं होतीं, उनमें भी वर्ग होते हैं। बड़े घर की स्त्रियों और गरीब घर की औरतों में फर्क होता है। उनकी भाषा तक में फर्क आ जाता है। उनकी भाषा बोलती है कि उनका तबका क्या है। इसी प्रकार नये धनिकों और पुराने धनिकों की भाषा में फर्क आता है। श्रीलाल शुक्ल के उपन्यासों में यह फर्क साफ दिखाई देता है, भले ही वे मार्क्सवादी न हों। यह फर्क हमारे लेखन से गायब होता जा रहा है। केवल 'किसान-किसान' कह देने से काम नहीं चलेगा। बड़े किसान और छोटे किसान में फर्क होता है। प्रेमचन्द के यहाँ उनके उपन्यासों में यह अन्तर साफ दिखाई देता है।

['समीक्षा क्या है' शीर्षक से 'कल के लिए' : मार्च 2010—जून 2010 में प्रकाशित। शकील सिद्दीकी के सवालों पर आधारित जवाब]

# रचनाधर्मिता की प्रासंगिकता का निकष

प्रासंगिकता का अर्थ इस बीच हिन्दी में बदल गया है। पुराने लोग जो अर्थ लेते हैं, वह ठीक इसका उल्टा है। निषेधात्मक रूप में इस शब्द का प्रयोग हिन्दी में बहुत है। अप्रासंगिक निषेधात्मक रूप में खूब चलते हैं, लेकिन विधेयात्मक रूप में यह शब्द ठीक-ठीक प्रचलित नहीं हो सका। प्रासंगिकता अंग्रेजी के शब्द रेलेवेंस का हिन्दी अनुवाद है। मेरे निकट शब्द का अर्थ उसके प्रसंग और पर्याय पर निर्भर होता है। प्रासंगिकता का अर्थ मेरे लिए सार्थकता है। रचना सार्थक है या नहीं—इसे सीधे-सीधे मैं रचना की प्रासंगिकता का निकष मानता हूँ। बेहतर हो, हम आज के प्रसंग में विचार करें तो ज्यादा अच्छा हो। मैंने कहीं अखबार में पढ़ा था कि जर्मनी में समाज-विज्ञान के प्रोफेसर को, जो युवा लोगों को प्रेरणा देनेवाले थे, एक दिन विद्यार्थियों ने घेर लिया और उनकी एक ही आवाज थी कि हमने आपके विचार सुन लिये लेकिन हम एक्शन चाहते हैं।...अमरीका में जहाँ टीचिंग की परम्परा है, वहाँ के विद्यार्थियों को जो पढ़ाया जाता है, वह सब अप्रासंगिक है। हमें वह साहित्य चाहिए जो आज की ज़िन्दगी के लिए प्रासंगिक हो। हो सकता है कि सम्पूर्ण जनसमूह लेखकों और साहित्यकारों को घेर ले और कहे कि हमें सार्थक साहित्य चाहिए। ऐसे समय हम शुद्ध साहित्य की चर्चा न करें क्योंकि इससे समस्या का हल नहीं। इस समय जो सवाल उठ रहे हैं, उसी रूप में इसे ग्रहण किया जाए।

बीस-पच्चीस वर्षों के भीतर किसी कृति के मूल्य-निर्धारण में प्रासंगिकता की जाँच बहुत कम की जाती थी। सृजनशीलता, रचनात्मकता की बात बहुत होती थी। मेरा अनुमान है कि इसकी प्रतिक्रिया से परिवर्तन हुआ और उसके बाद बहुत ज्यादा बल दिया जाने लगा कि यह भी देखना चाहिए कि वह दरअसल सार्थक है या नहीं, अर्थात प्रसंग के अनुकूल है या नहीं। प्रगतिशील आन्दोलन के दौरान समझा जाता था कि साहित्य का मूल्यांकन सामाजिक प्रयोजन को ध्यान में रखकर करना चाहिए।

अपने-आपमें रचना कितनी सुसंगत है, इसकी जाँच करें और फिर वह जीवन से कितना 'कर्रेसपौंड' करती है—इस द्वैतवाद को पश्चिम एक सुगठित रूप में नहीं बाँध सका। रचना की समन्विति और रचनात्मकता क्या दो चीज़ें हैं? यदि दो

चीज़ें हैं तो इनमें एकत्व स्थापित करने और कोई निकष ढूँढ़ने के लिए आवश्यक है कि प्रासंगिकता की जाँच में स्वयं रचनात्मकता निहित है या नहीं।

सवाल है, दोनों के बीच सम्बन्ध कैसे कायम किए जाएँ? हमने सम्पूर्ण साहित्य पढ़कर वास्तविकता का एक बोध कायम किया लेकिन क्या प्रमाण है कि पाठक की वास्तविकता प्रामाणिक है और लेखक की नहीं? यह स्थिति समकालीन साहित्य में बहुत जटिल है। ऐसे उपन्यास, जो यथार्थ से बहुत दूर हैं, एकांगी, सतही, अपूर्ण, झूठे हैं—यह आलोचक कहते हैं। आलोचक वास्तविकता का दावेदार बन जाता है। ऐसे समय रचनाकार की स्थिति बड़ी दयनीय होती है। दरअसल उस समय में किस हद तक वास्तविकता आई है, इसका निर्णय कैसे किया जाए? प्राय: इस दौर में कवियों ने भी, कथाकारों ने भी वास्तविकता का आंशिक रूप में निर्माण किया है। कुछ लोगों ने वास्तविकता को अन्वेषण की चीज़ कहा। वास्तविकता की परिकल्पनाएँ और धारणाएँ होती हैं। क्या दार्शनिकों और विचारकों की तरह रचनाकार को भी छूट दी जा सकती है कि वह परिकल्पना करे? यथार्थ को लेकर जब रचनाकार सृष्टि करता है तो वह कहीं अवधारित करता है कि यह सच्चाई है। आज हम 1920-30 के जमाने के यथार्थ को बड़े धड़ल्ले से कहा करते हैं। बहुत कुछ प्रेमचन्द और उस युग के विचारकों के युग-चित्र को हम उस युग की वास्तविकता मानते हैं। तुलसी के युग के यथार्थ की जाँच हम उनके युग के धर्म की जाँच से करते हैं। रचनाओं में चित्रित, व्यंजित, ध्वनित जो भी यथार्थ की जाँच करने के लिए साधन उपलब्ध हैं, उस युग की समस्त रचनाओं में व्यंजित यथार्थ को सामने रखें या साहित्यिक, दार्शनिक आदि साधनों से जो यथार्थ निर्मित होते हैं, उसे मानदंड मानकर किसी एक कृति की जाँच करें। जाँच करते समय महत्त्वपूर्ण प्रश्न उठेगा कि कौन-सी कृति पूरे यथार्थ को अभिव्यंजित नहीं करती? लेकिन कविता-साहित्य में यह स्थिति होती है।

पुराने कवि प्रासंगिक हैं या नहीं? प्रासंगिकता का अर्थ बड़ा ही सीमित अर्थ है। छठे दशक में लोगों ने मुक्तिबोध और कबीर को बड़ा प्रासंगिक माना है। रचनाकार किसी एक अंश को प्रासंगिक मानकर भी महत्त्वपूर्ण कार्य कर सकता है। प्रासंगिक और अप्रासंगिक परिस्थितियों के अनुसार कवि होता रहता है। हर आदमी के अपने-अपने निकष हो सकते हैं। क्रान्ति के वातावरण में भी कुछ ऐसे कवि होते हैं जो फूल-पत्तियों के बारे में खूबसूरत कविताएँ करते हैं। ऐसे कवियों की जाँच में फर्क होना चाहिए। आज मानदंड को कितना विश्वसनीय रखा जा सकता है, हम इसी की बात कर सकते हैं।

[हिन्दुस्तानी एकेडमी, इलाहाबाद में आयोजित परिसंवाद में 28 मार्च, 1971 को व्यक्त विचार। एकेडमी के वार्षिकोत्सव-विवरण में प्रकाशित]

# संस्कृत काव्यशास्त्र की सम्भावनाएँ

'विक्रमोर्वशीय' के पुरूरवा के कथन से ऋण लेकर यदि मैं कहूँ :

*यदृच्छया त्वं सकृदप्यवन्ध्ययो:*
*पथि स्थिता सुन्दरि यस्य नेत्रयो:।*
*त्वया विना सोऽपि समुत्सुको भवेत्*
*सखीजनस्ते किमुदाद्रसौहद:॥*

तो आप तो सखी जनों में से ही हैं। मेरा तो यदृच्छया—संयोग से ही, क्षणभर का मिलन-परिचय संस्कृत देवी से हो सका है और उतने पर मैं जब इतना समुत्सुक हूँ, (समुत्सुक, पर्युत्सुक कालिदास का बड़ा प्रिय शब्द है) तो फिर आप लोगों की क्या स्थिति होगी! इसलिए अपनी वह समुत्सुकता ही मैं आपके सामने निवेदन कर सकता हूँ।

राधावल्लभ जी ने अभी जो संकेत किया, जो भूमिका तैयार की, उससे एक बात स्पष्ट है कि संस्कृत काव्यशास्त्र से अधिक नहीं तो कम-से-कम सौ वर्षों से काव्यशास्त्र में नई सम्भावनाएँ ढूँढ़ने का प्रयास हो रहा है। इससे एक बात तो स्पष्ट होती है कि संस्कृत काव्यशास्त्र की जो परम्परा भरतमुनि से आरम्भ हुई, पंडितराज तक आते-आते पहुँची, उसके बाद से वह वैसी जीवन्त परम्परा नहीं रह गई। वह अनाहत धारावाहिक रूप से हम तक आई हो, ऐसा नहीं हो सका। क्यों नहीं हो सका, इसकी चर्चा मैं नहीं करूँगा। यद्यपि वह भी विचार का विषय है। वह परम्परा जीवित नहीं रह गई थी। परम्परा को जीवित होना ही चाहिए, वरना वह परम्परा नहीं है। इससे हमारा उसके साथ जो सम्बन्ध था, वह जीवन्त नहीं रह गया था और जब सम्बन्ध नये सिरे से जोड़ने की कोशिश करते हैं, एक बार टूट गया रिश्ता तो मियाँ-बीवी के बीच भी जब टूट जाता है और कुछ वर्षों के बाद जब आप जोड़ते हैं तो फिर वही नहीं रहता है। जब हम मिलते हैं तो कुछ नये सम्बन्धों के साथ नये रूप में मिलते हैं। इस नये रूप में जब संस्कृत काव्यशास्त्र के साथ मिले तो वह एक ऐसा वातावरण था कि हम दोनों के बीच एक तीसरी शक्ति मौजूद थी और द्वाभ्यां तृतीय: का मिलन हमेशा सहज नहीं रहने देता है। इसलिए

संस्कृत काव्यशास्त्र के साथ हमारा सहज सम्बन्ध नहीं बन सका और तथाकथित जो प्राच्यविद्याविद् जिसे 'ओरियंटलिस्ट' कहते हैं, चाहे वह देशी हो चाहे विदेशी, दोनों ही तरह के 'ओरियंटलिस्ट्स'—इन 'आइडोलॉजिस्ट्स', प्राच्यविद्याविशारदों की जो तीसरी शक्ति थी, उसके होने मात्र से यह जो सम्बन्ध बना, वह सहज नहीं रहा, असहज रहा, जिसमें सबसे अधिक श्रद्धेय और गौरवास्पद नाम आनन्द कुमारस्वामी है—भारतीय कला के मर्मज्ञ और तत्त्वज्ञ।

भारतीय कला के तत्त्वज्ञ का जो नाम पश्चिम वाले जानते हैं, जरूरी नहीं कि वह हम-आप भी जानें और मानें, लेकिन पश्चिम में जो छवि राधाकृष्णन् की है, उससे अधिक गौरवमयी छवि आनन्द कुमारस्वामी की है। उनका ज्ञान, उनका विस्तार काव्यशास्त्र का, केवल भारत के ही काव्यशास्त्र का नहीं, सम्पूर्ण कलाशास्त्र का ज्ञान है और पश्चिम की परम्परा भी जिन्हें मालूम है। लेकिन इस पूरी प्रक्रिया में उनका नाम ले रहा हूँ, उनकी समीक्षा करने का न अवसर है, न समय। किन्तु एक प्रवृत्ति दिखाई पड़ी, वह यह कि प्राय: या तो हम अतीत का या संस्कृत काव्यशास्त्र का प्रक्षेपण आज के काव्य-चिन्तन में करते हैं या आज के काव्यशास्त्र का प्रक्षेपण हम संस्कृत में करते हैं और कहीं अनजाने में हम इन दोनों के समन्वय का भी प्रयास करते हैं। समन्वय की इस प्रक्रिया में बराबर यह कोशिश दिखाई पड़ती है, जो और भी दिलचस्प मालूम होती है कि नई सम्भावनाएँ ढूँढ़ते हैं। लेकिन वे नई सम्भावनाएँ कहाँ से ढूँढ़ते हैं—पश्चिमी काव्यशास्त्र में या साहित्य-चिन्तन में या कला-चिन्तन में? आज जो नया से नया हो रहा है, अचानक जब हम ढूँढ़ने निकलते हैं तो संस्कृत काव्यशास्त्र में सब मिल जाता है।

बड़े गर्व से हम कहते हैं कि जो जॉक देरिदा आज कह रहे हैं, वही तो भर्तृहरि कह चुके हैं। यही नहीं, आनन्दवर्धन में भी लागू ढूँढ़ लेते हैं। कठिनाई यह होती है कि जब जॉक देरिदा नहीं पैदा हुए थे, तब तक हमें नहीं सुनाई पड़ा था। जब वे देख लेते हैं और हम उन्हें देख लेते हैं, तब वही सारी चीजें हमें पश्चिम में दिखाई पड़ने लगती हैं और फिर हम संस्कृत के काव्यशास्त्र में अपनी उस खोज को नई सम्भावना कहते हैं। इन नई सम्भावनाओं के द्वारा हम एक तरह से आज के अपने चिन्तन का या कहें, अपने पिछड़ेपन का निवारण करते हैं। अपनी शर्म धोते-पोंछते हैं कि हम पिछड़े नहीं रह गए बल्कि हम पहले से यह कहते आ रहे हैं, जो उन लोगों ने कहा था। हर नई उद्‌भावना को हम संस्कृत काव्यशास्त्र में देखते हैं। और फिर संस्कृत काव्यशास्त्र के द्वारा उसको अंग्रेजी में जिसे 'लेजिटिमाइज' कहते हैं, उसको वैध प्रमाणित करते हैं। उसका औचित्य स्थापन करते हैं। यह प्रवृत्ति, इसी को मैंने असहज कहा है। सहज रूप में संस्कृत काव्यशास्त्र जीवन्त रहता तो उसकी परम्परा होती। हमारी शिक्षा-प्रणाली में उसका वैसा ही स्थान होता, जैसा किसी समय भामह-दंडी के समय था, या कश्मीर में था। अभिनव गुप्त जो

पढ़ाते थे, वैसा ही अगर चला आया होता तो शायद यह नहीं होता और तीसरे का दखल अगर नहीं होता तो हमको हर बार पश्चिम की नई से नई चीज को अपने यहाँ दिखाकर जस्टीफाई करने और प्रमाणित करने के लिए, अपनी हीनता को मिटाने के लिए ऐसा प्रयास नहीं करना पड़ता कि यह हमारे यहाँ मिलता है, हमारे यहाँ भी कहा गया है। यह बार-बार पूरी की पूरी चीज उस नई उद्भावना की या नई सम्भावना की उस खोज को अलाभकर प्रमाणित करती है—मैं यह कहना चाहता हूँ। वह उपयोगी, लाभदायक नहीं हो सकती। यही वजह है कि गणित के नये से नये सूत्र आप यदि वैदिक गणित नाम से ढूँढ़ भी लें तो उससे क्या बात बनती है? आप कौन-सा तीर गणित में मार लेते हैं, सिवाय इतना ही कहने के कि यह सब इसके पहले आपके यहाँ था? इसलिए यह जो प्रयास हुआ है, उसमें हम लोग यह देखने की कोशिश करें कि इस भावना से यत्किंचित् मुक्त होकर हमारे महत्त्वपूर्ण विचारकों ने जो किया है, उससे क्या नतीजा निकला है। क्या यह सचमुच सर्जनात्मक चिन्तन बन सका है? उदाहरण के लिए मैं हिन्दी में आचार्य रामचन्द्र शुक्ल को जानता हूँ, और मराठी में जिस नाम से मैं परिचित हूँ, उनके कृतित्व से, वी.के. बेडेकर हैं।

यद्यपि मराठी में भी वी.के. बेडेकर ने अपना काम 1950 के आसपास शुरू किया था, और 1992 में हमारे मित्र अशोक रामचन्द्र केलकर ने अपना छोटा-सा ग्रंथ लिखा, जिसे मैंने 'आलोचना' में प्रकाशित किया था। उन्होंने दु:ख के साथ कहा कि मराठी में वी.के. बेडेकर ने अपनी नई खोजों और नई व्याख्याओं में विवेचन किया था, लोगों ने उसका महत्त्व और उसकी उपयोगिता को नहीं पहचाना, यह दुर्भाग्य की बात है। उन्होंने कहा कि उसी दृष्टि से मैं कोशिश कर रहा हूँ। यद्यपि वी.के. बेडेकर केवल काव्यशास्त्री नहीं थे, आलोचक भी थे। उन्होंने मराठी साहित्य के कुछ ग्रंथों की आलोचना भी की। यही नहीं, उन्होंने हिन्दी में सुमित्रानन्दन पंत पर भी आलोचना पुस्तक लिखी है। मैं संक्षेप में उनके महत्त्व को बताने के लिए केवल एक और तथ्य का उल्लेख करना चाहता हूँ।

वी.के. बेडेकर ने मराठी में लगभग 600 पृष्ठों की एक पुस्तक हेगेल पर लिखी। दर्शन विभाग में भी किसी आदमी ने हेगेल पर अंग्रेजी या हिन्दी में वैसी किताब नहीं लिखी। सौन्दर्यशास्त्र में अथवा भारतीय सौन्दर्यशास्त्र में उनकी गहरी दिलचस्पी थी। तो मैं कह रहा था कि आधुनिक पाश्चात्य आलोचना और साहित्य-चिन्तन के प्रकाश में संस्कृत काव्यशास्त्र को देखकर काम की चीजें जिन लोगों ने निकालीं, उनमें हम लोगों में अब तक प्रकाश-स्तम्भ आचार्य रामचन्द्र शुक्ल हैं।

संस्कृत के आप अध्येताओं और विद्वानों को शायद यह सुनकर आश्चर्य हो कि आचार्य रामचन्द्र शुक्ल की रचनाओं को देखकर ऐसा नहीं लगता कि

उन्होंने आनन्दवर्धन को पढ़ा था। उन्होंने अभिनव गुप्त को पढ़ा था, और तो और, उन्होंने विश्वनाथ के 'साहित्य दर्पण' को भी मूल में पूरा पढ़ा था, उनको देखने से यह अहसास नहीं होता। 'रस-मीमांसा' की टिप्पणियों से यही पता चलता है कि जिन्होंने डॉ. गंगानाथ झा द्वारा अंग्रेजी में अनुवादित 'काव्यप्रकाश' पढ़ा था। इतना ही पता चलता है। जयशंकर प्रसाद को पढ़ते हुए तो लगता है कि वे कम-से-कम आनन्दवर्धन की रसवादी मान्यताओं से परिचित थे। उन्होंने नाटकों और रस पर भी लेख लिखे हैं। शैव होने के कारण उन्होंने 'प्रत्यभिज्ञादर्शन' की परम्परा का अध्ययन किया था इसलिए सम्भवत: अभिनव गुप्त से उनका परिचय था, ज्ञान था। आचार्य रामचन्द्र शुक्ल ने जो काव्य-चिन्तन किया, पश्चिमी आलोचना के प्रकाश में संस्कृत काव्यशास्त्र से ग्राह्य चीजों को लेकर रस आदि की जो व्याख्या की, इतनी कम सामग्री पर जो मौलिक कार्य किया, कहना न होगा कि वह उनकी चिन्तन-क्षमता और अद्वितीय मेधा का ही सुफल है। जाहिर है कि उसमें श्रेय पांडित्य का कम, काव्य-विवेक का, सहृदयत्व का, आलोचनात्मक प्रतिभा का ज्यादा है। इससे मालूम होता है कि स्कॉलरशिप इस मामले में बहुत दूर तक हमको नहीं ले जा सकती है। एक निष्कर्ष तो यह निकलता है। और कोई ही तत्त्व है जो संस्कृत काव्यशास्त्र की नई सम्भावनाओं की तलाश में सहायक होगा। वह पांडित्य नहीं है और कोई तत्त्व है जिसकी ओर ध्यान जाना चाहिए। यह कहकर मैं नहीं कहना चाहता हूँ कि वह मुझमें है और आपमें नहीं है। उसकी तलाश करनी चाहिए। कम-से-कम उसकी अवगति हमें होनी चाहिए, तो कोई और चीज है।

लगभग स्वाधीनता-प्राप्ति के बाद संस्कृत काव्यशास्त्र अनुवाद के रूप में, व्याख्याओं के रूप में, जिस मात्रा में सुलभ हुआ है, 19वीं शताब्दी से पहले, कम-से-कम 20वीं शताब्दी के आरम्भिक दशकों में नहीं था। डॉ. नगेन्द्र के प्रयत्नों से 'ध्वन्यालोक' का अनुवाद हुआ। रामसागर त्रिपाठी ने 'ध्वन्यालोकलोचन' का अनुवाद किया, यद्यपि उनसे पहले जगन्नाथ पाठक कर चुके थे। 'वक्रोक्तिजीवित' का अनुवाद हुआ। महिम भट्ट के व्यक्तिविवेक का हुआ। काव्यशास्त्र का कोई महत्त्वपूर्ण ग्रंथ अनूदित नहीं रहा। राममूर्ति त्रिपाठी ने बहुत सारा कार्य किया, राधावल्लभ जी ने किया। यही नहीं, अंग्रेजी वाले भी शिकायत नहीं कर सकते हैं। मैं हिन्दी की बात कर रहा हूँ। हिन्दी के अतिरिक्त मलयालम में, मराठी में, बंगला में, गुजराती में भी रचनाएँ आई हैं। गुजराती का भी मुझे कुछ पता है, बहुत रचनाएँ आई हैं।

अंग्रेजी में यही अपने-आपमें एक महत्त्वपूर्ण घटना है कि पटवर्धन की सहायता से टेरी लिंगास ने हार्वर्ड ओरिएंटल सीरीज में 'ध्वन्यालोकलोचन' सम्पूर्ण और लम्बी टिप्पणियों के साथ प्रकाशित किया है। चार वर्ष पहले यह छपकर आ चुका है। यह और बात है कि किताब इतनी महँगी है कि भारत में कम लोगों ने

देखी होगी। यह सारी सामग्री मौजूद है हमारे सामने और सारी सामग्री उपलब्ध होने के भी चालीस-पैंतालीस वर्ष तो हो गए। इतना होते हुए भी सम्भावनाओं की तलाश में कोई बहुत आगे हम नहीं बढ़े हैं, जितना हम 1947 के पहले बढ़े। प्रत्येक भाषा में, मराठी में, कन्नड़ में, मलयालम में, गुजराती में, हिन्दी में—सभी भारतीय भाषाओं में, उस दौर में स्वाधीनता-संग्राम के दौरान—कुछ कम, कुछ अधिक संस्कृत जानते हुए भी जो नई सम्भावनाएँ खोजी गईं, मुझे ऐसा प्रतीत होता है कि (यदि मैं गलत साबित हुआ, तो मुझे खुशी होगी) इन चालीस-पैंतालीस वर्षों में उनकी तुलना में नई सम्भावनाएँ कम तलाश की गईं। उदाहरण के लिए यदि कोई आदमी कहे कि ऑब्जेक्टिव कोरेलेटिव के बदले विभावन व्यापार ढूँढ़ लिया हम लोगों ने, तो हे तात! यह काम पहले ही किया जा चुका था। यह काम बाद में नहीं हुआ है कि अंग्रेजी जाननेवालों ने कुछ इजाफा किया हो, ऐसा प्रतीत नहीं हो रहा है मुझे। हो सकता है, यह मेरी सीमा की जानकारी कम हो, ढूँढ़-ढूँढ़कर मैं पढ़ता हूँ। इन तमाम चीजों में दर्द और व्यथा के साथ लेकिन लोकोचित उत्साह के साथ।

बड़ौदा में अंग्रेजी के अध्यापक गणेश देवी की किताब है 'आफ्टर एम्नेजिया', जिस पर श्री नरसिंहैया ने बड़ी घातक समीक्षा लिखी है। वागीश जी ने भी एक समीक्षा लिखी है। उस किताब को ध्वस्त ज्यादा ही किया गया है। मैं उसका कोई पक्ष नहीं लेने जा रहा हूँ। लेकिन उस पुस्तक में एक युवक का उत्साह जितना है, उसके साथ ही एक गहरी पीड़ा है कि स्मृतिभ्रंश के दौर से हम लोग गुजर रहे हैं। यह सच्चाई है, जिसे स्वीकार्य होना चाहिए लेकिन इसके बाद आप असहमत हों, उसे गलत कहें, लेकिन 'आफ्टर एम्नेजिया' में शाकुन्तल का उदाहरण देते हुए गणेश देवी ने समझाया है कि जैसे हमें किसी दुर्वासा का शाप लग गया हो, हम लोग विध्वंश के शिकार हो गए और अपनी परम्परा को भूल गए, यह दर्द है। अब उस क्रम में जो नई चीज ढूँढ़ी है, सम्भावना के रूप में जिसकी ओर हमारे विद्वान मित्र डॉ. राधावल्लभ जी ने इशारा किया, तो मार्गी और देशी का भेद। संगीत में चूँकि मार्गी, देशी कहते हैं, इसलिए पदावली संगीत की ली उन्होंने। 'नाट्यशास्त्र' से लोकधर्मी-नाट्यधर्मी ले सकते थे लेकिन शायद वह अर्थ नहीं निकलता और उन्होंने देशी पर बल दिया है। लेकिन यह मार्गी के विरुद्ध देशी और दोनों में विभाजन कितना संगत है, इस पर संगोष्ठी में आप लोग विचार करेंगे, लेकिन मुझे लगता है कि जिस उत्साह में भालचन्द्र नेमाड़े के एक निबन्ध के आधार पर उन्होंने (देवी ने) स्थापना की, मराठी के प्रो. माल्शे ने उसकी धज्जियाँ उड़ा दी थीं। और सही हुआ। जब कोई आदमी देशी पर बहुत बल देने लगे तो यह वैसा ही है, जैसे भारत की एक राजनीतिक पार्टी 'स्वदेशी' पर बल दे रही है। 'हिन्द स्वराज' कब लिखा गया? तब आप कहाँ सोए हुए थे, जो स्वदेशी का नाम आपने नहीं सुना?

उसके बाद भारत जब स्वाधीन हो गया और जवाहरलाल नेहरू के जमाने में जैसे नितान्त विदेशी चीजें चलाई जा रही थीं—गांधी की योजना के विरुद्ध, तो हमने एक दूसरा मार्ग अपना लिया था विकास का—योजना-बद्ध विकास का और हर आदमी जानता है कि महालनवीश जो ये लाए थे मॉडल, वह मॉडल कहीं से हिन्द स्वराज में नहीं था और न ही किसी स्वदेशी परम्परा, न कौटिल्य के 'अर्थशास्त्र' में था। महालनवीश जो लाए थे, वह सीधे-सीधे सोवियत संघ की प्लानिंग से था। उस समय कहाँ थे स्वदेशी वाले?

अचानक इतने दिनों बाद जिस तरह भारतीय राजनीति में स्वदेशी की माँग शक पैदा करती है, आश्वस्त नहीं करती, उसी तरह इतने दिनों बाद सहसा काव्यशास्त्र में मार्गी के विरुद्ध देशी की बात है। उस पर भारतीय भाषाओं को देशी कहना प्राकृत परम्परा के आधार पर और संस्कृत को मार्गी मान लेना—ये उन लोगों के सामने कहा जा रहा है जो जानते हैं कि संस्कृत कितनी मार्गी थी। मैं जिस अपभ्रंश का विद्यार्थी हूँ, वह भी उतनी ही मार्गी थी। बोलचाल की भाषाएँ इनमें से कोई नहीं थीं, सारी साहित्यिक भाषाएँ कृत्रिम बन गई थीं। उनका शास्त्र कृत्रिम बन गया था, उतना ही मार्गी हो गया था; अर्थात इस देश में देशी का कोई चाहे जितना दावा करे, नमक की खान में हर चीज जैसे खारी हो जाती है, वैसे ही संस्कृताइजेशन का शिकार हो जाती है। संस्कृताइजेशन श्रीनिवास वाला भी, और जिस अर्थ में हम मार्गी कहते हैं, उस अर्थ में भी। मनु आदि का विरोध करनेवाले मनुवादी बन गए और पिछड़े बहुत जल्दी दलित बन गए। मराठी के दलित साहित्य की नियति हम अब भी देख रहे हैं। इसलिए मार्गी और देशी नाम का जो विभाजन है, जिस रागात्मक, भावात्मक इमोटिव धरातल पर किया जा रहा है और उस आधार पर आप संस्कृत काव्यशास्त्र में सम्भावना ढूँढ़ने निकलेंगे तो आप गड्ढे में जा करके कुल्हड़ भर पानी लेकर निकलेंगे, सारी गंगा आपसे छूट जाएगी। इसलिए मुझे, गणेश देवी के मार्गी के विरुद्ध देशी की जो माँग है, इसमें सम्भावना नहीं दिखाई पड़ती।

विद्वान मित्रों से मैं कहना चाहता हूँ कि मेरे व्याख्यान में आपको 'नेति-नेति' वाली परम्परा ज्यादा दिखाई पड़ेगी कि यह नहीं होगा, यह नहीं होगा। अन्त में मैं उस आनन्द लभ्य की ओर लौटूँगा कि नहीं, यह मैं नहीं जानता लेकिन आरम्भ में क्या होना चाहिए, यह हमें साफ हो जाए, तो मैं समझता हूँ कि एक शोधार्थी का पथ प्रशस्त होगा। जिसे हम आज आलोचना कहते हैं, समालोचना कहते हैं, लिटररी क्रिटिसिज़्म कहते हैं, संस्कृत काव्यशास्त्र में उस जैसी कोई चीज नहीं है। काव्यशास्त्र का निरूपण करने के क्रम में संस्कृत की कविताएँ जो उद्धृत की जाती हैं, वे उदाहरण मात्र हैं; अर्थात आलोचना—इंसिडेंटल आलोचना मुख्य विषय नहीं है। अगर होता तो स्पष्ट है कि संस्कृत काव्यशास्त्र में मुख्य विषयों

को पढ़ने से हमें अपने पूरे वैभव के साथ न वाल्मीकि का महत्त्व प्रकट होता, न कालिदास का होता, न भवभूति का होता है। कुछ फुटकल श्लोक, बल्कि कुछ ग्रंथों को पढ़ने से मालूम होता है कि कालिदास में दोष ही ज्यादा हैं, गुण कम हैं। कारण यह है कि उनका उद्देश्य अलग है। कालिदास के समूचे काव्य को, रस को, मर्म को, उनके सौन्दर्य की पहचान जो कालिदास को भवभूति से विशिष्ट बनाती है अथवा भवभूति को कालिदास से विशिष्ट बनाती है, जो वाल्मीकि को इन लोगों से विशिष्ट बनाती है, उनका क्या काव्य-मूल्य है, यह इन ग्रंथों को पढ़ने से स्पष्ट नहीं होता।

मैं जानता हूँ कि आप सहसा मेरे मुँह पर ध्वन्यालोक का महाभारत में रचे हुए शान्त रस वाला प्रकरण दे मारेंगे कि यह देखिए। मैं जानता हूँ। रामायण पर भी आप देखेंगे। लेकिन कुल मिलाकर सच्चाई यह है कि संस्कृत का जो काव्यशास्त्र है, वह आलोचना नहीं था। जिस तरह की आलोचना रामचन्द्र शुक्ल ने लिखी है, सूरदासजी की, जायसी की या फुटकल अपने इतिहास के क्रम में पूर्ण न होते हुए घनानन्द की, बिहारी की, प्रसाद की—वैसी आलोचना समूचे संस्कृत काव्यशास्त्र में नहीं है। जबकि काव्यशास्त्र की जो मेधा है, जो प्रतिभा है—सहृदय चक्रवर्ती, आनन्दवर्धन या महिम भट्ट या अभिनव पादाचार्य जैसे लोग दुनिया में नहीं हैं। उनके सामने जो अरिस्टॉटिक या जिन लोगों का नाम लिया जाता है, जो ग्रंथ उनके देखे, इनके सामने काव्यशास्त्र की जो पराकाष्ठा हो सकती है, वह तो आनन्दवर्धन, अभिनव गुप्त पदाचार्य में और महिम भट्ट में, कुन्तल में दिखाई पड़ती है। इतने बड़े काव्यशास्त्री और इतना बड़ा संस्कृत काव्य लेकिन उसकी आलोचना नहीं कर सके। क्योंकि आलोचना नाम की चीज थी ही नहीं। वे उसे कर ही नहीं रहे थे, वे काव्यशास्त्र बना रहे थे; अर्थात व्याकरण लिख रहे थे। किसी भाषा का नहीं बल्कि समग्र व्याकरण।

अगर फ्रांसीसी सस्यूर का उदाहरण लेकर कहें कि उनकी दिलचस्पी परोल में नहीं थी, वे एक सिस्टम ढूँढ़ रहे थे। वह सिस्टम कैसे लागू होगा, एप्लाई किया जाएगा—उसके कुछ उदाहरण वे दे दिया करते थे। लेकिन हम-आप सभी अच्छी तरह जानते हैं कि आलोचना केवल प्रतिमानों का, सिद्धान्तों का अनुप्रयोग मात्र नहीं है। मैं रेखांकित करना चाहता हूँ इसे, आप एक सिद्धान्त बनाएँ और फिर अनुप्रयोग करने चलें तो वह आलोचना नहीं होगी। व्यावहारिक आलोचना या प्रैक्टिकल क्रिटिसिज्म जिसे कहते हैं, वह नहीं। आचार्य रामचन्द्र शुक्ल के सिद्धान्त अपनी जगह हैं, लेकिन जब आलोचना लिखने चलते हैं तो वे सिद्धान्त लगभग अलग कर देते हैं। उनका सहृदयत्व ही सामने आता है। सूर पर लिखते हुए थोड़ी चर्चा की, एक वात्सल्य को चुना, उसका कोना-कोना झाँक आए। लेकिन आगे जब वर्णन करने लगते हैं, तुलसी की भावुकता का निरूपण करते हैं,

तो वहाँ अपने सिद्धान्तों की पोथी लेकर नहीं बैठते, एप्लाई नहीं करते हैं उनको। इसलिए संस्कृत काव्यशास्त्र में आलोचना नहीं है।

यदि आप काव्यशास्त्र में नई सम्भावनाएँ तलाश करने जा रहे हैं तो जरूर कीजिए, पर उसके कुछ खतरे हैं जिसकी ओर इशारा करूँगा। आपकी जिस भाषा में दिलचस्पी हो—हिन्दी, मराठी, गुजराती, मलयालम—उनमें आज जो लिखा जा रहा है, उन रचनाओं की व्याख्या करने, विश्लेषण करने, जाँचने-परखने, उनका मूल्य बताने के लिए उनमें अगर दिलचस्पी है, तो आप संस्कृत काव्यशास्त्र में सम्भावनाओं की तलाश करते समय किसी नये सिस्टम बिल्डिंग के लिए पहल मत कीजिए। नई सिस्टम बिल्डिंग करेंगे तो आपका हश्र वही होगा जो आनन्दवर्धन से चलकर पंडितराज जगन्नाथ तक का हुआ और 'रस गंगाधर' अधूरा रह गया। सिस्टम उतना ही बना रहेगा। इस समय आप इतना ही करेंगे कि लावण्य और चारुता की जगह रमणीयता रख देंगे। एक बहुत बारीक कताई करेंगे और मुझे शक है कि पंडितराज सभी नहीं हो सकते हैं। इसलिए हम लोग नई सम्भावनाओं की तलाश में एक तीसरे-चौथे दर्जे के संस्कृत पंडित होकर रह जाएँगे। आप नया काव्यशास्त्र रच नहीं सकेंगे। कोई नहीं रच सका पंडितराज के बाद।

आचार्य नगेन्द्र ने 'रस सिद्धान्त' नाम का एक मोटा ग्रंथ लिखा। वे चाहते थे कि इसे सभी भारतीय भाषाओं में लोग पढ़ें। हिन्दी में इसका महत्त्व नहीं आँका जा रहा है। उनकी शामत आई। उन्होंने कहा, इसका संस्कृत में अनुवाद कर देना चाहिए। तो उनके मित्र सुरेन्द्र बारलिंगे ने कहा कि भूलकर भी ऐसी गलती मत कीजिएगा। पोल खुल जाएगी। एक भी वाक्य इसमें आपका अपना नहीं है, आप ध्यान रखें। इसलिए यदि नई सम्भावनाएँ तलाश करने आप चलेंगे, कुछ ढूँढ़ेंगे, कुल मिलाकर तो किसके लिए? संस्कृत वाले सारी पोल-पट्टी आपकी जानते हैं। हिन्दी वालों में कुछ पर आप रौब जमा लेंगे। लेकिन कुल मिलाकर यदि आप आलोचक नहीं हैं, आपमें सहृदयत्व नहीं है और उस खोज का, उस पूँजी का उपयोग आप सर्जनात्मक रूप में नहीं करना चाहते, जिसे मैं समालोचना के लिए जरूरी मानता हूँ तो आपका यह सारा श्रम निरर्थक है। जैसाकि निराला जी कहते थे कि :

*खोजा जो हार-छार में नया*
*उड़ी धूल तन सारा भर गया।*

तो नाहक आप उस धूल में हीरा ढूँढ़ेंगे। इसलिए काव्यशास्त्र में नई सम्भावनाओं की खोज क्यों? किसके लिए?

चूँकि मैं आलोचक हूँ, मैं काव्यशास्त्री नहीं हूँ, मैं कोई लॉ या सिस्टम नहीं बनाना चाहता, क्योंकि ऐसे सिस्टमों के बारे में मेरी धारणा है कि संस्कृत काव्य की अगर उस जमाने में समालोचना नहीं हो सकी तो उसमें बहुत बड़ी बाधा वे

**सिस्टम ही थे,** सिद्धान्त थे। बावजूद इसके कि कवि और सहृदय, दोनों की **जय हो,** अभिनव गुप्त पादाचार्य ने 'लोचन' के मंगल श्लोक में कहा, लेकिन कुल मिलाकर कवि उनके लिए महत्त्वपूर्ण नहीं रह गया था, सिस्टम हमारा विजयी होना चाहिए। पूर्ववर्ती विद्वानों को ध्वस्त करते हुए उस सिस्टम को निर्दोष रूप में संगतिबद्ध रूप में प्रस्तुत करने के कारण ऐसा मजबूत सिस्टम बना सके कि उस ढाँचे में संस्कृत काव्य उदाहरण बनकर रह गया। उससे सबक लेते हुए पहला सबक मैं लेना चाहता हूँ कि मैं सिस्टम नहीं बनाऊँगा। अपना ढूँढ़िए, क्योंकि हर आदमी अपना ही सच खोजता है। मैं आपके लिए नहीं खोज सकता।

इस क्रम में एक और निवेदन करना चाहता हूँ। वह यह है कि जिसे हम संस्कृत काव्यशास्त्र कहते हैं, एक शब्द है, ध्यान से देखें तो उसमें तीन-चार चीजें हैं। अंग्रेजी शब्दावली में अगर मैं कहूँ तो संस्कृत काव्यशास्त्र 'पोइटिक्स' केवल नहीं है, संस्कृत काव्यशास्त्र 'एस्थेटिक्स' भी है, रेटेरिक भी है, और अपने उदाहरणों में यत्र-तत्र बिखरा हुआ वह लिटररी क्रिटिसिज्म भी है। हालाँकि कम है, हाशिए पर है। 'रेटरिक' उस अर्थ में इस्तेमाल कर रहा हूँ जिस अर्थ में अरिस्टॉटिल ने किया था। जिस अर्थ में आज भी नये अमरीकी आलोचक पाल्टिमान कहते हैं : 'एलेगरीज ऑफ रीडिंग' या रेटरिक आज जिस रूप में इस्तेमाल किया जाता है, भाषण-कला नहीं। पुरानी शब्दावली में वह एक तरह का अलंकारशास्त्र है, इसलिए जिसमें भाषा की छवियाँ और छटाएँ हों। जब मैं कह रहा हूँ कि रेटरिक अलंकारशास्त्र है तो हमारा संस्कृत का अलंकारशास्त्र उस अर्थ में नहीं, कह रहा हूँ, क्योंकि हमारा अलंकारशास्त्र एस्थेटिक्स भी है। सौन्दर्यमलंकार: यदि कह सकते हैं वामन तो अलंकार उसी तरह से सौन्दर्यशास्त्र है या अलंकार सम्प्रदाय जिसको कहते हैं। जैसे कि रसध्वनि सम्प्रदाय। मैं एक सीमित अर्थ में रेटरिक को अलंकार कह रहा हूँ, स्पष्ट करने के लिए। चूँकि दूसरा शब्द मुझे विदित नहीं है। यह दूसरी व्याख्या है, भाषा की कला जहाँ व्यक्त होती है। अब अगर इतना है संस्कृत काव्यशास्त्र तो मुझे दिखाई पड़ता है कि सबसे खतरनाक स्थल संस्कृत काव्यशास्त्र का जो सबसे अधिक आकृष्ट हमको करता है—जिसने सबसे अधिक पंडितों, विद्वानों, आचार्यों का ध्यान आकृष्ट किया है—आज भी कर रहा है जिसे हम भारतीय काव्यशास्त्र का सिरमौर मानते हैं—रसध्वने या रस, उसके बारे में दो तरह की सावधानियाँ बरतने की जरूरत है। मैं आपको नहीं कह रहा हूँ, अपने-आपको मैं सावधान करना चाहता हूँ।

पहली बात तो यह कि जिसकी ओर राधावल्लभ जी इशारा कर रहे थे कि संस्कृत काव्यशास्त्र का नये सिरे से एक इतिहास लिखा जाना चाहिए। नये सिरे के इतिहास से मतलब यह है कि जो इतिहास सुलभ हैं, मुझे क्यों असन्तोष देते हैं, संकेत कर दूँ। पहली बात कि हम लोगों में दो तरह के सम्प्रदाय थे, सब

अलग-अलग विकसित होते रहे—एक था अलंकार का, रीति का, वक्रोक्ति का, जो कुप्पुस्वामी शास्त्री ने दो त्रिभुज और दो वृत्त बना करके समझाया है जिससे हम लोग सब परिचित हैं। अलग-अलग सम्प्रदाय हैं। उसी तरह से, जैसे हम लोगों ने छह दर्शनों को बना रखा है। भक्ति का भी विचार करते हैं तो एक रामभक्ति है, रामभक्ति में भी रसिक धारा अलग है। कृष्णभक्ति की अलग धाराएँ हैं। निर्गुण में भी जितनी हैं, वह अलग। वर्गीकरण में मास्टर हैं हम, बाल की खाल निकालना जिसे कहते हैं। तो, एक तो यह धारा है। इसके विरुद्ध सम्भवत: मेरी जानकारी में, हम लोगों के परम श्रद्धेय प्रो. जी.डी. देशपांडे ने पहली बार कहा कि इनको सम्प्रदायों के रूप में नहीं देखना चाहिए बल्कि यह मूल प्रतिज्ञाओं के विकास के क्रम में विभिन्न चरण हैं। ये अलग-अलग सम्प्रदाय नहीं हैं। और यह बात बड़ी अच्छी लगी कि चलो, सम्प्रदायों से मुक्त करके उन्होंने विकास की एक मुक्त धारा, एक रेखा तो बनाई। पहले मुझे बहुत अच्छी लगी थी फिर मैं सोचने लगा कि इसमें एक बड़ा भारी खतरा छिपा हुआ है। विकास की इस धारा को स्वीकार करने का लगभग वही स्वरूप है। हमने कहा, अगर इसे यहाँ स्वीकार करते हैं तो दर्शन में क्यों न करें? और मानें कि सांख्य बड़ा पुराना है तो सांख्य से बढ़ते हुए—सांख्य योग से, न्याय वैशेषिक से अर्थात भारतीय चिन्तन का सिरमौर वेदान्त है अद्वैत। उसी तरह से, जैसे भारतीय काव्यशास्त्र अनेक चरणों से विकसित होते हुए—हम रसध्वनि तक पहुँचे। इतिहास लिखने की यह जो प्रवृत्ति है, यह साबित करती है रसध्वनि के वर्चस्व को और ऐसा इतिहास लिखना राजनीति में ही आम तौर से होता है। लगभग राजनीति में ही है कि राज करनेवाले सूर्यवंशी राजाओं ने इक्ष्वाकु से आरम्भ न कर सूर्य से परम्परा अपनी जोड़ी और साबित किया कि सूर्यवंशी अपनी लम्बी परम्परा के कारण ही राज्य करने के अधिकारी हैं क्योंकि हम ही श्रेष्ठ हैं। यह अगर मान लिया जाए कि यूरोपीय दर्शन की विकास-परम्परा में सर्वोच्च 'हेगल' है और वहाँ शिखर पर हम पहुँच जाते हैं तो लगभग यह एक विचार के क्षेत्र में तानाशाही है। वर्चस्व को लेते ही बाकी चीजें नगण्य हो जाती हैं। फिर यह स्वीकार करने के बाद सम्भावना में क्या ढूँढ़ने निकले हैं आप? ध्वनि में क्या जोड़ लेंगे आप? रस में क्या जोड़ लेंगे आप? रस में जोड़ने की कोशिश में नौ से दस-ग्यारह-बारह, आप इक्कीस कर लीजिए, सौ कर लीजिए, क्या करेंगे आप? इसलिए मुझे लगा कि यह इतिहास लिखना ठीक नहीं है। कायदे से संस्कृत काव्यशास्त्र का भी एक सामाजिक इतिहास है। सन्दर्भ है सामाजिक, एक सांस्कृतिक सन्दर्भ है। निश्चित, परिवर्तनशील, विकसित या स्थिर, जैसी भी रही हो, एक निश्चित सांस्कृतिक, धार्मिक, राजनीतिक सन्दर्भ में और दर्शन और धर्म, दोनों उसके अभिन्न अंग हैं। उनके तहत इसका विकास हुआ है और उस विकास-क्रम में हम देखेंगे कि प्राय: विभिन्न सामाजिक समुदायों के विचारों के

टकराव के तहत, विचारधाराओं के टकराव के बीच से काव्यशास्त्र बचा नहीं रहा है जिसे कहूँ कि काव्यशास्त्र का विकास आइडियोलॉजिकल हुआ है। इसका प्रमाण यह है कि काशी में मैंने सुना है—कल बातचीत के क्रम में—वागीश जी बता रहे थे कि पं. दामोदरलाल शास्त्री से लोग दर्शन पढ़ने जाते थे, और उन्होंने कहा कि केवल मम्मट का काव्यशास्त्र पढ़ने के लिए समस्त भारतीय चिन्तन को मुझे पढ़ना पड़ा। क्योंकि जब तक दर्शन के सभी सम्प्रदायों को मैं नहीं जानूँगा, व्याकरण, वेद नहीं पढ़ूँगा, आयुर्वेद नहीं पढ़ूँगा, तब तक मैं मम्मट के काव्यशास्त्र को समझ नहीं सकता। यह कुंजी है इसलिए हमारा काव्यशास्त्र विभिन्न रूपों में गुँथा रहा है कि उसे अलग करके देखे बिना उस काव्यशास्त्र में निहित जो अर्थ है, जिस अर्थ को मैं सामाजिक अर्थ मानता हूँ, लोकअर्थ मानता हूँ, वह मर्म हमारी समझ में नहीं आएगा। और उसे समझने की सबसे महत्त्वपूर्ण भूमि है (संस्कृत काव्यशास्त्र में सम्भावनाओं को तलाश करते हुए), सौन्दर्यशास्त्र जिसको सब लोग कहते हैं लेकिन उसका अलग-अलग अर्थ लगाते हैं। भरतमुनि के 'नाट्यशास्त्र' का रस और अलंकार, परम्परा का शब्दार्थ—दोनों जिस क्षण मिले हैं, आनन्दवर्धन ने दोनों को जोड़ने की कोशिश की है। वह निर्णायक क्षण था। इस पर बहुत एड़ी-चोटी का पसीना एक किया है आनन्दवर्धन ने। उनकी मशक्कत को जरा देखें हम लोग। मैं यह जानना चाहता हूँ, भरतमुनि की वह कारिका—'योऽर्थो हृदय संवादी तस्य भाव रसोद्भव: '—वही अर्थ लिया है उन्होंने। अब आप देखें, हम लोग सपाट से कह जाते हैं कि जो हृदयसंवादी है, वही अर्थ रस है। अब तो ठीक है लेकिन काव्यात्मेति व्यवस्थित:?—काव्यात्मा तो है ही नहीं भरतमुनि के यहाँ। यह आत्मा शब्द आप कहाँ से ले आए? और हृदयसंवादी और सहृदय-श्लाघ्य, दोनों एक ही अर्थ देता है। 'हृदयसंवाद' का क्या अर्थ है, मैं यह जानना चाहता हूँ। राधावल्लभ जी इसके मर्मज्ञ हैं, दूसरे विद्वान बैठे हुए हैं। मेरे जैसे अज्ञ आदमी के मन में हुआ कि प्रेरणा तो ली लेकिन आनन्दवर्धन ने एक आत्मा शब्द का प्रवेश करा दिया जबकि भरतमुनि ने आत्मा का कोई उल्लेख वहाँ नहीं किया। और मैं समझता हूँ कि आत्मा शब्द यों ही नहीं आया है, दर्शन का पारिभाषिक शब्द है।

के. कृष्णमूर्ति ने लिखा है कि इसको 'मेटाफॅर' मानना चाहिए—काव्यात्मा शब्द को। दर्शन में जो आत्मा होता है, उसका तत्त्व अर्थ ग्रहण करना चाहिए। क्यों करना चाहिए भई? अगर यही है तो 'काव्यत्व' कहिए, आत्मा क्यों कह रहे हैं आप? इसलिए मैं कह रहा हूँ कि एस्थेटिक्स ने यूरोप के काव्यशास्त्र में एक तरह का हैडेक पैदा किया क्योंकि सौन्दर्यशास्त्र पर विचार करनेवाले अधिकांशत: दार्शनिक थे। उनकी दिलचस्पी प्रकृति या जगत के साथ आत्मा में थी, मैंने उनका अध्ययन किया। सारे दार्शनिकों की चिन्तन-प्रणाली का। वह मुख्यत:

जर्मन आइडियलिज्म था जिसे मैं कहना चाहता हूँ। जर्मन भाववाद के अन्तर्गत सौन्दर्यशास्त्र का विकास हुआ। पश्चिम वालों ने यह सावधानी बरती कि उस सौन्दर्यशास्त्र से काव्यशास्त्र को अलग रखने की कोशिश की। हमारे यहाँ अलग चला आ रहा था। अलंकारवादियों—भामह-दंडी—के कारण बहुत कुछ एकदम अलग था, यह मैं नहीं कह सकता, उसकी भी जाँच की जानी चाहिए। रस और काव्यार्थ, इसकी जाँच की जानी चाहिए। काव्यार्थ और रस, दोनों का सम्बन्ध क्या है? मीनिंग एंड वेल्यू, दो चीजें होती हैं। एस्थेटिक वेल्यू एंड वर्बल मीनिंग—चाहे वह व्यंग्यार्थ ही क्यों न हो। उन दोनों का सम्बन्ध अनिवार्य नहीं है, गहराई से विचार करना चाहिए। शब्द और अर्थ पर इतना विचार किया गया है लेकिन इस तथाकथित काव्यार्थ और 'तस्य भावो रसोद्भव:', सीधे नहीं कहा—वही रस है। दोनों का सम्बन्ध कैसे बनता है, जुड़ता है, किस दर्शन के चिन्तन के तहत जुड़ता है, यह एस्थेटिक आइडियोलॉजी है, इसलिए मुझे लगता है कि उस विचारधारा से जब तक हम मुक्त यानी उस विचारधारा की सीमा को पहचानें—मुक्त हों या न हों, आप आत्मवादी हों। सारा अलंकारशास्त्र भारतीय दर्शन हो। दो भिन्न धाराओं की टकराहट के इर्द-गिर्द मँडराता है आत्मवाद और देहात्मवाद।

देहात्मवादी अपने को लोकायतिक कहते हैं, यह तो 'सर्वदर्शन संग्रह' में भी कहा गया है। यह देहात्मवाद अलंकार की ओर पूरे काव्य की चर्चा में देह और आत्मा, शब्द और अर्थ, शरीर और आत्मा—इन्हीं चीजों के इर्द-गिर्द घूमता है। मैं यह जानना चाहता हूँ कि आप नई सम्भावनाओं को तलाश करते हुए इन चीजों को, जो विचारात्मक सन्दर्भ देह और आत्मा सम्बन्धी धारणाएँ, यदि वही मानते हैं तो आपको कोई कठिनाई नहीं है। यदि आप वह नहीं मानते हैं और उसके जो सामाजिक निष्कर्ष हैं, परिणतियाँ हैं, उन्हें भी तब मानना पड़ेगा। शरीर देहात्मवाद को मानने का मतलब यह है कि उसके साथ एक सामाजिक वर्ग भी जुड़ा है। स्वभावोक्ति का विरोध करते हुए कुन्तक कहते हैं कि जो शाकटिक हैं, छगड़ा-वगड़ा लादनेवाले लोग—इनकी वाणी को क्या कविता माना जा सकता है? आज के जमाने में आप कहें तो बहुत-से उपन्यासकार लोग मारने दौड़ेंगे आपको, कि आपको नहीं मिलता होगा रस। पर लोककाव्य के मर्मज्ञ को तो उसमें रस मिलेगा। मैं केवल संकेत कर रहा हूँ कि संस्कृत काव्यशास्त्र भी है, रेटरिक भी है, लिटररी क्रिटिसिज्म भी है। सौन्दर्यशास्त्र बहुत ज्यादा आइडियोलॉजिकल है। रस उसकी मुख्य भूमि है, इसलिए आकस्मिक नहीं है। आज भी आलोचना के क्षेत्र में अपने यहाँ और सर्वत्र, मैं देखता हूँ (क्षमा किया जाऊँ), जो अधिक परम्परावादी, दकियानूस और सामाजिक-राजनीतिक-सांस्कृतिक स्तर पर पुराने सारे सांस्कृतिक मूल्यों के समर्थक हैं, वे रसवादी दिखाई पड़ते हैं। लगता है कि रस पर आक्रमण करना जैसे उनके मूलाधार पर आक्रमण है। यही वजह है कि

डी.के. बेडेकेर जैसे आदमियों ने कहा कि रस की बात नाटकों में करते समय यह न भूलें कि रस के मूल में, बकौल भरतमुनि, 'शुष्कांष्ठमिवाग्निना' में दो लकड़ियों के संघर्ष से वह अग्नि पैदा होती है जिसका प्रतीक देवासुर संग्राम है। नाट्य के मूल में द्वन्द्व और संघर्ष है, रस सर्वत्र नहीं है। रस संघर्ष के बीच पैदा होता है। नाटकों में भवभूति की ओर इन्होंने इशारा किया है। महाभारत और रामायण, दोनों के मूल में वह संघर्ष है, जिससे चाहे करुणा पैदा कर लो, चाहे शान्त कर लो। इसलिए रसवादी लोग शर्बत समझ करके या षाडव रस समझ करके साहित्य को मीठा-मीठा या कड़वा-कड़वा बनाना चाहते है। भरतमुनि का 'नाट्यशास्त्र' और हमारा काव्यशास्त्र, उसमें यह बीज छिपा है कि यदि पहचानो और रस की भूमि पर लड़ो तो रस की आइडियोलॉजिकल परम्परा दूसरी है, जो आनन्दमूलक है जिसकी ओर (डॉ. त्रिपाठी) इन्द्र और वरुण को बात कहकर इशारा कर रहे थे। जो परम्परा हिन्दी में हमारे यहाँ थी, उसकी अत्रगति जयशंकर प्रसाद में थी। इन्द्र और वरुण की इन दोनों परम्पराओं को, जिन्हें क्वाइपर ने इतने वर्षों के बाद कहा, जयशंकर प्रसाद ने यह काम सन् 1930 मे कर दिया था। दो परम्पराएँ थीं, एक ही नहीं थी। समन्वयवाद बड़ी भारी ढाल हुआ करती है जिसमें ताकतवर अपनी ताकत छिपाना चाहता है। बहुत-सी पार्टियाँ जो तालमेल कर रही हैं, उससे पता लगेगा आपको कि समन्वयवाद आम तौर पर ताकतवर की ओर बढ़ा हुआ वह कदम है जो हजम कर लेना चाहता है तमाम विरोधियों को। संस्कृत काव्यशास्त्र में वे कौन-से विरोधी स्वर हैं? तिरस्कृत करने से पहले वे स्वयं तिरस्कृत हो गए। जिस तरह से हम लोगों ने अलंकार को और अलंकारों के अध्ययन को गौण बना दिया है, बहुत क्षति हुई है। एक आलोचक के नाते मैं जानता हूँ कि आलोचना करते समय हमारे काम के अनेक अलंकार हैं, जो भाषाओं की बारीकी और तमाम चीजों को समझने में सहायक होते हैं। बाकी मूल चारुत्व या लावण्य कह लीजिए, वह ग्रहण तो आज के सन्दर्भ में हम करेंगे। रघुवीर सहाय की कविता में वह सौन्दर्य दूसरे रूप में आता है, श्रीकान्त वर्मा में दूसरे रूप में आता है। प्रेमचन्द में एक तरीके से आता है, अन्यों में दूसरे-दूसरे तरीके से आता है। भाषा की बारीकियों को समझने में राधावल्लभ जी का, रेवाप्रसाद जी का यह कथन मुझे बहुत संगत लगता है कि इस पूरे क्रम में हम लोगों ने भामह, दंडी, रुय्यक आदि की परम्परा को सप्रेस किया। उसका परिणाम केवल यही हुआ कि हम लोग, वह चाहे संस्कृत काव्य हो, चाहे आज का काव्य हो, उस काव्य में प्रयुक्त भाषा की विभिन्न छटाओं को पहचानने, जानने, निरूपित करने का औजार भूल गए। हम लोग आनन्दवादी हो गए, और आनन्दवाद में बड़ी भारी छूट यह है कि कविता समझें या न समझें, आप तन्मय हो गए, तो कौन पूछने जाएगा कि क्यों प्रसन्न हो रहे हो? बड़ी भारी ढाल है आनन्दवाद।

कविता के बाद आपको आनन्द मिल गया, ब्रह्मानन्द सहोदर मिल गया, उसके बाद किसकी हिम्मत है कि पूछे कि कहाँ, क्यों, किस शब्द से मिला? चुप रहो, आनन्द में डूबे हुए हैं। इस आनन्दवाद ने ऐसा कम्बल डाला। इसलिए शायद ऐसी ही चीजों के कारण अमरीका के नये आलोचक आज हम लोगों को बड़ा आकृष्ट करते हैं। मैं कहूँ तो कोई न माने। कोई नया लेखक अमरीका का या इंग्लैंड का कह दे तो महत्त्वपूर्ण हो जाता है।

कम-से-कम साहित्य के अध्यापकों के लिए कि जो लोग साहित्य को साहित्य की तरह पढ़ाना चाहते हैं और कुछ लोग ऐसे हैं जो साहित्य को धर्मशास्त्र की तरह, राजनीतिक हथियार की तरह और महान दर्शन की तरह पढ़ाना चाहते हैं, सांस्कृतिक विभूति की तरह पढ़ाना चाहते हैं और गंडा-ताबीज की तरह साहित्य को बाँटना चाहते हैं, वे लोग चाहें तो एस्थेटिक्स का सहारा लें लेकिन जो साहित्य को साहित्य की तरह पढ़ना-समझना चाहते हैं, उनको तो रिटर्न टू फिलोलॉजी एंड रेटरिक अनिवार्य है।

[सागर विश्वविद्यालय द्वारा आयोजित संगोष्ठी का उद्घाटन-भाषण,
'मध्यभारती' के किसी अंक में प्रकाशित]

# स्वच्छन्दतावाद : आधुनिकता और उपनिवेशवाद की चुनौतियाँ

जिस रूप में आधुनिकता पर वाद-विवाद हमारे देश में हो रहा है, विशेष रूप से उत्तर आधुनिकता के दायरे में, इस विचार-विमर्श में मुख्य रूप से सामयिक मुद्दों से जुड़े लोग, राजनीतिशास्त्र, समाजशास्त्र, दर्शनशास्त्र से बौद्धिक वर्ग भाग ले रहे हैं लेकिन आश्चर्य की बात यह है कि स्वच्छन्दतावाद के लिए इसमें कोई जगह नहीं है।

हाल ही में मैंने जावेद आलम की पुस्तक 'इंडिया लिविंग त्रिद मॉडर्निटी' देखी है। मार्क्सवाद आलोचक की यह एक बहुत अच्छी पुस्तक है। इसमें विस्तारपूर्वक बंकिम-केन्द्रित चर्चा की गई है। गांधी को भी शामिल किया गया है। लेकिन इस पुस्तक में रवीन्द्रनाथ टैगोर का उल्लेख नहीं किया गया है और न ही आधुनिकता की सारी बहस में कहीं भी स्वच्छन्दतावाद का जिक्र है। दरअसल आज के बौद्धिक वर्ग के अनुसार आधुनिकता में स्वच्छन्दतावाद के लिए कोई जगह नहीं है।

1966 में मैं 'आलोचना' पत्रिका के साथ जुड़ा था। उसका तीसरा अंक, जो अक्टूबर-दिसम्बर, 1966 में आया था, मैंने उसमें स्वच्छन्दतावाद और आधुनिकता को लेकर चर्चा चलाई थी। शायद यह वही समय था जब छात्र और युवा आन्दोलनों का उदय हुआ था। नक्सलबाड़ी आन्दोलन शुरू हो चुका था। कविता के क्षेत्र में इलियट और पाउंड की आधुनिक कविता की परम्परा की 'नई कविता' का कमोबेश अन्त हो चुका था। इस सन्दर्भ में स्वच्छन्दतावाद बनाम आधुनिकता पर आलोचना में चर्चा शुरू हुई और डॉ. रामविलास शर्मा से मैंने उसकी शुरुआत करवाई। रामविलास शर्मा को मैंने इसलिए चुना क्योंकि वह आधुनिक कविता के पहले संग्रह 'तार सप्तक', जो 1944 में आया था और अज्ञेय द्वारा सम्पादित था, के कवियों में से एक थे। रामविलास शर्मा अंग्रेजी के प्राध्यापक और मार्क्सवादी आलोचक भी थे। इस तरह स्वच्छन्दतावाद बनाम आधुनिकता की यह बहस 1966 में शुरू हुई। इस बहस में मुरलीमनोहर प्रसाद सिंह भी शामिल थे। उसमें बहुत सारे लोग, जैसे गिरिजाकुमार माथुर जो 'तार सप्तक' के ही एक कवि थे, भारतभूषण अग्रवाल और श्रीकान्त वर्मा भी शामिल

थे, जिनको लोग शायद यहाँ न जानते हों। मैं विस्तार में नहीं जाना चाहता कि उस चर्चा के दौरान क्या तथ्य निकलकर आए या क्या स्थापनाएँ दी गईं, सिर्फ इसका जिक्र कर रहा हूँ।

इससे पहले 1962 में इस विषय पर 'दी न्यू लेफ्ट रिव्यू' (अंक 16, 17, 18) में बहस चली थी। इस बहस में स्टैनले मिशेल के कुछ विचार शामिल थे। ये वे ही स्टैनले मिशेल हैं जिन्होंने वाल्टर वेंजामिन के लेखन पर 'अंडरस्टैंडिंग ब्रेख्त' शीर्षक पुस्तक सम्पादित की थी। इस सारी चर्चा से भी ऐसा लगा था कि अंग्रेजी बौद्धिकों के बीच स्वच्छन्दतावाद को लेकर एक नई सोच और रुचि है।

जब 1966 में 'आलोचना' का अंक आया तब एक नया राजनीतिक वातावरण था। राज्यों में गैर-कांग्रेसी सरकारों ने सत्ता सँभाल ली थी। पहली बार कुछ बदलाव हुआ था। यह नेहरू-युग के बाद का दौर था। जिस तरह का उत्साह युवाओं में भरा था, उसका उदाहरण कुछ हद तक नक्सलबाड़ी आन्दोलन में देखा जा सकता है। कविता और बाकी के साहित्य में भी इसी तरह का उत्साह मिलता है। इस समय की दो मुख्य घटनाएँ भी याद रखनी चाहिए : भारत-चीन सीमा-विवाद और भारत-पाकिस्तान युद्ध। जिस तरह का उग्र राष्ट्रवाद हम आज देख रहे हैं, वह उस समय कुछ मिली-जुली सरकारों में जनसंघ के शामिल होने से राजनीतिक मंच पर प्रकट हुआ था।

यह वह राजनीतिक वातावरण था जिसमें हम मानते हैं कि साहित्य के क्षेत्र में आधुनिकतावाद कमोबेश खत्म हो चुका था। इस सन्दर्भ में हम विकल्प के रूप में अपनी साहित्यिक विरासत या पुरानी परम्पराओं के बारे में सोच रहे थे। इसलिए अच्छा लग रहा है कि फिर आधुनिकता पर चर्चा के सन्दर्भ में स्वच्छन्दतावाद पर चर्चा हो रही है। क्या रोमांटिक आधुनिकतावाद जैसा कुछ है या हो सकता है? आधुनिकतावाद के बहुत सारे रूपों में स्वच्छन्दतावाद का क्या स्थान है? क्या स्वच्छन्दतावाद का आधुनिकतावाद से कोई सम्बन्ध है?—इन सारी बातों की मैं यहाँ चर्चा करना चाहता हूँ।

आधुनिकता पर वाद-विवाद में हमारे बौद्धिक 19वीं सदी और स्वतंत्रता-पूर्व 20वीं सदी को एक हद तक चर्चा में ले आते हैं। राजा राममोहन राय से लेकर बंकिम, इकबाल और गांधी के सारे आन्दोलन तक। यह आश्चर्यजनक है कि यह सब आधुनिकता पर वाद-विवाद का हिस्सा है जबकि संस्कृति और साहित्य का क्षेत्र लगभग पूरी तरह गायब है। इस बात को रेखांकित करने की जरूरत है कि क्या आधुनिकता पर सारा वाद-विवाद यूरोपीय सन्दर्भ को ध्यान में रखकर किया जा रहा है या भारत का भी इसमें कोई स्थान है?

आज इस आधुनिकता पर खूब हमले हो रहे हैं। आधुनिकता-विरोध की लहर चल रही है। इस लहर को स्वच्छन्दतावाद-विरोधी लहर से जोड़ा जा सकता है या

नहीं—इस प्रश्न में मेरी दिलचस्पी को जगाया और मेरा ध्यान खींचा और यही वह प्रस्थान बिन्दु है जिससे मैं आगे बढ़ूँगा।

ऐसा देखने में आया है कि आज हम बहुत-सी वस्तुओं को एकवचन में ही समझते हैं क्योंकि एकवचन और बहुवचन में अन्तर समाप्त हो गया है। आधुनिकता को एकवचनीय अवधारणा की तरह देखा जा रहा है और स्वच्छन्दतावाद के साथ भी ऐसा ही है। हमने दोनों अवधारणाओं को स्थिर कर दिया है, मानो स्वच्छन्दतावाद इस जगह है और आधुनिकतावाद इस जगह और सारी चर्चा इसी दायरे में हो रही है। आधुनिकतावाद और स्वच्छन्दतावाद बहुवचन हो सकते हैं। बल्कि, स्वच्छन्दतावाद और आधुनिकतावाद बहुवचन ही हैं। इस तथ्य को फिर से देखने की जरूरत है। यहाँ प्रश्न यह उठता है कि रोमांटिक आधुनिक है या यह आधुनिक था? क्या यह सम्भव है कि हम अपनी विरासत के साथ फिर से सम्बन्ध स्थापित करें और इस चर्चा में इसकी क्या भूमिका हो सकती है, इसे देखें?

इस सम्बन्ध में मैं आपका ध्यान वाद-विवाद के तीसरे दौर की ओर दिलाना चाहता हूँ। 1985 में मार्शल बर्मन ने अपनी चर्चित पुस्तक 'ऑल दैट इज सोलिड मेल्ट्स इंटू एयर' प्रकाशित की थी। आधुनिकता और आधुनिकतावाद को 'फोकस' करने के लिए इस पुस्तक में मार्क्स का एक पैराग्राफ लिया गया था। फिर से 'दी न्यू लेफ्ट रिव्यू' ने इस पुस्तक की ओर ध्यान खींचा और पेरी एंडरसन ने फिर इस पर एक लेख 'आधुनिकता और क्रान्ति' शीर्षक से लिखा। आधुनिकता और क्रान्ति का आपस में सम्बन्ध हो सकता है, यह भारत में हुए 'डीबेट' में 'रिफ्लेक्ट' नहीं हुआ जिसका जिक्र मैंने अभी किया है। एक बहुत ही बनावटी, पूरी तरह अमूर्त दार्शनिक भाषा इसकी विशेषता रही।

आधुनिकता के बहुत-से ऐसे पद हैं जिन पर चर्चा होनी चाहिए, लेकिन दुर्भाग्य से इस देश की चर्चाओं (डिबेट) में उनको जगह नहीं मिली। शायद 'जर्मनिक एंड रोमन्स स्टडीज' विभाग द्वारा करवाई जा रही यह चर्चा उन क्षेत्रों पर कुछ प्रकाश डाल सके। मैं फिर कुछ प्रश्न उठाना चाहता हूँ, विशेष रूप से भारत में रोमांटिक आन्दोलन के सन्दर्भ में, भारतीय साहित्य में कोई एक स्वच्छन्दवाद नहीं था। यूरोपीय साहित्य की तरह यहाँ कोई एक स्वच्छन्दतावाद नहीं था। बंगला, हिन्दी, उर्दू, पंजाबी, मराठी और मलायलम में अलग-अलग स्वच्छन्दतावाद थे। यह ठीक है कि यहाँ एक समान भारतीय सन्दर्भ है जिसे हम उपनिवेशवाद कहते हैं। कुछ चीजें सच में 'कॉमन' हैं। लेकिन भारतीय कमियों और ऐतिहासिक विकास से सम्बन्धित अन्तर भी है। लेकिन एक आदमी ऐसा है जो समूचे भारतीय स्वच्छन्दतावाद का प्रतिनिधित्व करता है। जिसने समूचे भारतीय स्वच्छन्दतावाद को प्रभावित और प्रेरित किया, वे हैं रवीन्द्रनाथ टैगोर। मैं विशेष रूप से उनके सैद्धान्तिकी और साहित्यिक कर्म का जिक्र करना चाहता हूँ। यह जरूरी क्यों है?

बंगाली बौद्धिक वर्ग, जो अपने बंगला जातीयता के लगाव के लिए जाना जाता है, लेकिन उन्होंने भी—चाहे वह पार्थ चटर्जी हों या आशीष नन्दी, जिन्होंने राष्ट्रवाद के सन्दर्भ में टैगोर पर अभी एक पुस्तक भी लिखी है, रवीन्द्रनाथ को आधुनिकता की चर्चा में कहीं भी शामिल नहीं करते हैं।

बंकिम को लेकर एक पूरी जमात खड़ी हुई और एक यूनिवर्सिटी भी विकसित हो गई। अचानक बंकिम बहुत प्रसिद्ध हो गए—भारतीय जनता पार्टी के लिए भी और उन बौद्धिकों के लिए भी, जो अपने-आपको भारतीय जनता पार्टी से भी ज्यादा 'सोफिस्टीकेटेड' समझते हैं। इसलिए मैंने विशेष रूप से रवीन्द्रनाथ टैगोर का जिक्र किया। जिस तरह स्वच्छन्दतावाद पर विश्व स्तर पर कोई भी चर्चा शेली के बिना अधूरी है, पूश्किन के बिना अधूरी है, उसी तरह रवीन्द्रनाथ टैगोर के बिना भी अधूरी है।

जहाँ तक 'स्वच्छन्दतावाद' और 'आधुनिकतावाद' 'टर्म्स' का सम्बन्ध है, सबसे बड़ी मुश्किल 'आधुनिकता' और 'आधुनिकतावाद' से सम्बन्धित है। पेरी एंडरसन का तर्क सही है जब वह आधुनिकता को 'इम्प्टिएस्ट कल्चरल कैटगरी' कहते हैं। 'गॉथिक' स्पष्ट तौर पर पारिभाषित है। इसी तरह 'बारोक', 'क्लासिसिज्म', 'मैनेरिज्म'—यहाँ तक कि 'रोमांटिसिज्म' भी सब तरह की 'डाइवरसिटी' के होते हुए भी अच्छी तरह से पारिभाषित है। इसकी तुलना में आधुनिकता एक खाली चौखटा है जिसमें कोई भी अर्थ भरा जा सकता है। इसी कारण आधुनिकता और आधुनिक को उसी रूप में पारिभाषित किया जाता है, जैसाकि कोई चाहता है। कैसे आधुनिक, आधुनिकता और आधुनिकतावाद को समझा जाए, इसके बारे में मैं यहाँ बात करना चाहूँगा। जब रवीन्द्रनाथ टैगोर ने कविता लिखनी शुरू की, वह अभी उन्नीसवीं सदी ही थी। मैं यहाँ स्पष्ट करना चाहता हूँ कि भारतीय सन्दर्भ में स्वच्छन्दतावाद को आम तौर पर बीसवीं सदी की घटना समझा जाता है। हिन्दी साहित्य में स्वच्छन्दतावाद का सम्बन्ध 1920 से 1936-38 के समय या आजादी के संघर्ष के समय, जो गांधी के सत्याग्रह से प्रमुख रूप से शुरू हुआ, से जोड़ा जाता है या माना जाता है। अगर ऐतिहासिक रिकॉर्ड को सीधा रखें और आप रवीन्द्रनाथ को ध्यान में रखें तो स्वच्छन्दतावाद भारत में पहले ही 19वीं सदी के अन्तिम दशकों में शुरू हो चुका था। स्वच्छन्दतावाद उस समय की रवीन्द्रनाथ टैगोर की सारी कविताओं से शुरू हुआ। पहली प्रसिद्ध कविता 'निझरिर स्वप्नो भांगा' 1882 में लिखी गई जो 'प्रभात संगीत' पुस्तक में प्रकाशित हुई। बहुत-से लोग सोचते हैं कि सूर्य का उदय तभी हुआ जब उनकी आँख खुली। इसलिए बहुत-सी भारतीय भाषाओं में स्वच्छन्दतावाद के सूर्य का उदय गांधी के आने के साथ 1920 के आसपास ही माना जाता है। रवीन्द्रनाथ के लिए 'प्रभात संगीत' 19वीं सदी में 1882 में ही आ चुका था। इस समय तक

गांधी भारत के आसपास भी नहीं थे। लोकमान्य तिलक भी पास नहीं थे। 'प्रभात संगीत' में पहली बार आजादी के आह्वान 'निर्झरेर स्वप्नो भांगा' के 'भांग भांग भांग कारा' के शब्दों में सुनाई पड़ी।

स्वच्छन्दतावाद में रोमांटिक कल्पना (विचार) में प्रात: या सन्ध्या के दृश्य अक्सर रहते हैं। पूरा सूरज रोमांटिक नहीं हो सकता और न ही रात का पूरा कालापन ही रोमांटिक हो सकता है। कुछ अँधेरा, कुछ उजाला—चाहे वह सन्ध्या का धुंधलका हो या प्रभात का, इसे रोमांटिक समझा जाता है। जो लोग स्वच्छन्दतावाद के बारे में कुछ और नहीं जानते, वे इन धुंधलके दृश्यों से इन्हें पहचानते हैं। 'प्रभात संगीत' में सुबह और शाम के ये धुंधलके दृश्य पहली बार सामने आए। इस संग्रह में बहुत सारे ऐसे दृश्य हैं और बहुत सारी कविताएँ शाम पर हैं। जिस 'दु:समय' कविता से इसकी शुरुआत होती है, वह एक चर्चित कविता है। स्वच्छन्दतावाद कुछ और चीजों के लिए भी जाना जाता है। हमने कल्पना की उड़ान की बात की। कल्पना और स्वच्छन्दतावाद का आपस में नजदीकी सम्बन्ध है। रवीन्द्रनाथ के एक काव्य संग्रह का नाम ही 'कल्पना' है। यह पुस्तक 19वीं सदी में आई, 1883 के आसपास। इसमें उनकी प्रसिद्ध कविता 'सोनार तारी' या 'सुनहरी नाव' शामिल है। नाव एक ओर 'रोमांटिक इमेज' है जो दुनियाभर की रोमांटिक कविता में मदमस्त नाव (drunken boat) के रूप में मिलती है।

मैं यहाँ फिर से दुहराना चाहता हूँ कि कोई यह पूछ सकता है कि स्वच्छन्दतावाद आधुनिक है या नहीं? लेकिन भारत में स्वच्छन्दतावाद 19वीं सदी के अन्तिम दशकों में शुरू हुआ, न कि 20वीं सदी के शुरू में या इसके दूसरे दशक में। मैंने 19वीं सदी का अन्तिम दशक इसलिए कहा क्योंकि अगर हम उस समय के इंग्लैंड को देखें, उस समय इंग्लैंड में स्वच्छन्दतावाद की क्या दशा थी? स्वच्छन्दतावादी कवि वड्र्सवर्थ की मृत्यु इसी समय के आसपास या कुछ समय पहले हुई थी। टेनिसन प्रतिष्ठित कवि थे और यह स्वच्छन्दतावाद का अन्त उसकी शाम थी। स्वच्छन्दतावाद का महान दौर जो ब्लेक (Blake) के साथ शुरू हुआ और जिसमें शेली, कीट्स, वॉयरन शामिल थे, समाप्त हो गया। ये सभी खत्म हो चुके थे। लोग कहते हैं कि ब्रिटिश साम्राज्य में सूरज कभी अस्त नहीं होता। शायद वह कोई दूसरा सूरज होगा। जब स्वच्छन्दतावाद का सूरज इंग्लैंड में छिप रहा था या छिप चुका था, उसी समय भारत में इसका उदय हो रहा था। इन दो तथ्यों को ध्यान में रखने की जरूरत है।

जब स्वच्छन्दतावाद का इंग्लैंड में अन्त हो रहा था, उस समय टेनिसन प्रतिष्ठित कवि थे। उनका प्रभाव दूर तक फैला हुआ था। यहाँ तक कि भारत में भी 'गोल्डेन ट्रेजरी' के पाठकों ने टेनिसन की कविता 'इन मेमोरियम' पढ़ रखी थी। ऐसे समय में रवीन्द्रनाथ टैगोर एक उपनिवेश में पैदा हुए और 'भांग भांग

भांग कारा' जैसी कविता लिखी जो शेली की याद दिलाती है। यह टेनिसन की याद नहीं दिलाती, न ही इसके बाद के वड्र्सवर्थ के समय की। यह पहली बात है जिसका मैं उल्लेख करना चाहता हूँ।

दूसरी बात जो मैं रवीन्द्रनाथ के सम्बन्ध में कहना चाहता हूँ कि उन्होंने डब्ल्यू. बी. येट्स पर लेख लिखा जिसके अन्त में 'बंगाब्द' का उल्लेख है। 'बंगाब्द' बंगला का 1310 साल है जो फसल कटने के आधार पर गिना जाता है। इसमें 600 साल जोड़ने से हमें अंग्रेजी साल मिल जाएगा। 'कवि येट्स' शीर्षक लेख 20वीं सदी के शुरू में लिखा गया था। रवीन्द्रनाथ ने कभी भी टी.एस. इलियट पर नहीं लिखा जबकि उन्होंने उसे पढ़ा था और कई जगहों पर उल्लेख भी किया है। लोग कह सकते हैं कि उन्होंने येट्स पर इसलिए लिखा क्योंकि उन्होंने रवीन्द्रनाथ को नोबल पुरस्कार दिलाया था या शायद इसलिए कि उन्होंने 'गीतांजलि' पर एक कविता लिखी थी। पर यह येट्स पर निबन्ध लिखने और इलियट पर न लिखने का कारण नहीं है। आखिर उन्होंने येट्स पर क्यों लिखा? इलियट-येट्स, दोनों में से कौन महान कवि हैं, यह विवाद भारत में बहुत बाद में दिल्ली विश्वविद्यालय में शुरू हुआ। अगर मुझे ठीक याद है तो प्रतिपल चन्द राजन, जो येट्स के प्रशंसक बन गए थे और उन्होंने येट्स पर एक पुस्तक भी लिखी थी, इस चर्चा में शामिल थे।

रवीन्द्रनाथ ने उस समय येट्स पर निबन्ध लिखा जब इलियट को आधुनिक कवियों में सबसे महान समझा जाता था। अगर आप ध्यान से निबन्ध देखें तो इसमें आयरलैंड और आयरिश के स्वतंत्रता-संग्राम के मुद्दे पर ध्यान केन्द्रित किया गया है जिसमें मार्क्स और एंगल की भी गहरी रुचि थी। स्वतंत्रता-संग्राम के दौरान भारत में भी आयरलैंड के प्रति गहरी रुचि थी। अगर कोई उस समय की पत्रिकाओं को देखे तो यह देख सकता है कि आयरिश स्वतंत्रता-संग्राम के नायकों के बारे में कितना लिखा गया है। रवीन्द्रनाथ ने लिखा है कि येट्स की कविता आयरिश मानसिक स्वतंत्रता की अभिव्यक्ति है। इंग्लैंड के खिलाफ उनकी स्वतंत्रता की लड़ाई है जिसने आयरलैंड पर अत्याचार कर उसे गुलाम बना रखा है। येट्स ने आयरलैंड की पौराणिक कथाओं और मिथकों का व्यवहार किया है—चाहे उनमें से कुछ को अन्धविश्वास माना जाता है, परन्तु येट्स ने इसका प्रयोग कविता लिखने के लिए किया है जो किसी अन्य अंग्रेजी कवि ने नहीं किया। रवीन्द्रनाथ ने ऐसी कविता को आधुनिक कविता कहा है। यह आधुनिक कविता है क्योंकि आयरलैंड जैसे उपनिवेश में यह आयरिश लोगों की आजादी की अभिलाषा, अभिव्यक्ति की स्वतंत्रता को दर्शाती है। ऐसे समय में जब राजनीतिक संघर्ष के लिए बहुत कम जगह थी, तब एक सांस्कृतिक क्रान्ति हुई थी और कविता ने इस क्रान्ति के माध्यम के रूप में काम किया। येट्स ने अपनी कविता,

कला के माध्यम से आरयंड की आत्मा को अभिव्यक्ति दी। इसीलिए रवीन्द्रनाथ ने उन्हें आधुनिक कहा। येट्स के शुरुआती दौर की उनके 'टॉवर' कविता लिखने से पहले ही अंग्रेजी कविता के बारे में रवीन्द्रनाथ लिखते हैं : 'मुझे पुराने अंग्रेजी साहित्य से बहुत प्रसन्नता मिली है। इसने न सिर्फ मुझे सौन्दर्यबोधक प्रसन्नता दी है बल्कि ज्ञानोदय भी दिया है। परन्तु आज मैं दु:ख महसूस करता हूँ, विशेष रूप से आधुनिक अंग्रेजी साहित्य से।' वह लिखते हैं : 'यह अंग्रेजी साहित्य संकुचित मानसिकता का है। यह रूढ़िवादी है।' ऐसे समय में जब इलियट की कविता विद्रोह और क्रान्ति की प्रतीक समझी जाती थी, रवीन्द्रनाथ की नजर में यह रूढ़िवादी है। संकुचित मानसिकता की है। जबकि येट्स स्वतंत्रता का कवि हैं। 19वीं सदी के अन्त और 20वीं सदी के शुरू में जिस अंग्रेजी कविता को आधुनिक समझा जाता था, रवीन्द्रनाथ टैगोर का उसके प्रति यह नजरिया था। येट्स के सम्बन्ध में उन्होंने 'स्वदेशिकता' पद का प्रयोग किया। मुरली मनोहर जोशी की स्वदेशिकता नहीं बल्कि गांधी की स्वदेशिकता। रवीन्द्रनाथ के अनुसार, येट्स ने आयरिश राष्ट्र और राष्ट्रवाद को, उसकी प्राचीन परम्पराओं, मिथकों, पौराणिक कथाओं, लोककथाओं और समूची संस्कृति को अभिव्यक्ति दी है। यही कारण है कि रवीन्द्रनाथ टैगोर येट्स को आधुनिक मानते हैं।

यहाँ से रवीन्द्रनाथ ने आधुनिकता और आधुनिकतावाद में अन्तर किया। इसलिए स्वच्छन्दतावाद ने शुरू से ही भारत में आधुनिकता और आधुनिकतावाद में अन्तर किया है। असल में उन्होंने दो तरह के आधुनिकतावाद में अन्तर किया—आयरिश कवि डब्ल्यू.बी. येट्स के आधुनिकतावाद में और अमरीका से लौटे अंग्रेज कवि टी.एस. इलियट के आधुनिकतावाद में। रवीन्द्रनाथ ने यह इसलिए लिखा क्योंकि येट्स को पढ़ते हुए उन्हें अपने देश, अपनी स्वतंत्रता और अपने संघर्षों की याद आई। मैंने यह इसलिए कहा क्योंकि भारत एक स्तर पर अपने और आयरलैंड में सम्बन्ध देखता है।

आज जब 'जर्मनिक एंड रोमन्स स्टडीज विभाग' ने स्वच्छन्दतावाद पर जब यह परिचर्चा शुरू की है तो मुझे भी कुछ हद तक जर्मन रोमांसवाद के साथ सम्बन्ध दिख रहा है। सच कहूँ तो, स्वच्छन्दतावादी दर्शन या वह दर्शन जो स्वच्छन्दतावादी आन्दोलन के साथ शुरू हुआ, इसकी गहरी जड़ें जर्मनी में ही मिलती हैं। यह न सिर्फ श्लेगल-बन्धुओं (Schlegel brothers) में मिलती हैं, बल्कि कांट और हेगेल में भी। कहना चाहिए, इस स्वच्छन्दतावाद की कुछ झलक, चाहे आलोचना के रूप में ही, कार्ल मार्क्स में भी मिलती है। जैसे मार्शल बर्मन की पुस्तक 'ऑल दैट इज सोलिड मेल्ट्स इंटू एयर' में बताया गया है कि आधुनिकता का आधुनिकीकरण से भी सम्बन्ध है और अगर आधुनिकीकरण का पूँजीवाद से कुछ भी सम्बन्ध है तो जिस व्यक्ति ने 'दास कैपिटल' लिखी, वह भी पक्के तौर पर इस आधुनिकता का

हिस्सा है। स्वच्छन्दतावादी दर्शन-भाव की कुछ झलक हेन, शिलर और यहाँ तक कि गोयथे जैसे कवियों में भी दिखाई पड़ती है। लेकिन 18वीं सदी के अन्त और 19वीं सदी के शुरू में जर्मन स्वच्छन्दतावाद और भारतीय स्वच्छन्दतावाद किस तरह से सम्बन्धित थे?

स्वच्छन्दतावादी आन्दोलन जर्मनी में उस समय शुरू हुआ जब फ्रांस में क्रान्ति हो चुकी थी और नेपोलियन ने जर्मनी को हरा दिया था। जर्मनी उपनिवेश नहीं था लेकिन यूरोप में यह जर्मनी का काला दौर था। मार्क्स और एंगेल ने भी इसके बारे में लिखा है। एक तरफ फ्रांस में क्रान्ति हो रही थी और दूसरी ओर जर्मनी अँधेरे में डूबा हुआ था। इसी सन्दर्भ में यह कहा गया है कि मिनेर्वा (सरस्वती) का उल्लू सिर्फ अँधेरे में अपने पंख फैलाता है। इस जर्मनी में पिछड़ेपन और सामन्तवाद की जड़ें अभी भी मजबूत थीं और पूँजीवाद और औद्योगिकीकरण की प्रक्रिया का अभी उतना विकास नहीं हुआ था जितना इंग्लैंड और फ्रांस में हो चुका था, जबकि नीदरलैंड में ऐसा हो रहा था। इस पिछड़े हुए जर्मनी में, जैसाकि मैदाम द स्टेल लिखते हैं : 'जर्मन सौन्दर्यशास्त्र के माध्यम से राजनीति में शामिल हुए थे जबकि सीधे राजनीति में शामिल होने की न ही उनके पास जगह थी और न ही सम्भावना।' कांट और हेगेल राजनीति में शामिल नहीं थे। उनकी तन्मयता सौन्दर्य में थी। श्लेगेल, शिलर और गोयथे भी राजनीति में 'एस्थेटिक' के माध्यम से ही शामिल थे।

भारत में भी उन्नीसवीं सदी के अन्त और बीसवीं सदी के शुरू में राजनीति भारतीय राष्ट्रीय कांग्रेस की स्थापना करने, साल में एक बार मीटिंग करने, माँगों की पेटिसन तैयार करने और वायसराय को इसे देने तक सीमित थी। भारत में कोई बड़ा आन्दोलन नहीं हो रहा था। जागीरदारी अभी भी कायम थी। दरअसल 1857 के संग्राम के बाद अंग्रेजों ने जागीरदारी को खत्म करने की जगह उन राजकुमारों को फिर से स्थापित किया जो 1857 के संग्राम में आगे थे। जागीरदारी व्यवस्था लॉर्ड कर्नवालिस के द्वारा पुन: स्थापित की गई। नवाब का शासन बंगाल में जारी रहा। यह एक नये तरह की जागीरदारी व्यवस्था थी। यहाँ तक कि जब अंग्रेजों ने एक के बाद एक सभी भारतीय रियासतों को हरा दिया तो आधे से ज्यादा भारत जागीरदारी शासन के अधीन था। रियासत और नई जागीरदारी व्यवस्था के कारण सामन्ती वर्ग सत्ता की चरम सीमा तक पहुँच गया। इस सामन्ती भारत में बौद्धिक वर्ग की स्थिति बहुत कमजोर थी, कुछ हद तक जर्मनी की तरह। जबकि जर्मनी के पड़ोस में क्रान्ति हो चुकी थी। उस समय भारतीय बौद्धिकों की दशा शायद जर्मन बौद्धिकों की तरह ही थी। विशेष कर बंगाल के बौद्धिकों की दशा। यह इसलिए था क्योंकि रेनेसां के कारण बंगाल की रचना अन्य जगहों की तुलना में अधिक जागृत थी।

जर्मन बौद्धिकों की सबसे बड़ी विडम्बना यह थी कि न तो वह पुरानी जागीरदारी को स्वीकार कर सकते थे और न ही विकल्प के तौर पर फ्रांस की क्रान्ति को। वे न तो पूँजीवादी व्यवस्था को और न ही जागीरदारी व्यवस्था को स्वीकार कर सकते थे। पूँजीवाद और जागीरदारी को मिलाने से एक अजीब तरह की नई परिस्थिति पैदा हो रही थी। लेकिन सबसे महत्त्वपूर्ण तथ्य यह है कि वे फ्रांस की क्रान्ति द्वारा पैदा चुनौतियों को स्वीकार नहीं कर सकते थे। इस दौरान एक विशेष तरह के जर्मन स्वच्छन्दतावाद का जन्म हुआ जिसने अपना राजनीतिक संघर्ष सौन्दर्य के माध्यम से शुरू किया। इसलिए इसकी सारी दुविधाएँ रवीन्द्रनाथ के उस दौर के समान थीं जब वे 'सोनार तारी' लिख रहे थे। 'निरुद्देश्य यात्रा कोथाये आमा के निये जाबे रे—स्वप्न सुन्दरी?' यात्रा की मंजिल का पता नहीं है क्योंकि दूर-दूर तक औपनिवेशिक क्षितिज का अन्त दिखाई नहीं देता था। इसका कोई विकल्प नहीं था।

स्वच्छन्दतावाद का जन्म ऐसे संकटकाल में हुआ जिसे पेरी एंडरसन ने भी अपने निबन्ध में तीन तर्कों द्वारा दिखाने की कोशिश की है। शेली के समय की इंग्लैंड की हालत कुछ हद तक जर्मनी से बेहतर और अलग थी। इसमें अर्द्ध-रईस, अर्द्ध-औद्योगिक पूँजीवाद और मजदूर आन्दोलन का उदय हो रहा था। लेकिन यह स्थिति पुनरुत्थानशील न थी। कोई बड़ा मजदूर आन्दोलन उन दिनों दिखाई नहीं दिया। अंग्रेजी स्वच्छन्दतावाद ऐसे वातावरण में उत्पन्न हुआ। जर्मन स्वच्छन्दतावाद का जन्म इससे बदतर वातावरण में हुआ। अगर आप दुनिया के दूसरे हिस्सों में देखें तो पूश्किन के उदय के दौरान रूसी स्वच्छन्दतावाद का उदय तब हुआ जब 1812 में दिसम्बर क्रान्ति को दबा दिया गया था। यह ज़ारशाही (Czarist) का समय था। पीटर की तमाम रैलियों के बावजदू बड़ा पूँजीवाद रूस में विकास नहीं कर सका और यहाँ तक कि जर्मनी से भी काफी पीछे था। इस तरह स्वच्छन्दतावाद का जन्म अर्द्ध-सामन्ती, अर्द्ध-पूँजीवादी सन्दर्भ में हुआ, जिसमें नौकरीपेशा वर्ग कमजोर था और आत्माभिव्यक्ति का कोई संगठित संघर्ष नहीं हुआ था। इस तरह से यह बहुत-से देशों में हुआ। भारत में भी चाहे रवीन्द्रनाथ टैगोर ने इस सन्दर्भ में लिखना शुरू किया, लेकिन आन्दोलन में एक नया तत्त्व जुड़ा जो भारतीय स्वच्छन्दतावाद को जर्मन स्वच्छन्दतावाद और अंग्रेजी स्वच्छन्दतावाद से अलग करता है। अगर कहीं समानता है तो यह रूसी स्वच्छन्दतावाद के साथ है क्योंकि समान कारण किसान-विद्रोह है।

आधुनिकता पर परिचर्चा में हमने बंगाल के रेनेसां पर बात की। हमने भारतीय रेनेसां पर बात की, लेकिन इन सारी बातों में हम यह भूल गए कि भारत में अंग्रेजी राज से पहले, भारत में उनके पहुँचने से पहले जोकि 1770 से 1380 का समय है, यहाँ पर बहुत सारे तत्कालीन किसान-विद्रोह हुए। सबसे अन्तिम और बड़ा

विद्रोह पबना में हुआ था। अगर हम उन किसान-आन्दोलनों की पृष्ठभूमि में देखें तो हम इसका चरम 1920 में गांधी द्वारा चलाए असहयोग आन्दोलन के दौरान चौरा-चौरी घटना के रूप में देखते हैं। स्वच्छन्दतावाद की शुरुआत चाहे उन्नीसवीं सदी में रवीन्द्रनाथ ने अपने-आप की लेकिन यह सच्चे अर्थों में एक आन्दोलन समूचा भारतीय परिदृश्य में—हिन्दी, बंगला, मराठी, गुजराती, मलयालम, असमी, उड़िया में—असल में असहयोग आन्दोलन के दौरान बना। उस दौरान यह सिर्फ स्वच्छन्दतावाद नहीं था। असहयोग आन्दोलन उस समय हुआ जब भारत एक उपनिवेश था। यह शायद उपनिवेशों में पहला देश था जहाँ लोगों ने इस तरह का बड़ा आन्दोलन शुरू किया। चौरा-चौरी में जहाँ बड़ी संख्या में किसान आए थे, उस विद्रोह का प्रतीक बन गया।

इसलिए यही वह समय था जब स्वच्छन्दतावादी आन्दोलन सीधा राजनीतिक बन गया। यह सिर्फ एक 'एस्थेटिक सब्स्टिट्यूट' नहीं था, जैसाकि जर्मनी में था। यही कारण है कि भारत में स्वच्छन्दतावादी आन्दोलन की लम्बी आयु रही। 1880 से शुरू होकर यह 1940 तक चला। यह साठ सालों तक चला, न कि सिर्फ बीस सालों तक। रवीन्द्रनाथ की मृत्यु 1941 में हुई। 1880 से 1941 के लगभग साठ वर्षों में स्वच्छन्दतावादी आन्दोलन राजनीतिक बन गया और जो राजनीतिक आकार इसने लिया, उसने स्वच्छन्दतावाद की सीमा और इसके अन्दरूनी विवाद को उजागर कर दिया।

1921 में असहयोग आन्दोलन वापस ले लिया गया। इस दौरान एक असाधारण विवाद का जन्म हुआ। रवीन्द्रनाथ टैगोर ने कलकत्ता के यूनिवर्सिटी इंस्टीट्यूट में एक भाषण दिया जिसका शीर्षक था : 'सत्तेर आह्वान' या 'सच की पुकार'। यह वही समय था जब विदेशी कपड़े जलाए जा रहे थे और वह गांधीजी के आह्वान पर जलाए जा रहे थे। रवीन्द्रनाथ इसके पक्ष में नहीं थे। गांधी एक ओर विदेशी कपड़े जला रहे थे तो दूसरी ओर चरखे को एक प्रतीक के रूप में चुनकर उन्होंने एक आन्दोलन शुरू किया। रवीन्द्रनाथ ने अपना निबन्ध 'सत्तेर आह्वान' 1921 में लिखा और गांधी ने उसका उत्तर दो महीने बाद 'यंग इंडिया' के अक्टूबर अंक में दिया।

रवीन्द्रनाथ जिनको गांधी 'गुरुदेव' कहकर सम्बोधित करते थे, जो पहले ही 1910 में 'गोरा' लिख चुके थे, जिन्होंने बंग-भंग आन्दोलन के दौरान स्वदेशी आन्दोलन में भाग लिया था और जिन्होंने राष्ट्रीय आन्दोलन के विकास में एक सक्रिय भूमिका निभाई थी। रवीन्द्रनाथ जो एक एक्टिविस्ट थे और जिन्होंने बहुत सारी कविताएँ लिखी थीं, उसी रवीन्द्रनाथ ने राष्ट्रवाद पर भी लिखा और इसे सबसे खतरनाक चीज कहा। उनके लिए यह सिर्फ किताबों तक सीमित विषय न था, उन्होंने विदेशी कपड़ों को जलाते समय राष्ट्रीय सनक को महसूस किया था। उस

राष्ट्रीय सनक के खिलाफ उन्होंने 'सत्तेर आह्वान' नामक निबन्ध लिखा। यह एक लम्बा निबन्ध है और इसका अंग्रेजी अनुवाद सहज ही उपलब्ध है। रवीन्द्रनाथ इस निबन्ध में कहते हैं :

'आज, विश्वव्यापी चेतना के उदय के समय, अगर हमारे राष्ट्रीय संघर्ष में यह विश्वव्यापी आवाज गायब है तो यह सिर्फ हमारी गरीबी को दिखाता है। मैं यह नहीं कहता कि हमें हमारे प्रस्तावित योजना से सम्बन्धित कार्यों को छोड़ देना चाहिए। प्रात:काल जब पंछी जागते हैं तो इनके जागने का उद्देश्य सिर्फ भोजन ढूँढ़ना नहीं होता। उनके न थकनेवाले दो पंख आकाश की चुनौती को स्वीकार करते हैं। रोशनी देखने की खुशी उनके गाने के रूप में बाहर निकलती है। यह विश्वव्यापी मानव-चेतना की पुकार हमारी चेतना को बुला रही है।'

रवीन्द्रनाथ ने इस लेख में विश्वव्यापकता की बात की है। हमें यह नहीं भूलना चाहिए कि विदेशी कपड़ों को जलाना एक छुपे हुए राष्ट्रीय अहंकार, एक तरह के राष्ट्रवाद को प्रदर्शित करता है। रवीन्द्रनाथ ने जलती आग में इस राष्ट्रीयता को देखा। इस जलती आग के सामने उन्होंने कहा कि स्वच्छन्दतावाद के दो पहलू हैं। अगर स्वच्छन्दतावाद राष्ट्रीय स्वतंत्रता के लिए एक आन्दोलन है तो यह ज्ञानोदय की विश्वव्यापकता को भी स्वीकार करता है। अगर आप स्वच्छन्दतावाद के एक पक्ष पर ही जोर देते हैं तो आप देखेंगे, वे सारे लोग जो हिन्दुत्व की बात करते हैं, रोमांटिक बन जाएँगे। स्वच्छन्दतावाद का अर्थ है राष्ट्रीय संघर्ष—आजादी के लिए एक राष्ट्रीय संघर्ष। लेकिन ज्ञानोदय जो तर्क के नाम पर विश्वव्यापकता की बात करता है, वह भी स्वच्छन्दतावाद में शामिल है। रवीन्द्रनाथ में ये दोनों पक्ष थे। जहाँ उन्होंने इसमें तोड़-मरोड़ देखा, वहाँ उन्होंने आवाज उठाना जरूरी समझा। रवीन्द्रनाथ ने यह 1921 में किया जब असहयोग आन्दोलन और बॉयकाट अपने चरम पर था। यह वही कवि है जिसने 1919 में 'नाइटहुड' उपाधि लेने से इनकार किया था। इसलिए आप उनकी नीयत पर शक नहीं कर सकते। आप यह नहीं कह सकते कि उन्होंने अंग्रेजों को खुश करने के लिए यह किया। एक ओर वह 'नाइटहुड' की उपाधि लेने से इनकार कर रहे हैं तो दूसरी ओर गांधी के आह्वान पर विदेशी कपड़ों को जलाने से शुरू हुई भीतरी राष्ट्रीयता का विरोध भी कर रहे हैं। रवीन्द्रनाथ इसे 'सत्तेर आह्वान' कहते हैं। गांधी ने रवीन्द्रनाथ के खिलाफ वाद-विवाद की लड़ाई शुरू की। रवीन्द्रनाथ के इस पूरे लेख से गांधी ने सिर्फ पंछी, जो प्रात:काल आसमान में उड़ता है, वाला बिन्दु चुना। कहा :

'जब युद्ध होता है, कवि वीणा, वकील वकालत की रिपोर्ट और स्कूली बच्चे अपनी किताबें रख देते हैं। जब युद्ध समाप्त हो जाता है तो कवि अपना सच्चा राग गाता है। जब घर को आग लगती है तो सभी घरवाले बाहर आ जाते हैं और

आग बुझाने के लिए बाल्टी उठाते हैं। जब मेरे आस-पास सब खाने के लिए मर रहे हों तो मुझे सिर्फ भूखों को खाना खिलाने का काम ही करने योग्य लगता है। यह मेरा दृढ़ विश्वास है कि भारत ऐसा घर है जिसमें आग लगी है क्योंकि इसके मनुष्य प्रतिदिन झुलस रहे हैं। ये भूख के कारण मर रहे हैं क्योंकि भोजन खरीदने के लिए इनके पास कोई काम नहीं है। अपने विदेशी कपड़े जलाकर मैंने अपनी शर्म जला दी है। अपनी काव्यमयी सूझ के प्रति सच्चा कवि आनेवाले कल के लिए जीता है और हमें भी ऐसा ही करना चाहिए। वह हमारी सराहना-भरी दृष्टि के लिए प्रात:काल आसमान में उड़ते हुए प्रशंसा के गीत गाते हुए पक्षियों की सुन्दर तसवीर पेश करता है। इन पक्षियों के पास दिन का भोजन है और वे अपने आराम किए हुए पंखों के साथ उड़ते हैं जिनकी नाड़ियों में पिछली रात नया खून प्रवाहित हो चुका है। परन्तु मुझे उन पक्षियों को देखकर दु:ख होता है जो शक्ति के लिए अपने पंखों को फड़फड़ा नहीं सकते। एक मानवीय पक्षी भारतीय आसमान के नीचे कमजोर हो जाता है तब वह थका हुआ महसूस करता है। करोड़ों के लिए यह एक अन्दरूनी सजगता या अन्दरूनी मूर्च्छा है। यह एक न बताई जा सकनेवाली दुखदायक स्थिति है जिसे जानने के लिए उसे महसूस करना जरूरी है। मुझे कबीर के गीत के साथ दुखी मरीज की तुलना करना असम्भव लगता है। करोड़ों भूखे सिर्फ एक कविता के बारे में पूछते हैं—जीवन देनेवाला भोजन। उन्हें यह नहीं दिया जा सकता। उन्हें यह खुद कमाना चाहिए और वे सिर्फ अपने माथे के पसीने से इसे कमा सकते हैं। टैगोर को भी दूसरों की तरह चरखा कातने दो। उन्हें अपने विदेशी कपड़े जलाने दो। आज यही कर्तव्य है। परमात्मा आनेवाले कल का ध्यान रखेगा। जैसाकि गीता में कहा गया है—कर्म करो।'

यह गांधी हैं। आप देख सकते हैं कि आधुनिकता की बहस में रवीन्द्रनाथ एक ओर छिपे हुए राष्ट्रवाद की भर्त्सना करते हैं तो दूसरी ओर विश्व-व्यापकता की बात करते हैं। फिर गांधी भारत के उस भूखे पंछी की ओर से उत्तर देते हैं। दोनों सही हैं। विवाद के स्वभाव को ध्यान में रखते हुए चुनाव मुश्किल है। गांधी अपनी जगह सही हैं और रवीन्द्रनाथ अपनी जगह। ऐसा नहीं है कि सिर्फ गांधी बहस में शामिल हो रहे हैं। भारतीय रोमांसवाद में 1920-21 के आसपास और उसके बाद भी भूखे पंछी को भी जगह मिली। रवीन्द्रनाथ की कविताओं में भी यह है। यह उनके साहित्यिक कामों और कहानियों में भी है। लेकिन मैं हिन्दी कवि सूर्यकान्त त्रिपाठी 'निराला' की 'बादल-राग' शीर्षक कविता से उदाहरण देना चाहता हूँ जो उन्होंने उसी समय के आसपास लिखी थी। कविता यूँ है : 'रूद्ध कोष है क्षुब्ध तोष / अंगना अंग लिपटे भी / आतंक अंक पर काँप रहे हैं / धनी, वज्र-गर्जन के बादल / त्रस्त नयन-मुख ढाँप रहे हैं। / जीर्ण बाहु, है शीर्ण शरीर / तुझे बुलाता कृषक अधीर / ऐ विप्लव के वीर।'

मैंने निराला का उल्लेख इसलिए किया क्योंकि निराला उन कवियों में से हैं जिन्होंने रवीन्द्रनाथ को बंगला में पढ़ा है। निराला ने रवीन्द्रनाथ पर एक पूरी पुस्तक भी लिखी है। निराला रवीन्द्रनाथ का बहुत सम्मान करते थे, जैसेकि गांधी जी करते थे। इसके बावजदू निराला ने इस विवाद को लेकर 'चरखा' शीर्षक से एक लेख लिखा। इसमें उन्होंने कहा कि गांधी ठीक कहते हैं कि रवीन्द्रनाथ को चरखा कातना चाहिए। निराला ने गांधी का पक्ष लिया क्योंकि निराला बैसवाड़ा के किसानों से सम्बन्धित थे—वे किसान जो अपने अधिकारों के लिए लड़े, जो उस दौर के बाबा रामचन्द्र के नेतृत्व में अपनी जमीन के लिए लड़े।

इसलिए उपनिवेशवादी स्वच्छन्दतावाद सिर्फ राष्ट्रीय स्वतंत्रता की लड़ाई का प्रतिनिधित्व नहीं करता। भारतीय स्वच्छन्दतावाद भी जागीरदारी विरोधी था। अंग्रेजी स्वच्छन्दतावाद पूँजीवाद क्रान्ति का सिर्फ जागीरदारी विरोधी हिस्सा था। भारतीय औपनिवेशिक स्वच्छन्दतावाद न सिर्फ जागीरदारी विरोधी था बल्कि साम्राज्यवाद विरोधी भी था। वह स्वच्छन्दतावाद के इन दोनों पक्षों को मिलाता है। इसलिए यह ऐसा स्वच्छन्दतावाद है जिसकी किसी भी अन्य देश के स्वच्छन्दतावाद से तुलना मुश्किल है।

मैं दुनिया के दूसरे हिस्सों और देशों—पोलैंड, हंगरी, इटली—मे स्वच्छन्दतावाद के बारे में ज्यादा नहीं कहूँगा। जब कोई विश्व साहित्य में स्वच्छन्दतावाद को देखता है तो यह देखकर हैरानी होती है कि जहाँ फ्रांस की क्रान्ति हुई, वहाँ पर स्वच्छन्दतावाद दुनिया के दूसरे हिस्सों की तुलना में कमजोर दिखाई पड़ता है। सबसे महान स्वच्छन्दतावाद रूस का है—पूश्किन का सवच्छन्दतावाद। फ्रांस ने कौन-सा कवि पैदा किया, केवल विक्टर ह्यूगो को छोड़कर, जिस्ने कुछ कविताएँ लिखीं? फ्रांस का स्वच्छन्दतावाद मुख्य रूप से फिक्शन के क्षेत्र में व्यक्त हुआ। स्टेनहाल, बाल्जाक और ब्लादेयर—ये कितने स्वच्छन्दतावाद थे! यह एक अजीब विडम्बना है। तथ्य यह है कि इन सभी में से कोई शेली फ्रांस मॆ पैदा नहीं हुआ, कोई पूश्किन वहाँ पैदा नहीं हुआ और न ही कोई हेन।

यह भारतीय स्वच्छन्दतावाद की अपनी विशेषता है कि इसके पास सिर्फ बंगला में टैगोर नहीं हैं बल्कि दूसरी भारतीय भाषाओं में भी ऐसे कवि हैं जिन्हें आप जूनियर टैगोर कह सकते हैं। वे स्वच्छन्दतावादी थे। उर्दू में इकबाल जैसा कवि था। इकबाल के बारे में सभी तरह की बातें कही गई हैं। बहुत-से लोग उन्हें पाकिस्तान का 'क्रिएटर' भी कहते हैं। फिर भी इस सन्दर्भ में इकबाल बंकिम से ज्यादा अच्छे हैं। उन्होंने इस्लाम के खिलाफ चाहे जो भी कहा हो, हिन्दुत्व के खिलाफ कुछ भी नहीं कहा। जबकि बंकिम ने न सिर्फ हिन्दुत्व का प्रचार किया बल्कि मुसलमानों और इस्लाम की बेइज्जती भी की। इकबाल अक्सर राम को 'इमाम-ए-हिन्द' कहते थे।

जर्मन स्वच्छन्दतावाद धर्म पर जोर देने के कारण भारतीय स्वच्छन्दतावाद से अलग है। श्लेगेल ने स्वयं ईसाइयत को स्वच्छन्दतावाद का जरूरी अंग माना है। धार्मिक तत्त्व जर्मन स्वच्छन्दतावाद में अधिक हावी थे। इसकी तुलना में भारतीय स्वच्छन्दतावाद में लोगों की अपेक्षा के उलट टैगोर, निराला अधिक धर्मनिरपेक्ष थे। आप बंकिम के लेखन में हिन्दुत्व के रूप में धर्म देख सकते हैं। रवीन्द्रनाथ भी बंकिम की तरह हिन्दुत्व की प्रशंसा कर सकते थे लेकिन उन्होंने ऐसा नहीं किया। रवीन्द्रनाथ का 'गोरा' हिन्दुत्व के विरुद्ध है। वह भारतीयता के नजदीक है। यह हिन्दुत्व की विडम्बना है कि 'गोरा' में प्रतिबिम्बित हुई है। वह कहता है कि अपनी सारी ज़िन्दगी वह यही सोचता रहा कि वह हिन्दू है और अन्त में वह महसूस करता है कि हिन्दुत्व में उसके लिए कोई जगह नहीं है। इसलिए जर्मन स्वच्छन्दतावाद की तुलना में भारतीय स्वच्छन्दतावाद अधिक धर्मनिरपेक्ष है। हम उस समय धर्मान्धता के शिकार नहीं बने।

और अन्त में मैं कहना चाहूँगा, भारतीय स्वच्छन्दतावाद और इसके विरोधाभासों और दूसरे पक्षों के बारे में बहुत कुछ कहा जा चुका है। यह एक अजीब विडम्बना है कि यहाँ का बौद्धिक वर्ग, जिनको अंग्रेजी भाषा की अच्छी जानकारी है, शुरू से ही भारतीय स्वच्छन्दतावाद को पचा नहीं पाया है। दुर्भाग्य से नई आलोचना के प्रभाव से यह भारतीय बौद्धिकों में एक 'कल्चर' बन गया है। यह परम्परा इलियट और एफ.आर. लेविस पर आधारित है। आधुनिकतावाद और इलियट और पाउंड के आधुनिकतावाद से डील करते हुए यह परम्परा अपना पहला कर्तव्य भारतीय स्वच्छन्दतावाद को खारिज करना समझती है। जिस तरह उन्होंने अंग्रेजी स्वच्छन्दतावाद को दफना दिया और प्रयोग के नाम पर नई तरह की कविता शुरू की—नई कविता।

रवीन्द्रनाथ के सबसे बड़े विरोधी बुद्धदेव बसु थे जो अपने-आपको आधुनिक कहते थे। रवीन्द्रनाथ ने अपने अन्तिम उपन्यास 'शेषेर कविता' में अमित राय के रूप में बुद्धदेव बसु को याद किया है। आज के बौद्धिक, जो आधुनिकता की परिचर्चा में हिस्सा लेते हैं और अपने-आपको उत्तर आधुनिक कहते हैं, जो गांधी के अनुयायी हैं—जैसे पार्थ चटर्जी, आशीष नन्दी; स्वच्छन्दतावाद को स्वीकार करने के नाम पर ये न सिर्फ टैगोर को भूल गए हैं बल्कि गांधी के भी एंटी-थीसिस हो गए हैं। यह उनका अपमान है। यह उन्हें नहीं पहचानते। गांधी, जिन्होंने टैगोर से बहस की। ये लोग बुद्धदेव की परम्परा में खड़े हैं। आधुनिकतावाद के बाद उत्तर आधुनिकता की घटना से खुशी से भरे हुए, जो हमें उत्तर-उपनिवेशवाद से मिला है। हम अपनी स्वच्छन्दतावादी विरासत को भूलते जा रहे हैं—कीमती विरासत, जटिलताओं और विरोधाभासों से भरी हुई, जो समृद्ध, बहुआयामी और आम आदमी के नजदीक है। आज के अँधेरा भरे दौर में यह हमें चेतावनी देता है कि चाहे जर्मन स्वच्छन्दतावाद

का दर्शन हेडेगर से हिटलर तक चला गया लेकिन भारतीय स्वच्छन्दतावाद की विरासत, टैगोर की विरासत हिन्दुत्व की शक्ति नहीं देगी और न ही इसके साथ जुड़ेगी। दरअसल आज हिन्दुत्व का सबसे बड़ा विपक्षी हमारी स्वच्छन्दतावादी परम्परा में ही है जो हमारे नजदीक है जो धर्मनिरपेक्ष है, इसकी तमाम सीमाओं और कमियों के बावजूद इसमें भविष्य के लिए विजन है। स्वच्छन्दतावाद ने हमें यादें दी हैं। इसने हमें विजन भी दिया है। आज के युग में हम विस्मृति के शिकार हो गए हैं। उत्तर आधुनिक युग में हम यूटोपिया को भी 'आउटडेटेड' मानने लगे हैं। स्वच्छन्दतावाद ने हमें एक समाजवादी यूटोपिया दिया है। मैंने जानबूझकर 'समाजवादी यूटोपिया' कहा है। यह रवीन्द्रनाथ के 'लेटर फ्रॉम रशिया' में है। समाजवाद का सपना हमारे स्वच्छन्दतावाद में है। यह टैगोर और निराला, दोनों में है। अगर हम इस समाजवादी सपने को जिन्दा रखना चाहते हैं तो हमें इसे अपने स्वच्छन्दतावाद में ढूँढ़ना चाहिए।

[दिल्ली विश्वविद्यालय के जर्मनिक एंड रोमांस स्टडीज विभाग में अप्रैल, 1999 में दिया गया व्याख्यान। 'रोमांटिसिज्म एंड मॉडर्निटी' नामक पुस्तक में अंग्रेजी में प्रकाशित। योगेश तिवारी और सुखप्रीत कौर द्वारा हिन्दी में रूपान्तरित]

# प्रगतिशील साहित्य आन्दोलन की विरासत

आपमें से अनेक लोग जानते होंगे कि 1936 में, लखनऊ में 'प्रगतिशील लेखक संघ' का पहला अधिवेशन हुआ था। उसमें जिन लोगों ने सक्रिय रूप से भाग लिया था, उनमें फ़िराक गोरखपुरी भी एक थे और सैयद सज्जाद ज़हीर ने अपनी 'रोशनाई' में बड़े विस्तार से फ़िराक गोरखपुरी के लेख और भाषण का जिक्र किया है। अगर उस समय फ़िराक गोरखपुरी की उम्र 40 साल की थी तो यह संयोग ही है कि आज का समारोह एक तरह से फ़िराक साहब की 90वीं वर्षगाँठ ठीक-ठीक नहीं, तो उस वर्ष से जुड़ा हुआ है। प्रगतिशील आन्दोलन में उनके अलावा एक तरह से देखा जाए तो गोरखपुर का काफी महत्त्वपूर्ण योगदान रहा है। मजनूं गोरखपुरी ने भले ही पहले अधिवेशन में भाग न लिया हो लेकिन प्रगतिशील साहित्य आन्दोलन में और खास करके तरक़्क़ीपसन्द तनक़ीद में बड़ी अहम भूमिका मजनूं गोरखपुरी ने निभाई है। और भले ही प्रेमचन्द बनारस के हों लेकिन उनकी ज़िन्दगी का बहुत बड़ा हिस्सा गोरखपुर से जुड़ा हुआ है और यहाँ रहते हुए, यही नहीं कि उन्होंने महत्त्वपूर्ण साहित्य लिखा, बल्कि अपनी ज़िन्दगी का महत्त्वपूर्ण निर्णय जहाँ लिया था—सरकारी नौकरी छोड़कर गांधी जी के आह्वान पर साहित्य के लिए अपना समूचा जीवन समर्पित किया, वह जगह गोरखपुर ही है। इसलिए मैंने कहा कि गोरखपुर को यह हक हासिल है कि वह प्रगतिशील आन्दोलन की स्वर्ण-जयन्ती में सक्रिय योग दे, मनाए, उसका जलसा-जश्न करे और इसलिए प्रगतिशील साहित्य आन्दोलन की स्वर्ण-जयन्ती का यह आयोजन सर्वथा उचित है।

मित्रो, शायद स्वर्ण-जयन्ती वर्ष यों ही गुजर जाता और गोरखपुर में खामोशी रहती अगर यहाँ स्वयं कोई स्वतंत्र प्रगतिशील लेखक संगठन नहीं होता। खुशी की बात है कि वह चिराग़ जो कभी जला था—वह भले ही बीच-बीच में जलता हुआ नहीं दिखाई पड़ता रहा हो लेकिन आज भी अखिल भारतीय प्रगतिशील लेखक संघ की एक इकाई गोरखपुर में सक्रिय है और अनेक सर्जक, विचारक और चिन्तक इस इकाई से या तो जुड़े हैं या इससे प्रेरणा ले रहे हैं। इसलिए इस इकाई की जीवन्तता का यह सबूत है कि गोरखपुर भी स्वर्ण-जयन्ती समारोह का आयोजन करने में सक्षम हो सका है और निश्चय ही इसके साथ यह उम्मीद की जानी चाहिए कि छोटी-सी

इकाई भी बड़ा समारोह कर सकती है। यह समारोह तभी सम्भव होता है जब वहाँ के सार्वजनिक जीवन में, वहाँ के बौद्धिक वातावरण में, वहाँ के साहित्यिक परिवेश में उस भावना के प्रति व्यापक सहानुभूति हो, सहमति हो या न हो किन्तु एक बड़े उद्देश्य के लिए स्थापित संस्था के प्रति यदि सहानुभूति का भाव मौजूद हो तभी यह सम्भव हो पाता है। इसलिए मैं गोरखपुर के साहित्यकारों और साहित्य-प्रेमियों को विशेष रूप से बधाई देना चाहता हूँ कि वे अपनी साहित्यिक और सांस्कृतिक विरासत की एक महत्त्वपूर्ण कड़ी के प्रति अपने हृदय में अपनी परम्परा के अनुरूप सहानुभूति का, उदारता का, सद्भाव का, सहयोग का भाव रखते हैं जिसके कारण यह आयोजन सफल हो सका है।

मित्रो, वस्तुत: प्रगतिशील लेखक या साहित्य आन्दोलन की ऐतिहासिक भूमिका पर विधिवत् गोष्ठी तो उद्घाटन समारोह के बाद रखी गई है। किन्तु कुछ शब्द प्रगतिशील लेखक संघ की ऐतिहासिक भूमिका के बारे में आरम्भ में मैं निवेदन कर देना चाहता हूँ। और अपनी बात कहने के लिए मैं फिराक़ साहब के उस भाषण के अंश को ही प्रस्थान बिन्दु बनाना चाहता हूँ जो उन्होंने 1936 में लखनऊ में अधूरे लेख के रूप में प्रस्तुत किया था और शेष उन्होंने अपनी आदत के मुताबिक अपने विलक्षण भाषण के द्वारा पूरा किया था। मैं देख रहा था कि उसमें एक महत्त्वपूर्ण बात उन्होंने कही थी और अक्सर बाद के दिनों में भी उसकी चर्चा किया करते थे। वह पहले आदमी थे जिन्होंने उस अवसर पर निबन्ध पढ़नेवालों में प्रगतिशील चेतना की परम्परा को भारत के 19वीं सदी के नवजागरण से जोड़ा था। उनका पूरा लेख और भाषण इस बात पर बल देनेवाला था कि 19वीं सदी में सच्चे अर्थों में आधुनिक भारत के आरम्भ की नींव पड़ी थी और अनेक तथाकथित समाज-सुधार वाले आन्दोलनों के द्वारा तथा नये बौद्धिक चिन्तन के द्वारा जो परम्परा शुरू हुई थी, दरअसल उसी का विकास 20वीं सदी में रोमांटिक आन्दोलन के रूप में हुआ और आगे चल करके जिसे हम प्रगतिशील आन्दोलन कहते हैं या प्रगतिशील चेतना कहते हैं, वह उसी विकास का फल है।

मित्रो, इस बात को कहने की जरूरत इसलिए है कि बहुत दिनों तक प्रगतिशील आन्दोलन के बारे में इस तरह की बातें प्रचारित की जाती रहीं कि इसकी स्थापना तो भारत के बाहर लंदन में कुछ अंग्रेजी पढ़े-लिखे बुद्धिजीवियों ने की थी, जिसका इस देश की ज़मीन और देश के साहित्य और संस्कृति की परम्परा से कोई सम्बन्ध नहीं रहा, अचानक पश्चिम का बिरवा, इस धरती पर रोप दिया गया है। फिराक़ साहब ने अपने उस लेख में जिस बात की ओर संकेत किया था, वह बहुत महत्त्वपूर्ण है कि 19वीं सदी की विरासत, जिसे हम अनेक लोग नवजागरण के रूप में, कुछ लोग पुनर्जागरण के रूप में, कुछ लोग उसे पुनरुत्थान के रूप में और कभी-कभी कुछ लोग केवल समाज-सुधार के आन्दोलन के रूप में याद करते हैं जो सारे भारत में

और भारत के विभिन्न प्रदेशों में चला। बंगाल में वह नवजागरण शुरू हुआ राजा राममोहन राय के साथ, महाराष्ट्र में चिपलूणकर आदि ने उसे शुरू किया और फिर वह हिन्दी भाषा-भाषी प्रदेश में आर्यसमाज के रूप में, दयानन्द के द्वारा आरम्भ किया गया जिसकी साहित्यिक अभिव्यक्ति भारतेन्दु हरिश्चन्द्र से जुड़ी हुई है और उसी के समानान्तर सर सैयद अहमद खाँ का अलीगढ़ आन्दोलन जुड़ा हुआ है। यह उन्नीसवीं सदी का नवजागरण क्या था और इसकी कौन-सी विरासत है जो प्रगतिशील आन्दोलन को मिली थी?—इसकी ओर हमारा ध्यान जाना चाहिए। ध्यान दिलानेवालों में सम्भवत: फ़िराक़ गोरखपुरी पहले आदमी हैं।

मित्रो, इस 19वीं सदी के पुनर्जागरण की और तमाम चीजों के अलावा जो एक मुख्य बात थी, जिसे प्रगतिशील लेखक संघ के प्रथम घोषणा-पत्र में बहुत ही जोरदार शब्दों में कहा गया, वह है रेशनलिज्म या बुद्धिवाद। आगे चल करके स्वयं प्रगतिशील आलोचकों ने भी उस बुद्धिवाद पर आपत्ति की। लेकिन 19वीं सदी में पहली बार इस बुद्धिवाद पर नया बल दिया गया। यद्यपि बुद्धिवाद परम्परा इस देश में बहुत पुरानी है। भारतीय दर्शन पर जिन लोगों ने लिखा है, वे और आप में से अधिकांश विद्वान भली भाँति परिचित हैं कि और चीजों को छोड़ भी दें तो स्वयं बौद्धमत और बुद्ध नाम ही उसका प्रमाण है कि यह बौद्धिक परम्परा कितनी पुरानी रही है। अन्धविश्वास के विरुद्ध, शुद्ध श्रद्धा के विरुद्ध, अनेक बातों को शिरसा स्वीकार करने के विरुद्ध सच-झूठ को, सत्य-असत्य को बुद्धि की कसौटी पर निर्ममता से परख कर देखा जाए, यह बुद्धिवादी परम्परा इस देश में बहुत पुरानी है। बावजूद इसके, बीच-बीच में ऐसे भी अवसर आए हैं जब यह बुद्धिवादी परम्परा मन्द पड़ी है। 19वीं सदी के विचारकों ने अपनी परम्परा के प्रति, अपने अतीत के प्रति वही बुद्धिवादी दृष्टिकोण अपनाया था और इस बुद्धिवादी दृष्टिकोण के अनुसार उन्होंने पुरानी परम्परा के उन धार्मिक विश्वासों या अन्धविश्वासों के सम्मुख प्रश्नचिह्न लगाया था। उन्होंने धार्मिक भेदभाव के विरुद्ध भी प्रश्नचिह्न लगाया था। उन्होंने जात-पाँत, छुआछूत अथवा नारी के बारे में जो दृष्टिकोण अब तक रहा है—उस दृष्टिकोण के सम्मुख प्रश्नचिह्न लगाया था। 19वीं सदी की यह बुद्धिवादी चेतना जिसकी बहुत आवश्यकता थी, शायद पश्चिम के आलोक में वह विज्ञान भी हो सकता है, पश्चिम का दर्शन भी हो सकता है, किन्तु अपनी परम्परा के प्रति यह बुद्धिवादी आलोचनात्मक दृष्टिकोण 19वीं सदी की वह देन है जिसे दृढ़ता के साथ प्रगतिशील आन्दोलन ने अपनाया और घोषणापत्र में प्रमुखता के साथ इसे स्थान दिया था। किन्तु इसके साथ ध्यान देने की एक और बात है। जब आलोचना की गई कि प्रगतिशील आन्दोलन बाहर से आयात किया हुआ है, यहाँ की परिस्थितियों से उत्पन्न और परम्परा का क्रमागत विकास नहीं है तो प्रतिक्रिया-स्वरूप इस क्रमागत विकास पर इतना बल दिया गया कि लगभग यह मान लिया गया कि यदि

प्रगतिशील लेखक संघ जैसी कोई चीज न होती तब भी भारतीय चिन्तन धारा का स्वाभाविक विकास 1930 के बाद प्रगतिशील चेतना के रूप में होता ही। इस बीच कई इस तरह के विचार व्यक्त करनेवाले चिन्तक-विचारक सामने आए हैं जिन्होंने इस क्रमागत विकास पर अतिरिक्त बल दिया है और उन्होंने रेखांकित करना चाहा है कि प्रगतिशील आन्दोलन 19वीं सदी की ही नहीं बल्कि उससे पहले की भी भारतीय चिन्तन धारा का क्रमागत विकास है। जिस यथार्थवाद पर प्रगतिशील साहित्य आन्दोलन ने बल दिया था, उस यथार्थवाद की शुरुआत तो 1936 के पहले 1930 के आसपास ही हो चुकी थी और जिस यथार्थवाद की शुरुआत 1930 के आसपास हिन्दी में हुई थी जिसके अनेक उदाहरण प्रेमचन्द के उपन्यासों में मिलते हैं। यही नहीं बल्कि उस काल की छायावादी कविताओं में भी मिलते हैं, जिसका संकेत किया गया है, एक दूसरा शब्द इस्तेमाल किया गया कि प्रगतिशील आन्दोलन में यह यथार्थवादी चेतना लगभग स्वत:स्फूर्त है। प्रगतिशील आन्दोलन की ऐतिहासिक भूमिका पर विचार करते हुए इन दोनों बातों पर विचार करना बहुत जरूरी है कि क्या यह क्रमागत विकास मात्र है? दूसरी बात यह कि क्या यह स्वत:स्फूर्त है? यदि संगठन रूप से प्रयास न किया गया होता तब भी 1930 के बाद का समूचा हिन्दी साहित्य अथवा कहना चाहिए, भारतीय साहित्य अपने-आप ही इस दिशा की ओर मुड़ता ही? इसके लिए किसी संगठित प्रयत्न की जरूरत नहीं थी?

मित्रो, इतिहास आम तौर से ऐसे प्रश्न की अनुमति नहीं देता और वह यह कि जो यह होता तो क्या होता? यह न हुआ होता तो क्या हुआ होना? 1936 में संगठित रूप से जिस प्रगतिशील आन्दोलन की शुरुआत की गई, वह अब इतिहास के तथ्य हैं। इसलिए इस रूप में बहस करना कदाचित सम्भव नहीं हो पाएगा कि यदि वह संगठित प्रयास न हुआ होता तो यथार्थवादी चेतना का विकास इसी रूप में होता या वह कोई दूसरा रूप लेती? सच्चाई यही है कि 1936 में इस देश की विभिन्न भारतीय भाषाओं से बुद्धिजीवियों, लेखकों और साहित्यकारों ने प्रेमचन्द के नेतृत्व में संगठित प्रयास करके इतिहास की धारा को बदलने और मोड़ने की कोशिश की और इसकी चेतना उस काल के लेखकों में भी अच्छी तरह थी जिसे एक-दूसरे मार्क्सवादी विचारक ने ऐसे परिवर्तनों के बारे में कहा है कि महत्त्वपूर्ण परिवर्तन इतिहास के नैरन्तर्य में विस्फोट के रूप में हुआ करते हैं। वाल्टर बेंजामिन ने इतिहास पर अपनी थीसिस लिखते हुए एक जगह उल्लेख किया है कि इसलिए मैं इस बात पर बल देना चाहता हूँ कि प्रगतिशील आन्दोलन भारतीय साहित्य में अपनी ऐतिहासिक भूमिका इस रूप में निभाता है कि वह इतिहास के नैरन्तर्य में एक विस्फोट की तरह आता है। इस संगठन और इस आन्दोलन को ले करके जितनी प्रतिक्रियाएँ हैं, आज भी इसकी भूमिका विवाद के केन्द्र में जिस रूप में बनी हुई है, यह अपने-आप में प्रमाण है कि यह क्रमागत विकास नहीं था। क्रमागत विकास

सामान्यत: बिना विवाद के शिरसा स्वीकार कर लिया जाता है। जब कोई उप्लव होता है, कोई युगान्तरकारी परिवर्तन होता है और वह धक्के देते हुए होता है तब ध्यान भी आकृष्ट करता है, विवाद का विषय भी बनता है और कभी-कभी विरोध का निशाना भी। प्रगतिशील आन्दोलन के साथ 1936 में जिस प्रकार प्रखर चेतना का सूत्रपात हुआ, वह इसी अर्थ में इतिहास के नैरन्तर्य में विस्फोट है।

'प्रगति' शब्द को लेकर भी बहुत बहस हुई है हिन्दी में। गति, प्रगति, अगति, दुर्गति आदि अनेक शब्दों के द्वारा कभी मजाक उड़ाते हुए, मखौल उड़ाते हुए और कभी इसके वास्तविक अर्थ की व्याख्या करते हुए बहुत बहस की गई है। यदि यह प्रगति क्रमागत विकास ही थी, गति की सहज स्वाभाविक प्रक्रिया थी जिसे इवोल्यूशन के रूप में आप मानते हैं, अगर रिवोल्यूशन या क्रान्ति नहीं थी तो फिर गति से ही काम चल सकता था। 'प्रगति' शब्द रखने का मुख्य उद्देश्य कदाचित उन आरम्भकर्ताओं के मन में यही था कि यह विस्फोट क्रान्तिकारी घटना रही है जो इतिहास की दिशा को बदलने और मोड़नेवाली दिशा रही है। हिन्दी के प्रसिद्ध कवि और विचारक गजानन माधव मुक्तिबोध ने उसके कुछ ही वर्षों बाद 1942 में एक छोटा-सा लेख लिखा था जो 'मुक्तिबोध रचनावली' में प्रकाशित है, जिसमें उन्होंने इस घटना की ओर ध्यान आकृष्ट किया है कि प्रगतिवाद साहित्य में सैनिक रूप में आया था और इसका स्वरूप बहुत कुछ मूर्तिभंजक जैसा था। आपको स्मरण होगा कि युवा प्रगतिशील विचारकों, आलोचकों ने उस दौर में बड़ी-बड़ी पुरानी और समकालीन हस्तियों पर जिस प्रकार से प्रहार किए थे, उनमें मूर्तिभंजक का स्वर बहुत प्रधान था। यह स्वर सही था या गलत, यह दूसरा प्रश्न है लेकिन प्रगतिशील आन्दोलन के युवा लेखकों ने जो रुख अपनाया था—अपने अतीत के बारे में ही नहीं, अपने वर्तमान के बारे में भी, और जितनी प्रखर आलोचनात्मक दृष्टि अपनाई थी, उसमें उनका सैनिक रूप अथवा मूर्तिभंजक रूप कहीं ज्यादा प्रबल था और खास तौर से रोमांटिक या हिन्दी में छायावादी विद्रोह के बाद, विद्रोह का एक दूसरा स्वर था जो केवल विद्रोह नहीं बल्कि क्रान्तिकारी था। इसलिए अपने आरम्भ में प्रगतिशील आन्दोलन भारतीय साहित्य की उस धारा को बदलनेवाला था जो क्रमागत 19वीं सदी की चिन्ता धारा के रूप में आ रही थी, उस परिवर्तन बिन्दु का मुख्य आधार था, वह स्वयं अपने स्वाधीनता-संग्राम के इतिहास और विकास से जुड़ा हुआ था।

उस समय तक स्वाधीनता-संग्राम कांग्रेस के नेतृत्व में और खास तौर से गांधी जी के नेतृत्व में जिस दिशा की ओर अग्रसर हो रहा था जिसमें लगभग बीस-पच्चीस वर्ष केवल इस निर्णय के लिए लगाए गए कि हमको पूर्ण स्वराज चाहिए या नहीं चाहिए, और पूर्ण स्वराज का निर्णय लेने के बाद भी स्वराज्य किसके लिए होगा—समाज के किस वर्ग के लिए होगा? आम जनता के लिए होगा, किसानों के

लिए, मजदूरों के लिए, छोटे जमींदारों के लिए, मध्य वर्ग के लिए अथवा देश के नये उभरते हुए पूँजीपतियों के लिए, बड़े जमींदारों के लिए या राजाओं के लिए? और आप भली-भाँति जानते हैं कि लाहौर के उस प्रस्ताव के बाद भी कांग्रेस का स्वाधीनता-संग्राम जो दिशा ले रहा था, वह उस समय तक भी साधारण जनों के हक में उतना नहीं था। यही नहीं बल्कि स्वयं ब्रिटिश साम्राज्य के मामले में भी निर्मम साम्राज्यवाद विरोधी दृष्टि नहीं अपना रहा था। यदि प्रचलित जार्गन की भाषा में कहें तो वह स्वाधीनता-संग्राम सुसंगत रूप से साम्राज्यवाद विरोधी और सामन्तवादी विरोधी रूप या दिशा अख्तियार नहीं कर सका था।

सन् 1936 के आसपास भारतीय राजनीति में भी महत्त्वपूर्ण परिवर्तन हुए थे। उस गांधीवादी विचारधारा में एक ऐसा हिस्सा था राजनीति कर्मियों का, जिसका मोह भंग हो रहा था, हो चला था और समाजवाद का नारा सुनाई पड़ने लगा था। किसान संगठन बने थे, किसान आन्दोलन भी हुए, मजदूर संगठन बने। स्वयं कांग्रेस के अन्दर सोशलिस्ट पार्टी कायम हुई और कम्यूनिस्ट पार्टी ने अधिक व्यापक आधार प्राप्त करने का प्रयास किया। इन राजनीतिक घटनाओं से आप भली भाँति परिचित हैं। इसीलिए उस ब्योरे में नहीं जाना चाहता। लेकिन स्वाधीनता-संग्राम भी लगभग 1930 के बाद, 1936 के आसपास, एक नया मोड़ ले रहा था, नई दिशा ग्रहण कर रहा था और जिसके समानान्तर साहित्य और संस्कृति के क्षेत्र में परिवर्तन होने चाहिए थे और उस परिवर्तन में जिस संगठन ने अगुवाई की, वह था प्रगतिशील लेखकों का संगठन। इसलिए '36 का वर्ष भारतीय साहत्य में राजनीति के समान ही एक महत्त्वपूर्ण घटना है और उस घटना को स्मरण करना इसलिए आवश्यक है कि जहाँ से हमने शुरू किया था, तब से अब तक के पचास वर्षों में भारतीय राजनीति के समानान्तर, साथ-साथ साहित्य और संस्कृति के क्षेत्र में—ऐसे कौन-से काम हुए, या नहीं हुए, कर पाए या नहीं कर पाए, उसका लेखा-जोखा हमेशा नहीं तो कम-से-कम, ऐसे पचास वर्षों के बाद, पच्चीस वर्षों के बाद समय-समय पर इसका मूल्यांकन हमेशा उपयोगी होता है।

मित्रो, ऐसे अवसरों पर आम तौर से एक 'नास्टेल्जिया' का भाव होता है। अतीत बड़ा स्वर्णिम मालूम होता है, वर्तमान बड़ा ही निराशाजनक और कभी-कभी अप्रिय भी हुआ करता है। 1936 के दिन, सम्भव है, आज बहुत ही स्वर्णिम युग के रूप में प्रतीत हों और कहनेवाले कह सकते हैं कि हमारे यहाँ आजकल देखा जाता है कि बहुत-से लोग अपने अतीत के दिनों को याद करके वर्तमान की कमजोरियों को ढँक लिया करते हैं। सन् '36 से जिस आन्दोलन की शुरुआत हुई, स्वाधीनता के समय तक, आज भी ये दिन स्वर्णयुग के समान प्रतीत होते हैं। थे या नहीं, आज लग रहे हैं, जैसेकि अतीत स्वर्णिम प्रतीत होता ही है। जब वह वर्तमान रहा होगा तब वह शायद उतना सुन्दर और भव्य नहीं प्रतीत होता रहा होगा, लेकिन आज लग

रहा है इसलिए इसकी भी जाँच-पड़ताल की जानी चाहिए। लेकिन केवल स्वाधीनता के पहले तक ही प्रगतिशील आन्दोलन के कृतित्व का उल्लेख करके कदाचित हम अपने दायित्व का निर्वाह नहीं कर सकेंगे, न उसकी ऐतिहासिक भूमिका का पूरा-पूरा आकलन ही कर पाएँगे। 1936 से 1947 तक का प्रगतिशील आन्दोलन के दौर में और तमाम बातों के साथ जिन चीजों की ओर ध्यान जाना चाहिए कि यह पहला संगठित आन्दोलन था जिसने समूचे भारतीय साहित्य को, भारत की सभी भाषाओं के साहित्य को प्रभावित किया, प्रेरित किया, संगठित किया और एक-दूसरे से निकट लाकर उन्हें संघबद्ध करने की कोशिश की। इसके द्वारा भारत में साहित्यिक और सांस्कृतिक स्तर पर एक एकता कायम हुई थी। इन सबका सारतत्त्व कभी-कभी यह समझा जाता है कि यह आन्दोलन दरअसल साहित्य को राजनीति की ओर ले जानेवाला था। इसका बहुत बड़ा महत्त्व केवल यही मालूम होता है कि जो साहित्य आसमान में उड़ रहा था, प्रगतिशील साहित्य उसे धरती की ओर ले आए। इन्होंने राजनीति से विमुख रहनेवाले साहित्य को राजनीति की ओर उन्मुख किया। कभी-कभी यह भी तसवीर बनती है कि प्रगतिशील साहित्य वस्तुत: साहित्य में राजनीति का एक तरह से अवांछित प्रवेश था इसलिए इसे राजनीतिक साहित्य के रूप में ही जाना जाता है।

मैं केवल निवेदन करना चाहूँगा कि यह राजनीति मात्र की ओर उन्मुख करनेवाला नहीं, बल्कि एक विशेष प्रकार की राजनीति की ओर उन्मुख करनेवाला साहित्य था, और यही नहीं, बल्कि साहित्य में राजनीति का यह प्रवेश नहीं था बल्कि उसका उद्देश्य राजनीति को वह केन्द्रीयता प्रदान करना था जिससे समूची विश्व दृष्टि बदलती है, जिससे समूची जीवन-दृष्टि बदलती है, जिससे वास्तविकता और यथार्थ के प्रति बोध बदलता है। इसीलिए यह आन्दोलन साहित्य में एक नये ढंग के यथार्थवाद की शुरुआत के रूप में स्मरण किया जाता है जिसे रोमांटिक साहित्य के बाद की महत्त्वपूर्ण घटना माना जाना चाहिए। स्वाधीनता के बाद प्रगतिशील आन्दोलन उतना ही संगठित, व्यवस्थित और निरन्तरता के रूप में नहीं दिखाई पड़ता, बावजूद इसके, प्रगतिशील लेखकों ने स्वाधीनता के बाद अनेक अवसरों पर जो महत्त्वपूर्ण भूमिकाएँ अदा की हैं, उनका संक्षेप में उल्लेख करना आवश्यक होगा।

स्वाधीनता के बाद हममें से अनेक लोग जानते हैं कि विश्व-राजनीति में दूसरे महायुद्ध के बाद एक शीतयुद्ध की शुरुआत हुई थी। रूस के साथ मित्र-मंडल या मित्र-राष्ट्र देशों ने मिलकर जिस फासिज्म के विरुद्ध संघर्ष किया था, युद्ध की समाप्ति के बाद जब फासिज़्म खत्म हो गया तो उनके लिए खास तौर से पूँजीवादी देशों—अमरीका, फ्रांस, इंग्लैंड आदि देशों के लिए समाजवाद और कम्यूनिज्म ही सबसे बड़ा दुश्मन दिखाई पड़ने लगा और हम-आप, सभी जानते हैं कि दूसरे महायुद्ध के बाद अमरीका की पहल पर विश्वव्यापी साम्यवाद-विरोधी,

मार्क्सवाद-विरोधी शीतयुद्ध चलाया गया और उस शीतयुद्ध की गिरफ्त में हमारा देश भी आया था। इस देश में भी कांग्रेस फॉर कल्चरल फ्रीडम की स्थापना 1950 में बम्बई में हुई और लेखकों का एक बहुत छोटा-सा हिस्सा उसमें शामिल हुआ। और 1950 से ले करके लगभग 1963-64 तक कांग्रेस फॉर कल्चरल फ्रीडम के कभी प्रच्छन्न, कभी खुले सहयोग के साथ प्रगतिशील साहित्य-विरोधी संगठन बने, पत्रिकाएँ निकलीं, बड़ी पूँजी ने साथ दिया और इस बीच जो कुछ पिछले दस-पन्द्रह वर्षों में प्रगतिशील आन्दोलन ने साहित्य में हासिल किया था, उसे दूर करने की कोशिश की गई। यह वह अवस्था थी जबकि मार्क्सवाद का विरोध ही उद्‌देश्य नहीं था बल्कि यह 'एंड ऑफ आइडियोलॉजी' का दौर था। इस दौर के साहित्य में विचारधारा मात्र का निषेध करके, राजनीति मात्र का निषेध करके, अनुभूति और अनुभूति की प्रामाणिकता पर बल दिया गया है। बहिर्मुखी दृष्टि को अन्तर्मुखी किया गया स्वाधीनता के नाम पर, जबकि व्यक्तिगत स्वाधीनता को केन्द्र बनाया गया और साहित्य में खास तौर से यह धारा चली उर्दू में जदीदियत के नाम से, और वह हिन्दी में आधुनिकतावाद के नाम से। आधुनिकतावाद खास तौर से हिन्दी कविता के क्षेत्र में नई कविता के नाम से चला और यह पूरा-का-पूरा आन्दोलन अंशत: आरम्भिक अस्तित्ववाद से तो प्रभावित और प्रेरित था ही, लेकिन समूचे साहित्य की उस विरासत को, प्रगतिशील आन्दोलन को छोड़ दीजिए—भारतेन्दु की परम्परा, निराला की परम्परा, जयशंकर प्रसाद की परम्परा जो जीवन की ओर उन्मुख रहनेवाली, जो समाज की जिम्मेदारी को समझनेवाली थी, वह राष्ट्र के स्वाधीनता-संग्राम में योगदान देनेवाली धारा थी। इस पूरी परम्परा के विपरीत कविता को, साहित्य को इस व्यापक दायरे से समेटकर, मुक्तिबोध के शब्दों में कहूँ तो 'अन्त:करण का आयतन संक्षिप्त था'। अन्त:करण के उस संक्षिप्त आयतन में कविता को सीमित करने, बाँध लेने की कोशिश की गई थी। प्रगतिशील आन्दोलन ने इस धारा के विरुद्ध इस दौर में अनवरत संघर्ष किया—रचना के स्तर पर किया, आलोचना के स्तर पर किया। यह वह दौर है जिस दौर में मुक्तिबोध, नागार्जुन, केदारनाथ अग्रवाल, त्रिलोचन जैसे समर्थ कवियों ने कविता की उस परम्परा को जीवित रखा जिसका मूल स्रोत निकट के अतीत में सीधे निराला से जुड़ा हुआ था। साथ ही साथ रचना के स्तर पर कार्य करने के साथ ही आलोचना में इस आन्दोलन ने नये अनुभववाद के विरुद्ध 'कल्ट ऑफ एक्सपीरियंस' के विरुद्ध संघर्ष किया। यह अनुभववाद भी, आप में से अनेक विचारक जानते हैं कि इसकी भी आइडियोलॉजी होती है। अनुभववाद केवल अनुभव ही नहीं है बल्कि एक विशेष प्रकार का अनुभव बनता है और वह विशेष प्रकार की विचारधारा से प्रेरित हुआ करता है। प्रगतिशील आन्दोलन की देन स्वाधीनता-प्राप्ति के बाद साहित्य और संस्कृति के क्षेत्र में इस रुझान के विरुद्ध संघर्ष है।

स्वाधीनता-प्राप्ति के बाद शीतयुद्ध के चलते जो कई प्रवृत्तियाँ आई थीं, उनमें से एक प्रवृत्ति वह थी, जिसे मैं रहस्यवाद कहूँगा।

मित्रो, इस देश में किसी-न-किसी रूप में प्राचीन देश होने के कारण अनेक सामाजिक और सांस्कृतिक परिस्थितियों वश रहस्यवाद नाम की एक वृत्ति ऐसी रही है जो चालू भी रही है—एक जो रहस्यवाद कबीर का था—उससे भिन्न—जो काम के साथ अध्यात्म ला करके उर्वशी के रूप में एक नया अध्यात्मवाद कामाध्यात्मवाद ले आ रही थी। रहस्यवाद इस बदली हुई परिस्थितियों में उतना क्रान्तिकारी न था बल्कि यह रहस्यवाद प्रतिक्रान्तिवादी था। इस रहस्यवाद के विरुद्ध समय-समय पर इस देश के विचारकों ने संघर्ष किया—आचार्य रामचन्द्र शुक्ल ने अपने जमाने के रहस्यवाद के विरुद्ध संघर्ष किया था। इस रहस्यवाद के विरुद्ध संघर्ष करने की आवश्यकता थी। आज भी यह रहस्यवाद किसी-न-किसी शक्ल में दिखाई पड़ता है। इसके राजनीतिक कारणों की खोज की जानी चाहिए। किन्तु यह रहस्यवाद आगे चल करके, आप लोग हिन्दी साहित्य से परिचित हैं, नई कविता में भी अब नई कविता वाले लोग ही नहीं, रूपवादी एवं कलावादी भी थे। अगर सौन्दर्य की अमूर्त देवी की उपासना करते होते तो गनीमत थी। ये आँगन के पार द्वारा ध्यान, सम्प्रदाय से प्रेरित होनेवाले लोग थे। इस रहस्यवाद के विरुद्ध संघर्ष करने की आवश्यकता थी और प्रगतिशील आन्दोलन की ऐतिहासिक भूमिका में यह भी है कि इतिहास की घड़ी में, स्वाधीन भारत में जब निर्माण का, जब हमारी आर्थिक समस्याओं को हल करने का प्रश्न मुख्य था, ऐसे समय जनता को रहस्यवाद के मार्ग में भटकाने की दिशा, यही नहीं कि सामाजिक दृष्टि से खतरनाक थी—बल्कि यह रहस्यवाद, सच पूछिए तो यदि आचार्य शुक्ल का कहना सच है कि साहित्य के लिए घातक हुआ करता है, रहस्यवाद स्वयं साहित्य की भूमिका और साहित्य का महत्त्व कम करता है, उसके लिए बाधक हुआ करता है। खुले हुए जीवन-जगत के विविध सौन्दर्य की अपेक्षा मनुष्य को गुहालोक में ले जाता है, जहाँ अन्धकार के सिवा और कुछ दिखाई नहीं पड़ता, या फिर अनहद नाद सुनाई पड़ता है। प्रगतिशील लेखकों ने स्वाधीनता के बाद उस कलावादी, रूपवादी, अनुभूतिवादी रूझान के विरुद्ध संघर्ष करने के साथ ही रहस्यवाद के विरुद्ध संघर्ष किया। प्रगतिशील आन्दोलन की दो भूमिकाओं की ओर संक्षेप में उल्लेख करके मैं आपका अधिक समय नहीं लूँगा।

मित्रो, सन् '60 से '70 के बीच का दशक राजनीति में संविद सरकारों का दौर था। साहित्य में बीटनिक पीढ़ी और हिप्पियों का दौर था। यह अकविता और अकहानी का दौर था, जिसमें साहित्य में देह की राजनीति प्रबल थी और अघोर पंथ का घनघोर प्रचार हो रहा था। इस दौर को मैं अपनी अल्पमति में अराजकतावाद का दौर कहा करता था। नेहरू के बाद देश की राजनीतिक स्थिति जिस अस्थिरता

की ओर चल रही थी, उस पूरे दशक की राजनीतिक अस्थिरता में एक प्रकार का 'साइनीसिज्म', कभी-कभी निहिलिज्म पनपा था और साहित्य में लगभग एक ऐसा आतंकवाद फैल रहा था जिसमें बहुत बढ़-चढ़कर बोलनेवालों के बड़बोलेपन से ऐसा लगता था कि सबसे बड़े क्रान्तिकारी यही हैं, बाकी लोग व्यवस्था के समर्थक। इस अराजकतावाद के विरुद्ध 'नई कविता' वाले लोगों ने घुटने टेक दिये थे; बल्कि कहना चाहिए, 'धर्मयुग' जैसी पत्रिकाओं में, 'सारिका' तक में ऐसे साहित्य का चटखारे ले करके प्रचार-प्रसार किया जाता था। इस अराजकतवादी, अघोरपंथी, आतंकवादी साहित्य विनाशक प्रवृत्ति के विरुद्ध सुसंगत संघर्ष जिस-जिस आन्दोलन से जुड़े हुए लेखकों ने किया था, वह प्रगतिशील आन्दोलन है। उस आन्दोलन के दौर में, 1970 से 1980 के दौर में और 1980 से ले करके आज तक के बाद वाले दौर में भी। उस समाप्ति के बाद पुन: एक बार पुराने शीतयुद्ध के रूप में तो नहीं लेकिन इस देश में पत्रिकाओं के द्वारा साहित्य में अपने को कमजोर पा करके अन्य ललित कलाओं की सहायता से नये सौन्दर्यवाद और रूपवाद को आगे बढ़ाने की कोशिश की गई।

मित्रो, आप जानते हैं कि साहित्य चूँकि शब्दों की कला है और शब्दों की कला में शब्द के साथ कुछ अर्थ जुड़ा रहता है इसलिए इसमें आप माध्यम के अनुरोध से किसी-न-किसी रूप में समाज से टकराने अथवा राजनीति से लड़ने के लिए या उससे साक्षात्कार के लिए अभिशप्त हैं, किन्तु क्लासिकी संगीत, अमूर्त चित्रकला जैसी ललित कलाओं में सम्भवत: वहाँ भी गुंजाइश पूरी है लेकिन इस देश में स्वाधीनता के बाद जो पुनरुत्थान किया गया कलाओं का, खास तौर से हमारे यहाँ के उपभोक्तावर्ग में इन कलाओं को लगभग स्टेटस सिम्बल के रूप में इस्तेमाल किया गया—इन कलाओं के उत्थान के नाम पर, नवोत्थान के नाम पर साहित्य से जोड़कर और यह कहकर कि साहित्य तो बहुत सीमित वस्तु है। वस्तुत: हमें सम्पूर्ण कलाओं की चर्चा करनी चाहिए। कला के नाम पर, संस्कृति के नाम पर वस्तुत: साहित्य को उन कलाओं के वर्तमान रूप से जोड़कर ऐसी दिशा देने की कोशिश की गई जो बहुत कुछ रूप प्रधान हो, कला प्रधान हो और साहित्य को जनसंघर्षों की ओर जाने से रोके, अथवा उस जनोन्मुख साहित्य को केवल नारेबाजी कहकर तिरस्कृत किया जाए। इस दौर में भी इस प्रवृत्ति के विरुद्ध संघर्ष करने की आवश्यकता थी, है और अब भी बनी हुई है। और मैं कहना चाहता हूँ कि साहित्य, संस्कृति और कला के क्षेत्र में इस उपभोक्तावादी प्रवृत्ति के विरुद्ध संघर्ष करने में प्रगतिशील लेखक आज भी सन्नद्ध हैं, कटिबद्ध हैं और यह भूमिका अदा कर रहे हैं।

पिछले पचास वर्षों में, जैसा मैंने आपके सामने निवेदन किया, स्वाधीनता के पहले और स्वाधीनता के बाद, प्रगतिशील आन्दोलन ने देश की आवश्यकताओं

के अनुरूप, जनता की आकांक्षाओं के अनुरूप, अपने सीमित साधनों से साहित्य में उन प्रवृत्तियों के विरुद्ध संघर्ष किया और साथ ही संघर्ष के साथ-साथ, सृजन के धरातल पर उन्होंने ऐसा साहित्य उपस्थित करने की कोशिश की जो अपेक्षाकृत जनता की आकांक्षाओं को व्यक्त करे, जनता की वास्तविक स्थिति को व्यक्त करे और सच्चे अर्थों में वह विकल्प का साहित्य प्रस्तुत कर सके। केवल प्रतिपक्ष का साहित्य नहीं, बल्कि उस विकल्प के रूप में प्रस्तुत करे जो विकल्प हमारी साहित्यिक परम्पराओं के श्रेष्ठ अंश का अगला कदम है और विकास है। ऐसे आन्दोलन को स्मरण करना केवल चन्द प्रगतिशील लेखकों का ही दायित्व नहीं है, बल्कि यह विरासत है—जिस विरासत को गर्व के साथ, जहाँ-तहाँ असहमति के बावजूद, ध्यान में रखना आवश्यक है।

[प्रगतिशील लेखक संघ के पचास वर्ष पूरा होने पर प्रगतिशील लेखक संघ, गोरखपुर, द्वारा स्वर्ण-जयन्ती समारोह तथा फ़िराक़ गोरखपुरी पर केन्द्रित 11-12 अप्रैल, 1987 को आयोजित परिसंवाद का उद्‌घाटन-भाषण। 'साखी' में प्रकाशित]

# प्रगतिशील आन्दोलन और हमारा समय

1936 में प्रगतिशील लेखक संघ की स्थापना की पृष्ठभूमि अन्तरराष्ट्रीय थी। विभिन्न देशों में लेखक, कलाकार, संस्कृतिकर्मी फासिज्म के संकट को देखते हुए संगठित हो रहे थे। इसी प्रक्रिया के तहत भारत में प्रगतिशील लेखक संघ (प्रलेस) की पूरी रूपरेखा तैयार की गई। इसमें सज्जाद जहीर की अहम् भूमिका थी। भारत में प्रेमचन्द इसके सबसे बड़े हिमायती थे। प्रथम अधिवेशन के वे सभापति भी थे। उनके समय में और उनके बाद भी 'हंस' लगभग प्रगतिशील आन्दोलन का मुखपत्र था। आजादी के बाद स्थितियाँ बदलीं। कम्यूनिस्ट पार्टी के नेतृत्व में परिवर्तन हुआ। पी.सी. जोशी की जगह बी.टी. रणदिवे महासचिव चुने गए तो दूसरी ओर उनकी लाइन को माननेवाले रामविलास शर्मा को प्रगतिशील लेखक संघ का महामन्त्री चुना गया, जबकि उस समय शिवदान सिंह चौहान काफी सक्रिय थे और उत्तर प्रदेश प्रलेस के सचिव थे। प्रगतिशील साहित्य के स्वरूप को लेकर लिखी गई पहली किताब 'प्रगतिवाद' उन्हीं की है।

1953 का वर्ष प्रगतिशील लेखक संघ के लिए निर्णायक वर्ष रहा। 1953 में प्रलेस के सम्मेलन में मैं भी था। जहाँ तक मुझे याद आ रहा है, उसी दिन स्तालिन की मृत्यु हुई थी। सभा शोक प्रस्ताव पास करके स्थगित कर दी गई शाम को जब सभा शुरू हुई तो यह खबर छनकर आई कि पार्टी नेतृत्व की ओर से यह सन्देश आया है कि प्रगतिशील लेखक संघ को भंग कर दिया जाए, क्योंकि इससे फायदा कम, नुकसान अधिक हो रहा है। सन्देश अजय घोष ने भेजा था, जिसे नम्बूदरीपाद लेकर आए थे। लेकिन प्रलेस की अपनी कार्यकारिणी ने इसे मानने से इनकार कर दिया। रामविलास जी ने अपने पद से त्यागपत्र दे दिया जिसे स्वीकार कर लिया गया और उनकी जगह उर्दू के मशहूर उपन्यासकार कृश्न चन्दर को प्रलेस की कमान सौंपी गई। मुझे याद है कि कृश्न चन्दर ने अपने सम्बोधन में पहले तो सबको धन्यवाद दिया, फिर एक पेंसिल उठाकर दिखाते हुए कहा कि चार्ज के रूप में मुझे सिर्फ यह पेंसिल मिली है और कुछ नहीं। पार्टी ने पूरी तरह हाथ खींच लिया था, फिर भी प्रलेस आधिकारिक रूप से भंग नहीं हुआ था। स्थिति यह थी कि जगह-जगह लोग जमा थे। उन्हें साहित्यिक मंच भी चाहिए था। इसलिए जगह-जगह गोष्ठियाँ

भी होती रहीं। हाँ, यह जरूर है कि आधिकारिक रूप से कोई अखिल भारतीय सम्मेलन नहीं हुआ। 1953 के बाद 'हंस' भी बन्द हो गया।

इस बीच एक और स्थिति सामने आई। शीतयुद्ध के घनघोर वातावरण में अमरीका की सी.आई.ए. ने वामपंथी सोच और चिन्तन को खत्म करने के उद्‌देश्य से 'कांग्रेस फॉर कल्चरल फ्रीडम' नामक संस्था को खड़ा किया। भारत में भी इसकी इकाई खुली। वामपंथी विचारों के विरोधी कई लोग इससे जुड़े, जिसमें साहित्यिक क्षेत्र से अज्ञेय जी सर्वाधिक प्रमुख थे। संस्था के सहयोग से 'क्वेस्ट' नामक पत्रिका भी निकली। इसी क्रम में आगे चलकर इलाहाबाद में 'परिमल' का गठन हुआ। मेरा मानना है कि भारत में 'कांग्रेस फॉर कल्चरल फ्रीडम' नामक इस संगठन के जन्म और इससे प्रेरित अन्य संगठनों और उनकी गतिविधियों ने प्रलेस के लेखकों को काफी सचेत किया और उनमें एक नई जान फूँकी। इस संस्था के कारण बिखरे प्रलेस को ताकत मिली क्योंकि इस संगठन का सामना करना जरूरी था।

बाद में हिन्दी-उर्दू के सारे प्रगतिशील लेखकों ने बिना प्रलेस का नाम लिये इलाहाबाद में एक बड़ा सम्मेलन किया। इसमें अमृत जी थे, मैं भी था। मोहन राकेश भी थे। राजेन्द्र यादव भी पहली बार कलकत्ता से आए थे। मुझे याद है कि इस कॉन्फ्रेंस में सज्जाद जहीर भी पाकिस्तान से आए थे। ये बैठकर सिर्फ नोट्स ले रहे थे, कुछ बोले नहीं। इसके बाद शायद 1973 में केदारनाथ अग्रवाल के प्रयास से बान्दा में सम्मेलन हुआ और प्रलेस को फिर से पुनर्गठित करने का फैसला किया गया। उस समय तक मैं दिल्ली आ गया था और 'आलोचना' का सम्पादन करने लगा था। उसके बाद गया में सम्मेलन हुआ। भीष्म साहनी महासचिव बने। उस समय बिहार में पार्टी की स्थिति अच्छी थी। विभिन्न जिलों में अलग-अलग इकाइयाँ भी बनीं। आगे सी.पी.एम. ने अलग लेखक संगठन जनवादी लेखक संघ और एमदल ने जनसंस्कृति मंच को प्रेरित किया। इस तरह प्रगतिशील लेखक संगठन एक से दो हुआ, फिर दो से तीन हो गया। फिलहाल ये तीनों हैं। कुछ समय पहले दिल्ली में एक बैठक हुई, जिसमें तीनों संगठनों के सचिव मिले थे। इनकी मुझसे भी बात हुई थी। यह तय हुआ था कि चूँकि तीनों की अपनी राजनीति है, इसलिए वे अलग-अलग तो रहें लेकिन अपनी-अपनी राजनीति को मानते हुए भी वे आपस में संवाद कर सकते हैं और उनके बीच निरन्तर संवाद होते रहना चाहिए। इसकी अच्छी मिसाल अभी इलाहाबाद में फ़ैज़ अहमद फ़ैज़ पर हुआ दो दिन का सम्मेलन था।

जिस समय प्रगतिशील लेखक संघ का गठन हुआ था, उस समय साम्राज्यवाद और फासीवाद के सबसे बड़े खतरे थे। आज फिर वैसी ही स्थिति दिखाई दे रही है। एक ध्रुवीय विश्व में अमरीकी वर्चस्व साम्राज्यवाद के रूप में सामने आ रहा है। देश के भीतर बीजेपी, आर.एस.एस. के हिन्दुत्ववादी उभार ने फासिज्म

की शक्ल अख्तियार कर ली है। जो चुनौती लेखकों के सामने थी, आज फिर से हमारे सामने है। इसलिए सभी लेखकों को मिलकर एक नई पहल करने की जरूरत है।

अन्त में मैं एक और बात कहना चाहता हूँ, जो हिन्दी साहित्य में प्रगतिशील लेखक संघ की भूमिका को लेकर है। हमें यह समझना चाहिए कि हिन्दी साहित्य की परम्परा गैर-साम्प्रदायिक और स्वत:स्फूर्त प्रगतिशील रही है। शायद इसलिए प्रेमचन्द ने कहा कि लेखक स्वभावत: प्रगतिशील होता है। प्रगतिशील लेखक संघ की स्थापना में हिन्दी साहित्य की चली आ रही स्वाभाविक परम्परा को और त्वरित किया। प्रगतिशील लेखक संघ ने प्रगतिशीलता को जन्म नहीं दिया बल्कि उसने हाथ लगाकर क्रमश: प्रगतिशीलता की ओर उन्मुख साहित्य धारा को और गति दी। जिस साहित्य में कबीर जैसा भक्तकवि हुआ हो, उस साहित्य की प्रगतिशीलता किसी प्रलेस के कारण पैदा नहीं हुई है।

दरअसल, प्रगतिशील आन्दोलन से प्रगतिशील लेखक संघ पैदा हुआ है, प्रगतिशील लेखक संघ से प्रगतिशील आन्दोलन पैदा नहीं हुआ है। इसे उलटा करके नहीं देखना चाहिए। प्रेमचन्द अगर प्रलेस में नहीं गए होते तो भी प्रगतिशील होते और वही सब लिखते जो लिखा है। उस समय तक लगभग वे अपना सारा लेखन कर चुके थे। प्रलेस नहीं होता तो भी नागार्जुन, केदार, मुक्तिबोध वही लिखते जो उन्होंने लिखा है। इसलिए जहाँ तक लेखन और रचनात्मकता का सवाल है, प्रलेस अगर नहीं भी होता तो भी हमारे यहाँ का बहुलांश श्रेष्ठ साहित्य वैसा ही होता, जैसाकि आज है।

[दिनेश कुमार से बातचीत पर आधारित]

# रामविलास शर्मा की आलोचना दृष्टि

आज चर्चा का विषय है : 'डॉ. रामविलास शर्मा की आलोचना दृष्टि'। हम यहाँ उनके सम्पूर्ण आलोचना-कर्म का मूल्यांकन करने नहीं बैठे हैं क्योंकि उसके लिए पूरा दिन भी कम पड़ेगा। उनके सम्पूर्ण आलोचना-कर्म का मूल्यांकन न करके, मैं अपने को उनकी दृष्टि तक ही सीमित रखूँगा और उस दृष्टि का सर्वोत्तम नमूना उनकी लिखी हुई पुस्तक 'निराला की साहित्य-साधना' है। दूसरा खंड खास तौर से, जिससे पता लगेगा कि कविता ही नहीं बल्कि निराला का गद्य भी कितनी बारीकियों से पढ़ा जा सकता है। रामविलास जी की आलोचना दृष्टि जानने के लिए अकेली वह किताब काफी है।

इसके अलावा यदि आप देखें तो उन्होंने कालिदास पर भी लिखा है। उससे पता चलता है कि उनकी दृष्टि कालिदास पर कहाँ और कैसे पड़ी है। जिसको प्यार करते थे, चाहते थे, जो पसन्द था, उसके बारे में एक दृष्टि है और फिर वही दृष्टि जब अन्यत्र पड़ती है तो क्या रूप लेती है? आप देखें तो आम तौर पर हर दृष्टि के साथ एक अन्य बिन्दु मौजूद रहता है। कुछ चीजों के बारे में आँखें देखते हुए भी नहीं देखतीं, देखा हुआ अनदेखा कर जाती हैं, उपेक्षा कर जाती हैं। हर आलोचक में कोई-न-कोई अन्धबिन्दु होता है, बड़े आलोचक में भी होता है। आप देखें फुटकर आलोचनाएँ उनकी। 'उर्वशी' विवाद हुआ तो तमाम लोगों ने आलोचनाएँ कीं, मगर वे 'उर्वशी' के प्रशंसक थे। 'उर्वशी' की उन्होंने प्रशंसा की, जबकि मुक्तिबोध, जो 'तार सप्तक' में उनके साथ थे, उनकी विचारधारा के साथ थे, उनको बिलकुल ही नहीं पसन्द थे। यही नहीं, कबीर पर बिलकुल चुप थे। उसकी तुलना में उनका तुलसीदास पर लिखा हुआ एक छोटा-सा लेख 'वरदन्त की पंगत कुन्द कलि' देखिए। उससे अन्दाज़ा लगेगा कि अगर वे तुलसीदास पर लिखते तो कैसा लिखते। शायद आप लोगों ने वह लेख पढ़ा हो। आरम्भिक दिनों में उन्होंने लिखा था। अवधी पर डॉ. शर्मा का कमांड था।

जो उनकी पसन्द थी, सुन्दर लगनेवाली चीज थी, वे उस पर दृष्टिपात करते थे। ऐसे थे रामविलास शर्मा। आप लोगों ने आलोचक की दृष्टि कहा है। वे स्वयं होते तो समालोचक की दृष्टि कहते। 'समालोचक' नाम से पत्रिका निकालना चाहते थे।

मुक्तिबोध उनको बिलकुल नापसन्द थे। वहीं जब मैंने उनसे पूछा : 'अज्ञेय के बारे में आपने कुछ नहीं लिखा जबकि सारी दुनिया उनकी आलोचना करती है' तो उन्होंने कहा : 'तुम लोग करो आलोचना, मैं क्यों लिखूँ?' आलोचक की खामोशी बहुत महत्त्वपूर्ण होती है। हम जब भी किसी आलोचक का मूल्यांकन करते हैं तो पाते हैं कि उसमें कुछ पूर्वग्रह हैं, अन्धबिन्दु हैं। ये अन्धबिन्दु रामविलास शर्मा में भी थे। जो उन्होंने पसन्द-नापसन्द किया, उसमें ये बिन्दु स्पष्टत: दिखते हैं। यशपाल का लिखा कुछ भी उन्हें अच्छा नहीं लगा। इसलिए मुक्तिबोध, यशपाल, कबीर—इन सारी चीजों को मिलाकर देखें तो अन्धबिन्दु वाली यह समस्या साफ दिखाई देती है। इससे कोई आलोचक बचा नहीं। आचार्य रामचन्द्र शुक्ल में भी यह समस्या थी। हजारी प्रसाद द्विवेदी में भी थी। उन तमाम लोगों से ज्यादा मुझमें है। इसलिए रामविलास शर्मा की दृष्टि पर नजर नहीं रखेंगे तो निष्कर्ष भ्रामक होगा। संस्कृत की अपनी परम्परा में 'सहृदय' शब्द है यानी कि आलोचक का धर्म है कि यदि किसी के बारे में लिखे तो सामान्य हृदय उस बिन्दु पर अपने को ले जाए, जहाँ वह लेखक है। आलोचना-समालोचना संस्कृत काव्यशास्त्र में दोष-वर्णन नहीं, गुण-वर्णन है लेकिन वहाँ 'आलोचक' नाम का शब्द नहीं है। संस्कृत काव्यशास्त्र समालोचक नहीं है, सहृदय है। पाठक के नाते आपका धर्म है कि आप उस 'वेवलेंथ' पर अपने को ले जाएँ जहाँ रचनाकार है। 'वेवलेंथ' से देखने पर आपको मिल सकता है और काव्य-दोष भी। आप चाहें, उनका निर्देश करें।

अभय कुमार दुबे ने 'तद्भव' में एक जगह लिखा है : 'मैं और वे के बीच में डॉ. रामविलास शर्मा का ज्ञानकांड'। अभय कुमार दुबे ने उसमें उद्धरण दिया है रामविलास के किसी साक्षात्कार से। उस साक्षात्कार में रामविलास शर्मा की आत्म-स्वीकृति कहिए; विनम्रता, ईमानदारी कहिए, उन्होंने कहा है कि न तो मैं मौलिक कलाकार हूँ, न ही मौलिक विचारक। अधिक-से-अधिक आप नई-पुरानी कथाओं और विचारों का व्याख्याता कह सकते हैं। यह ईमानदारी, विनम्रता रामविलास जी में थी। जिस लेखक में यह विनम्रता न हो, उसे रामविलास शर्माजी से सबक लेना चाहिए। अन्त में उन्होंने कहा कि 'मुझे अपनी विरासत से प्रेरणा लेनी चाहिए और विश्वास करना चाहिए कि निष्ठा और साहित्यकार की साधना कभी व्यर्थ नहीं होती।' उनके बड़े व्यक्तित्व को काटकर हम लोग उन्हें बस एक आलोचक के रूप में देखते हैं। ऐसा करके हम उनको छोटा कर रहे हैं, बड़ा नहीं कर रहे।

उनके आत्मज उनकी डायरियाँ प्रकाशित कीं जिसका एक अंश पढ़कर मैं समाप्त करता हूँ। शे'र उनको बहुत पसन्द थे। ग़ालिब, मीर, नज़ीर को वह पसन्द

करते थे। जो तीन शे'र हैं, उनसे रामविलास जी के अन्दर के जो रामविलास हैं, उसका अन्दाज़ा लगा सकते हैं :

*पत्थर सुलग रहे थे कोई नक्शेपा न था*
*हम जिस तरफ चले थे उधर रास्ता था।*

*पत्तों के टूटने की सदा उठ के रह गई*
*जंगल में दूर-दूर तक हवा का पता न था।*

*परछाइयों, इस शहर में तन्हाइयाँ न पूछ*
*अपने शरीके ग़म में कोई दूसरा न था।*

यह अवसाद, उदासी, यह अकेलापन—ये सचमुच अन्दर के रामविलास शर्मा थे।

[बी.एच.यू., हिन्दी विभाग में 10.10.2012 को दिया गया वक्तव्य]

['हिन्दुस्तानी' के अक्टूबर-दिसम्बर, 2012 अंक एवं उसके पुस्तक-रूप 'रामविलास शर्मा और हिन्दी आलोचना' में प्रकाशित। पाठशोधन एवं प्रस्तुति : अनुप कुमार सिंह]

# रामविलास शर्मा और मार्क्सवाद

हिन्दी में दो विद्वान ऐसे हुए हैं जो बहुभाषाविद् थे : एक महापंडित राहुल सांकृत्यायन और दूसरे डॉ. रामविलास शर्मा। अंग्रेजी के प्रोफेसर होते हुए भी रामविलास शर्मा ने अपनी थीसिस हिन्दी में लिखी थी। फुटकर के कुछ लेख लिख दिये होंगे या अनुवाद कर दिया होगा अपने ही लेखों का, बाकी कसम खाकर सिर्फ हिन्दी में ही लिखा। महापंडित राहुल सांकृत्यायन कई भाषाएँ जानते थे। संस्कृत के पंडित थे ही। विशाल साहित्य उन्होंने लिखा है। अनुवाद किए हैं—संस्कृत से, पालि से, प्राकृत से, आर्य भाषाओं से, तिब्बती से। हिन्दी के दो विद्वानों का नाम लेना हो, जिन्होंने जीवन-भर काम किया, तो एक होंगे राहुल सांकृत्यायन और दूसरे उसके बाद वाली पीढ़ी से रामविलास शर्मा। उनका नॉलेज 'इनसाइक्लोपीडिक नॉलेज' था। नौकरी करते हुए काम किया और उसके बाद अवकाश लेकर दिल्ली में रहते हुए उन्होंने अन्तिम दिन बिताए थे। आखिरी दिनों में वे लिख नहीं सकते थे, हाथ काँपता था तो वे 'डिक्टेशन' देते थे। जितना काम उन्होंने किया है, उतना काम एक संस्थान भी नहीं कर पाता है। जिस आदमी का ऐसा विश्वसनीय ज्ञान (इनसाइक्लोपीडिक नॉलेज) था, वह मात्र पल्लवग्राही नहीं था बल्कि उसमें गहराई तक पहुँचने की पूरी कोशिश थी। जो काम एक संस्थान करता है, वह काम अकेले रामविलास शर्मा ने किया। वे व्यक्ति नहीं, 'इंस्टीट्यूट' थे, और यह सब उन्होंने अवैतनिक रूप से किया था। जब वे सत्तर साल के हुए तो 'आलोचना' पत्रिका की ओर से उनकी सत्तरवीं वर्षगाँठ मनाई गई थी और मैंने उसमें सम्पादकीय लिखा था : 'केवल जलती मशाल'। यह 'राम की शक्ति-पूजा' की अन्तिम पंक्ति है : 'भूधर ज्यों ध्यानमग्न केवल जलती मशाल'। बहुत ध्यानमग्न होकर रामविलास जी काम कर रहे हैं और इस समय केवल एक मशाल जल रही है।

वे प्रगतिशील लेखक संघ के जनरल सेक्रेटरी थे और 1953 में जब पार्टी बदली, लाइन बदली, दो फाँक हुई, तीन फाँक हुई, चार फाँक हुई तो इसी दिल्ली में जामा मस्जिद के सामनेवाले मैदान में उन्हें कहा गया कि आप 'जनरल सेक्रेटरी' पद से त्याग-पत्र दे दीजिए। उसके बाद उनका इस संघ से कोई सम्बन्ध

नहीं रहा। फिर भी वे अपना काम करते रहे। कोई उन्हें चुनौती देता था तो वे उसी पर अड़ जाते थे। उन्हें आगरा यूनिवर्सिटी के कन्हैयालाल माणिकलाल मुंशी इंस्टिट्यूट का प्रोफेसर डायरेक्टर नियुक्त किया गया था। किसी ने कह दिया कि इन्हें भाषाविज्ञान से क्या मतलब, अंग्रेजी के अध्यापक रहे, साहित्य की आलोचना लिखते हैं, यह चेयर तो दरअसल 'लिंग्विस्टिक्स' की है। बात लग गई उनको और उन्होंने तीन जिल्दों में, दो हजार पृष्ठों में, भाषाविज्ञान पर लिखा। उन्होंने 'भाषा और समाज' नाम से एक किताब लिखी जो उनकी एक विशिष्ट कृति है। चुनौती ली कि भाषाविज्ञान क्या है, बता देता हूँ। मार्क्सवाद के अनुसार विश्व-इतिहास के साथ ऐतिहासिक दृष्टि से देखते हुए अलग से भी भाषाविज्ञान पर लिखा। चुनौतियों के जवाब में ही उन्होंने अपना अधिकांश साहित्य लिखा। अक्सर उनकी किताबों के नाम के अन्त में 'और मार्क्सवाद' जुड़ा रहता था। यह 'और मार्क्सवाद' हर जगह था। जब समाजवाद दुनिया से गया, रूस से गया, यूरोप से गया, कहीं नहीं रहा, तब भी वे जिसे कहते हैं, 'अकबर नाम लेता है खुदा का इस ज़माने में'—मार्क्सवाद से सम्बन्ध बनाए रहे। मार्क्सवाद की उनकी अपनी एक समझ थी और उस समझ के अनुसार उन्होंने हिन्दी भाषा, इतिहास और साहित्य की जो बनी-बनाई समझ थी, उसमें क्रान्तिकारी परिवर्तन किए हैं। देखना चाहिए कि ये परिवर्तन उन्होंने कैसे और कहाँ किए हैं।

प्रथमतः आर्यों और द्रविड़ों के बारे में उनकी एक अलग समझ है। दो अवधारणाएँ, जिन पर इतिहासकारों ने काम नहीं किया है, नवजागरण और लोक-जागरण की उन्होंने हमारे सामने रखीं। अन्तिम दिनों में वे ऋग्वेद पर काम कर रहे थे। संस्कृत के वे मर्मज्ञ थे। उन्होंने भवभूति पर बहुत अच्छा लिखा है, कालिदास पर बहुत अच्छा लिखा है। कालिदास पर बहुत लोगों ने लिखा है—अंग्रेजी में, बंगला में, मराठी में लेकिन कालिदास पर उनकी किताब पढ़िए तो पता चले कि कालिदास पर उन्होंने क्या लिखा है। एक तरह से समग्र भारतीय साहित्य का अवलोकन उन्होंने किया है। जिसे वे लोकजागरण कहते हैं, वह भक्तिकाल है। वे कहते थे कि हमारा आधुनिक काल कायदे से हमारे भक्ति-आन्दोलन से शुरू होता है, क्योंकि यह लोकजागरण है। इसके पहले पुरोहितों का काल था, संस्कृत थी, राजघराने थे। पहली बार भारत की सारी लोकभाषाएँ एक साथ ईसा की पहली सहस्राब्दी के आस-पास पाई गईं। यह भारतीय इतिहास की महत्त्वपूर्ण घटना है। इसलिए पहली सहस्राब्दी से आधुनिक भारत शुरू होता है। अनेक लोग आधुनिकता को, अंग्रेजों के आने के बाद उन्नीसवीं सदी से शुरू करते हैं। रामविलास जी इसको नहीं मानते थे। वे कहते थे कि लोकभाषाएँ जब से आई हैं, तब से हमारा आधुनिक काल शुरू हो जाता है। जैसे लैटिन के बाद इंग्लिश, फ्रेंच, जर्मन आदि के आने से 'मॉडर्न' यूरोप शुरू होता है, वैसे

ही मॉडर्न इंडिया शुरू होता है। बंगला, मैथिली, उड़िया, गुजराती, अवधी, ब्रज, पुरानी मलयाली—इन सबका साहित्य पहली बार आता है और इस तरह आता है कि संस्कृत को चुनौती दे सके। भाषाओं में भी पहले वे सूफी आए जिन्होंने लोकभाषाओं में रचना की। मुल्ला दाऊद उनमें पहला था। सन् 1200 ई. के आसपास मुसलमान होते हुए लोककथा 'चन्दायन' में उसने अपनी बात कही। वह अवध का रहनेवाला था, अवधी में लिखा। उसके ठीक बाद कबीर होते हैं। ध्यान दें, दोनों मुसलमान—एक जुलाहा और दूसरा सूफी। फिर निर्गुण वाले आए जो पुनः मुसलमान थे। इसलिए कहा जाए तो लोकजागरण 'विधर्मियों' ने शुरू किया। उसी परम्परा में मलिक मोहम्मद जायसी तुलसीदास से पहले, अवधी में 'पद्मावत' लिखनेवाले जायसी भी मुसलमान, और सब तो बाद में आए। रामविलास जी के सामने यह खाका स्पष्ट था।

रामविलास शर्मा में एक ऐतिहासिक परिप्रेक्ष्य था, दृष्टि थी, 'विजन' था। जहाँ कई प्रकार का मार्क्सवाद था और मार्क्सवादी थे, वहीं उनका एक मार्क्सवाद था। उसी तरह साहित्य की व्याख्या के प्रसंग में, उनका मूल्यांकन कवियों के बारे में अलग-अलग था। बहुत-से मार्क्सवादियों की खासियत है कि लेखक पार्टी का है तो बहुत ज्यादा तारीफ कर देते हैं। रामविलास में ऐसा पूर्वग्रह नहीं कि मैं मुक्तिबोध प्रशंसक, और बिलकुल अलग। 'तार सप्तक' में रामविलास शर्मा और मुक्तिबोध, दोनों शामिल हैं लेकिन मुक्तिबोध को उन्होंने कभी नहीं माना। क्यों? यह एक अलग बहस होगी। आदमी में एक-न-एक 'ब्लाइंड स्पाट' (अन्धदृष्टि) होता है। इसलिए लोग निशाना लगाते हुए दोनों आँख नहीं लगाते, एक आँख बन्द कर लेते हैं—चाहे परखें, हर हालत में एक आँख आपको दबानी पड़ेगी। होता यह कि जिसे आप देखना चाहते हैं, वही दिखाई पड़ता है। जो दिखाई पड़ता है, वही आप देखें, यह जरूरी नहीं। रामविलास जी में कई 'ब्लाइंड स्पाट' थे। बहुत-से कथाकारों को उन्होंने नहीं माना। जैनेन्द्र को उन्होंने नहीं माना। महत्त्वपूर्ण कथाकार माना वृन्दावनलाल वर्मा को। एक पुस्तक छपी है : 'अपने-अपने अज्ञेय', उसी तरह भैया 'अपने-अपने रामविलास', 'अपने-अपने तुलसीदास'। कहते हैं न : 'करम कमंडल गहे साधु किनारे जाए, सागर सरिता कृपाजल बूँद न अधिक समाय।' आपके पास जिनती धारिता का कमंडल है, उतना पानी उसमें समाएगा। चाहे सागर में जाएँ, सरिता में जाएँ, या और जगह। यह कमंडल क्या है—हमारी समझ, हमारी दृष्टि। इसलिए यह बात रामविलास जी बारे भी लागू होती है। बहुत सारा छोड़ दिया उन्होंने, अनदेखा कर दिया, लेकिन देखिए कि जो देखा उन्होंने, उसमें क्या देखा? इस चीज का मूल्यांकन कीजिए। उस 'देखने' में कहाँ कमी है, खोट है और उसका कारण क्या है? जिसे हम प्यार करते हैं, उसकी कई

कमजोरियों की अनदेखी कर जाते हैं और जिसे हम प्यार नहीं करते हैं, उसकी अच्छी चीजें भी हमारी आँख में खटकती हैं, चुभती हैं। असल चीज यही है, आलोचना का अर्थ यही है। आलोचना शब्द 'लोचन' से बना है और लोचन आँख को कहते हैं। आँख, जिसको हम दृष्टिकोण कहा करते हैं। रामविलास जी की दृष्टि क्या थी और उसका कोण क्या था? दोनों में कितना तालमेल था? कितना विरोध था? इस आधार पर उनके लिखे हुए को जाँचिए।

लगभग मानवेतर शक्ति के साथ रामविलास जी ने काम किया है और उस स्वाभिमान के साथ कि हम हिन्दी में ही लिखेंगे, भले ही ज़िन्दगी भर अंग्रेजी पढ़ाई हो, ताकि रामविलास जी को पढ़ने-समझने के लिए लोगों को हिन्दी पढ़नी पड़े। लोग, जो भले ही हिन्दी के छात्र न हों, शोधकर्ता न हों, लेकिन विशाल हिन्दी भाषा-भाषी क्षेत्र के लोग हैं, वे एक बार अपने इस साहित्यकार को देखें। सम्भव है, उन्हें कुछ-न-कुछ अपने विषय के बारे में, इतिहास के बारे में, राजनीति के बारे में, अर्थशास्त्र के बारे में मिले।

[जे.एन.यू. में 3.10.2012 को दिया गया व्याख्यान]

['हिन्दुस्तानी' के अक्टूबर-दिसम्बर, 2012 अंक एवं उसके पुस्तक-रूप 'रामविलास शर्मा और हिन्दी आलोचना' में प्रकाशित। पाठशोधन एवं प्रस्तुति : अनूप कुमार सिंह]

# नवजागरण की समस्याएँ और रामविलास शर्मा

डॉ. रामविलास शर्मा के माध्यम से चर्चा दरअसल हिन्दी नवजागरण पर होनी चाहिए। हिन्दी नवजागरण पर मैं लिख चुका हूँ रामविलास शर्मा पर एक निबन्ध में, जो 'आलोचना' में छपा है। अस्सी के दशक में डॉ. रामविलास शर्मा पहले आदमी थे जिन्होंने भक्ति-आन्दोलन को लोकजागरण कहा और उन्नीसवीं शताब्दी के आधुनिक काल के जागरण को नवजागरण। यह श्रेय उनके पहले किसी आलोचक को नहीं है—न रामचन्द्र शुक्ल को, न हजारी प्रसाद द्विवेदी को, न अन्य किसी इतिहास लिखनेवाले को। उन्हें ही श्रेय है। इस नवजागरण के साथ जो समस्याएँ जुड़ी हुई हैं, उन पर मैं एक लेख लिख चुका हूँ। उन अवधारणाओं के बारे में स्पष्ट होना चाहिए। एक शब्द है 'अंग्रेजी का रेनेसां'। यूरोपीय साहित्य के सिलसिले में 'रेनेसां' का प्रयोग किया जाता है। एक और शब्द का प्रयोग किया जाता है : 'एनलाइटेनमेंट'। भारतीय साहित्य का इतिहास लिखते समय खास कर मराठी लोगों ने रेनेसां और एनलाइटेनमेंट शब्दों को अलग किया है। अलग करते हुए अपने यहाँ के जागरण को 'प्रबोधनवाद' कहते हैं यानी वह 'एनलाइटेनमेंट' यूरोपीय नवजागरण है, यह प्रबोधनवाद है।

अब तय करना पड़ेगा कि नवजागरण का लोक से सम्बन्ध है कि नहीं है, लोकजागरण का सम्बन्ध नवजागरण से है कि नहीं। जो लोग मार्क्स को मानते हैं, और जो नहीं मानते, जो समाज विज्ञान के विद्यार्थी हैं, इतिहास के विद्यार्थी हैं—उन सभी को यह तय करना पड़ेगा। उन्होंने नवजागरण के कई चरण बताए हैं। भारतेन्दु दूसरे चरण पर हैं, महावीर प्रसाद तीसरे चरण पर हैं। सम्भवत: चौथे चरण पर छायावादियों को रखा है। डॉ. रामविलास शर्मा ने नवजागरण के कई चरण बताए हैं। बहुत सैद्धान्तिक रूप से इसको स्पष्ट नहीं किया है लेकिन 'महावीर प्रसाद द्विवेदी और हिन्दी नवजागरण' में यह कहा है। कठिनाई यह है कि उन्होंने नवजागरण के पहले 'हिन्दी' शब्द जोड़ा है। भारतीय नवजागरण नाम की भी कोई चीज है? नवजागरण इसके अन्तर्गत आता है तो भारतीय नवजागरण में उसका क्या स्थान है, यह स्पष्ट होना चाहिए। बहुत पहले बंकिमचन्द्र ने एक लेख लिखा था। उसका शीर्षक है : 'रेनेसां...'। वह लेख बंगला में है।

इतिहास-सम्बन्धी यह लेख 1880 में लिखा है। वह स्वयं नवजागरण के अग्रदूत थे। बंगाल नवजागरण के सिलसिले में बंकिम ने इसका इस्तेमाल किया है। नवजागरण के पहले लोकजागरण था। यूरोप का 'रेनेसां' तभी शुरू हुआ, जब हमारे यहाँ भक्ति-आन्दोलन शुरू हुआ। यूरोप का मध्यकाल समाप्त होता है लगभग तेरहवीं-चौदहवीं शताब्दी में, जब रेनेसां शुरू होता है और विचित्र संयोग है कि यही वह समय है जिसमें हमारे यहाँ कबीर हुए, तुलसी हुए, सूर हुए और सूफी आन्दोलन भी इसी समय हुआ था। ईरान के जो सूफिज्म से प्रभावित लोग भारत में आए, मुल्ला दाऊद से सूफी काव्य शुरू हुआ और मलिक मुहम्मद जायसी जैसा बड़ा शायर उस परम्परा में हुआ। आप देखेंगे कि धर्म चाहे हिन्दुत्व हो, चाहे इस्लाम हो, दोनों में जैसाकि रामविलास जी ने कहा, लोकजागरण था। लोकजागरण में धर्म की दीवार नहीं पड़ी। अपने-अपने ढंग से हिन्दू-मुसलमान, दोनों नवजागरण कर रहे थे। खास बात थी कि पहली बार लोकभाषाओं में साहित्य आया। उसके पहले संस्कृत थी, प्राकृत थी, अपभ्रंश थी। अपभ्रंश भी लोकभाषा ही कही जाती है, यही सही है। लोकभाषाओं से साहित्य का उदय हुआ—चाहे वह इस्लाम में सूफिज्म से आया हो और हमारे यहाँ भक्ति से आया हो। अगर भक्ति को लोकभावना के उभार का प्रतीक माना जाए तो तमिलनाडु में जो ईसा की पहली शताब्दियों में हुआ था, उसे आप क्या कहेंगे? मानना पड़ेगा कि उत्तर से बहुत पहले, शताब्दियों पहले, दक्षिण में भक्ति-आन्दोलन का उदय हो चुका था। इसलिए इस भक्ति को मूल मन्त्र मानिए तो वह नवजागरण नहीं था तो क्या था? संस्कृत, प्राकृत आदि पुरानी भाषाओं के स्थान पर लोकभाषाओं में जब साहित्य रचना शुरू होती है तो एक धर्म-चेतना के साथ शुरू होती है। अगर भक्ति-आन्दोलन नवजागरण नहीं था तो इतिहास के समानान्तर लगभग विश्व साहित्य की अवधारणा के रूप में 'रेनेसां' क्या है? दुनिया की सभी भाषाओं में थोड़े-बहुत काल-भेद के साथ सौ-पचास साल के भीतर एक 'रेनेसां' हुआ था जिसका गहरा सम्बन्ध लोकभाषाओं के उदय से है। 'नवजागरण' के अध्ययन की अनेक समस्याएँ हैं। अगर समस्याएँ हैं तो पहली तो यही कि 'एनलाइटेनमेंट' (प्रबोधनकाल) कब हुआ, जिस प्रबोधन-काल को अगला चरण मानते हैं 'रेनेसां' का? आपके समक्ष मुद्दा रख रहा हूँ, इस पर विचार किया जाना जरूरी है। कठिनाई यह है कि भक्ति और नवजागरण के बीच बहुत विचित्र चीज यह हुई कि अंग्रेजी राज नाम की चीज आ गई। भारतेन्दु के बजाय रामविलास जी, महावीर प्रसाद द्विवेदी और 'सरस्वती' को नवजागरण की पत्रिका के रूप में स्थापित करने में महावीर प्रसाद द्विवेदी के योगदान से कोई इनकार नहीं कर सकता। लेकिन यह ध्यान दें कि महावीर प्रसाद ने जो लिखा, उसमें शुष्कता, बौद्धिकता है। समानान्तर एक सरसता आगे चलकर श्रीधर पाठक में मिलती है, उसे किसके

साथ जोड़ेंगे? इस दौर के कुछ और लेखक—जैसे रामचन्द्र शुक्ल के साथ आगे चलकर रामनरेश त्रिपाठी, सरदार पूर्णसिंह को देखिए तो शुष्क बौद्धिकता के बीच जो रस की धारा भक्त कवियों में दिखाई पड़ती थी और आगे चलकर जो रोमांटिक छायावाद में मिलती है, उसे आप कहाँ रखेंगे? इस रोमांटिक 'मूवमेंट' को क्या उसी 'एनलाइटेनमेंट' का अगला पड़ाव माना जा सकता है?

मैं आपके सामने कुछ सवाल छोड़ना चाहता हूँ इस नवजागरण से जुड़ी हुई समस्याओं के बारे में। क्या यह नवजागरण सभी भाषाओं, सभी जातियों का है? भक्ति ने धर्म की जो एक दीवार थी, उसे तोड़ दिया था। आधुनिक भाषाओं में खड़ीबोली के साथ उर्दू का नवजागरण है जिसमें नज़ीर अकबराबादी हुए। नज़ीर अकबराबादी से दूसरी परम्परा चलती है। ध्यान से पढ़ने की जरूरत है कि क्या साम्प्रदायिक स्तर पर नवजागरण विभक्त था? भाषा के स्तर पर आगे चलकर देखेंगे तो उर्दू 'रोमांटिसिज्म' अलग हो जाता है, हिन्दी 'रोमांटिसिज्म' अलग जाता है। श्रीधर पाठक क्या कर रहे थे और छायावाद किस तरह का नवजागरण था? इसलिए यह अवधारणा और गहराई से विचार करने की अपेक्षा रखती है। हिन्दी शब्द लगाकर हम इस नवजागरण को अलगाते क्यों हैं? क्यों इसे भारतीय नवजागरण कहा जा सकता है? यदि नहीं तो क्यों नहीं कहा जा सकता? उन्नीसवीं शताब्दी के जागरण के मुख्य स्रोत के रूप में कुछ निबन्ध भारतेन्दु के पढ़े जाने चाहिए। मैंने उसके उद्धरण दिये हैं। भारतेन्दु में अखिल भारतीयता का रूप प्रभामंडल की तरह व्याप्त मिलता है। हिन्दी कहकर हम नवजागरण के अखिल भारतीय स्वरूप को काटते हैं। जब इतिहास लिखा जाएगा उन्नीसवीं शताब्दी का तो 'इंडियन रेनेसां' कहा जाएगा। यह कहना इसलिए जरूरी है कि 'रेनेसां' के बाद जो नई प्रवृत्ति आई थी, वह अखिल भारतीय थी। वह 'रोमांटिक मूवमेंट' की थी, जिसे हिन्दी में छायावाद कहते हैं। दार्शनिक आधार भले अलग-अलग थे पर रोमांटिक प्रवृत्ति सामान्य बात थी। विचित्र विडम्बना है कि इस 'रेनेसां' पर विचार करते समय ब्रह्मसमाज के विचारों को देखें और आर्यसमाज के सामाजिक विचारों को देखें, दोनों में कितना अन्तर है। इसलिए हिन्दी नवजागरण को हम अपनी ओर से अलग करना चाहते हैं। क्या यह ठीक है? हिन्दी नवजागरण भारतीय नवजागरण का हिस्सा है और अगर हिस्सा है तो कैसा हिस्सा है, यह रेखांकित किया जाना चाहिए। उन्नीसवीं शताब्दी के अखिल भारतीय नवजागरण के अन्तर्गत हिन्दी नवजागरण की अपनी पहचान क्या है, और पहचान थी तो केवल कविता से निर्णय नहीं होगा। कहानी-उपन्यास से भी होगा। बंगला के नवजागरण में बंकिम जैसा उपन्यासकार हुआ। ईश्वरचन्द्र विद्यासागर जैसा बौद्धिक हुआ। फिर ब्रह्मसमाज आता है, एक खुलापन आता है और उत्तर भारत में आर्यसमाज के प्रभाव से कौन-सी मानसिकता पैदा हुई? उसका असर

कितनी दूर तक पड़ता है? महावीर प्रसाद द्विवेदी के बारे में लिखा है कि उन्होंने 'सरस्वती' के माध्यम से सिर्फ कपास की खेती की। हम साहित्य की चर्चा कर रहे हैं कि ऐसा नहीं हो कि महावीर प्रसाद द्विवेदी ने कपास की जो खेती की, नीरस है, धवल है, पवित्र है, सब कुछ है। कहीं हम हिन्दी नवजागरण के नाम पर कपास की खेती तो नहीं कर रहे या फिर कपास की खेती के अलावा कुछ और भी वहाँ हो रहा है? तो इसमें श्रीधर पाठक की जगह कहाँ है? रामनरेश त्रिपाठी की जगह कहाँ है? वे लोग, जो द्विवेदी-युग और छायावाद के बीच के स्वच्छन्दतावादी थे, उनकी जगह कहाँ है? ये अवधारणाएँ मेरे मन में उठी हैं तो मैंने सोचा कि आपके सामने इन्हें रख दूँ।

[बी.एच.यू. हिन्दी विभाग में 10.10.2012 को दिया गया वक्तव्य]

['हिन्दुस्तानी' के अक्टूबर-दिसम्बर, 2012 के अंक एवं उसके पुस्तक-रूप 'रामविलास शर्मा और हिन्दी आलोचना' में प्रकाशित। पाठशोधन एवं प्रस्तुति : अनूप कुमार सिंह]

# कविता के नये प्रतिमान : पुनर्विचार

'निराला-व्याख्यानमाला' के अन्तर्गत व्याख्यान का निमन्त्रण देकर मुझे आपने जो गौरव प्रदान किया है, उसके लिए मैं अपना आभार व्यक्त करता हूँ। इस व्याख्यानमाला के अन्तर्गत जिन मनीषियों ने व्याख्यान दिये हैं, वह तालिका किसी को भी आतंकित करने के लिए पर्याप्त है। और वह किसी भी नये वक्ता पर अतिरिक्त दायित्व डालती है। इस व्याख्यानमाला के अन्तर्गत मुख्यत: कवियों और रचनाकारों को ही बुलाया जाता रहा है। उस शृंखला में मैं निश्चय ही एक अपवाद हूँ। लेकिन यह अपवाद साहित्य की परम्परा के विरुद्ध नहीं है। साहित्य की चर्चा में कवि और सहृदय, दोनों को आचार्यों ने सरस्वती का तत्त्व कहा है। 'ध्वन्यालोक लोचन' के प्रसिद्ध टीकाकार अभिनव गुप्त पादाचार्य ने मंगलाचरण में कहा है : 'सरस्वत्यास्तत्वं कवि-सहृदयाख्यं विजयते।' कवि और सहृदय कहने के लिए दो हैं, वास्तव में एक हैं। मैं सहृदय हूँ या नहीं, यह तो नहीं कह सकता, लेकिन सहृदयाख्य जरूर हूँ।

आज की चर्चा का जो विषय है, यह बन्धुवर रामस्वरूप चतुर्वेदी का दिया हुआ है। मुझे लगा कि इस विषय के बहाने मैं आत्मसमीक्षा और आत्मावलोकन करते हुए कुछ सीख सकूँगा, कुछ जान सकूँगा। इक्कीस वर्ष पहले मैंने 'कविता के नये प्रतिमान' नामक पुस्तक लिखी थी। इक्कीस वर्षों के बाद उस पर पुनर्विचार करते हुए मुखर-चिन्तन के रूप में कुछ सीखने को मिलेगा। 'फ़िराक' का वह प्रस्द्धि शेर है :

*फिर आज कूये-बुतां का इरादा रखते हैं*
*किसी गुमां पर तवक्को जियादा रखते हैं।*

तो इलाहाबाद तो मेरे लिए 'कूये-बुतां' है। यहाँ तो कई बुत और कई सनमखाने हैं।

[2]

'कविता के नये प्रतिमान' का प्रयोजन बहुत सीमित था। एक तात्कालिक आवश्यकता को दृष्टि में रखते हुए वह लिखा गया था। उसका बोध मुझे तब भी था और आज भी है। 'नई कविता' कोई एक ठोस, 'मोनोलिथिक' धारा नहीं थी। मुख्यत: दो धाराएँ 'नई कविता' के अन्तर्गत लक्षित की गई हैं। उन धाराओं को समेटते हुए

और उनका अतिक्रमण करते हुए मुक्तिबोध ने जो कविता लिखी, और जो किन्हीं कारणों से उपेक्षित रह गई थी, उसी के महत्त्व को रेखांकित करने के लिए, उसकी सार्थकता के निरूपण के लिए यह किताब लिखी गई थी। और इस निरूपण के क्रम में 'नई कविता' के दौरान जिन संकल्पनाओं की चर्चा हुई थी—जैसे 'अनुभूति की प्रामाणिकता', 'जटिलता', 'तनाव', 'विसंगति', 'विडम्बना'—इनमें से किसके आधार पर मुक्तिबोध की कविता की सार्थकता की जाँच की जा सकती है, इसलिए इनका परीक्षण जरूरी लगा। इस प्रक्रिया में मुख्य रूप से मुक्तिबोध की कविता 'अँधेरे में' की व्याख्या प्रस्तुत की गई। इस ग्रंथ के बाद मैंने त्रिलोचन और नागार्जुन की कविता पर विचार किया है। खास कर 'एक नया काव्यशास्त्र : त्रिलोचन के लिए' नामक अपने निबन्ध में। सवाल यह है कि त्रिलोचन और नागार्जुन के साथ, मुक्तिबोध की कविता पर मैंने जो विचार 'कविता के नये प्रतिमान' में प्रस्तुत किये हैं, उसकी संगति कैसे बैठती है। वास्तव में त्रिलोचन और नागार्जुन 'नई कविता' के दायरे और मुहावरे से बाहर के कवि हैं, जबकि मुक्तिबोध 'नई कविता' के मुहावरे के भीतर, 'नई कविता' की कुछ प्रारम्भिक स्थापनाओं को स्वीकारते हुए, एक दूसरे ढंग की कविता लिखनेवाले कवि हैं। यह नहीं भूलना चाहिए कि मुक्तिबोध 'तार सप्तक' के कवि हैं।

वास्तव में स्वयं 'नई कविता' के अन्दर जो आधुनिकता-बोध विकसित हुआ, उस पर नये सिरे से विचार करने की आवश्यकता है। पश्चिमी आधुनिकतावाद से अलग ठेठ अपनी जमीन से, अपनी परम्परा से जो लोग अपना विकास कर रहे थे, अपने लिए रास्ता निकाल रहे थे, वह कविता की धारा नागार्जुन, त्रिलोचन, केदारनाथ अग्रवाल की थी और जो लोग इलियट, पाउंड आदि की आधुनिकतावादी संवेदना के आधार पर कविताएँ लिख रहे थे, उनमें अज्ञेय, मुक्तिबोध, शमशेर बहादुर सिंह आदि आते हैं। इन दोनों धाराओं का अध्ययन 'अन्वय-व्यतिरेक पद्धति' से होना चाहिए। यह कि सार्थक कविता और काव्य-मूल्यों का निर्माण किस धारा के अन्तर्गत हुआ? क्या ये दोनों धाराएँ केवल काल्पनिक हैं? आलोचना की सुविधा के लिए रचे हुए दो कल्पित अखाड़े हैं या इनकी वास्तविक यथार्थ सत्ता है?—आज ये प्रश्न हैं। इस दृष्टि से 'कविता के नये प्रतिमान' की दो सीमाएँ थीं।

पहला यह कि हमने 'कविता के नये प्रतिमान' में 'अनुभूति की प्रामाणिकता', 'जटिलता', 'तनाव', 'विसंगति', 'विडम्बना', 'ईमानदारी' आदि संकल्पनाओं का जो परीक्षण किया था और अनेक की अपर्याप्तता और असंगतियों का जो संकेत किया था, वह केवल तार्किक था। ये सभी अमरीकन 'नई समीक्षा' की संकल्पनाएँ थीं। 'नई समीक्षा' की ये संकल्पनाएँ रूपवादी हैं, यह बार-बार कहा गया है। लेकिन 'नई समीक्षा' की तमाम अवधारणाओं को रूपवादी कहना भी एक तरह का रूपवाद है। जिस प्रकार कोई आदमी विशिष्टताद्वैत की आलोचना

शुद्ध अद्वैतवाद के आधार पर करे, इस बात पर विचार किये बिना कि विशिष्टाद्वैत एक दूसरी ऐतिहासिक सामाजिक परिस्थिति की उपज है, तो यह आलोचना शुद्ध तार्किक होगी। क्योंकि दोनों दो ऐतिहासिक सन्दर्भों और चुनौतियों की उपज हैं। अत: एक के तर्क के आधार पर दूसरे का खंडन शुद्ध 'फार्मलिस्ट' होगा...। 'नई समीक्षा' में सूत्रबद्ध अवधारणाएँ मात्र रूपवादी नहीं हैं बल्कि उनका एक निश्चित ऐतिहासिक-सामाजिक सन्दर्भ है। साथ ही ये अवधारणाएँ केवल अपनी साहित्यिक भूमिका ही नहीं निभा रही थीं बल्कि स्पष्ट कहा जाए तो इनकी एक निश्चित राजनीतिक भूमिका भी थी। 'कविता के नये प्रतिमान' में यह नहीं कहा गया है। 'कविता के नये प्रतिमान' का रूपवाद यह है कि उसमें रूपवाद की आलोचना भी रूपवादी ढंग से की गई है अर्थात् तार्किक आधार पर उसका खंडन किया गया है, ऐतिहासिक आधार पर नहीं किया गया है। 'जटिलना', 'विसंगति', 'अनुभूति की प्रामाणिकता' आदि के मूल में जो राजनीति काम कर रही है, उसका खंडन नहीं किया गया है। वह खंडन 'कविता की दूसरी परम्परा' की खोज और स्थापना के लिए जरूरी है।

दूसरी बात जो है, वह है 'नई कविता' के दायरे से निकलकर एक आत्म-सजगता या 'सेल्फ़ अवेयरनेस'। 1968 के आसपास भारतीय राजनीति और उसके समानान्तर हमारे साहित्य में जो महत्त्वपूर्ण परिवर्तन हुए थे, उनकी झलक '68 में तो मिली थी, पर उसका वेग बाद में प्रकट हुआ। नक्सलबाड़ी आन्दोलन चाहे जितना भी दुस्साहसिक रहा हो, उसने हमारी सम्पूर्ण चेतना को झकझोर दिया। 'नई कविता' के बाद हमारा साहित्य बहुत नगराभिमुख हो चला था। 'अकविता' जैसे अराजकतावादी आन्दोलन महानगरों की चेतना से आक्रान्त थे। नक्सलबाड़ी आन्दोलन ने पुन: हमारी नगराभिमुख चेतना को गाँवों की ओर लौटने का काम किया। इसी के चलते बड़े-बड़े कवियों के रहते हुए धूमिल जैसे कवि ने गँवई-गाँव के ठेठ मुहावरे से सारी 'नई कविता' की भाषा के जादू को तोड़ दिया। 1968 के बाद हमारे देश की राजनीति में और साहित्य में जो एक लड़ाकूपन, एक जुझारूपन आया, अनेक नये कवि एक नई भाषा और एक नई संवेदना लेकर आए।...मुझे लगता है कि 'कविता के नये प्रतिमान' में जो नहीं था—परवर्ती परिस्थितियों के कारण मैं उसे अधिक स्पष्टता से देख सका। मैं यह कहना चाहता हूँ कि 'नई कविता के प्रतिमान' से ध्यान हटकर जब 'कविता के नये प्रतिमान' पर गया तो उसके बाद स्वभावत: प्रतिमान मात्र का सामान्य सैद्धान्तिक प्रश्न उठना चाहिए। अंग्रेजी का एक शब्द है 'कैनन'। (मूलत: ईसाई धर्म का शब्द है जिसका अर्थ होता है : सन्तों का सूची-करण। संतों की सूची के क्रमबद्ध, श्रेणीबद्ध उत्तराधिकार के अर्थ में इस शब्द का उपयोग बार-बार हुआ है।) 'कैनन' में हम 'हाइऑरिक ऑफ़ वैल्यूज' कायम करना चाहते हैं। मिश्र-बन्धुओं ने 'हिन्दी-नवरत्न' में एक

'कैनन' का निर्माण किया। यह जो प्रतिमानीकरण (कैननाइज़ेशन) है साहित्य का, वह कैसे होता है? मैं यह कहना चाहता हूँ कि हिन्दी आलोचना हिन्दी साहित्य के इतिहास का अंग नहीं है बल्कि हिन्दी साहित्य का इतिहास हिन्दी आलोचना का अंग है। विश्वविद्यालय और शिक्षा संस्थाएँ निरन्तर इस 'केनन' का निर्माण करती रहती हैं। हिन्दी साहित्य का इतिहास एक 'कैनन' है। तुलसी से लेकर निराला-मुक्तिबोध तक एक 'कैनन' बना हुआ है। 'कैनन' का विरोधाभास यह है कि वह एक ही साथ कालातीत भी होता है और नितान्त समकालीन भी। अगर ऐसा नहीं होगा तो 'कैनन' 'कैनन' नहीं रहेगा। अत: कविता के नये प्रतिमानों की चर्चा करते हुए मैं कहना चाहता हूँ कि इस 'कैनन-निर्माण' की प्रक्रिया पर भी विचार होना चाहिए।

आज मैं पुनर्विचार करते हुए इन दोनों पक्षों को उठाना चाहता हूँ। 'कविता के नये प्रतिमान' में जिन नये प्रतिमानों पर विचार किया गया था, उन नये प्रतिमानों की राजनीति क्या है? और कैसे ये प्रतिमान अपने साथ ही उस कविता की सीमाएँ भी बताते हैं जिसके आधार पर वह कविता मूल्यवान मानी गई थी?

[3]

कविता के नये प्रतिमान के साथ एक लम्बा संवाद मेरे मित्र विजय देव नारायण साही के साथ हुआ था। मुझे और भी आनन्द आता, यह चर्चा मेरे लिए और मूल्यवान होती अगर वे होते। क्योंकि सारे लोगों में वही एक ऐसे व्यक्ति हैं जिन्होंने 'नई कविता' के प्रतिमानों की बड़े आधिकारिक रूप से, सबसे अधिक सुसंगत और व्यवस्थित रूप से स्थापना की और जीवन के अन्त तक उन पर डटे रहे...।

तो नई कविता के चलते यह आम धारणा बनी कि बड़ा कवि वह है, सार्थक और महत्त्वपूर्ण कवि वह है जो 'आइडियोलॉजिकल' नहीं है। विचारधारा कविता की दुश्मन है। अनुभूति की प्रामाणिकता की मुख्य आधारशिला यही थी कि कविता में विचारधारा महत्त्वपूर्ण नहीं है। महत्त्वपूर्ण है अनुभूति की प्रामाणिकता। और अनुभूति की प्रामाणिकता के आधार पर वह कविता महत्त्वपूर्ण है जिसमें अनेक विरोधी विचारों का बहुत ही नाजुक सन्तुलन हो। कवि स्पष्ट रूप से अपना पक्ष प्रकट न करे; बल्कि विभिन्न विचारधाराओं का द्वंद्व दिखाए, उनकी टकराहट दिखाए, उनका तनाव दिखाए। अनुभूति के स्तर पर जहाँ इसका निर्वाह होता है, वह कविता बड़ी है, सार्थक है, महत्त्वपूर्ण है। और जहाँ कवि विचारधारा को मानता है, पक्ष लेता है; जहाँ उसका एक 'कमिटमेंट' है—वह इकहरा होता है, सरल है, 'शार्ट-कट' अपनाता है। उसमें वह जटिलता नहीं होती जो काव्य का गुण होती है। अत: यह माना गया कि विरोधी विचारों, वृत्तियों, भावनाओं के नाजुक सन्तुलन

में काव्य है। और इस नाजुक सन्तुलन को एक नाम दिया गया—'जटिलता'। 'कॉम्प्लेक्सिटी' में ही कविता है। जो दो टूक कहता है, सरल है, जहाँ द्वंद्व-तनाव नहीं है, जो साफ़ है—जैसे नागार्जुन की कविता, जो सोंटे की तरह है। वहाँ कविता नहीं है, वह राजनीति है। 'फ़िराक' ने किसी ज़माने में कहा था :

*दुविधा पैदा कर दे दिलों में, ईमानों को दे टकराने*

'नई कविता' के ज़माने में इसे एक मूल्य माना गया यानी जो साफ़-दो टूक न कहे, जो दिलों में दुविधा पैदा कर दे। और यह सब यह जानते हुए कि हमारे यहाँ तुलसीदास जैसा कवि हुआ है, जो साफ़ बोलता है, दो टूक कहता है। कबीर हुए हैं जो दो टूक बोलने के लिए बदनाम हैं। निराला हैं। 'राम की शक्ति-पूजा' एक 'आइडियोलॉजिकल' कविता है। आधुनिक साहित्य के जनक भारतेन्दु हरिश्चन्द्र हैं जो 'हरीचन्द नगद दमाद अभिमानी के' ताल ठोंकर दो टूक बोलनेवाले हैं। प्रेमचन्द हैं, रामचन्द्र शुक्ल हैं, महावीर प्रसाद द्विवेदी हैं—सभी साफ़ व दो टूक बोलते हैं। तो ऐसी परम्परा के होते हुए 'नई कविता' ने यह स्थापना की कि सार्थक कविता वह है, जहाँ विरोधी विचारों का द्वंद्व-तनाव दिखाकर छोड़ दिया जाए। कोई पक्ष न लिया जाए। क्योंकि 'आइडियोलॉजी' घातक है। और यह सारा शास्त्र प्रकारान्तर से जिस आदमी ने रचा, वे थे मेरे अत्यन्त प्रिय श्री विजय देव नारायण साही। कविता के नये प्रतिमान उन्होंने एक पुराने कवि की आलोचना के माध्यम से रचे। जायसी के माध्यम से। जैसे कि टी.एस. इलियट ने 'जॉन डन' के माध्यम से अपना आलोचना-शास्त्र रचा।

'जायसी' पुस्तक की पूरी 'थीसिस' यह है कि जायसी सूफ़ी नहीं थे। सूफ़ी होना एक विचारधारा को मानना है। इसलिए पुस्तक में अत्यन्त श्रम लगाकर यह सिद्ध किया गया है कि उनकी कोई विचारधारा नहीं थी। अगर वे सूफ़ी थे भी तो लोहिया की भाषा में कुजात सूफ़ी थे, अत: अगर जायसी को बड़ा और सार्थक और महत्त्वपूर्ण कवि सिद्ध करना है तो जरूरी है कि यह सिद्ध किया जाए कि वे सूफ़ी नहीं थे। उनकी कोई विचारधारा नहीं थी। इस सम्बन्ध में मैं उनकी पुस्तक से दो उद्धरण देना चाहूँगा :

1. 'जायसी की निर्मल दृष्टि मानवीय समस्या को जिस प्रकार देख रही थी, उसमें कबीर दास की परिणति ('परिणति'—इस शब्द पर ध्यान दें। यानी कबीर दास का क्या हश्र हुआ? कहाँ गिरे?—) से अपने को बचाना जरूरी था। इसीलिए जायसी ने न कोई अखाड़ा बनाया, न चेले बनाए, न बाबागीरी अपनाई, न किसी आध्यात्मिक दर्शन का रूपक बाँधा। उन्होंने अपने लिए कवि और केवल कवि की भूमिका चुनी जिसका दावा सिर्फ़ इतना ही है कि जिसने उनका मुँह देखा, हँसी आ गई, लेकिन जब काव्य सुना तो आँसू आ गए। लगता है, जायसी अपने पाठक से

सिवा इस एक प्रश्न के और कुछ भी नहीं पूछना चाहते कि आपका अध्यात्म चाहे जैसा हो, ईश्वर चाहे जैसा हो, कर्मकांड चाहे जैसा हो, लेकिन आपकी आँखों में आँसू आने की क्षमता शेष है या नहीं।' (पृ. 63-64)

2. 'साहित्य में किसी विचारधारा या दार्शनिक सिद्धान्त का वहन करना एक बात है और अपने युग की सम्पूर्ण चिन्तनशीलता में उलझी हुई अनुभूति को आत्मसात करना दूसरी बात है। यह 'आत्मस्थ चिन्तनशीलता' गम्भीर साहित्य को एक बौद्धिक सघनता प्रदान करती है। यदि हम इस प्रकार बौद्धिक सघनता और मात्र दार्शनिक स्थापना या विचारधारा में अन्तर करें तो जायसी की मन:स्थिति को अधिक सन्तोषजनक ढंग से परिभाषित कर सकते हैं। जायसी में दर्शन का अभाव हो, ऐसा नहीं है। विद्वानों ने तसव्वुफ़, वेदान्त, हठयोग, गोरखपंथ, सहजयान—सभी कुछ जायसी में देखा है। ये सारे वाद और मत-मतान्तर जायसी के चारों ओर वातावरण में फैले हुए थे।...जायसी इन सबके प्रति खुले हुए हैं। लेकिन प्रचलित मान्यताओं के इस पुंज का उपयोग जायसी जब भी करते हैं तो उनका उद्देश्य कथा के विशिष्ट सन्दर्भ को अधिक जागरूक, अधिक संवेद्य, अधिक घनीभूत बनाना ही होता है।' (पृ. 67)

तो 'आत्मस्थ चिन्तनशीलता', 'बौद्धिक सघनता' एक ओर और दार्शनिक स्थापना यानी विचारधारा का होना दूसरी ओर। इसीलिए जायसी के समकक्ष कबीर की एक 'डाइकॉटमी' बनाई गई कि एक ओर कबीर हैं जिन्होंने मठ बनाए, चेले बनाए। और एक ओर जायसी हैं जिन्होंने यह कुछ भी नहीं किया। वैसे कबीर के बारे में शुक्ल जी का कहना है कि उनके पास कोई निश्चित विचारधारा नहीं थी। भाषा खिचड़ी, चिन्तन खिचड़ी। आचार्य हजारी प्रसाद द्विवेदी बहुत लम्बी बहस के बाद कबीर को लेकर जिस नतीजे पर पहुँचे, वह क्या है? 'भावाभावविनिर्मुक्त... अचिन्त्यभेदाभेद'। लेकिन साही जी को सिद्ध करना है कि जायसी बड़े कवि हैं, सार्थक और महत्त्वपूर्ण कवि हैं। और बड़ा कवि वह होता है जो विचारधारा से मुक्त हो। इसलिए कबीर की एक ऐसी 'इमेज' बनाना जरूरी लगा जो किसी प्रगतिवादी कवि से मिलती-जुलती हो यानी जायसी कबीर नहीं हैं—अर्थात् जायसी नागार्जुन नहीं हैं, मुक्तिबोध नहीं हैं। महत्त्वपूर्ण कविता वह है जो किसी दलबन्दी, गुटबन्दी या किसी एक विचारधारा के आधार पर न चले यानी जिसमें बौद्धिक सघनता तो हो, विचारों का एक जटिल तानाबाना तो हो लेकिन वह किसी एक विचारधारा पर टिकी हुई न हो। मोटे तौर पर शुद्ध कविता की स्थापना के लिए जायसी की यह आलोचना प्रस्तुत की गई। यह स्थापना इस तरह रूढ़िबद्ध हो गई कि वह कवि निकृष्ट है जिसकी कोई विचारधारा हो। जो विचारधारा मुक्त हो, वही बड़ा कवि है। मित्रो, यह काव्य-सिद्धान्त एक निश्चित ऐतिहासिक-सामाजिक परिस्थिति की उपज है। विदेश में भी और देश में भी। और इतना ही नहीं, यह सिद्धान्त उस ऐतिहासिक

परिस्थिति को पुष्ट करता है, बल देता है, समर्थन देता है और इस तरह अपनी एक निश्चित राजनीतिक भूमिका अदा करता है।

दूसरे महायुद्ध के बाद 'नई आलोचना' या 'न्यू क्रिटिसिज्म' अमरीकी विश्वविद्यालयों की सरकारी (ऑफ़िशियल) विचारधारा बन गई थी। यह वह काल है जब जॉन डेनियल बेल ने 'विचारधारा का अन्त' (एंड ऑफ़ आइडियोलॉजी) नामक अपनी पुस्तक लिखी। यह शीत-युद्ध का युग है। महायुद्ध के बाद यह माना जाने लगा कि विचारधारा का युग समाप्त हो गया। लड़ाई खत्म हुई—हिटलर गया, मुसोलिनी गया तो यह माना गया कि यह 'नात्सीज्म' के अन्त का युग है। लेकिन नहीं, यह कहा जाने लगा कि 'नात्सीज्म' के साथ ही यह कम्यूनिस्ट विचारधारा का भी अन्तकाल है। यह दूसरी बात है कि युद्ध के बाद दुनिया का एक-तिहाई हिस्सा कम्यूनिस्ट विचारधारा के अन्तर्गत आ गया। विचारधारा का अन्त...इसलिए शीत-युद्ध के उस खास ज़माने में अमरीका को खास तरह की विचारधारा, 'अमरीकन लेबरलिज्म' एक 'प्लूरेलिज्म' की विचारधारा 'सूट' करती थी। मित्रो, यह वह युग है जिसमें 'मैकार्थिज्म' का उदय हुआ, जिसमें कितने लोगों को नौकरियों से निकाला गया, कितनों को जेल हुई, फाँसी की सजा हुई! भला हो, बर्टोल्ट ब्रेख्त का कि वे बच गए क्योंकि वे अमरीकन कम्यूनिस्ट पार्टी के सदस्य नहीं थे।...इस काल में समीक्षा का जो प्रतिमान सबसे अधिक फला-फूला, वह था 'न्यू क्रिटिसिज्म'। इस समीक्षा सिद्धान्त में यह कहा गया कि बड़ी कविता वह है जिसमें विचारधारा न हो, जिसमें 'पैराडॉक्स' हो, द्वंद्व हो, तनाव हो, कवि 'कमिट' न करे। तो यह है 'शीत-युद्ध का काव्यशास्त्र'—'कोल्ड वार पोयटिक्स'। अमरीकन 'नई समीक्षा' की सारी शब्दावली 'विचारधारा के इस अन्त' की शब्दावली है।...यानी जहाँ एक खास तरह का धुँधलका हो, 'एम्ब्यूगिटी' हो। एक ज़माने में रघुवीर सहाय ने इसके लिए एक बड़ा ही अच्छा शब्द दिया था : 'उभय सम्भव'। यानी यह भी सम्भव, वह भी सम्भव। कविता में एक खास तरह की जटिल अनिश्चयता। इस अनिश्चयता की सुविधा और दर्द में अनेक कविताएँ लिखी गईं। तो यह जटिलता, विसंगति, त्रिडम्बना, तनाव—ये सभी अमरीकी प्रचारतंत्र का अंग थे। यह शीतयुद्ध की स्ट्रेटेजी थी, और मित्रो, यह हमारी तत्कालीन भारतीय परिस्थितियों के अनुकूल पड़ती थी।

क्योंकि हमारे जनतंत्र, जिसके शीर्ष पर पं. जवाहरलाल नेहरू थे, उसे भी कोई निश्चित विचारधारा 'सूट' नहीं करती थी। नेहरू के नेतृत्व में जिस समाजवादी ढर्रे का समाज बन रहा था, वह न तो गांधीवादी विचारधारा के अनुकूल बन रहा था और न ही सुनिश्चित समाजवाद के अनुसार। पंडित नेहरू ने अपने भाषणों में एक जगह कहा है : 'मुझसे बार-बार ज़ोर देकर कहा जाता है कि मैं समाजवाद को नपे-तुले ढंग से परिभाषित करूँ। मैं समाजवाद को नपे-तुले ढंग

से परिभाषित करने के लिए बाध्य नहीं हूँ।' आनन्द के कई सवालों का जवाब गौतम बुद्ध भी इसी तरह देते थे। 'सृष्टि का जन्म कब हुआ?' गौतम बुद्ध चुप। 'समाजवाद क्या है?' बाध्य नहीं हैं पंडित जवाहरलाल नेहरू, इसका नपे-तुले शब्दों में जवाब देने के लिए। उन्होंने कम्यूनिस्टों को लताड़ते हुए कहा था : 'सोशलिज्म इज़ मोर दैन लॉजिक।' समाजवाद तर्क से कहीं अधिक है। ठीक है, तर्क से कहीं अधिक है लेकिन उसमें सिद्धान्त और व्यवहार की एकता तो है। आपके पास वह कौन-सा सिद्धान्त है जिसे व्यवहार के रूप में आप लागू करना चाहते हैं? ग़रज कि स्वाधीनता के बाद के ठीक दशक में हमारी राज्य-व्यवस्था आधिकारिक रूप से किसी एक सुनिश्चित विचारधारा के पक्ष में नहीं थी। बल्कि उसके अनुकूल पड़ता था कि किसी एक विचारधारा को न माना जाए। जिसे साही जी ने कहा—एक बौद्धिक सघनता मात्र हो। उभय-सम्भव की स्थिति हो। एक बौद्धिक खुलापन तो हो। खुलेपन का एक सर्जनात्मक पहलू तो है। लेकिन यह खुलापन हर निश्चित सन्दर्भ में एक निश्चित अर्थ प्राप्त कर लेता है। इसमें कोई बुराई नहीं है कि आप अद्वैत वेदान्त की विचारधारा के आधार पर कविता लिखें या मार्क्सवादी विचारधारा के अनुसार। लेकिन वह रहे तो। लेकिन विचारधारा मात्र से ऊपर उठकर आप बौद्धिक सघनता लाएँ—यह अनिश्चय और उभव-सम्भव की स्थिति। यह जो जटिल काव्य-विधान पैदा किया गया, यह शीत-युद्ध की एक निश्चित विचारधारा के कारण हुआ। और यही नहीं, यह एक निश्चित युग की उपज थी। उपज ही नहीं थी, उस व्यवस्था को पुष्ट करती थी, बल पहुँचाती थी। 'एम्ब्यूगिटी', 'आयरनी' दूसरे महायुद्ध के बाद अमरीकी 'स्ट्रेटेजिक वार' को 'सूट' करती थी। हेनरी किसिंजर ने उन्हीं दिनों तीन दस्तावेजों को लेकर एक किताब लिखी थी : 'स्ट्रेटेजिक एम्ब्यूगिटी'। जिस डैनियल बेल ने 'एंड ऑफ़ आइडियोलॉजी' लिखी, उन्होंने ही यह कहा कि 'एम्ब्यूगिटी', 'आयरनी', 'टेंशन', 'काम्प्लेक्सिटी' आदि शब्द जो साहित्य की आलोचना में इस्तेमाल किए गए—इस प्रकार के शब्द अमरीका के राजनीति विभाग के अंग थे; रेडियो, टी.वी. के अंग थे। एक प्रकार के 'सामाजिक संवाद' के अंग बन गए थे। इस आधार पर उन्होंने कहा कि ये सारे शब्द साहित्य में भी साहित्येतर भूमिका का निर्वाह कर रहे थे, अर्थात ये उस राजनीति को, उस स्ट्रेटेजी को बल पहुँचा रहे थे जिसमें एक पक्ष लेने का मतलब था, अमरीका को आणविक युद्ध में झोंक देना और पक्ष न लेने का मतलब था कि एक 'मेनोवाउरिंग पावर' बना रहे जिससे हम रूस के साथ बातचीत करते हुए भी दुनिया में कम्यूनिज्म के प्रभाव पर रोक लगाते रहें। यह था 'नई आलोचना' की शब्दावली का भीतरी अर्थ। तो मित्रो, एक कविता जितनी राजनीतिक या गैर-राजनीतिक होती है, उस कविता के प्रतिमान भी उतने ही राजनीतिक होते हैं। इसलिए जब कविता के

प्रतिमानों की बात उठती है तो यह जान लेना चाहिए कि साहित्य का कोई भी प्रतिमान केवल साहित्य का शुद्ध प्रतिमान नहीं होता। यह बात जितनी कविता के नये प्रतिमानों के बारे में लागू होती है उतनी ही रस-सिद्धान्त के बारे में भी लागू होती है। ध्वनि, वक्रोक्ति के बारे में लागू होती है। कोई भी साहित्य का सिद्धान्त स्वयं अपनी शुद्ध साहित्यिकता की घोषणा करते हुए भी स्वयं साहित्य के अन्तर्गत अपनी विचारधारात्मक भूमिका निभाता है। जैसे विचारधारा का विरोध स्वयं एक विचारधारा है, जैसे राजनीति का विरोध स्वयं एक राजनीति है, उसी तरह शुद्ध साहित्यिक मूल्य स्वयं राजनीति है। गैर-राजनीतिक मूल्य जब कहा जाएगा तो उसकी भी एक राजनीति है। 'कविता के नये प्रतिमान' पुस्तक मैंने जब लिखी थी तो उन मूल्यों, उन शब्दावलियों (अनुभूति की प्रामाणिकता, जटिलता, विसंगति, तनाव, विडम्बना इत्यादि) की राजनीति का खुलासा मैंने नहीं किया था। इसलिए मैं कहना चाहता हूँ कि उन मूल्यों और प्रतिमानों की भी एक राजनीतिक भूमिका थी जो विरोध का, विचारधारात्मक संघर्ष का निषेध करती रही। किसी-न-किसी रूप में यथास्थिति का पोषण करती रही।...वैसे इस काल में हमारे कुछ कवियों-लेखकों ने व्यवस्था के विरोध का तेवर भी दिखाया। 'धुरीहीनता' जैसे लेख इसी काल में लिखे गए। लेकिन जब तक आप व्यवस्था पर पूरी तरह प्रहार नहीं करते, तब तक इस तरह की आलोचनाएँ चिकोटी काटने, दन्तक्षत, नखक्षत का काम करती हैं जो व्यवस्था के लिए और कामोत्तेजना का ही काम करती हैं। इस सन्दर्भ में मुझे रघुवीर सहाय की वह कविता याद आ रही है :

*निर्धन जनता का शोषण है—कहकर आप हँसे*
*प्रजातंत्र का अन्तिम क्षण है—कहकर आप हँसे*
*कितने आप सुरक्षित होंगे, मैं सोचने लगा*
*सहसा मुझे अकेला पाकर फिर से आप हँसे...*

जब सत्ता बहुत सुरक्षित होती है तो वह आपसे ज्यादा कड़ी शब्दावली में आलोचना करती है। वैसी स्थिति में 'उभय-सम्भव' उसके लिए मनोविनोद है, 'आयरनी' उसके लिए अट्टहास का कारण बनती है।...अतः इस 'शीतयुद्ध के काव्यशास्त्र' का मुख्य सिद्धान्त शुद्ध कविता का सिद्धान्त था। यह वह काव्य-सिद्धान्त था जिसमें उक्ति महत्त्वपूर्ण नहीं थी, स्वभावोक्ति महत्त्वपूर्ण नहीं थी, जटिलता महत्त्वपूर्ण थी, वक्रोक्ति महत्त्वपूर्ण थी। कविता 'आर्ब्लाक' हो, उसमें अनेक विचारों का नाजुक सन्तुलन हो, कविता अनुचिन्तन की वस्तु हो, एक प्रयोजनहीन प्रयोजन, एक 'डिसइंटरेस्टेड इंटरेस्ट', भंग की बूटी हो जिसे छान लीजिए और तुरीयावस्था में पहुँचकर मगन हो जाइए। इस तरह की कविता और इस तरह का काव्य-सिद्धान्त उस व्यवस्था के सम्मुख समर्पण की भावना जगाते हैं, व्यवस्था

को चुनौती नहीं देते...। 'नई कविता' में चुन-चुनकर उन्हीं कविताओं को मूल्यवान माना गया जिनमें द्वंद्व हो, तनाव हो, जटिलता हो, प्रेम हो, पीड़ा हो, क्योंकि 'कैनन' एक उच्च किस्म का चयनधर्मी शास्त्र है, हथियार है। अत: इस सौन्दर्यशास्त्र ने, इस 'कैनन' ने एक खास काट की कविताओं को ही महत्त्वपूर्ण माना और जिन कविताओं में राजनीति थी, व्यवस्था को चुनौती देनेवाली जो कविताएँ थीं, संघर्ष जिनका धर्म था, उन्हें इस 'कैनन' ने बाहर रखा। मित्रो, यह 'कैनन' निश्चित रूप से एक सुविधाभोगी समाज-दृष्टि का प्रतिमान था। यह 'कैनन' एक सुविधाभोगी समाज की वर्ग-दृष्टि के कारण समूचे समाज का 'कैनन' नहीं हो सकता था। तो क्या यह 'केनन' स्वयं पंडित नेहरू ने बनाया था? मित्रो, आप सभी जानते हैं कि हम लोगों का समूह 'विश्लेषकों का समूह' हुआ करता है। यही 'विश्लेषकों का समूह' व्यवस्था की 'हज़ार-हज़ार बाँहें' होता है। साहित्य में, दर्शन में, राजनीति में यह वर्ग उस व्यवस्था को पुष्ट करता है, बल देता है...। तो 'शीतयुद्ध का यह काव्यशास्त्र' हमारे यहाँ भी पंडित नेहरू के हाथ मज़बूत कर रहा था। कोई पाँव मज़बूत कर रहा था, कोई उसका दिलो-दिमाग मज़बूत कर रहा था और इस तरह उस समाज-व्यवस्था को मज़बूत कर रहा था जिसके शीर्ष पर नेहरू थे और जिसके अन्तर्विरोध आज, अब उभरकर सामने आ रहे हैं...।

## [4]

कविता के नये प्रतिमानों की परीक्षा ही काफ़ी नहीं है, बल्कि जैसा कल मैंने संकेत किया था—कि प्रतिमान-निर्माण की पूरी प्रक्रिया के सामने प्रश्नचिह्न लगाना चाहिए और उस पर पुनर्विचार करना चाहिए। इसी सन्दर्भ में आज के मेरे व्याख्यान का विषय होगा : 'कविता की दूसरी परम्परा'। यह विषय भी 'कविता के नये प्रतिमान : पुनर्विचार' के अन्तर्गत ही है। इसकी वजह यह है कि कविता के नये प्रतिमानों पर पुनर्विचार करते हुए मैंने इसी दिशा में कुछ विचार किया है। आप जानते हैं कि एक बार धारणा यह बनी हुई है कि 'प्रतिमान' नया-पुराना कुछ नहीं होता। प्रतिमान तो शाश्वत होते हैं और उनके आधार पर कविता की जो समूची परम्परा है—वेद से लेकर अब तक, उसका मूल्यांकन होता आया है और उनमें से जो श्रेष्ठ कृतियाँ हैं, उन्हें चुनकर और जो कमतर हैं, उन्हें दरकिनार करके हम श्रेष्ठ काव्य की एक परम्परा बनाते आए हैं। ऐसे लोग यह भी कहते हैं कि अलग से 'प्रतिमान' पर विचार करने की आवश्यकता क्या है, समय स्वयं बहुत बड़ा निर्णायक है। समय बली है, काल बली है, और इसी आधार पर यह धारणा बनी हुई है कि जो कालजयी कृतियाँ हैं, जो एक काल-विशेष में पैदा होकर युग-युग तक जीवित हैं और प्रत्येक युग में महत्त्वपूर्ण मानी जाती हैं। इसलिए प्रतिमानों के सम्बन्ध में एक आम धारणा बनी हुई है कि समय निर्णायक होता है। इसी आम धारणा पर विचार

करते हुए मैं 'कविता की दूसरी परम्परा : उसकी आवश्यकता और उसके स्वरूप' पर विचार करना चाहता हूँ।

जो समय का आधार लेते हैं, वे यह भूल जाते हैं कि समय कोई अमूर्त अवधारणा नहीं है। समय का अर्थ होता है—इतिहास। और जैसे ही हम इतिहास कहते हैं, वैसे ही यह प्रकट हो जाता है कि इतिहास कोई अमूर्त वस्तु नहीं है बल्कि उसमें सक्रिय मानवीय शक्तियों की भूमिका होती है। और मनुष्य कोई अमूर्त सत्ता नहीं है, बल्कि वह समाज, समुदाय, संगठनों, संस्थाओं और वर्गों में बँटा हुआ है, बँधा हुआ है। और इनके घात-प्रतिघात और द्वंद्व के बीच श्रेष्ठ और निकृष्ट, उत्तम और अधम, शुभ और अशुभ का निर्णय और मूल्यांकन होता रहता है। इतिहास में विजयी अपने ढंग से लिखते हैं और अक्सर जो पराजित होते हैं, उन्हें खारिज कर दिया जाता है। ऐसी भी स्थिति आती है जब पराजितों का उदय होता है और वे फिर इतिहास का पुनर्लेखन करते हैं। 'सन् 1857' इतिहास-लेखन और पुनर्लेखन का सर्वश्रेष्ठ उदाहरण है। 'सिपाही-विद्रोह' की संज्ञा पहली है। दूसरा तटस्थ नाम है प्रो. सेन का लिखा हुआ इतिहास '1857'। 'तीसरा मार्क्स का विवरण है और चौथा दुब्रोलिबोव का विश्लेषण जिसमें उन्होंने इसे रूस में दिसम्बरवादियों के विद्रोह के समकक्ष माना है। अब यह सोचने की बात है कि क्या साहित्य की परम्परा के मूल्यांकन, पुनर्विचार के लिए इस तरह उनका पुनर्लेखन सम्भव है?

भामह और दंडी के ग्रंथों में इस बात के संकेत मिलते हैं कि उस समय विदग्ध गोष्ठियाँ हुआ करती थीं। 'विदग्ध' और 'नागरक' एक विशेष प्रकार के रसिक-जन हुआ करते थे। हम लोगों के काल में इस इलाहाबाद नगर में भी सहृदयों की एक टोली रहा करती थी। ये, वे सहृदय थे जो एक विशेष प्रकार का काव्य-चिन्तन किया करते थे। यही लोग निर्णय किया करते थे कि 'नई कविता' में कौन कविता श्रेष्ठ है और कौन नहीं है। कौन 'नई कविता' है और कौन 'नई कविता' नहीं है। ये निश्चय ही प्रतिभा-सम्पन्न लोग थे लेकिन प्रतिभा-सम्पन्न होने के साथ ही उनका एक निश्चित सामाजिक आधार भी था। उनका एक सामाजिक वर्ग था। उनकी अभिरुचि, उनकी सुरुचि एक निश्चित सामाजिक वर्ग द्वारा निर्धारित होती रही है। कुछ चीजें उनके दायरे में आती थीं, उसे स्वीकार करते थे, जो नहीं आती थीं, उन्हें खारिज कर देते थे। और कहते थे—यह कविता नहीं है। 'नई कविता' के सम्पादक लोग यहाँ बैठे हुए हैं। उन लोगों ने एक कविता बनाई थी : 'किंचित कविता'। यह वैसे ही है जैसेकि हम यह कहें कि इलाहाबाद में रहनेवाले लोग तो मनुष्य हैं और छोटानागपुर में रहनेवाले लोग 'किंचित मनुष्य' हैं। इस तरह आनन्दवर्द्धन ने जो कहा था कि श्रेष्ठ–अश्रेष्ठ काव्य का निर्णय करनेवाला (...प्रतिमान चाहे जितना मूर्त या अमूर्त हो...) सहृदय होता है और सहृदय एक सामाजिक प्राणी होता है। उसका एक निश्चित वर्ग होता है। वर्ग-हितों, रुचियों, धारणाओं, विचारों

के बारे में उसकी एक अपनी समझ होती है। इसी के आधार पर वह किसी चीज़ को सुन्दर और किसी चीज़ को असुन्दर समझता है। इसलिए इतिहास में, जैसाकि लोग समझते हैं, समय कोई निर्णय कर दिया करता है, तो समय नहीं करता है निर्णय। जिस प्रकार सुप्रीम कोर्ट के फ़ैसले कोई अमूर्त संविधान नहीं किया करता है, बल्कि संविधान की व्याख्या करनेवाले हमारे-आपके जैसे मनुष्य करते हैं और उनका एक निश्चित सामाजिक आधार होता है। उसी तरह साहित्य में भी निर्णय समय नहीं करता, अमूर्त प्रतिमान नहीं करता, बल्कि उस प्रतिमान को जो लोग बनाते हैं और जो लोग लागू करते हैं, वे करते हैं।

साहित्य का जो विशाल इतिहास अपनी विविधता के साथ प्रवाहित है, उसे उपयोगी बनाने के लिए, अर्थ देने के लिए, उसे हस्तगत करने के लिए, उसे काबू में लेने, अधिकार में लेने के लिए इस साहित्य के इतिहास को 'मैनेज' करने की ज़रूरत पड़ती है। इसे 'मैनेज' करने के लिए आम तौर पर दो विधियाँ अपनाई जाती हैं : एक—काल-विभाजन (Periodization) और दो—प्रतिमानीकरण (Canon formation)। इन दोनों को अक्सर अलग-अलग समझा जाता है। मैं लगातार कहता आ रहा हूँ और हिन्दी वालों को कील ठोंक-ठोंक कर समझाता चला आ रहा हूँ कि रामचन्द्र शुक्ल के इतिहास का काल-विभाजन केवल काल-विभाजन नहीं है, उस काल-विभाजन के पीछे साहित्य का एक प्रतिमान छिपा हुआ है। उनके काल-विभाजन से असहमति का मतलब है, उनके प्रतिमान से असहमति। अगर तुम उस प्रतिमान से असन्तुष्ट हो तो उस काल-विभाजन को बदलो। दोनों चीज़ें परस्पर एक हैं। 'पीरियडाइज़ेशन' एक ऐसा अमोघ अस्त्र है जिसके द्वारा साम्राज्यवाद और उपनिवेशवाद ने और उपनिवेशवादी यूरोप ने साम्राज्य का, उपनिवेश का विस्तार किया है और हम लोगों को बौद्धिक और सांस्कृतिक दृष्टि से गुलाम बनाया है, दुनिया का इतिहास जिस तरह यूरोप वालों ने काल में बाँटकर बनाया है उस काल को आप देखें तो जिसे तीसरी दुनिया कहते हैं, एशिया-अफ्रीका के देश, उस इतिहास के प्रवाह से पतित होते हुए दिखाई देते हैं। आज सारी दुनिया का इतिहास 'ईसा-पूर्व' और 'ईसवी सन्' में बँटा हुआ है। दुनिया की कला का इतिहास अजन्ता-एलोरा से क्यों न लिखा जाए और क्यों 'रेनेसां' की कलाकृतियों से लिखा जाए—यह पूछने लायक सवाल है। 'रेनेसां', 'इनलाइटेनमेंट', 'फ्रेंच रिवोल्यूशन', 'रशन रिवोल्यूशन'—यह इतिहास की मुख्य धारा है और भारत आदि क्योंकि इस मुख्य धारा में आते नहीं, इसलिए वे पिछड़े हुए हैं, 'बैकवाटर' हैं, मुख्य समुद्र अलग है। इसलिए मुख्य धारा जो इतिहास की है, वह यूरोप की है और उसमें अमरीका भी आ जाता है। अफ्रीका के बारे में कहा जाता है कि वे अभी भी 'प्रि-हिस्ट्री' में जी रहे हैं, इतिहास में उनका प्रवेश ही नहीं हुआ। 'जवाहरलाल नेहरू पुरस्कार' पिछले वर्ष वोले सोइन्का, नाइजीरिया के प्रसिद्ध

नाटककार, कवि, जो नोबेल पुरस्कार विजेता भी हैं, को दिया गया। विज्ञान-भवन में हम लोग तन्मय होकर उनका भाषण सुनते रहे। लेकिन कुछ भारतीय बुद्धिजीवी और सहृदय लोगों को, सम्पन्न लोगों को बड़ी निराशा हुई। वोले सोइन्का साहित्य पर एक शब्द नहीं बोले, और अपने एक घंटे का भाषण उन्होंने इसी विषय पर दिया कि जिस अफ्रीका के बारे में यह माना जाता है कि वहाँ के लोग आज भी एक प्रागैतिहासिक काल में हैं, उसके पीछे इतिहास की एक निश्चित धारणा है। यह धारणा 'प्राच्य विद्यावाद' है। इसे जब तक हम नहीं तोड़ेंगे, तब तक हम लोग दुनिया के इतिहास को न बदल सकते हैं, न अपना भाग्य बदल सकते हैं।... लोगों की यह समझ है कि अफ्रीका वाले अच्छा साहित्य लिख ही नहीं सकते। हिन्दी के लिए भी यह समझा जाता है। पढ़े-लिखे अंग्रेजी शिक्षा-प्राप्त लोग यह समझते हैं कि हिन्दी में और अन्य भारतीय भाषाओं में कभी उपन्यास का उदय ही नहीं हुआ। और यह सब प्रेमचन्द, तक्षी शिवशंकर पिल्लै, गोपीनाथ मोहन्ती और पन्नालाल पटेल के रहते हुए...। इनके उपन्यासों के बारे में तो यह माना जाता है कि ये उपन्यास तो डिकेंस इत्यादि तथा विक्टोरियन उपन्यासों के अनुकरण पर लिखे गए हैं। इसलिए मित्रो, जैसाकि मैंने कल कहा था कि काल-विभाजन और प्रतिमानीकरण एक ऊँचे किस्म का चयनधर्मी हथियार है। यह चयनधर्मिता जिस पूर्वग्रह के साथ लागू की जाती है कि इसे एक वैध नियम कहा जाता है। उसी प्रकार साहित्य में भी कला-विभाजन के पीछे एक चयन-दृष्टि होती है। वीरगाथा काल नाम देने से वे सिद्ध और नाथ अपने-आप पर्दे के पीछे चले गए। सोचिए, चन्दबरदायी नामक भाट बड़ा कवि माना जाए और सरोजवज्र और सरहपाद जैसे विद्रोही कवि गौण मान लिये गए। निर्गुण और सगुण के पूरे विभाजन में निश्चित रूप से चयन-दृष्टि काम करती है। इसी तरह रीतिकाल नाम देने में वैसे शुक्ल जी की कुछ-कुछ शुद्धतावादी, आर्यसमाजी दृष्टि काम करती है लेकिन फिर भी यह नाम देने के पीछे एक साहित्यिक पैटर्न तो काम करता ही है। इस तरह मैं यह कहना चाहता हूँ कि साहित्य में भी काल-विभाजन इतिहास पर एक पैटर्न निर्धारित करने का साधन हुआ करता है।

## [5]

इस काल-विभाजन का जो सगोतिया है, जो जोड़ीदार है, वह है प्रतिमान, 'मानदंड', 'कैनन'। इस 'कैनन' निर्माण का प्रथम प्रयास मिश्र-बन्धुओं ने 'हिन्दी नवरत्न' के नाम से किया था। अब वह ग्रंथ पढ़ाया नहीं जाता और उस पर हुआ विवाद भी इतिहास की वस्तु बन चुका है। शुक्ल जी ने भी उस विवाद को 'भद्दी चीज़' कहा है। आप खुद कर रहे हैं। तुलसी को 'लोकरक्षक' और सूर को 'लोकरंजक' कहकर सूरदास को तुलसी से छोटा दिखा रहे हैं, तब कुछ नहीं और जब वही

काम लाला भगवानदीन और मिश्र-बन्धु करते हैं तो बुरी बात हो गई! यह तो वही बात हुई जैसाकि एक कवि ने कहा है :

*हमारे पाँव पाँव, तुम्हारे पाँव चरन।*
*हमारी बात बक्, तुम्हारी बात वचन।*

यानी जो प्रभुत्व की स्थिति में है, उसके तो वचन हैं, उसके वो प्रतिमान हैं और जो प्रभुत्व में नहीं है, उपेक्षित है, वह प्रतिमान नहीं है, वह मूल्य नहीं है। वह अपवाद है, विरोध-पक्ष है, पूर्वग्रह है। ऐसे लोग यह निर्धारित करते हैं कि इतिहास की एक धारा है। और ऐसे लोग जब निरूपण करते हैं तो कहते हैं, परम्परा की एक धारा है—गंगा की धारा। वेद से लेकर आज तक। अद्भुत देश है। अगर जमुना न होती तो गंगा इलाहाबाद के बाद सूख गई होती। गंगा आपको मुबारक हो। बहुत लोगों को गोदावरी ही पवित्र है। इस विराट देश में, जहाँ इतिहास की अनेक धाराएँ हैं, प्रतिमान निरूपित करनेवाले उसे एक ही धारा में निरूपित करते हैं। दूसरी धारा का जहाँ आप नाम लीजिए, तुरन्त लोगों की भौंहें चढ़ने लगती हैं। मार्क्सवादियों में भी ऐसे लोग हैं। डॉ. रामविलास शर्मा का विचार है कि हमारे देश में साहित्य की एक ही धारा है और यह नामवर जो है, ऐसा ग़लत काम कर रहा है कि साहित्य में एक दूसरी धारा की बात करता है। परम्परा एक है, दूसरी क्यों होगी? वे लोग, जिनको इतिहास में खुद जगह नहीं मिली। अभी कल तक जब हिन्दी आलोचना का इतिहास लिखा जाता था तो डॉ. रामविलास शर्मा को कोई घास नहीं डालता था। तब वे साहित्य की अनेक परम्पराओं की बात करते थे। तब तक भारतेन्दु की परम्परा थी, प्रेमचन्द की परम्परा थी, रामचन्द्र शुक्ल की परम्परा थी। अलग-अलग परम्पराएँ थीं। अब जब आप मुख्यधारा के अंग हो गए हैं, अब आप 'अपोज़ीशन' से 'ट्रेज़री बेंच' की ओर चले गए हैं, तो 'अन्याय जिधर है उधर शक्ति'। अब आप कहते हैं, हजारी प्रसाद द्विवेदी ने बहुत ग़लत काम किया था। कहते थे, साहित्य की अनेक परम्पराएँ होती हैं। और बड़ा ग़लत काम किया नामवर सिंह ने, कि मार्क्सवाद को मानते हुए भी हजारी प्रसाद द्विवेदी के ग़लत काम का समर्थन किया और कह दिया कि साहित्य में एक दूसरी परम्परा भी होती है। राहुल जी भी यही कहा करते थे कि साहित्य में सिद्धों और नाथों की जो धारा है, उससे अलग भी धाराएँ हैं। आचार्य नरेन्द्रदेव से लेकर मंगलदेव शास्त्री तक वैदिक साहित्य का निरूपण करते हुए कहते हैं कि वेद में भी अनेक धाराएँ हैं। स्वयं प्रसाद जी भी कहते हैं कि वेद में इन्द्र और वरुण की दो परम्पराएँ हैं।

यह होता है, अक्सर होता है। प्राय: प्रभुत्ववादी वर्ग विविधताओं के बीच एक 'पैटर्न' निरूपित करके एक आधिपत्य का प्रतिमान निर्धारित करता है। समन्वय एकाधिपत्यवादियों का अमोघ अस्त्र है। सावधान रहिए। इसी के चलते काव्यशास्त्र

के विरोधात्मक स्वरों के भीतर एक ही 'काव्य-पुरुष' की परिकल्पना की गई और कह दिया गया कि रस और ध्वनि ही सम्पूर्ण काव्यशास्त्र का सिरमौर है। यह एक 'कैनन' है जिसके आधार पर श्रेष्ठ–अश्रेष्ठ संस्कृत कविता का निर्णय कर दिया गया। इसी के चलते कालिदास को अश्वघोष से बड़ा कवि माना गया है। मैं अश्वघोष को वाल्मीकि की परम्परा का एक बड़ा कवि मानता हूँ। ग्रंथों को लुप्त करने की विधि केवल अग्नि ही नहीं है, 'कैननाइज़ेशन' भी है। जब आपने एक 'कैनन' बनाकर श्रेष्ठ काव्य घोषित कर दिया तो फिर जो अधम है, उपेक्षित है, वह तो अपनी मौत मरेगा ही।

[6]

प्रतिमानों की इस स्थिति को देखते हुए एक प्रतिक्रिया यह है कि जिस काव्य में बौद्धिक व्यायाम का मौक़ा मिले; मूल्यवान वह है जिसकी व्याख्या को आवश्यकता पड़े। मूल्यवान वह है जो दुर्लभ हो, जिसके लिए सहृदय की ज़रूरत हो। जो हवा की तरह, पानी की तरह सर्वजन-सुलभ हो, जैसे वाल्मीकि की कविता, वह बड़ी कविता नहीं है। लेकिन जिसमें लक्षणा हो, व्यंजना हो, अलंकरण हो, चमत्कार हो, जो सहृदय-सापेक्ष हो, वह महान कविता है। सुलभ मूल्यवान नहीं होता। जिस आनन्दवर्द्धन ने यह लिखा कि मैं आदिकवियों की वाणी को सुरक्षित रखने के लिए ध्वनि की खोज कर रहा हूँ, उस आनन्दवर्द्धन ने वाल्मीकि का कोई श्लोक क्यों नहीं चुना, ध्वनि का उदाहरण देने के लिए? इसलिए कि वे सरल हैं। इसी के चलते ग़ालिब बड़े कवि माने जाते हैं और मीर की बन्दिशें सीधी होती हैं। इसी कारण रघुवंश की रामकथा के जटिल बन्ध को बार-बार उद्धृत किया जाता है और वाल्मीकि को नहीं क्योंकि वे सरल हैं। यह सरलता और सादगी हमारे प्रतिमानों से लगातार ख़ारिज रही। मैं कहना चाहता हूँ कि कविता की इस दूसरी परम्परा का जो निरूपण मैं अपने इधर के अध्ययन और अपनी इधर की रचनाओं के माध्यम से करना चाहता हूँ, वह यह है कि 'नई कविता' के अन्तर्गत जो दूसरी परम्परा थी, उसके वाहक मुक्तिबोध थे। और 'नई कविता' के बाहर जो दूसरी परम्परा है और जो समूची 'नई कविता' को चुनौती देती है, और जो 'नई कविता' का अपना काव्यशास्त्र है, उसकी उपेक्षा करके जो ठेठ हिन्दी को अपनी परम्परा थी, उस परम्परा से जो नये ढंग की कविता लिख रहे थे, उसका भी मूल्यांकन होना चाहिए और जैसाकि मैंने संकेत किया था—नागार्जुन और त्रिलोचन, इन दो कवियों के माध्यम से मैंने कविता की उस दूसरी परम्परा का निरूपण करने का प्रयत्न किया है।

प्रसंगवश आज मैं रामस्वरूप चतुर्वेदी की पुस्तक 'हिन्दी साहित्य की संवेदना का विकास' से एक उदाहरण देना चाहता हूँ। आप देखिए कि एक धारा जो 'नई

कविता' की थी, और जिसने अपना शास्त्र भी बनाया। देखिए कि कैसे 'कैनन' अपने विरोधियों में से भी चुनता है। आज की सत्ता में जो सरकार है तो उसे विरोध के कुछ लोग भी प्रिय हो जाते हैं। इन प्रिय लोगों की संख्या बदलती रहती है। अब सुब्रमण्यम् स्वामी इस वक्त बड़े प्रिय हैं! इसी तरह प्रगतिशील लोग चाहे 'नई कविता' का जितना विरोध करते रहे हों, 'नई कविता' क्योंकि वर्चस्व की स्थिति में थी इसलिए उदारतावश 'नई कविता' का 'कैनन' बनानेवालों ने भी प्रगतिशील कवियों में से कुछ खास काट के कवियों को लिया और कुछ को छोड़ दिया। रामस्वरूपजी के इस पूरे इतिहास में, त्रिलोचन, जिसे साहित्य अकादमी ने पुरस्कार के योग्य मान लिया, उपेक्षित नहीं हैं त्रिलोचन अब। लेकिन रामस्वरूप जी के इतिहास में त्रिलोचन के लिए एक शब्द नहीं है। नागार्जुन, उनके अनुसार, प्रगतिवादियों में बहुचर्चित कवि हैं...बस, इतना ही। उनके अनुसार प्रगतिवादियों में कवि-हृदय केवल केदारनाथ अग्रवाल ही हैं। और उनकी जिस कविता का उदाहरण उन्होंने दिया—वह है 'कुछ खुले दिन'।

*भूल सकता मैं नहीं ये कुछ खुले दिन*
*ओंठ से चूमे हुए उजले-धुले दिन।*

समूचे केदारनाथ अग्रवाल में 'कुछ खुले दिन' का ही उदाहरण उन्होंने दिया : 'मैंने उसको जब-जब देखा, लोहा देखा'। लोहे से शायद डर लगता होगा। 'कुछ खुले दिन' में भी उन्होंने जो तारीफ़ की, वह भी 'गृहस्थ जीवन में रोमांस' का सुख देने के लिए किया। मैं सोचता रहा कि अगर 'गृहस्थ जीवन में रोमांस' काव्य का गुण है तो इसे अज्ञेय की कविता पर भी लागू करना चाहिए। इसको सूरदास पर भी लागू करना चाहिए। इसे रीतिकालीन कविता पर भी लागू करना चाहिए जो एक सिरे से इसका विरोध करती है। इस हिसाब से तो मैथिलीशरण गुप्त ही हिन्दी के सबसे बड़े कवि ठहरते हैं। कभी-कभी जीवन में भी और साहित्य में भी दो अतिवादी छोर मिल जाते हैं। रामविलास जी को भी प्रगतिवादियों में सबसे ज्यादा केदारनाथ अग्रवाल ही पसन्द हैं। यह दूसरी बात है कि उनको केवल 'कुछ खुले दिन' ही नहीं पसन्द हैं। उनको वह 'चौड़ी छाती' भी पसन्द है जो बुन्देलखंड के किसान की होती है। लेकिन उन्हें 'कुछ खुले दिन' भी पसन्द है। दोनों लोग, ब्रज और बैसपाड़ा जहाँ मिलते हैं, वह शायद इसलिए कि केदारनाथ अग्रवाल भी एकपत्नीव्रत मूल्यों के कवि हैं।...क्या 'गार्हस्थ्य' एक शुद्ध साहित्य का मूल्य है? सवाल यह है। अन्य जगहों पर तो आप शुद्ध साहित्यिक मूल्यों की चर्चा करते हैं और इस मामले में एक साहित्येतर मूल्य—एक ऐसा नैतिक मूल्य, जिसका विरोध अनेक कारणों से संसार का श्रेष्ठ साहित्य करता रहा है, उसे आप लागू करते हैं। उर्दू की सारी कविता, जायसी का 'पद्मावत', जिसमें 'नागमती एक गोरखधन्धा' है...। इसीलिए

मैं कहता हूँ कि यह चयन-धर्म है। कोई यह न कहे कि हमने प्रगतिशीलों का विरोध किया। इसलिए प्रगतिशीलों में जो मुझे अच्छा लगा, उसे मैंने रखा। इसलिए केदार को लिया। और उनमें भी 'कुछ खुले दिन' वाले सौन्दर्य के लिए। क्योंकि यह जो सौन्दर्य है, यह आधिपत्य वाले प्रतिमान के—'नई कविता' के प्रतिमान के अनुकूल पड़ता है, अज्ञेय को पसन्द करनेवालों की अभिरुचि के अनुकूल पड़ता है।

नागार्जुन का सौन्दर्य-बोध वह सौन्दर्य-बोध है जिसने सौन्दर्य की परिभाषा बदली है। नागार्जुन ने 'सुअर' पर एक कविता लिखी है :

*नवम्बर की धूप में हरे लॉन पर*
*लेटी है पैने दाँतों वाली सुअर*
*बारह-बारह बच्चों को दूध पिला रही है—*

नागार्जुन वर्णन करते हैं : 'यह भी तो मादरे-हिन्द की बेटी है...'

सुअर कभी कविता का विषय हो सकती है! नागार्जुन रिक्शे वाले पर कविता लिखते हैं...! भद्र-वर्ग की सौन्दर्याभिरुचि को चोट पहुँचानेवाली जो-जो वस्तुएँ हैं, उनको अपनी करुणा से धो-धोकर नागार्जुन उन्हें कविता का दर्जा देते हैं। यह सौन्दर्य की नई दृष्टि जो नागार्जुन में है, वह उन प्रतिमानों में नहीं आती, जिनके आधार पर अज्ञेय सौन्दर्य के कवि माने जाते हैं। यदि सौन्दर्य वही है जो अज्ञेय की कविता का है, तो फिर नागार्जुन की कविता में सौन्दर्य नहीं है। इसलिए सौन्दर्य जैसी वस्तु भी दो हुआ करती है। दो वर्गों की सौन्दर्य-रुचि भिन्न हुआ करती है।

मैं यह कहना चाहता हूँ कि प्रतिमान बनाते वक्त 'नई कविता' की जड़ीभूत सौन्दर्याभिरुचि ने इन कवियों को, बहुत सारे कवियों को काटकर कविता से बाहर कर दिया। यह बाहर वाली कविता नागार्जुन की थी, त्रिलोचन की 'धरती' की कविताएँ थीं। 1940-41 में त्रिलोचन ने 'चम्पा' नामक कविता लिखी थी :

*चम्पा काले-काले अच्छर नहीं चीन्हती।*
*...मैंने कहा कि चम्पा, तुम भी पढ़ लो*
*हारे-गाढ़े काम सरेगा*
*गांधी बाबा की इच्छा है*
*सब जन पढ़ना-लिखना सीखें।*

*...मैंने कहा कि चम्पा, पढ़ लेना अच्छा है*
*ब्याह तुम्हारा होगा*
*तुम गौने जाओगी*
*कुछ दिन बालम संग-साथ रह*
*चला जायगा जब कलकत्ता*

*कैसे उसे संदेसा दोगी*
*कैसे उसके पत्र पढ़ोगी?*
*...चम्पा बोली—*

*हाय राम,*
*तुम पढ़-लिखकर इतने झूठे हो*
*मैं तो ब्याह कभी न करूँगी*
*और कहीं जो ब्याह हो गया*
*तो मैं अपने बालम को*
*संग-साथ रखूँगी*

*कलकत्ता मैं कभी न जाने दूँगी*
*कलकत्ते पर बजर गिरे...।*

सीधी-सादी इस कविता का मूल कथ्य कहाँ है? आपको याद होगा, हमारे यहाँ एक लोकगीत चलता है :

*रेलिया न बैरी, जहजिया न बैरी*
*ई पइसवा बैरी हो*
*सँइयाँ के ले गाइल बिदेसवा*
*ई पइसवा बैरी हो...।*

इस कविता में रेल-जहाज बैरी नहीं, पैसा बैरी है। आजकल बड़े-बड़े विद्वान औद्योगिकीकरण का विरोध कर रहे हैं। उनसे ज्यादा समझदार तो हमारा गाँव का किसान है जो जानता है कि रेल और जहाज बुरा नहीं है, औद्योगिकीकरण बुरा नहीं है—पूँजीवाद बुरा है जो हमारे प्रिय को कलकत्ता ले गया है।...'चम्पा काले-काले अच्छर नहीं चीन्हती' का भी सार-तत्त्व यही है। यह भी एक प्रति-आधुनिकतावाद की कविता है, 'काउंटर मॉडर्निटी' की कविता है। यह कविता पश्चिमी आधुनिकतावाद के विरोध में खड़ी है और लोग इसे प्रौढ़ शिक्षा और बच्चों के पढ़ने लायक कविता समझते हैं।

मेरे गुरुजी कहते थे कि सीधी रेखा खींचना टेढ़ा काम है। टेढ़ी रेखा तो कोई भी खींच सकता है। मीर की, वाल्मीकि की, नागार्जुन की, त्रिलोचन की यह सहजता, यह सरलता, जो भाषा की है, समझ की है, यह सरलता पक्षधरता से आती है, जीवन में 'कमिटमेंट' से आती है। यह दुविधा और संशय से नहीं आती। इस सरलता को अगर कोई 'शॉर्ट-कट' समझे, सरल समाधान समझे, उथलापन समझे तो मैं समझता हूँ, उसका प्रतिमान एक धोखे का प्रतिमान होगा। वह कुहासे

के नाम पर, रहस्यवाद और अबोधता के नाम पर एक साहित्यिक, सांस्कृतिक वर्चस्व और एकाधिपत्य में बराबर बने रहना चाहता है और जो असन्तोष की, सामाजिक बदलाव की, विरोध की, विद्रोह की, क्रान्ति की कविता को तिरस्कृत और निरस्त करना चाहता है।

[हिन्दी विभाग, इलाहाबाद विश्वविद्यालय की 'निराला व्याख्यानमाला' में 22-23 अप्रैल, 1989 को दिये गए दो भाषणों का किंचित संक्षिप्तीकृत-सम्पादित पाठ। कथ्य रूप के अंक में प्रकाशित। प्रस्तुति और प्रकाशन में विख्यात कथाकार दूधनाथ सिंह की मुख्य भूमिका थी, जो इस व्याख्यानमाला के संयोजक थे]

# रूपवाद और रूपहीनता के ख़तरे

कहानी-सम्बन्धी कोई बड़ा आयोजन इधर बहुत समय से नहीं हुआ था, इसलिए 'रचना' का यह आयोजन महत्त्वपूर्ण है। 'नई कहानी' के दौर में कहानी-सम्बन्धी काफी बड़े-बड़े समारोह किये गए थे, जिनका प्रभाव निश्चय ही कहानी-लेखन और आलोचना पर पड़ा था और कहानी सहसा साहित्य के केन्द्र में आ गई थी। लेकिन धीरे-धीरे वह दौर समाप्त हो गया। कहानी की रचना और आलोचना से लोगों का ध्यान हट गया और केवल कुछ नाम उछलते रहे। 'रचना' ने कहानीकारों और कहानी के पाठकों को यह अवसर देकर एक अच्छी शुरुआत ही नहीं की, बल्कि लोगों के मन में दबी हुई बातों को उभारने का मौका भी दिया है।

पुनर्मूल्यांकन समय-समय पर होते रहना चाहिए, पर पहले यह जरूरी है कि मूल्यांकन हो चुका हो। आजादी के बाद हम लोग प्राय: पुनर्मूल्यांकन ही करते रहे हैं, बिना यह देखे कि मूल्यांकन हुआ है या नहीं। फिर भी चूँकि इस बीच बहुत-से आन्दोलन चले हैं, जिनमें कुछ रचनाओं का महत्त्व अधिक आँका गया है और कुछ की उपेक्षा की गई है, इसलिए कहानी का पुनर्मूल्यांकन हो सकता है। लेकिन पुनर्मूल्यांकन करते समय यह देखना आवश्यक है कि विधा के रूप में कहानी की मूल प्रकृति क्या है और उसकी सीमा क्या है, क्योंकि कुछ लोग यह चाहते हैं कि कहानी अपनी सीमा से बाहर जाकर उपन्यास के समान ही सामाजिक परिवर्तन में अपनी भूमिका निभाए। यह सही है कि आज की कहानी समाज को बदलना चाहती है, लेकिन सुई से तलवार का काम लेने की कोशिश हमें नहीं करनी चाहिए। साथ ही हमें आज की कहानी के रूप पर भी ध्यान देना चाहिए। रूपवादी कहे जाने का जोखम उठाकर भी मैं यह कहना चाहता हूँ कि इधर की कहानी में 'रूप' की उपेक्षा की जा रही है। अपने उपकरणों पर अधिकार प्राप्त करना रचनाकार का पहला कर्तव्य है। ज़ो लोग यह अधिकार प्राप्त नहीं कर पाए हैं, वे ही समय-समय पर रूपवाद के खतरे की घंटी बजाते रहे हैं। अत: यह देखना जरूरी है कि रूपवादी या कलावादी रुझान का खतरा कितना वास्तविक है। मेरे विचार से आज की कहानी को ज्यादा खतरा रूपवाद का नहीं, 'फार्मलेसनेस' का या कलाहीनता का है। इधर रूपहीनता की जो बाढ़ आई है, उस पर जमकर विचार होना चाहिए। हम लोग

'आम आदमी' पर बहुत बात करते हैं, लेकिन वह जिस रूप में और जिस भाषा में हमारे सामने आता है, उस पर बहुत कम ध्यान देते हैं।

हिन्दी कहानी की उम्र बहुत छोटी है, लेकिन इन बीस वर्षों में कहानी-सम्बन्धी आन्दोलन बहुत चले हैं, जैसे—नई कहानी, अकहानी, सचेतन कहानी, सहज कहानी, और आजकल समान्तर कहानी। इन आन्दोलनों में प्राय: रचनाओं का आधार लिये बिना अमूर्त बहस की जाती है, इसलिए आज यह जाँच होनी चाहिए कि इन आन्दोलनों के पीछे कोई स्पष्ट 'एस्थेटिक्स' या कला-सिद्धान्त है या नहीं, और यदि कोई सिद्धान्त है तो वह रचनाओं में दिखाई देता है या नहीं। आन्दोलनों की भीड़ में कहानी की हानि हुई है और कहानी का पाठक छला गया है, क्योंकि वह कहानी-चर्चा से अलग रहा है। बेहतर कहानियों के बारे में उसकी समझ बनाने और बढ़ाने के प्रयास भी इधर नहीं हुए हैं। अच्छी रचनाओं की चर्चाओं से जागरूक और समझदारी का वातावरण बनता है, जिससे पाठक की समझ बढ़ती है और रचनाकार को भी नया बल मिलता है। जब कोई विधा ढंग से समझी और सराही नहीं जाती तो वह विधा मर जाती है। अमूर्त चर्चाएँ न कहानी को जिला सकती हैं, न लेखक को। आज की कहानी में दो प्रवृत्तियाँ दिखाई देती हैं : एक, जनवादी प्रवृत्ति और दूसरी, व्यावसायिकता की प्रवृत्ति। हमें ध्यान रखना चाहिए कि इन दोनों में विरोध ही नहीं, गठबन्धन भी हो सकता है। आज यह खतरा बहुत है और इस पर विचार होना चाहिए कि कहीं इसी के कारण तो कहानी इस हादसे का शिकार नहीं हो गई?

हिन्दी कहानी की चर्चा प्रेमचन्द को छोड़कर नहीं की जा सकती, लेकिन हिन्दी में कई कहानीकार ऐसे भी हैं जो स्वयं को प्रेमचन्द की परम्परा में मानकर अन्य परम्पराओं से जोड़ते हैं। भैरव जी प्रगतिशील आन्दोलन से आरम्भ से ही जुड़े हुए हैं और जनजीवन से जुड़कर लिखनेवाले कथाकार हैं। स्वाधीनता के बाद की हिन्दी कहानी-रचना को संगठित करने और रचनाकारों को प्रोत्साहन देने के लिए उन्होंने 'कहानी', 'नई कहानियाँ' और 'माया' के सम्पादन के द्वारा बहुत बड़ा काम किया है। भैरव जी एक जनवादी रचनाकार, सम्पादक और विचारक के रूप में हम सबके आदरणीय हैं।

['रचना' द्वारा 21-23 अप्रैल, 1976 को दिल्ली में आयोजित 'हिन्दी कहानी : पुनर्मूल्यांकन' विषयक संगोष्ठी में दिये गए वक्तव्य का सारांश; रमेश उपाध्याय द्वारा लिखित एवं 'आलोचना' : जुलाई-सितम्बर, 1976 में प्रकाशित रपट से]

# काव्य भाषा की समस्याएँ

वर्तमान सन्दर्भ में काव्यभाषा की समस्याओं पर विचार किया जा रहा है। साही जी ने अपने विषय-प्रवर्तन लेख में कुल तीन परिवर्तन स्वीकार किये हैं :

1. ब्रजभाषा बनाम खड़ी बोली,
2. छायावाद के सन्दर्भ में,
3. प्रगतिशील कविता जब से शुरू हुई।

परिवर्तन के तीन चरण जिस आधार पर माने गए हैं, मुझे ऐसा लगता है कि चौथे चरण को मानने की आवश्यकता है। 'नई कविता' के दौर में काव्यभाषा पर जो विचार हुआ है, 1962 के बाद के कवियों ने जैसी भाषा इस्तेमाल की है, इससे लगता है कि उनकी समस्याएँ वही नहीं हैं जो कि प्रयोगशील या प्रगतिशील कवियों के सामने थीं। उदाहरण के लिए आप धूमिल की भाषा-सम्बन्धी कविताओं को देखें और साथ ही अज्ञेय को, तो पाएँगे कि दोनों में अन्तर है। इस चौथे चरण को जब तक हम नहीं देखेंगे, तब तक इस पर विचार नहीं कर सकेंगे।

संचार साधनों और पाश्चात्य प्रभावों की शर्तें उतनी नहीं हैं। दोनों चीज़ें जोड़ी जा सकती हैं। स्थिति यह है कि संचार साधनों के द्वारा भाषा विकृत होती है। यह निष्कर्ष भी चूँकि पश्चिम से लिया गया है, अत: इसे भी पाश्चात्य प्रभावों से जोड़ा जा सकता है क्योंकि वहाँ भाषा पर टेलीविजन का प्रभाव घातक हो रहा है। स्थिति यह है कि एक ओर तो हम मानते हैं कि संचार साधनों की निरन्तर आवृत्ति से भाषा विकृत होती है : 'निरन्तर घिसते रहने से मुलम्मा छूट जाता है—अज्ञेय।' साही जी कहीं इससे जोड़ें तो संचार साधनों के माध्यम से प्रभाव का भी वे खंडन करते हैं। निष्कर्ष यह निकला कि संचार साधनों के माध्यम से भाषा विकृत नहीं होती। अखबार से भाषा विकृत नहीं हुई है। अखबारों के कारण हिन्दी गद्य का विकास हुआ है। दूसरी ओर कहते हैं कि संचार साधनों से मात्र कविता में विकृति आई है। जब हम रेडियो से विज्ञापन को बराबर सुनते रहते हैं तो यह भूल जाते हैं कि समाज़-व्यवस्था क्या है। नितान्त यांत्रिक ढंग से इस समस्या को नहीं सुलझाया जा सकता। संचार माध्यमों के द्वारा सारा दृश्य साहित्य इलेक्ट्रॉनिक उपकरणों से श्रव्य-युग में प्रवेश कर रहा है और छपाई

का जमाना खत्म हो रहा है। 'तार सप्तक' के कवि कहते थे कि छापेखाने के कारण कविता प्रभावित हो रही है अर्थात् काव्यभाषा का सारा सिद्धान्त छापेखाने पर आधारित किया। यदि आप संचार साधनों के विकास को ध्यान में रखें और जब हम उसके द्वारा श्रव्यता के युग में पहुँचेंगे तो आप वैदिक युग की कल्पना कीजिए जहाँ जनसमूह श्रव्य साधनों से सरलता और सुगमता से पहुँच सकेगा। हमारे एक मित्र, जो अफ्रीका से आए हैं, ने बताया कि निरक्षरता वहाँ अधिक है और उन्होंने हर अफ्रीकी आदमी के साथ ट्रांजिस्टर देखा यानी निरक्षरता को दूर करने का उपाय वे रेडियो और टेलीविजन से पूरा कर रहे हैं। यहाँ छपी और लिखी चीजों का प्रचार बहुत कम है। जब देश में ऐसी स्थिति और व्यवस्था होगी तो वे यहाँ की निरक्षरता को दूर करने का ऐसा ही उपाय करेंगे। स्टुडियो से रेडियो कविता को निकालकर एक ऐसे वातावरण में ला रहा है जहाँ वह श्रव्य हो रही है। अत: संचार साधनों की सुनी-सुनाई बातों के आधार पर आप अभिशाप न समझें, यह साधन कविता को मुक्त क्षेत्र में ला सकता है। आपको सातवें दशक के कवियों में दुर्बोधता नहीं मिलेगी। संचार साधन का परोक्ष प्रभाव एक नये वातावरण की सृष्टि कर रहा है। सोवियत संघ में भी नई क्रान्ति आई और वहाँ कविता श्रव्य रूप में जीवित हो रही है। यह परिवर्तन विश्व के पैमाने पर हो रहा है।

पाश्चात्य प्रभाव के बारे में साही जी ने कहा कि पाश्चात्य प्रेम के कारण एक द्विभाषिक प्रभाव और खाई आई है। पाश्चात्य प्रभाव जिसे उन्होंने 'हिंग्रेज़ी' कहा है, वे दो तरह के प्रभाव हैं। अतिरेक में छायावाद और प्रयोगशील, दोनों बुरे हैं। इस सामान्य विषय को वस्तुत: अपवादों को लेकर विचारा जा रहा है। मैथिलीशरण गुप्त अलग भाषा में लिखते रहे। अज्ञेय ने उनकी भाषा को प्रमाण दिया कि यह उस कवि की भाषा है जो अंग्रेजी बिलकुल नहीं जानता। कोई द्विभाषी प्रभाव उन पर नहीं है। उनकी भाषा को देखें तो उनकी कविता में संस्कृत के अप्रचलित शब्दों का प्रयोग आपको मिलेगा। आखिर उन पर कैसा या कौन-सा दबाव या प्रभाव था?

हिन्दी भाषा की प्रवृत्ति पर विचार करते समय उसकी स्वायत्त गति पर भी विचार करना चाहिए। क्या किसी दबाव से सूर, तुलसी ग्रस्त नहीं थे? तुलसी ने स्वयं संस्कृत का दबाव महसूस किया। मंगलाचरण के रूप में उन्होंने संस्कृत को अपनाया। 'विनय-पत्रिका' में यह दबाव देखते बनता है। दबाव तो था ही। और दबाव तो सबके साथ रहता है। मेरा निवेदन है कि पाश्चात्य प्रभाव को आप केवल एक द्विभाषिक प्रभाव के रूप में न ग्रहण करें, यह भी देखें कि इसकी सीमा क्या थी, किस वर्ग तक इसका प्रभाव था, 1948 के पहले के और बाद के कवियों में यह दबाव कहाँ तक है।

काव्यभाषा में द्विभाषी प्रभाव एक परम्परागत साहित्यिक वर्ग के कारण आया। 1936 के बाद अंग्रेज़ी शिक्षा-प्राप्त वर्ग जो इस क्षेत्र में आया, वह हिन्दी से परिचित नहीं था। उदाहरण के लिए प्रसाद और अज्ञेय को देखें तो अज्ञेय पर द्विभाषी प्रभाव है लेकिन प्रसाद पर नहीं है। छायावादी कविता में एक ही संस्कृति शब्द को जब प्रसाद इस्तेमाल करते हैं और उसी को मैथिलीशरण गुप्त भी, तो द्विभाषी प्रभाव से उसका अर्थ क्षीण नहीं होता। मेरा खयाल है, साही जी पुन: इस पर विचार करेंगे। 1936-38 के करीब साहित्य में नई विचारधारा आई थी। वस्तुत: राष्ट्रीय आन्दोलन में जो जन-उभार था, उसके कारण एक दबाव आया—वह था साम्राज्य और सामन्तवादी व्यवस्था का विरोध। इस कारण प्रगतिशील कवि बहुत मुखर था। 1947 में आजादी के बाद सम्पूर्ण साहित्य की गति आंचलिकता से प्रभावित हुई। आजादी के बाद लोग लोकजीवन की ओर मुड़ गए। यह जनतंत्र का दबाव था। इसी कारण यह ठेठपन आया। 1962 के बाद की कविता जिस ठेठपन की ओर बढ़ी, उसका एक राजनीतिक कारण था। 'नई कविता' में राजनीतिक प्रतिक्रिया थी। वर्जित शब्दों का प्रयोग किया गया। 'शाम' कविता में गिरिजाकुमार माथुर ने हिन्दुस्तानी शब्दों को अपनाया, राजकमल चौधरी ने भी बहुत-सी कविताएँ लिखीं। यह कहना कि यह सब पाश्चात्य से प्रभावित होकर ऐसा किया या कर रहे हैं, उचित नहीं है। रामस्वरूप जी भी भाषा के सरलीकरण के आतंक से ग्रस्त हैं। 'नई कविता' के सरलीकरण से भी वे घबराते हैं। दुर्बोध बना देना वे गुण मानते हैं। होता ही है कि बहुत-से प्रकरण में आत्मसजगता ईमानदारी बन जाती है किन्तु यह आवश्यक नहीं है। कभी-कभी अमूर्तीकरण ही गुण हो जाता है। यह कहना कि नये कवि अति सरलीकरण की ओर बढ़ रहे हैं और व्यावसायिक हो रहे हैं, इस सन्दर्भ में मैं इतना ही कहना पर्याप्त समझता हूँ कि नीरज में धूमिल से अधिक सरलता है। सरलता के भी कई अर्थ होते हैं। बाइबल की भी एक सरलता है, रामचरितमानस की भी एक सरलता है। यहाँ श्रीकान्त वर्मा की एक कविता का उदाहरण दे रहा हूँ जो नितान्त सरल है :

*मैं दुखी हो रहा हूँ*
*मैं सुखी हो रहा हूँ*
*मैं दुखी और सुखी हो रहा हूँ*
*मैं न जाने किस कन्दरा में जाकर*
*हो रहा हूँ। हो रहा हूँ। हो रहा हूँ।*

क्या यह अनुभव अति सरलीकृत किया गया है? इसलिए समकालीन कविता के बारे में यह कहना उचित नहीं है। काव्यभाषा के व्यावहारिक पक्ष को निर्मला जैन ने उठाया था। गद्य को सूचनात्मक मानते हैं और पद्य को अनुभूतियों और

राग से जुड़ा हुआ। किन्तु गद्य भी उतना ही सायास निर्मित होता है जितना पद्य। कामकाज की भाषा ही बुनियाद है और वही काव्यभाषा की भी बुनियाद है। सृजनशीलता कविता का धर्म नहीं है बल्कि सृजनशीलता मनुष्य का धर्म है। प्रत्येक बोलनेवाला अपनी भाषा का कवि है। लोक कवियों ने कोई भाषा या व्याकरण नहीं पढ़ा, अब उनका मूल्यांकन हम कैसे करेंगे? इसलिए बोलचाल की भाषा को नकारा नहीं जा सकता।

[3-4 मार्च, 1973 को हिन्दुस्तानी एकेडमी द्वारा आयोजित परिसंवाद में व्यक्त विचार, 'हिन्दुस्तानी' : वर्ष 2002 (संवत), अंक 2 में प्रकाशित]

# समकालीन आलोचना-विमर्श : एक पुस्तक

लगभग एक सदी पुराने अपने इतिहास में हिन्दी आलोचना ने कई पड़ावों को पार किया है। आचार्य रामचन्द्र शुक्ल से लेकर आज तक कई आलोचकों ने इसमें अपना योगदान दिया है। इस आलोचना-परम्परा में कौन-से आलोचक आते हैं और कौन-से नहीं, इस बारे में मतभेद हो सकते हैं पर इतना तय है कि हिन्दी भाषा तथा साहित्य की तरह उसकी आलोचना-परम्परा भी कई परम्पराओं के सुयोग से बनी है। इसके एक किनारे पर संस्कृत काव्यशास्त्रीय तथा दूसरी ओर पाश्चात्य आलोचना-परम्परा है। कहना न होगा कि इन दोनों को जाने-समझे बगैर हिन्दी आलोचना को समझना मुश्किल है।

पिछली सदी साहित्यिक आलोचना तथा आलोचना-सिद्धान्त, विशेष कर पाश्चात्य आलोचना के, उत्कर्ष की सदी थी, जिस कारण कई सिद्धान्त और वाद—जैसे उत्तर-संरचनावाद, उत्तर आधुनिकतावाद और उत्तर-उपनिवेशवाद आदि ने हिन्दी आलोचना को गहरे ढंग से प्रभावित किया। कई बार तो इनके प्रति उत्साह का अविवेकपूर्ण अतिरेक भी दिखाई दिया। इस प्रक्रिया में एक ऐसे हस्तक्षेप की जरूरत थी जो इन समकालीन वादों और सिद्धान्तों की आलोचनात्मक समझ पर आधारित हो तथा उनके सामने समर्पण-भाव से प्रेरित न होकर उन्हें भारतीय, विशेष कर हिन्दी के, सांस्कृतिक अनुभव तथा उसकी सर्जनात्मक अभिव्यक्ति के सन्दर्भ में देखे और परखे। अवधेश कुमार सिंह की किताब 'समकालीन आलोचना विमर्श' इन उद्देश्यों की बखूबी पूर्ति करती है। इसकी विशेषता यह है कि इसमें हिन्दी आलोचना को संस्कृत तथा अंग्रेजी परम्पराओं के परिप्रेक्ष्य में देखने के साथ समकालीन आलोचना के मुख्य सरोकारों की साफगोई से चर्चा की गई है तथा तुलनात्मक अध्ययन के प्रारूपों को भी सुझाया है। सच यह भी है कि किसी भी आलोचना-परम्परा को सिमटकर समझना उस परम्परा तथा आलोचक, दोनों लिए घातक होता है।

मेरा निश्चित मत है कि यह किताब समकालीन आलोचना विमर्श की समझ में अपना सार्थक योगदान करेगी तथा अन्य हस्तक्षेपों लिए रास्ता खोलेगी।

[अवधेश कुमार सिंह की राजकमल प्रकाशन द्वारा प्रकाशित पुस्तक 'समकालीन आलोचना विमर्श' का 'प्राक्कथन']

# साहित्य और विचारधारा

# फिर फिर कबीर

कबीर को याद करते हरिशंकर परसाई की ओर ध्यान जाता है। हमारे दौर में जिस लेखक ने कबीर का अलख जगाए रखा, वह हरिशंकर परसाई थे। वे 'नई दुनिया' में एक कॉलम लिखते थे : 'सुनो भाई साधो'। कबीर का प्रिय शब्द, जो कबीर सबसे ज्यादा इस्तेमाल करते थे, वह 'सुनो' था। आगे चलकर हिन्दी में अनेक कवियों ने अपनी कविता में 'कहे' लगाया है : जैसे—'कहे रत्नकार', 'कहे पद्माकर' आदि। लेकिन शायद हिन्दी में इसका सबसे पुराना उल्लेख 'कहे कबीर' ही है—कबीर, कबीरदास या दास कबीर नहीं। तुलसीदास भी यदि अपना नाम लेते हैं तो उनके यहाँ 'दास तुलसी' या केवल 'तुलसी' आता है। वे कहीं भी जोर से 'तुलसीदास' नहीं कहते कि 'कहे तुलसीदास'। विद्यापति भी अपना नाम लेते हैं : 'गात्रे विद्यापति'।

बनारस में रहते हुए हरिशंकर परसाई की लेखमाला 'सुनो भाई साधो' जब मैं पढ़ा करता था, तो कबीर की छवि जो मेरे मन में आती थी, वह यह कि आज से साढ़े पाँच सौ साल पहले इसी जगह एक आदमी अलख जगाता हुआ जगह-जगह घूम रहा है और सम्बोधित कर रहा है : 'सुनो भाई साधो'। जैसे दुनिया बहरी हो गई हो, सुनना न चाहती हो!

इस प्रसंग में मुझे पुराने ग्रीस का, ईसा से करीब 500 साल पहले का एक दूसरा आदमी याद आता है, जिसे हम सुकरात के नाम से जानते हैं। उस सुकरात का हम लोगों से परिचय गांधी जी ने कराया था। सुकरात ने अपने बचाव में अदालत में जो बयान दिया था, उसका गांधी जी ने अनुवाद किया था। मैं खास तौर से गांधी जी का नाम ले रहा हूँ। सुकरात का नाम गांधी जी ने लिया था। कांग्रेस में गांधी के आने से पहले तक हर साल कुछ बडे लोग किसी जगह एक हॉल में इकट्ठे होते थे, बन्द कमरे में, और अंग्रेजी में बोलते थे। एक और पिटीशन तैयार करके वाइसराय के पास भेजते थे। गांधी पहले आदमी थे जो पूरे हिन्दुस्तान में पैदल और कभी-कभी ट्रेन से भी कबीर के समान ही अलख जगाते हुए चले। उनकी प्रार्थना-सभाओं में भी, प्रवचन की वही 'सुनो भाई साधो' वाली परम्परा थी।

कबीर को तो हम लोगों ने नहीं देखा लेकिन स्वाधीनता के बाद जिनमें हम लोगों ने कबीर को देखा, उनमें एक परसाई हैं और दूसरे हैं नागार्जुन। बाबा भी उसी

तरह गाते हुए घूमते रहे। इमर्जेंसी के जमाने में बाबा जब 'इन्दू जी, इन्दू जी' कहा करते थे तो उनका स्वर कबीर का स्वर था। काशी हिन्दू विश्वविद्यालय के बिरला हॉस्टल में, 1951 में, आचार्य हजारी प्रसाद द्विवेदी की अध्यक्षता में नागार्जुन का पहला काव्य-पाठ हुआ था। वहाँ मैं भी मौजूद था। नागार्जुन ने और कविताओं के अलावा रवीन्द्रनाथ पर भी एक कविता सुनाई थी। कविता में रवीन्द्रनाथ की दाढ़ी की चर्चा करते हुए वे कहते हैं कि आपकी दाढ़ी देखकर हमें हमारे गाँव के पास के बूढ़े मुसलमान करीम जुलाहे की याद आती है। रवीन्द्र-भक्तों को बहुत कष्ट हुआ होगा कि रवीन्द्र की दाढ़ी देखकर इनको जुलाहा याद आ रहा है। ये नागार्जुन ही हो सकते थे कि रवीन्द्रनाथ की दाढ़ी देखकर उनको अपने गाँव का जुलाहा याद आ जाए। नागार्जुन आधुनिक कबीर थे।

यह सब देखकर मुझे लगा कि कबीर विश्वविद्यालय में और पांडुलिपियों में नहीं हैं। उनकी एक जीवित परम्परा है। मेरे मित्र विजयदेव नारायण साही बनारस के ही रहनेवाले थे। उनका घर कबीर चौरा पर था। इलाहाबाद विश्वविद्यालय से बी.ए., एस.ए. करने के बाद वहाँ नौकरी नहीं मिली तो काशी विद्यापीठ में अंग्रेजी पढ़ाने लगे। बाद में इलाहाबाद गए। उस समय यानी 1958 में यहीं रहते थे। कबीर चौरा पर मेरी कई शामें गुजरी हैं। विजयदेव नारायण साही की अन्तिम पुस्तक का नाम 'साखी' है और उस पुस्तक की अन्तिम कविता है : 'परम गुरु कबीर दास से प्रार्थना'। विजयदेव नारायण साही लोहियावादी सोशलिस्ट थे। उन्होंने मजदूर-आन्दोलन में भी काम किया था। अन्तिम दिनों में उनको कबीर याद आए और उन्होंने अपनी पुस्तक का नाम ही 'साखी' रखा और कई कविताएँ लिखीं।

काशी हिन्दू विश्वविद्यालय से ही पढ़े केदारनाथ सिंह जी ने भी 'उत्तर कबीर' नाम से एक कविता लिखी है। उस कविता में यह है कि ट्रेन से गुजरते हुए एक आदमी को सूत-मिल दिखाई पड़ती है। अचानक उसे ध्यान आता है कि कबीर आजाद भारत में सूत-मिल में बदल गया है। कौन जाने, आगे चलकर मच्छरदानी का विज्ञापन कबीर के नाम से होने लगे! विडम्बनापूर्ण स्थिति की इस कविता को 'उत्तर आधुनिक फैंटेसी' कहा जा सकता है। स्पष्ट है कि यही कबीर की परम्परा है जो देशव्यापी है।

जहाँ तक कबीर के पाठ की बात है, उसको लेकर बहुत-से विवाद हैं। एक उदाहरण दूँ। उनके एक दोहे की एक पंक्ति उद्धृत की जाती है जो सामान्यत: इस तरह होती है : 'जो घर जारे आपना सो चले हमारे साथ'। लेकिन जो पाठ मिलता है, वह और है। इस तरह हम कबीर को बदल देते हैं। मेरे खयाल से इसका पाठ इस प्रकार है : 'अब घर जारौं तास का, जो चलौ हमारे साथि'। कबीर का कहना था कि हमने तो अपना घर जला लिया है। जो हमारे साथ चलना चाहता है, उसका

घर मैं जलाऊँगा। क्योंकि वे जानते हैं कि कोई अपना घर नहीं जलाएगा। आजकल इस देश में कबीर के दुश्मन अपना घर नहीं जला रहे हैं; बल्कि कबीर का और कबीर के प्रेमियों का घर जला रहे हैं। आज के साधु अब सिर्फ हमारे घर जलाते हैं और हमारे घर में पैठकर अपना शीश नहीं बल्कि हमारा शीश उतारकर जमीन पर रखते हैं। यह कबीर से उलट आचरण है।

कबीर ने अपने समय की प्रमुख ज्ञान-परम्पराओं और धर्म-परम्पराओं से एक साथ संवाद किया। उनके यहाँ हिन्दू-परम्परा की अवधारणाएँ हैं तो इस्लाम की भी। वैष्णवों की भी और सूफियों की भी। उन्होंने 'पैगम्बर' शब्द पर भी विचार किया था। पैगम्बर इस्लाम में केवल एक है और कुरान शरीफ के अनुसार हजरत के बाद दूसरा कोई पैगम्बर नहीं होगा। उनके बाद किसी का पैगम्बर होना कुफ्र है। वहाँ जो भी पैगम्बर हैं, प्री-इस्लामिक हैं और उनको मान्यता दी गई है। मूसा भी हैं और हजरत ईसा भी। लेकिन उनकी पहचान प्री-इस्लामिक है। जैसे दसवें गुरु गोविन्द सिंह ने अपने बाद गुरु-परम्परा पर रोक लगाई और कहा कि अब दस के बाद कोई ग्यारहवाँ गुरु नहीं होगा। इसी तरह ईसाई मत में भी जीसस क्राइस्ट के बाद दूसरा कोई नहीं है और न हो सकता है। वहाँ भी सेंट हो सकता है, पोप हो सकता है। लेकिन पैगम्बर नहीं।

हिन्दुओं में अवतार का कॉन्सेप्ट है। और अवतारों का कोई अन्त नहीं। यह हिन्दू धर्म का लचीलापन है। हम लोग दशावतार कहते हैं। दशावतार के बाद दस के आगे ग्यारह नहीं हुए। लेकिन लोक की मिथकीय परम्परा में दसवें के बाद भी अवतार शब्द प्रयुक्त होता है। कबीर को भी अवतार कहा गया है। विजयदेव नारायण साही ने जायसी पर किताब लिखी है। उसमें उन्होंने बताया है कि सूफियों की परम्परा में मुर्शिद होते हैं। मोईनुद्दीन चिश्ती, निजामुद्दीन औलिया, चिराग देहली आदि चिश्ती हुए थे। उन तीनों के मजार बने हुए थे। बहुत-से पीरों के मजार गाँव में मिल जाएँगे। इन सूफी-संतों, औलियाओं और पीरों के बारे में कबीर के विचार हैं : 'बहुतै देखे पीर औलिया'।

अब 'संत' शब्द पर विचार करते हैं। एक जगह, तुलसी दास ने कहा कि 'संत हृदय नवनीत समाना'। चूँकि नवनीत अपने ही ताप से द्रवित होता है इसलिए तुलसीदास ने अन्यत्र समझाया है कि 'परदुख ताप द्रवहिं सों संता'। अर्थात् तुलसीदास के अनुसार संत वह है जो पर-दुख से द्रवित होता है। अपने दुख से तो सभी द्रवित होते हैं पर संत वही हैं जो दूसरों का दुख देखकर द्रवित हो जाएँ। कबीर यदि संत थे तो इसलिए कि वे पर-दुख से द्रवित होते थे। यदि वे केवल जुलाहों के दुख से दुखी हुए होते तो उनकी मान्यता मायावती और कांशीराम जैसी होती। यह बहुत बड़ी बात थी कि वे उन लोगों के दुख से भी दुखी थे, जिनसे लड़ रहे थे।

यह हमारी जिम्मेदारी है कि हम कबीर पर किसी संकुचित और संकीर्ण पथ का कब्जा न होने दें और न उन्हें किसी राजनीतिक विचारधारा के अधीन जाने दें। यह सभी जानते हैं कि सवर्णों को, ब्राह्मणों को, 'पांडे' कहकर कबीर ने खुलकर चुनौती दी है। यह वैसी ही चुनौती नहीं है जिस तरह की चुनौती आजकल के कवि अपने ही वर्ण और वर्ग पर प्रहार करते हुए, उसकी आलोचना करते हुए देते हैं। हम लोग मध्यवर्ग के हैं लेकिन मध्यम वर्ग को हम गौरवान्वित नहीं करते, उसके खिलाफ लिखते हैं। प्रेमचन्द स्वयं हल नहीं चलाते थे लेकिन उन्होंने कायस्थों का कैसा मजाक उड़ाया है, यह 'गबन' पढ़ने पर पता चलता है। 'परदुख द्रवहिं' एक कवि का निर्मल भाव है, जो संत का लक्षण है।

इसी अर्थ में कबीर वाल्मीकि की परम्परा में आते हैं। क्योंकि हमारे यहाँ कविता का आरम्भ ही परदुख से हुआ है। क्रौंच के दुख से द्रवित होकर कविता फूटी थी। इसलिए हमारे यहाँ संत और कवि में या ऋषि या कवि में द्वैत नहीं है। यदि आपमें परदुख द्रवहिं-शीलता है तो आप बिना कवि हुए गांधी जैसे संत हो सकते हैं, विनोबा भावे हो सकते हैं, रामकृष्ण परमहंस हो सकते हैं। परदुख द्रवहिं शीलता ही एक तरह से काव्य का आधार भावबोध है जिसे कोई कवि कविता में लिखता है। इसमें कोई द्वैत नहीं है। यह हमारे काव्य की, हमारी संस्कृति की परम्परा है। हमारी ही परम्परा नहीं है बल्कि विश्व स्तर पर यह परम्परा पुराने यूनान की, रोम की या आज के यूरोप की और अमरीका की है। इसलिए कबीर को यदि अमरीका का कोई आदमी पढ़ता है, वह ब्लैक हो या व्हाइट, तो उसे कबीर की वाणी में अपनी वेदना और अपनी आवाजें सुनाई पढ़ती हैं। इसलिए यह कतई जरूरी नहीं है कि हम लोग यानी ब्लैक लोग कहें, तभी कोई बात यूनिवर्सल होगी और जब कोई व्हाइट कहे तो नहीं। ऐसा नहीं है।

कबीर का शास्त्रीय और तकनीकी मूल्यांकन बहुत होता है। कबीर का अद्वैत क्या था, वे विशिष्टाद्वैतवादी थे या द्वैतवादी, उनका निर्गुण ब्रह्म क्या था, नवधा भक्ति में उनकी भक्ति किस प्रकार की थी, आदि शास्त्रीय विवेचन करनेवाले पंडितों ने कबीर को जितना नुकसान पहुँचाया है, उतना गुनाह उन लोगों ने नहीं किया है, जिन्होंने कबीर को रहस्यवादी बनाकर कहा कि वे साधना में लीन होकर अनहद नाद सुनते हैं। फिर भी कबीर को जितना शास्त्राचार्यों से बचाना है, उतना ही रहस्यवादियों से भी। डॉ. धर्मवीर भारती ने गुरुदेव हजारी प्रसाद द्विवेदी पर आक्षेप लगाया कि 'कबीर' नाम का ग्रंथ और बेहतर होता यदि ग्रंथ सम्बोधित या लक्ष्यीभूत पाठक के रूप में पंडितों को ध्यान में रखकर न लिखा गया होता। पंडितों को प्रभावित करने के लिए उन्होंने कबीर के सन्दर्भ में भेदाभेद—अचिन्त्य भेदाभेद आदि दार्शनिक विषयों पर शास्त्रीय ढंग से विचार किया है। कबीर तो शास्त्र-वंचित थे और आप कबीर को शास्त्रों के द्वारा समझने की कोशिश कर रहे हैं।

इधर, इस बीच कई लोग कबीर को शुद्ध कवि के रूप में देखने का आग्रह करते हैं। हमारे मित्र डॉ. रामस्वरूप चतुर्वेदी का 'जनसत्ता' में एक लेख छपा था, 'यहाँ से कबीर को देखिए'। जैसे एवरेस्ट पर बैठकर कोई आदमी कह रहा हो कि यहाँ से देखिए! उन्होंने मुख्य रूप से कहा कि कबीर को आप संत, भक्त, सूफी, समाज-सुधारक आदि कहते हैं तो कबीर का मूल व्यक्तित्व आक्रान्त होता है। कबीर मूलतः कवि थे। इस पर मैं यह कहना चाहता हूँ कि शुद्ध काव्य के शास्त्र का खतरा सभी को इस तरह से है। उस पूरे लेख की परिणति यह है कि कबीर का एक ही सन्देश था : 'तातहिं हिन्दू रहिये'। रामस्वरूप जी कबीर को कवि के रूप में देखने चले हैं और अन्त में हिन्दू तक पहुँचते हैं। और हम लोग जो कबीर को समाज-सुधारक, संत आदि कह रहे हैं, भूले-भटके लोग हैं। तब फिर आप ही बताइए कि कवित्व क्या है?

उनके द्वारा किये गए पाठ का चुनाव भी समस्यापूर्ण है। 'तातहिं हिन्दू रहिये' की जगह 'आधा हिन्दू रहिये' पाठ अनेक लोगों ने दिया है। 'तातहिं हिन्दू रहिये' केवल एक पाठ मिलता है जबकि अधिकांश में है : 'आधा हिन्दू रहिये।' नागरी प्रचारिणी वाले में, माता प्रसाद गुप्त वाले में, दादू-पंथी परम्परा में और निरंजन-पंथी परम्परा—सबमें 'आधा हिन्दू रहिये', यही पाठ है। 'तातहि हिन्दू रहिये', कबीर के कुपाठ का दुर्दान्त उदाहरण है। इसी पद में आए 'अरध शरीरी में' तो व्यंजना है। 'अरध शरीरी' को हम अर्द्धांगिनी कहते हैं। गाँव का हर आदमी स्त्री को अर्द्धांगिनी कहता है। उन्होंने कहा कि यह अर्द्ध-नारीश्वर है। विराट परिकल्पना अर्द्ध-नारीश्वर की दिखाई पड़ती है। कबीर अर्द्ध-नारीश्वर की बात कर रहे हैं तो जाहिर है कि अर्द्ध-नारीश्वर परिकल्पना तो शिव की है। इसलिए कबीर इस पद में शिव के आराधक के रूप में दिखाई पड़ते हैं अर्थात् हिन्दू हैं। कबीर यह काजी से कह रहे हैं। हिन्दू से हिन्दू रहने के लिए कहे तो कोई नई बात नहीं है पर यहाँ कबीर तुरक से कह रहे हैं कि बेहतर है कि तुरक छोड़कर तुम हिन्दू हो जाओ। आज यह बात आर.एस.एस., विश्व हिन्दू परिषद और भाजपा वाले कह रहे हैं, देश में रहना है तो हिन्दू होकर रहो। मैं यही कहना चाहता हूँ कि यदि वे कवि के रूप में देखने चले हैं तो कवि की वाणी पूरी उद्धृत करें, बीच से दो टुकड़ा निकालकर मनमाना अर्थ न करें। काजी को सम्बोधित जिस पद का वे जिक्र कर रहे हैं, वह आपके सामने मैं रख देता हूँ :

*काजी तैं कवन कतेब बखाँनीं।*
*पढ़त-पढ़त केते दिन बीते गति एकौ नहीं जानीं॥*
*सकति सनेह पकरि, करि सूनति मैं न बदउँगा भाई।*
*जौरे खुदाई तुरुक मोहिं करता तौं आपहि कटि किन जाई॥*

अगर ईश्वर ने ही हमें तुरक बनाया था तो वहीं से काटकर भेजता।

*सुनत कराई तुरुक जौ होनाँ तौ औरति कौं का कहिए।*
*अरध सरीरी नारि न छूटे तातैं हिन्दू रहिए॥*
*हिन्दू तुरुक कहाँ तैं आए किन एह राह चलाई।*
*दिल महिं खोजि देखि खोजा दे भिस्ति कहाँ तैं आई॥*
*छाँड़ि कतेब राम भजु बउरे जुलुम करत है भारी।*
*कबीर पकरी टेक राम की तुरुक रहे पचि हारी॥*

इस पद में बीजक की दो पंक्तियाँ और मिलती हैं, जो कबीर के मुकम्मल दृष्टिकोण को सूचित करती हैं। इसलिए उन्हें छोड़ा नहीं जा सकता है। वे काजी को सम्बोधन करते हैं—ये सुन्नति करके तुम खून कर रहे हो और इस प्रक्रिया में तुम आधे ही मुसलमान हो पाते हो। तुम्हारा आधा तो मुसलमान होने से रह गया है, वह हिन्दू ही रह गया। तुम तो सबको मुसलमान बनाना चाहते हो लेकिन तुम्हारा खुद का आधा छूट गया। इसी तरह ब्राह्मणों को वे सम्बोधित करते हुए कहते हैं कि :

*पहिरि जनेउ जो ब्राह्मण होना, मेहरि क्या पहिराया।*
*वो तो जनम की सूद्रिन परसै, तुम पांडे क्यों खाया॥*

—स्त्री का यज्ञोपवीत नहीं होता। अगर जनेऊ पहनाना ही द्विज होने का प्रमाण है तो औरत को क्या पहनाया तुमने? वह तो जन्म की शूद्रणी थी, जब जनेऊ नहीं पहना तो शूद्रणी ही रह गई और तुम उसी का परोसा हुआ खाते हो? तुम तो पांडे हो, तुमने एक शूद्रणी का परोसा क्यों खाया? कवि ने आम जनता को सीधी-सादी भाषा में समझाना चाहा कि काजी हो, पांडे हो, दोनों के दोनों या तो आधे सवर्ण हैं या आधे केवल तुर्क हैं। कबीर स्पष्ट हैं, शक्ति या ताकत से जबर्दस्ती धर्म परिवर्तन करो या स्नेह से पुचकार कर, दोनों तरह से तुम खून ही कर रहे हो।

कबीर के इस पद के बारे में मेरे मित्र चतुर्वेदी जी ने कहा है कि यह गाली है। कबीर की प्रशंसा करते हुए उन्होंने कहा कि कबीर तो गाली को भी काव्य बना देते थे। गाली क्या होती है? यह कितनी गाली है? तुलसीदास ने बालकांड में शिव-पार्वती संवाद में कबीर की पंक्ति 'दशरथ सुत तिहूँ लोक बखाना, राम नाम को मर्म है आना'—उद्धृत करते हुए शिव के मुख से पार्वती को डाँट पिलाई है :

*कहहिं सुनहिं अस अधम नर ग्रसे जे मोह पिसाच।*
*पाखंडी हरि पद विमुख, जानहिं झूठ न साच॥*
*अज्ञ अकोबिद अंध अभागी। काई बिषय मुकुर मन लागी॥*
*लम्पट कपटी कुटिल बिसेषी। सपनेहुँ संतसभा नहिं देखी॥*

× × ×

*बातुल भूत बिबस मतवारे। ते नहिं बोलहिं बचन बिचारे॥*
*जिन्ह कृत महामोह मद पाना। तिन्ह कर कहा करिअ नहिं काना॥*

बाबा ने यहाँ गाली नहीं दी है, गालियों की वर्षा की है। अब यहाँ देखें कि गाली क्या है, वह जो तुलसीदास ने कहा है या कबीर का यह तर्क देना है कि सुन्नत कराकर तुम खून कर रहे हो, अर्द्ध-नारी छूट रही है, वह गाली है। तो ये वे लोग हैं जो कबीर के इन पदों को गाली कहते हैं, पुनः गाली को काव्य कहते हैं। ऐसे लोग कुछ दिनों में नागार्जुन की कविता को भी इसी तरह के तर्कों से गाली कहेंगे। और नागार्जुन को गालियों का कवि।

ऐसी चीजों को देख-सुन-पढ़कर मुझे आचार्य रामचन्द्र शुक्ल के इतिहास का एक उद्धरण याद आता है : 'ऊपरी रंग-ढंग से तो ऐसा जान पड़ेगा कि कवि के हृदय के भीतर सेंध लगा करके घुसे हैं और बड़े-बड़े कोने से झाँक रहे हैं। पर कवि के उद्धृत पदों से मिलान कीजिए तो पता चलेगा कि कवि के वित्रक्षित भावों से उनके वाद-विलास का कोई लगाव नहीं है। पद्य का आशय या भाव कुछ और है। ऐसे ही एक आलोचक ने धमकी दी है कि हम तुलसी, सूर के चारों ओर ऐसा ही चमचमाता हुआ जाल बिछाएँगे।' ऐसे ही एक आलोचक रामस्वरूप चतुर्वेदी प्रकट भये। उन्होंने तुलसी-सूर के खिलाफ तो नहीं लेकिन कबीर के खिलाफ चारों ओर चमचमाता हुआ जाल बिछाने की कोशिश की है। शब्दार्थ इनको नहीं मालूम। ये हिन्दी के एक प्रोफेसर हैं, जो अर्द्ध-शरीरी में व्यंजना बताकर अर्द्ध-नारीश्वर देखने को कहते हैं। कौन कहे कि जब मुख्यार्थ बाधित हो तब तो होगा लक्षणा! कबीर ने 'ऐसे लोगन सो का कहिये', 'आग लगाये मजे में सोयें' और 'बात सो आसमान ढहावें।'—ऐसे ही लोगों के बारे में कहा है।

कबीर का यह दुर्भाग्य ही है जिन्होंने बार-बार कहा था कि न मैं तुरक (मुसलमान) हूँ, न हिन्दू। उन्हें एक खेमे में डालने की कोशिश हो रही है। यह उस दौर में हो रहा है जहाँ लोग दो खेमे में बँटे हुए हैं, एक आदमी दोनों खेमें को नकारता है। जैसे आज भाजपा और कांग्रेस में फर्क करना मुश्किल हो गया है—और जो आदमी दोनों को नकारे—लोग उसके बारे में कहेंगे कि यह प्रकारान्तर से उन्हीं खेमों को मदद पहुँचा रहा है।

आजकल कबीर के लीजेंड के बारे में बात हो रही है। हमारे मित्र डेविन लॉरेंजन की व्याख्या है कि सारे लीजेंड्स गरीबों के प्रतिरोध की आइडियोलॉजी को सामने रखते हैं। पर इसका एक दूसरा पहलू भी है, जो कबीर के जन्म से सम्बन्धित लीजेंड पर हो रही बहस में देखा जा सकता है। कहानी के अनुसार जब कबीर की माँ बच्चे को फेंक रही थी तो एक सज्जन ने झाँककर रात के अँधेरे में देखा कि विधवा है, और ब्राह्मणी विधवा है। बात असल में यह है कि कबीर प्रतिभाशाली हो गए थे।

इसलिए कहा गया कि मुसलमान या जुलाहा प्रतिभाशाली नहीं हो सकता, अवश्य ब्राह्मण का खून उसमें होना चाहिए। यह प्रतिभा बिना उसके नहीं आएगी। ऐसे ही बीजक के एक पद के बारे में मुझे शक है कि उसे बाद में लोगों ने जोड़ दिया है। पद में कहा गया है कि कबीर पूर्वजन्म में बामन थे और ओछे करम किये तब जाकर जुलाहा हुए। कबीर यह कभी नहीं कहेंगे कि हम पूर्वजन्म में ब्राह्मण थे और इस जन्म में जुलाहे इसलिए हैं कि हमने पिछले जन्म में पाप किये थे। यह कहनेवाले कबीर नहीं हो सकते हैं। रामानन्द सम्बन्धी किंवदन्ती में है कि विधना ने कबीर को सपना दिया कि 'रामानन्द नाम का एक गुरु है। तुम कितना भी वैष्णव बने घूमते रहो, जब तक उससे दीक्षा नहीं लोगे, तुम्हारी बात प्रमाण नहीं मानी जाएगी।' तो कबीर ने कहा कि 'मैं तो जुलाहा हूँ, वह सौ जन्म में भी मुझे दीक्षा नहीं देंगे।' तब उसी वाणी ने कहा, 'तुम गली में जाकर पड़ जाओ और तुम शिष्य बन जाओगे, तुमको दीक्षा मिल जाएगी।' कबीर जब रामानन्द के पैरों के नीचे पड़ ही गए तो रामानन्द 'राम-राम' कहने लगे। इसे ही कबीर ने दीक्षा मान लिया। रामानन्द तक खबर पहुँची कि 'कबीर को आपने दीक्षा कब दी? वह अपने-आपको रामानन्द का चेला कहता घूम रहा है!' रामानन्द ने कबीर को बुलाया और कहा कि 'तुम ऐसा क्यों कहते फिर रहे हो? तुमको मैंने कब दीक्षा दी?' तो कबीर ने कहा कि 'मैं गली में आपके पैरों के नीचे पड़ गया था। आपके मुँह से राम-राम निकला था।' इस पर रामानन्द ने कहा, 'यह कोई बात नहीं हुई। यह दीक्षा थोड़े मानी जाएगी?' इस पर कबीर बोले कि 'अगर आप मुझे दीक्षा नहीं देंगे तो यहीं आपके सामने मैं जलकर मर जाऊँगा।' रामानन्द ने कबीर की इस कैफियत को देखकर कहा, 'जा, आज से तू मेरा शिष्य। मेरा नाम ले सकता है।'

तमाम किंवदंतियों में यह चीज पाई जाती है कि स्वीकृति अन्ततः सत्ता से जुड़कर मिलती है। आम तौर पर लोग ऐसी सत्ता का सहारा लेते हैं जिस पर किसी का वश नहीं होता है। महाभारत में द्रौपदी के पाँच पतियों की जो कथा है, उसमें द्रौपदी द्वारा पाँच पतियों को अस्वीकार करने पर उसके बाप ने अलग ले जाकर उसे समझाया और इस परिघटना को चमत्कार बताते हुए कहा कि यह तो पहले से ही पूर्व-निर्धारित विधि-विधान है।

कबीर को कब्जे में लेने की कोशिश ज्यादातर हिन्दुओं की ओर से हुई, लेकिन बाद में चलकर मुसलमानों की ओर से भी हुई और कबीर को सूफी-परम्परा में रखने की कोशिश की गई। दोनों ओर से हुई, पर एक तरफ से ज्यादा हुई है, दूसरी तरफ से कम हुई है; और उस कम कोशिश का फायदा उठाकर मित्र रामस्वरूप चतुर्वेदी ने दिखाने की कोशिश की है कि कबीर जैसा कवि सूफी-परम्परा में सम्भव ही नहीं है। क्योंकि सूफी-परम्परा में भक्त आशिक होता है जबकि कबीर खुद को स्त्री-निरूपित करते हैं। यह तो ठीक है पर लगता है कि उन्होंने सूफी मत पढ़ा नहीं

है। कई लोगों ने इस पर लिखा है कि सूफियों में एक परम्परा है कि उस रात में सुहागिनें होती हैं। किसी भी सूफी सिलसिले में चले जाइए, सूफी सिलसिलों की परम्परा में भक्त अपने को सुहागिनें कहते हैं और कबीर अपने को भक्त स्त्री के रूपक में देखते हैं, तो कम-से-कम इस बिन्दु पर तो कबीर निश्चित ही सूफी-परम्परा से जुड़ते हैं।

कबीर की वाणी एक अखंड अविभाज्य व्यक्ति, संत और कवि की वाणी है। एक नई अवधारणा हिन्दी साहित्य में पन्द्रहवीं शताब्दी में पहली बार परिघटित हुई थी—ज्ञान को अस्त्र बनाकर लड़ने की धारणा। अवधारणा को अभिव्यक्त करता कबीर का एक पद है : 'संतों भाई आई ज्ञान की आँधी'। पन्द्रहवीं शताब्दी ज्ञान की आँधी के साथ आती है। आज की भाषा में हम लोग उसे लोकजागरण या नवजागरण कहते हैं। कबीर वह भक्त था, जो ज्ञान की आँधी का स्वागत करनेवाला था और इस मामले में वह सूफियों से एक कदम आगे था। सूफी बुद्धि का विरोध करते थे। कबीर ने किताब का विरोध किया था लेकिन ज्ञान का विरोध नहीं किया था। कबीर अपने दौर से पहले शंकर के ज्ञान वाली जो परम्परा रही है, उससे अलग लोकजीवन पर आधारित ज्ञान की परम्परा को सामने लाता है। ज्ञान की आँधी ले आनेवाला पहला व्यक्ति कबीर था। जिस आँधी से एक ओर आग भी बरसती है और साथ ही प्रेम की वर्षा भी होती है। 1398 को मैं एक महत्त्वपूर्ण घटना मानता हूँ। भारत का इतिहास—अंग्रेजों द्वारा लिखा हुआ इतिहास—1398 में तैमूर लंग के हमले का जिक्र करता है। वह यह जिक्र नहीं करता कि 1398 में ज्ञान की आँधी ले आनेवाला कबीर पैदा हुआ था। 1398 की सबसे बड़ी घटना तैमूर लंग का हमला नहीं है, गुलाम-वंश का अन्त नहीं है। ज्ञान की आँधी ले आनेवाले पहले आदमी कबीर का आना था।

[प्रस्तुति : मोहम्मद आसिम अंसारी]

[कबीर की 600वीं जयन्ती पर बी.एच.यू. में दिया गया व्याख्यान। अब तक अप्रकाशित।]

# दलित प्रश्न और कबीर

कबीर अविजय हैं। उनके खिलाफ बोलने का सामर्थ्य किसी में नहीं है। फिर भी कबीर को लेकर वाद-विवाद चलता ही रहता है। कबीर के जन्म के सन्दर्भ में ही साहित्यिक बहस चलती रहती है। कबीर जुलाहा मुस्लिम दम्पती की सन्तान थे, लेकिन कुछ लोग किंवदंती के आधार पर उन्हें विधवा ब्राह्मणी की सन्तान स्वीकार करते हैं। हमें यह नहीं भूलना चाहिए कि इस किंवदंती में बड़ा छेद है। यह स्वीकार किया जा सकता है कि किसी महिला को सफेद कपड़ों में लहरतारा तालाब के आसपास देखा गया हो लेकिन इससे यह बिलकुल सिद्ध नहीं होता है कि वह महिला ब्राह्मणी थी क्योंकि न तो किसी ब्राह्मणी का नाम ही मिलता है और न ही किसी तरह का संवाद। दूसरी किंवदंती यह भी है कि नाजायज औलाद प्रतिभाशाली होती है लेकिन कबीर जुलाहा (मुस्लिम) दम्पती की सन्तान थे, इसलिए उनके नाजायज होने और 'ब्राह्मणों में ही तेजस्वी हो सकते हैं' जैसी किंवदंतियों पर आधारित बातें निर्मूल हैं।

जहाँ तक कबीर के दलित होने का प्रश्न है, इसका प्रमाण कबीर की 'बानी' में मिलता है कि वे हिन्दुओं और मुस्लिमों, दोनों में नीचे समझे जाते थे। लेकिन कबीर को दलितों और जनजातियों ने हृदय से अपनाया है। कबीर देश के एक छोर से दूसरे छोर तक गाए जाते हैं जिससे प्रमाणित होता है कि कबीर की छाप निचले वर्ग के दिलो-दिमाग पर गहरी है। 17वीं शताब्दी में, इटली से एक कैथोलिक भारत आया। यद्यपि उसका उद्देश्य भारत में धर्मान्तरण करना था लेकिन उसने पाया कि चाहे छत्तीसगढ़ के मठ हों, देवास के आसपास के मठ या गुजरात की दलित बस्तियाँ, सभी जगह जीवन-मरण, शादी-विवाह व अन्य संस्कारों के अवसर पर कबीर को ही गाया जाता है। कबीर के प्रभाव के कारण ही वह अपने धर्मान्तरण के उद्देश्य में सफल नहीं हो पाया। कबीर ने दलित साहित्य जैसा नहीं लिखा लेकिन उनकी आवाज में दलित दिल की गूँज थी।

लोहियावादी विजयदेव नारायण साही ने कबीर के साहित्य का मुद्दा हिन्दू-मुस्लिम एकता में माना है और डॉ. धर्मवीर का विचार भी इससे मिलता-जुलता है। यह दलितों के हित में नहीं है। लेकिन मेरा ऐसा मत नहीं है। मैं कबीर को

दलित चिन्तन में मानता हूँ। हिन्दू-मुस्लिम गौण हैं। वे दाढ़ी-चोटी को काटनेवाले थे, मिलानेवाले नहीं थे। हिन्दू-मुस्लिम ने कबीर को सिर्फ इस्तेमाल किया है। आजादी के आन्दोलन के दौरान भी कबीर का दुरुपयोग हुआ है जिसके कारण देश का बँटवारा हुआ। यदि समाज को समानता का दर्जा दिया जता तो आजादी की लड़ाई मुकम्मल होती।

धर्म चेता, धर्म गुरु के रूप में हजारी प्रसाद द्विवेदी ने कबीर को अपने ढंग से समझने की कोशिश की है। उन्होंने अपनी पुस्तक में एक अध्वाय यह साबित करने के लिए लिखा है कि कबीर मुसलमान नहीं थे, जोगी थे। वे दो-तीन पीढ़ियों से ही मुसलमान बने थे, इसलिए कुरान के विषय में ज्यादा नहीं जानते थे और नीची जाति के होने के कारण वे पुराणों के विषय में भी कुछ विशेष नहीं जानते थे। लेकिन द्विवेदी जी यह अवश्य मानते हैं कि कबीर विलक्षण थे, न्यारे थे। उनके दौर में ऐसा कोई आदर्श नहीं हुआ। इस सबके बावजूद द्विवेदी जी ने यह कभी नहीं कहा कि कबीर दलित थे।

कबीर के गुरु के सम्बन्ध में काफी विवाद है। गुरु-परम्परा उस जमाने में थी या नहीं, यह भी विवाद का मुद्दा कबीर के सम्बन्ध में बना हुआ है। गुरु-परम्परा धर्म-साधना के क्षेत्र से है और कुछ शिल्प, संगीत, कला के सन्दर्भ में होती है जिस 'घराना' कहते हैं। 'योग-साधना' साहित्य के सन्दर्भ में पहली बार नाथों-संतों में आई। चूँकि कबीर संत-परम्परा के थे, उस परम्परा में सम्बोधन साधो, अवधू जैसा होता था, जो गुरु-शिष्य परम्परा लिये हुए हैं। साखियों में भो 'बलिहारी गुरु अपनों' जैसा मिलता है।

*पाछे लागे जाई था लोक वेद के साथी।*
*आगे थे सद्गुरु मिल्या, दीपक दीया हाथि॥*

'मैं तो पीछे चल रहा था' में गुरु-परम्परा है। कबीर की 'बानी' में गुरु नाम नहीं मिलता। लोक-परम्परा में वे रामानन्द के शिष्य रहे। किंवदंतियाँ सभी संतों के विषय में हैं, चाहे तुलसी हों, ज्ञानेश्वर हों या नामदेव—इनके विषय में तथ्यात्मक विश्लेषण नहीं, भाव देखते हैं। द्विवेदी जी के लेख 'ठाकुर जी की बटौर' में उन्होंने जात-पाँत के सन्दर्भ में लिखा है कि ठाकुर जी के नाम पर चन्दा बटोर रहे थे। मेरा मन अतीत में वहाँ चला गया, जहाँ एक चांडाल बैठा था। ठाकुर जी के नाम पर ऐसा नहीं हो सकता। लेकिन जब भगत भगवान के पास गया तो भगवान ने चन्दा ग्रहण नहीं किया। फिर वह चांडाल के चरणों में जाकर गिर गया। इसके बाद भगवान ने इसे स्वीकार किया। यह किंवदंती रामानन्द के सन्दर्भ नें है। यह ब्राह्मणों ने चलाई या किसी और ने, लेकिन रामानन्द पर आपत्ति क्यों? सभी साखियों में तय है, दोनों समकालीन थे। कबीर का जन्म भी विवादास्पद है तो रामानन्द का

भी। आखिर यह रामानन्द के साथ क्यों जुड़ गया, तुलसी या किसी अन्य के साथ क्यों नहीं जुड़ा? इसका मतलब ब्राह्मण को अति-श्रेय देना नहीं है। ऐसे तो वीर सावरकर जो ब्राह्मण थे और बाबा साहब के बड़े समर्थक थे। यदि धनंजय कीर की बायोग्राफी को प्रमाण मानें तो उसमें लिखा है : ज्यों-ज्यों बाबा साहब ने उन पर आक्रमण तेज किया, सावरकर ने उनका समर्थन किया। बाबा साहब में तेज था। उसमें ब्राह्मण का होना कोई गुनाह नहीं। कबीर के विषय में यह सच है कि ब्राह्मण के विषय में कभी कोमल नहीं हुए और उन्होंने ब्राह्मणों को कभी माफ नहीं किया। गुरु कौन थे, कैसा था, यह आग्रह की वस्तु नहीं। यह कोई मुद्दा ही नहीं। ब्राह्मण तो यहाँ तक कहता है : 'यदि ज्ञान शूद्र से भी मिले, ले लेना चाहिए।' इसे ब्राह्मण की चतुराई कहें या कुछ भी, लेकिन यह भी सत्य है कि ब्राह्मणों ने गायकी मुसलमानों से ही सीखी है। इस आधार पर यह कहें कि कबीर उनके यहाँ गए और रामानन्द से ज्ञान ले आए, यह मुद्दा ही नहीं होना चाहिए।

कबीर के सन्दर्भ में कुछ लोग कहते हैं, वे सिकन्दर, लोधी के जमाने में थे। कुछ कहते हैं, नहीं थे, लेकिन वे दिल्ली के सुल्तानों—तुगलक, अलाउद्दीन खिलजी—के जमाने में थे। कबीर और अन्य संतों को तुर्कों के साथ देखने की बजाय सूफी परम्परा में देखना चाहिए। यद्यपि सूफी संत, जान बचाने के लिए दसवीं सदी में, उस समय पंजाब में आए थे जब बौद्ध भारत से बाहर गए थे और योगी, कलन्दर व नागपंथी देश में बचे थे जो निर्गुण भक्ति धारा में थे, ईश्वर को नहीं मानते थे और अखाड़े की प्रथा का निर्वाह करते थे। सूफी-परम्परा के सन्दर्भ में बताना महत्त्वपूर्ण है : 'यदि सूफी-परम्परा नहीं आती तो संस्कृत का बोलबाला लम्बा होता।' कबीर ने प्रेम को सूफियों से लिया था। वे प्रेमपंथी थे और पंजाब में प्रेम कविता को लिखनेवाले पहले कवि बाबा फरीद और दूसरे बुल्लेशाह हुए। कबीर से ठीक पहले मुल्ला दाऊद 'चन्दायन' लिख चुके थे और वे विद्यापति से पहले थे। तकी पीर को भी कबीर का गुरु बताया जाता है। चन्द्रबली पांडेय ने अपने लेख में कबीर को 'जिंद' कहा है। सूफियों में जिंद पीर होता है जो धर्म के खिलाफ माना जाता है। अत: कबीर को सूफी-परम्परा और नाथों-सिद्धों की परम्परा में देखना जरूरी है।

*अब न बसूँ इहि गाँव गोसाईं।*
*तेरे नेवगीं खैरे सयाने हो राम॥*

कबीर ग्रामीण-व्यवस्था का चित्रण करता है कि किस प्रकार ठाकुर का खेत दूर है, जबरदस्ती काम कराया जाता है, कायस्थ (मुंशी) मजूरी नहीं देता, साहूकार भारी कर्ज बताता है और तरह-तरह के अत्याचार होते हैं। रूपक के रूप में इनका जिक्र आता है।

कबीर के विषय में अनावश्यक व भ्रामक प्रश्न उछाले जा रहे हैं कि कबीर भक्त थे, समाज-सुधारक थे, कवि थे, या ईश्वर थे? कबीर कवि थे, ईश्वर नहीं थे, क्योंकि ईश्वर कवि नहीं हो सकता। कबीर और अम्बेडकर को भी आमने-सामने खड़ा करना उचित नहीं है। कबीर कवि थे और अम्बेडकर विद्वान लेकिन दोनों के कर्म अलग-अलग थे। कबीर कम विद्वान थे लेकिन उनकी प्रतिभा काव्य के रूप में फूटी। ऐसा कवि कविता की सबसे बड़ी कसौटी है। कबीर गान-रूप में प्रकट हुए हैं। कबीर जितने गाए जाते हैं, उतने तुलसी और मीरा नहीं। कबीर का गायन अत्यंन्त प्रभावशाली है। कबीर के कारण ही कुमार गन्धर्व संगीत जगत में छाए। सभी ने कबीर को गाया है। कविता में संगीत-तत्त्व है और इसे ऊँचाई कबीर प्रदान करते हैं। बौद्धिक स्तर पर ऋग्वेद की ऋचाओं जैसा संगीत कबीर को बड़ा बनाता है। कवि भूत, भविष्य और वर्तमान—सभी को देखता है। 'गायन' में नाम नहीं मरता, अमर होता है। भाषा के अन्दर बैठा अमर होता है और यह जिन्दा रहने की ताकत कबीर में है। दर्शन व वेदान्त लम्बी-लम्बी बातें करते हैं लेकिन कबीर एक बात में सभी कुछ कह देते हैं। रवीन्द्रनाथ टैगोर ने भी उन्हें शीश झुकाया है। 'गीतांजलि' पर भी उनका प्रभाव रहा है। वह ऐसा सन्देश देता है जो आत्मा को छूता है, तन्मयता को छूता है।

यह मानना कि कबीर की उपेक्षा हुई है, उचित नहीं है। कबीर तुलसी के लिए चुनौती थे। तुलसी उनकी उपेक्षा कर ही नहीं सकते थे। रामचरितमानस में भी नया विवाद है, जो जीवन्त चुनौती है। कबीर का निर्गुणवाद उस समय काफी प्रभावी था और दलित समाज पर इसका गहरा प्रभाव था। यह आन्दोलन अपने-आपमें चुनौती था। नामदेव और रैदास भी निर्गुण हैं। योग में भी 'ईश्वर' निर्गुण है और सिद्धों में भी निर्गुण है। यह पूरी की पूरी निर्गुण धारा चुनौती है। सूर और तुलसी डटकर उसका विरोध करते हैं जो दक्षिण से कश्मीर तक विद्यमान थी। निर्गुण-परम्परा के चलते पुरोहित की रोजी-रोटी चली गई थी। मन्दिर बनाने की व्यवस्था नहीं थी। निर्गुण धारा ने सीधे पेट पर लात मारी थी। निर्गुण धारा में राजा आलीशान महल तो बनवाएगा लेकिन मन्दिर नहीं। इसके विपरीत सगुण धारा में ब्राह्मणों के राजसी ठाठ हैं। इसका आधार दार्शनिक नहीं बल्कि आर्थिक और शक्तिमूलक है। मन्दिर सम्पत्ति और ताकत के प्रतीक हैं। उसके ठोस भौतिक कारण हैं। इसलिए कबीर के निर्गुणवाद ने ब्राह्मणों की जड़ें ही काट दीं। उनकी राजशाही चली गई, धंधा चला गया और यूँ कहें कि कबीर ने पुरोहितवाद पर हमला बोला, तो ज्यादा ठीक होगा। लेकिन बाद के कबीर-पंथियों में कविता की सामर्थ्य तो थी नहीं, इसलिए उन्होंने कबीर की मूल अवधारणा को छोड़कर कबीर की पूजा करनी शुरू कर दी जो निर्गुण-परम्परा पर कलंक जैसा है।

जहाँ तक कबीर बीजक/वाणी का प्रश्न है, यह रामचरितमानस की तरह सब जगह मिलती हैं। वे दक्षिण सहित सारे भारत में मौखिक और लिखित, दोनों तरह से सुरक्षित हैं। विदेशी ईसाई भी तुलसी के साथ कबीर के विषय में बराबर लिखते हैं। इलाहाबाद की एक प्रेस ने भी तुलसी और कबीर, दोनों को ही छापा है। पाठ्यक्रम के कोर्स में भी निचली कक्षाओं से लेकर एम.ए. तक—सभी में कबीर को भी पढ़ते हैं। कबीर की उपेक्षा नहीं हुई है।

'जाति-उन्मूलन' पुस्तक में बाबा साहब द्वारा कबीर के प्रति प्रकट रुख ठीक नहीं है। भक्ति साहित्य पर प्रतिक्रिया करते हुए उन्होंने कबीर की तारीफ में कहा : "जो संत होते हैं, चाहें तो समाज को उठा सकते हैं लेकिन ये व्यक्तिवादी होते हैं, इसलिए संतों का प्रभाव समाज पर नहीं पड़ा। सामाजिक होना चाहिए था। उनकी यहाँ असफलता का कारण व्यक्तिवादी नहीं, हिन्दू समाज के ढाँचे का ज्यादा मजबूत होना है। मोहम्मद को छोड़कर सारे पैगम्बर व्यक्तिवादी थे, उनका प्रभाव समाज पर पड़ा। ईसा मसीह भी व्यक्तिवादी थे और समाज पर उनका प्रभाव भी पड़ा। इसलिए कबीर का व्यक्तिवादी होना कोई अवगुण नहीं है।

कबीर के सन्दर्भ में डॉ. धर्मवीर ने सराहनीय और साहसिक कार्य किया है, यह कबीर को नये अन्दाज़ देगा। उसकी दाद देनी होगी। डॉ. धर्मवीर की आवाज को दबना नहीं चाहिए। लेकिन धर्मवीर का मकसद अब पूरा हो गया है, उसे कुछ और लिखना चाहिए। मैं धर्मवीर की आलोचना कर ब्राह्मणों को सुख नहीं पहुँचाना चाहता।

[ईश कुमार गंगानिया से बातचीत पर आधारित;
'अपेक्षा' अंक-2 : जनवरी+मार्च, 2003]

# मीरा : विद्रोह और वेदना

मुझे मीरा पर बातचीत करनी है, पर मेरे सामने कई चुनौतियाँ हैं। मैं मीरा पर ऐसा क्या कहूँ जिससे आप परिचित न हों और जो पहले कभी न कहा गया हो? जब 'जीव गोस्वामी' जी से मिलने मीरा वृन्दावन गईं तो उन्होंने मीरा से मिलने से इनकार कर दिया क्योंकि मीरा एक स्त्री थीं और स्त्रियों से मिलना तो दूर, उन्हें देखना भी जीव गोस्वामी जी को गवारा न था। मीरा ने हँसते हुए कहा कि उन्हें पूर्ण विश्वास है कि संसार में सिर्फ कृष्ण ही एकमात्र पुरुष हैं, शेष सभी स्त्रियाँ हैं। यह सुनकर जीव गोस्वामी जी काफी शर्मिन्दा हुए और अपनी गलती को सुधारते हुए उन्होंने मीरा से मुलाकात की। आज के सन्दर्भ में अगर पुरुष सिर्फ एकमात्र वही है तो इस तर्क के आधार पर, यहाँ मौजूद सभी स्त्रियाँ हैं। शायद मीरा के बारे में कुछ भी कहने से पूर्व यह न्यूनतम अर्हता अर्जित करना आवश्यक है कि हर पुरुष अपने मन की गहराइयों में खुद को स्त्री समझे। इस समझदारी के बिना कोई मीरा के बारे में चर्चा करने के विषय में भला कैसे सोच सकता है? शायद इसी वजह से जो यह बात नहीं समझ पाते, वे मीरा के विषय में चुप्पी साधे रहते हैं।

राठौर-वंश के इतिहास में मीराबाई का कोई उल्लेख नहीं मिलता। चित्तौड़ के सिसोदिया-वंश के इतिहास में भी मीरा कहीं नहीं आतीं। मीरा का जिक्र पहली बार नाभादास के भक्ति-साहित्य में मिलता है।

नाभादास जो एक भक्त होने के साथ-साथ जाति के डोम या दलित थे। मैं यहाँ यह उल्लेख क्यों कर रहा हूँ, इस पर बाद में विस्तार से चर्चा करूँगा। नाभादास ने पहली बार एक भक्त के रूप में मीरा की उपस्थिति दर्ज की।

अगर मैं उनके उद्धरण की व्याख्या करूँ तो कहा जा सकता है कि मीरा ने गोपियों की ही तरह कलियुग में कृष्ण की अलौकिक भक्ति-साधना की। मेरा विश्वास है कि मीरा पर इससे बेहतर टिप्पणी कभी किसी ने नहीं की है। उनके द्वारा की गई कुछ अन्य टिप्पणियाँ इस प्रकार हैं : 'लोक-लाज-कुल-शृंखला तजी, मीरा गिरधर भजीं।'

नाभादास के अतिरिक्त अन्य लोगों ने मीराबाई के विषय में अपने लेखन में क्या कहा है? शायद यही कि वे समाज की परवाह नहीं करतीं और लोगों की

चिन्ता किये बगैर कृष्ण के प्रेम में उन्मत्त नाचती रहती हैं। तथ्य तो यह भी है कि परिवार सिर्फ सम्बन्धों की निर्मिति ही नहीं करता, वह उनकी कैद में भी तब्दील हो जाता है। इसी के खिलाफ मीरा ने बगावत की। अपने गीतों के माध्यम से उन्होंने रसिक-जनों को रस-धारा से आप्लावित किया। ये दोनों कार्य एक साथ सम्भव नहीं।

यहाँ 'नाभादास' का उल्लेख इसलिए भी महत्त्वपूर्ण है क्योंकि राजपूतों का इतिहास 'मीराबाई' पर पूरी तरह खामोश है। आज के बुद्धिजीवी वर्ग ने मीरा को समझने की कोशिश बस शुरू ही की है। गुजरात और राजस्थान के लोकजीवन में मीराबाई के पदों को वर्षों से गाया जाता है, पर वे कौन-से गायक हैं जो मीरा के गीत गाते हैं? यह शोध ऑक्सफोर्ड यूनिवर्सिटी प्रेस से प्रकाशित पुस्तक 'अप-होल्डिंग द कम्यूनिटी' में दो विदेशी महिलाओं ने किया है। गाँवों में घूमते हुए उन्होंने यह पाया कि मीरा के पद उन जनजातियों और लोगों में गाए जाते हैं जिन्हें हम अछूत मानते हैं। अपनी बैठकों और जमावड़ों में वे मीरा के भजनों को लोकगीतों की तरह गाते हैं, खास कर गुजरात एवं पश्चिमी राजस्थान में। इन गीतों का न तो कभी संकलन किया गया है और न ही रिकॉर्डिंग। इन्होंने बड़ी संख्या में गीतों को दर्ज किया है जबकि सौ से अधिक गीत मीरा पर प्रकाशित संकलनों में मिल जाते हैं।

यह महज़ इत्तिफाक नहीं है कि नाभादास मीरा का स्मरण करते हैं। उच्च वर्ग के भक्तों में ऐसा कोई नहीं जो मीरा पर बात करने को इच्छुक हो। 18वीं सदी में कृष्ण-भक्त नागरीदास की पुस्तक आई जिसके बारे में शायद आप जानते होंगे। दरअसल किशनगढ़ के छोटे राजकुमार सावन्त सिंह ही नागरीदास नाम से प्रसिद्ध हुए थे। वही किशनगढ़, जो अपनी 'किशनगढ़-चित्रकला' एवं शिल्पकला के लिए विख्यात है। नागरीदास राज्य के उत्तराधिकारी नहीं थे, उन्होंने राज्य छोड़ दिया और वे वृन्दावन चले गए। वे कृष्ण-भक्त बन गए थे और अपने शुरुआती दिनों में मीराबाई के प्रशंसक थे। उन्होंने एक अनुपलब्ध, अनुपम पुस्तक लिखी, 'पद-प्रसंग-माला'! इस पुस्तक में उन्होंने पूर्ववर्ती भक्त-कवियों की अपने पदों में चर्चा की है। यहाँ हमें राणा के शोषण के खिलाफ कई पद मिलते हैं कि कैसे राणा ने मीरा को ज़हर का प्याला भेजा और साँप से डसवाने की कोशिश की, आदि। सिर्फ यही नहीं, चित्तौड़ से द्वारका तक की उड़ान का उल्लेख भी इस पुस्तक में मिलता है। यह वर्णन भी मिलता है कि राणा ने कैसे अपने आदमियों को मीराबाई को खोजकर वापस लाने का काम सौंपा और कैसे वे अन्त में अपने आराध्य की मूर्ति में समाकर एकाकार हो गईं। उन्होंने पहले अपने आराध्य की मूर्ति को देखने की अनुमति माँगी और फिर उसी में विलीन हो गईं। 18वीं सदी की 'पद-प्रसंग-माला' में कई अन्य घटनाओं का वर्णन भी मिलता है। इसके बाद उनका नाम 20वीं शताब्दी के पूर्वार्द्ध में गुरुदेव रवीन्द्रनाथ ठाकुर एवं महात्मा गांधी के लेखन में मिलता है।

1914 में प्रकाशित रवीन्द्रनाथ ठाकुर की कहानी 'स्त्रीर पत्र' (एक स्त्री का पत्र) में मृणाल अपने पति को एक लम्बा पत्र लिखती है। यह कहानी इसलिए बहुत महत्त्वपूर्ण है कि इसमें एक स्त्री, जो पन्द्रह वर्षों तक अपने पति एवं ससुराल वालों के शोषण का शिकार रही है, अन्ततः उन्हें त्यागकर घर छोड़ने का निर्णय लेती है। एक स्त्री इस तरह अपने विवाह को चुनौती देते हुए उस पर प्रश्नचिह्न लगाने का साहस एवं जोखिम उठाती है, और ऐसे अवसर पर वह मीरा का उल्लेख करती है : 'मीराबाई भी मेरी ही तरह एक स्त्री थीं। उनकी बेड़ियाँ मुझसे कुछ कम भारी न थीं और उन्हें भी जीने के लिए मरना पड़ा था।' मृणाल अपने पत्र के अन्त में लिखती है : 'आपके चरणों के आश्रय से दूर, मृणाल।'

यह कोई सामान्य घटना नहीं है, विशेष कर तब, जब हम जानते हैं कि वह किस परम्परा से आती है। वह मीरा का हवाला देती है, प्रश्न पूछने के लिए और विद्रोह के लिए, जिससे प्रमाणित होता है कि रवीन्द्रनाथ के भीतर भी एक स्त्री का हृदय मौजूद था। उन्होंने लिखा है कि 'हमारे भीतर ही कहीं एक विरह-विदग्ध स्त्री है,' और एक 'स्त्री' का दर्द वही समझ सकता है, जिसके पास 'स्त्री-हृदय' हो। इसी कहानी में वे कहते हैं कि सिर्फ एक पत्नी होना ही स्त्री-जीवन की उपलब्धि नहीं है। अगर वह कष्ट में है और उसका सम्बन्ध उसके लिए कैद बन चुका है, तो उसके भीतर इस सम्बन्ध से मुक्त होने की आन्तरिक शक्ति होनी चाहिए। इसीलिए मैं कहता हूँ कि रवीन्द्रनाथ ठाकुर ने मीरा को विद्रोह एवं वेदना के प्रतीक के रूप में दर्शाकर एक साहसिक पहल की।

महात्मा गांधी ऐसे दूसरे व्यक्ति हैं जिनका मैं जिक्र करना चाहता हूँ। सन् 1915 से ही गांधी जी के पत्रों, व्याख्यानों और लेखों में मीराबाई का उल्लेख लगातार आता है। किसी ने गांधी जी के बारे में कहा है कि 'बापू मेरी माँ हैं।' उनके भीतर भी 'स्त्री-हृदय' कहीं-न-कहीं छिपा है। अपने एक पत्र में वे लिखते हैं कि मीरा ही 'पहली सत्याग्रही' थीं। एक राज-परिवार में जन्मी मीरा ने सामन्ती व्यवस्था के खिलाफ विद्रोह कर दिया। इस तरह गांधी जी की समझ में पहला विद्रोह मीरा ने किया, पर टैगोर एवं गांधी के विचारों में अन्तर है। गांधी मीरा को तो पहला विद्रोही मानते हैं लेकिन जब मैडेलिन स्लेड, जिनका नाम उन्होंने मीरा रखा था, उनके प्रति आकर्षित होती हैं तो वे सबसे पहले उनके बालों पर उस्तरा फिरवा देते हैं। इस घटना का उल्लेख सुधीर कक्कड़ भी अपनी पुस्तक 'मीरा एंड द महात्मा' में करते हैं। जब भी किसी महिला ने उनसे इस तरह की चर्चा की, उन्होंने जोर देकर कहा कि पति-पत्नी का सम्बन्ध एक पवित्र रिश्ता है और वे उसे तोड़ने की सलाह कदापि नहीं देंगे। इस बात के बावजूद कि वे मीरा को पहला सत्याग्रही मानते थे, उनके विचार इस बिन्दु पर टैगोर से भिन्न थे। मैं इन दोनों घटनाओं के बारे में बताना इसलिए जरूरी समझता हूँ कि 18वीं से 20वीं

शताब्दी तक नाभादास, नागरीदास, टैगोर से गांधी तक की परम्परा की शृंखला की कड़ियों को चिह्नित कर सकूँ।

इन घटनाओं के आलोक में चूँकि इतिहास मीरा पर मौन है, यह बहुत जरूरी हो जाता है कि मीरा पर उपलब्ध मौखिक कथाओं का न केवल पुन:पाठ किया जाए, अपितु उन्हें पुन:स्थापित किया जाए।

लोगों के दिमाग से मौखिक इतिहास को लोकमत एवं विश्वास से अलग करना बेहद मुश्किल है, खास कर तब, जब ऐसे ही विवरण मीरा के पदों में भी मौजूद हों। मीरा का जीवन और साहित्य इस तरह आपस में गुँथा हुआ है कि दोनों को अलग करना लगभग असम्भव है। इस सन्दर्भ में लिखित दस्तावेज और प्रमाण उपलब्ध नहीं हैं। क्या मीरा शादीशुदा थीं या फिर वह पहले से ही विधवा थीं? उन्होंने कब अपना घर छोड़ दिया, इसका कोई पक्का प्रमाण नहीं मिलता। मौखिक इतिहास में दोनों तरह के विवरण मिलते हैं। सामान्य लोकमत यही है कि उनके पति का देहावसान हो चुका था और वे एक विधवा थीं। राजपूत परिवारों में विवाह एक तरह की कैद ही है और उसमें विधवा की स्थिति अपने-आपमें एक त्रासदायक अनुभव है। इससे जुड़ी कुछ अन्य घटनाओं का उल्लेख हमें मीरा के पदों में मिलता है। मीरा के कथनानुसार : उनका विवाह बचपन में ही गिरिधर गोपाल से हो गया था। इसीलिए जब वे कहती हैं : 'मेरो तो गिरिधर गोपाल, दूसरो न कोई' तो बलाघात 'दूसरो न कोई' पर है।

बचपन में जब मीरा ने अपनी माँ से प्रश्न किया कि उनका विवाह किससे होगा, तो माता का उत्तर था कि उनका विवाह तो गिरिधिर गोपाल की मूर्ति से पहले ही हो चुका है। हालाँकि यह एक दंतकथा है पर इससे यह जरूर पता चलता है कि मीरा को 'मेरे तो गिरिधर गोपाल' का अर्थ तब भी पता था। वे जानती थीं कि कोई दूसरा कभी उनका नहीं हो सकता क्योंकि वे कृष्ण की विवाहिता हैं। अत: किसी और से विवाह का प्रश्न ही नहीं उठता। दंतकथाएँ इसलिए बेहद महत्त्वपूर्ण हैं क्योंकि वे सिद्धान्तों पर आधारित हैं और इस सन्दर्भ में सिद्धान्त निष्ठा की ओर संकेत कर रहा है।

एक घटना जिसकी ओर ध्यान नहीं दिया गया और जो सम्भवत: सबसे बड़े विद्रोह का सर्वाधिक मुखर रूप है। अगर मीरा विधवा थीं, जैसाकि प्रचलित लोक-मान्यता है तो उन्होंने सती होना स्वीकार नहीं किया। सती न होना राजपूत-परम्परा से सीधी बगावत थी। मीरा ने सती बनना शायद इसलिए भी स्वीकार नहीं किया क्योंकि वे खुद को विधवा नहीं मानती थीं। ऐसे न जाने कितने पद हैं जिनमें वे गिरिधर गोपाल से अपने विवाह का उल्लेख करती हैं। उनका गिरिधर गोपाल तो वही अनश्वर, अलौकिक, सर्वशक्तिमान है। ऐसी स्थिति में एक मरणशील सामान्य मनुष्य उनके किस काम का?

मीरा के पदों की अनेक व्याख्याएँ सम्भव हैं। एक मरणधर्मा सामान्य मनुष्य से विवाह का क्या औचित्य जबकि उनका विवाह पहले ही सर्वशक्तिमान से हो चुका है जो जीवन और मृत्यु से परे है? वे क्यों एक मरणशील सामान्य मनुष्य से विवाह कर खुद को एक विधवा मानें? उनके जीवन में एकमात्र पुरुष वही अलौकिक ब्रह्म है, शेष सब स्त्रियाँ हैं। ऐसी स्थिति में एक स्त्री का विवाह दूसरी स्त्री से कैसे हो सकता है? सिर्फ वही एक परमात्मा है और जब परमात्मा को खोज लिया है तब किसी अन्य आत्मा से क्या प्रयोजन? अत: यह जरूरी नहीं कि हम सत्य को प्रमाणित करने के लिए इतिहास का संधान करें क्योंकि इन मौखिक इतिहास-वृत्तों एवं दंतकथाओं में भी अर्थ की अनन्त सम्भावनाएँ निहित हैं।

भारत के विभिन्न भागों में कई लड़कियों का नाम मीरा है, पर क्या हमने कभी सोचा है कि इन नामों का अर्थ क्या है? मुझे किसी शब्दकोश में इस नाम का कोई अर्थ नहीं मिला। अगर किसी को किसी अर्थ की जानकारी मिलती है तो वे कृपया मुझे बताएँ। साथ ही दो शब्दों का उल्लेख मिलता है—मीरा एवं मीराँ। अत: प्रश्न उठता है कि उनका वास्तविक नाम क्या था—मीरा या फिर मीराँ?

संस्कृत भाषा बहुमुखी प्रतिभा-सम्पन्न है। संस्कृत के विद्वानों को आप कोई भी शब्द दें, वे आपको उसका अर्थ ढूँढ़ देंगे। एक सम्भावित अर्थ हो सकता है कि 'मीरा' संस्कृत के शब्द 'मीर' से बना। मीर का अर्थ है—सागर और इस तरह 'मीरा' का अर्थ हुआ सागर या फिर सागर का कोई भाग। कुछ अन्य विद्वान मीरा को समुद्र-कन्या या लक्ष्मी भी मानते हैं। एक अन्य अर्थ 'एक पेय' या 'मदिरा' भी है। दोनों ही अर्थ तर्कसंगत हैं, मुफीद हैं क्योंकि वे प्रेम-भक्ति का सागर भी थीं और उसके प्रभाव से उन्मत्त भी।

मैं मीरा के विद्रोह की प्रकृति को रेखांकित करना चाहता हूँ क्योंकि पश्चिम के नारीवादी विद्वानों ने मीरा का उपयोग पुरुषों के खिलाफ एक धारदार हथियार के रूप में किया है, जबकि तथ्य यह है कि मीरा का हथियार प्रेम है जो उनके द्वारा इस्तेमाल किये गए हथियारों का बेहतर विकल्प है। वे अपनी ताकत का इस्तेमाल उस तरीके से नहीं करतीं जिस तरह आज की महिलाएँ पुरुषों की मुखालफत के लिए करती हैं। आप उनकी कविताओं में कहीं भी राणा के खिलाफ एक पंक्ति भी नहीं खोज सकते। वे राणा के बारे में सिर्फ उन्हीं घटनाओं का उल्लेख करती हैं जहाँ राणा द्वारा भेजा गया विष भी अमृत में तब्दील हो जाता है। वे कहीं नहीं कहतीं कि उन्होंने इस पात्र को राणा के मुँह पर फेंक दिया बल्कि वे जिक्र करती हैं कि राणा द्वारा भेजा गया साँप भी फूलों में बदल गया। इस तरह दंतकथाएँ मीरा के विद्रोह की प्रकृति की ओर संकेत करती हैं। मीरा के विद्रोह की इस शैली ने ही गांधी को प्रभावित किया और परिणामस्वरूप गांधी ने दंडस्वरूप कारागार में

क़ैद होने को स्वीकार किया। गांधी ने कहा कि उन्होंने सरकार की मुख़ालफत कर अपराध किया है और उन्हें दंडस्वरूप कारागार में बन्द कर देना चाहिए। उन्होंने कहा कि वे सरकार की नीतियों से असहमत हैं और वे कानून का पालन नहीं करेंगे। इसी तरह भक्तों ने भी परम्परा पर प्रश्नचिह्न लगाया और 'प्रेमा पुमर्थो महान्' के सिद्धान्त का पालन किया।

भारतीय परम्परा में चार पुरुषार्थों का वर्णन मिलता है—धर्म, अर्थ, काम, मोक्ष और सम्भवत: पहली बार भक्तों ने इसमें पाँचवें पुरुषार्थ को शामिल किया, जो 'प्रेम' था। हमारे यहाँ तीन, चार और पाँच की अद्‌भुत परम्पराएँ विद्यमान हैं। हमारे यहाँ चाद वेद हैं, चार ही पुरुषार्थ हैं, सभी चार हैं। अगर इन चार के बाद भी हम कुछ विशेष जोड़ना चाहें तो हम कह सकते हैं कि यह पाँचवाँ है। यह कहते हुए ध्यान इस बिन्दु की ओर है कि परम्परा में इस पाँचवें को जोड़ना हमारे अपने समय की माँग है। उदाहरण के लिए 'महाभारत' को पाँचवाँ वेद भी कहा जाता है। भरतमुनि द्वारा रचित 'नाट्यशास्त्र' को भी पाँचवें वेद की संज्ञा से अभिहित किया जाता है। जब लोग पाँचवें को जोड़ते हैं तो वे परम्परा को खारिज नहीं करते, वे सिर्फ इतना भर कहते हैं कि चार तो पहले से ही मौजूद हैं और यह पाँचवाँ है। यही वह परम्परा है जिसमें मीरा आती हैं—पाँचवें वेद की परम्परा, प्रेम की परम्परा और यह इसलिए बेहद खास है क्योंकि इस परम्परा की शुरुआत एक स्त्री ने की, शायद इसीलिए उस पर अनेक दंतकथाएँ मिलती हैं।

एक प्रश्न जो अक्सर मीरा के सम्बन्ध में पूछा जाता है कि वे किसकी शिष्या थीं? कई लोग कहते हैं कि वे रैदास की शिष्या थीं। पता नहीं, ऐसा सिर्फ मीरा के बारे में ही क्यों कहा जाता है कि वे रैदास को अपना गुरु मानती थीं? कोई क्यों नहीं पूछता कि उन्होंने कब रैदास से दीक्षा ली? मीरा का रचना-समय क्या था और रैदास किस काल-खंड से सम्बन्धित हैं? वे एक-दूसरे से कभी मिले भी थे, इसका कोई प्रमाण नहीं मिलता।

हमारे समाज में जहाँ चार जातियाँ हैं, वहीं एक पाँचवीं भी है। दलित जो हमारे यहाँ चौथी जाति है, उसे दक्षिण भारत में पाँचवीं माना जाता है। महाराष्ट्र में भी पाँच जातियाँ हैं। अम्बेडकर के वर्गीकरण के अनुसार : 'दलितों में भी महादलित' पाँचवीं जाति है। जाति-व्यवस्था पर आधारित रूढ़िबद्ध समाज में—'स्त्री', फिर चाहे वह किसी भी जाति की क्यों न हो, पाँचवीं जाति में ही शुमार होती है। शायद इसी वजह से शोधकर्ताओं के अनुसन्धान में यह साफ परिलक्षित होता है कि मीरा के गीत उन्हीं लोगों एवं जनजातियों में ज्यादा गाए जाते हैं, जो कबीर के पद गाते हैं। दोनों के बीच एक गहरा सम्बन्ध है, पर मीरा अपने-आपमें इतनी प्रभावशाली हैं कि उनकी कोई भी आलोचना उनके प्रभावी व्यक्तित्व के सम्मुख बौनी ही प्रतीत होती है।

मीरा के साहित्य में प्रेम सबसे महान जीवन-मूल्य के रूप में चित्रित है। यह प्रेम कालिदास की परम्परा का अवदान नहीं है जिनके यहाँ प्रेम अधिकांशत: रत्यात्मक एवं शृंगारिक है।

अगर प्रेम को एक जीवन-मूल्य के रूप में प्रस्तुत किया जाए तो वह निश्चित तौर पर भक्तों एवं सूफियों का योगदान है। संस्कृत भाषा के ह्रास के बाद सभी भाषा-वैज्ञानिक परम्पराओं में हम रूमी और हाफिज़ के प्रेम-सन्देश पाते हैं, जिन्होंने प्रेम को महानतम मूल्यों के रूप में स्थापित किया। यह निस्सन्देह सूफियों की वजह से मुमकिन हुआ कि व्यापक जनजागरण ने आधुनिक भारतीय भाषाओं एवं साहित्य में, चौदहवीं-पन्द्रहवीं शताब्दी में, अपनी जगह बनाई। पंजाबी सिख गुरुओं ने भी इस विषय पर बहुत कुछ लिखा। लल्लद्यद ने भी 'कश्मीरी' भाषा में यही काम किया। यही सिलसिला सिन्धी एवं अन्य भारतीय भाषाओं में भी देखा गया। दक्षिण भारतीय भाषाओं को भक्ति का स्रोत माना जाता है। हमें यह याद रखना चाहिए कि 'संगम काल' की तमिल एवं आलवार भक्तों की क्लासिकी तमिल एक नहीं है। शुरुआती संस्कृत आधारित तमिल बिलकुल भिन्न है। सूफियों का प्रभाव कन्नड़, तमिल, मलयालम और तेलगू—सभी भाषाओं पर देखा जा सकत है। ऐसा कहा जाता है कि दक्षिण भारत में इस प्रभाव के फलस्वरूप रामानन्द का उदय हुआ।

कुल मिलाकर यह कहा जा सकता है कि भक्ति-आन्दोलन चाहे गुजराती में हो या मराठी में, 'प्रेम' ही इसके सबसे महत्त्वपूर्ण मूल्य के रूप में उभरता है। इस परम्परा में पहली बार हम स्त्रियों को कवियों के रूप में देखते हैं। बुनकर, मछुआरे, मोची और कारीगरों का उदय भी कवियों के रूप में होता है और शायद इसीलिए शासकों से, अभिजनों से यह कविता बर्दाश्त नहीं हुई, लिखना तो दीगर बात है। मीरा को आधुनिक मध्यवर्ग की पहुँच तक लाकर रुचिकर बनाना निश्चित रूप से गांधी एवं रवीन्द्रनाथ ठाकुर का योगदान है। ये हमें वहाँ ले गए जहाँ राजा और सत्तासीन मठाधीश आज भी नहीं पहुँच पाए हैं और न ही वे प्रेम-भक्ति के सागर के प्रतीक-रूप में मीरा का स्मारक ही बना पाए हैं।

[श्री सीताराम ट्रस्ट, महुवा, भावनगर द्वारा आयोजित संगोष्ठी में 2008 में दिया गया व्याख्यान]

[पुस्तक 'द वायस ऑफ वुमेन'—गार्गी टू गंगासती, सम्पादक : अवधेश कुमार सिंह, डी.के. प्रिंट वर्ल्ड, प्रथम संस्करण : 2008 में प्रकाशित। व्याख्यान मूलत: हिन्दी में दिया गया। हिन्दी पाठ का अंग्रेजी अनुवाद गोपिका जडेजा द्वारा किया गया। यह पाठ उसी अनुवाद पर आधारित है। हिन्दी अनुवाद आभा गुप्ता ठाकुर द्वारा किया गया और पुस्तक 'संस्कृति का ताना-बाना', वाणी प्रकाशन, प्र.सं., 2016 में प्रकाशित]

# ग़ालिब : अन्दाज़-ए-बयां और

मलिक मोहम्मद जायसी का एक दोहा है :

*भँवर आई बनखंड संग लेई कमल के बास।*
*दादुर बास न पावई भले ही द्वार छये पास॥*

वनखंड से आकर भौंरा कमल की बास ले रहा है। कमल तो पानी में है, दादुर बास न पावई—हम लोग मेढकों की तरह हैं।

मुझे 'नुस्खे हमीदिया' की छपी हुई कापी प्रेमचन्द के बेटे श्रीपतराय के घर में मिली तब नागरी लिपि में ग़ालिब के 'दीवान' नहीं प्रकाशित हुए थे। उर्दू में छपी थी, नागरी लिपि में नहीं थी। तो 'नुस्खई हमीदिया' था। आप कहेंगे कि श्रीपतराय को कहाँ से मिला? तो शहर बनारस में नवाब थे। वह खानदान भोपाल से गया था। उनकी बीवी उसी घराने की थीं। तो उनके घर से 'नुस्खे हमीदिया' का पुराना एडीशन मैं उठाकर ले आया। मैंने कहा, तुम्हारे यहाँ पड़ा हुआ मिला जबकि दुकानों पर ढूँढ़ा, नहीं मिला। थोड़ी उर्दू पढ़ लेता हूँ। बाद में आप देखें तो मिर्जा ग़ालिब का 'दीवान' नागरी लिपि में बहुत छपा और अब तो मिर्जा ग़ालिब के गाने सुन-सुनकर, कुछ तो सुनाए भी थे आज, हिन्दी वाले भी ग़ालिब को अपनाए हुए हैं। यह नहीं कि उर्दू के हवाले छोड़ा जा सकता है ग़ालिब को। आगे देखें तो अली सरदार जाफ़री ने 'नई सीरीज' जो उनका पब्लिकेशन है, उन्होंने ग़ालिब का 'दीवान' छाप दिया है नागरी लिपि में। टिप्पिणयाँ भी की हैं बहुत अच्छी। अब यह है कि जो लोग उर्दू रस्मों से वाकिफ़ नहीं हैं, मीर को, ग़ालिब को पढ़ सकते हैं। हिन्दी में काफी कदरदान हैं। मीर और ग़ालिब की फिल्म देखने, शे'र पढ़ने के बाद, गाने सुनने के बाद, और भी बहुत-से लोगों को दिलचस्पी हो गई है इनमें। मेरे और शायद आपको नजर में भी हो, पहली बात तो यह कि ग़ालिब, जैसा कहा गया, बहुत ही मुश्किल शायर हैं। बहुत मुश्किल। कवियों के जेहन में था :

*कदर बेदिल में था कहना, असद उल्लाह का कहना*

फ़ारसी में तो बेदिल की बड़ी धाक थी उस जमाने में। उनकी तर्ज पर रेढ़ता करना असल उल्लाह खाँ का, इसलिए ग़ालिब बहुत मुश्किल हैं। इसलिए पहली नजर का पहला शे'र का जिक्र किया है :

*नक़्शे फर्यादी है किस की शोख़ि-ए-तहरीर का,*
*काग़ज़ी है पैरहन हर पैकरे तस्वीर का।*

बहुत मुश्किल है। इसकी इंटरप्रीटेशन कई तरह से की गई है। इसलिए किसी उस्ताद ने कभी कहा था कि अच्छा उस्ताद कभी मिल गया तो कह लेगा, नहीं तो मुग़ल बकेगा। ग़ालिब के बारे में मैं नहीं जानता कि कहीं और उनका होगा बुत। मुझे मालूम है, जाकिर हुसैन साहब ने जामिया मिल्लिया इस्लामिया को बनाया।

ग़ालिब का शे'र है और थोड़ा मुश्किल भी है :

*जामे हर जर्रा हर सरकारे तमन्ना मुझसे,*
*जिसका दिल हूँ दो आलम से लगाया है मुझसे।*

शायद ही कहीं सुना होगा या ध्यान नहीं गया होगा।

'हर जर्रा एक जाम है'—आप इमेज़िनेशन देखिए। हर जर्रा एक ज़ाम है और तमन्ना से भरपूर है। दो आलम यानी लोक-परलोक, दोनों से हमको मिला दिया है। अब आप इसकी इंटरप्रीटेशन कीजिए कि 'हर जर्रा जो जाम है' और 'तमन्ना से भरपूर है', कहना क्या चाहते हैं ग़ालिब? मैं इस काबिल हूँ कि मुझे लोक-परलोक, दोनों से मिला दिया है। देर तक सोचिए और जाकिर साहब ने जाने क्या सोच कर जामिया मिल्लिया इस्लामिया जो बनाया था खास तौर से, एक मिले-जुले कल्चर का रूप है, या उसमें अलीगढ़ मुस्लिम यूनिवर्सिटी के बरअक्स बनाया था, तो इस मुल्क के शायर के बारे में। लेकिन ग़ालिब के खतूत में उन्होंने कई जगह समझाने की कोशिश की है। हिन्दी में, इत्तफाक से यह मैं कह सकता हूँ कि इलाहाबाद से जो छपा है मिर्जा ग़ालिब का खतूत दो लिपियों में, सारे खत नागरी लिपि में फुटनोट के साथ पब्लिश हो चुके हैं। ग़ालिब के 'दीवान' और ग़ालिब पर किताबें बहुत-सी छपी हैं। तो यह सब एवलेवल है। उसमें दो-एक बातें जिसका मैं अभी जिक्र कर रहा था, वह शमशेर बहादुर सिंह और फ़ैज़ अहमद फ़ैज़ का संस्करण पब्लिश किया है। उसमें 1973 में फ़ैज़ की एक तकरीर मिली। वहाँ सोसाइटी थी ग़ालिब पर। उर्दू के लोग बेहतर जानते होंगे। उसे पढ़ा होगा उन्होंने। शमशेर जी ने उसका हिन्दी तर्जुमा करके भी छाप दिया और फ़ैज़ पर बहुत गहरा असर ग़ालिब का है। उनका जो नक्शे फरियादी है, नज़्रे ग़ालिब पर ग़ज़ल भी उन्होंने लिखी है। उनके सामने मीर नहीं थे, ग़ालिब ही उनके सामने थे। उन्होंने जो नक़्शे फर्यादी ग़ालिब के अन्दाज़ में कहने की कोशिश की है,

*नक्शे फर्यादी है किस की शोख़ि-ए-तहरीर का,*
*काग़ज़ी है पैरहन हर पैकरे तस्वीर का।*

उसमें फ़ैज़ ने नज़्रे ग़ालिब के उनवान से :

*'किसी गुमाँ पर तवज्जो ज़ियादा रखते हैं' ये फ़ैज़ हैं।*

*किसी गुमाँ पर तवज्जो ज़ियादा रखते हैं*
*फिर आज कू-ए-बुताँ का इरादा रखते हैं*

*जवाबे-वाइजे-चाबुक ज़बाँ में फ़ैज़ हमें*
*यही बहुत है जो दो हर्फ़े-सादा रखते हैं।*

कैद में फ़ैज़ के साथ जो सलूक किया गया था पाकिस्तान में, उम्र का ज़ियादा हिस्सा फ़ैज़ ने कैद में बिताया पाकिस्तान में। परदेश में आजाद के रूप में बहुत कम साल रहने का मौका उन्हें मिला।

*जनाबे वाइजे ज़ुबां चाबुक जवाँ में फ़ैज़ हमें।*

यही बहुत है जो दो हर्फ़े सादा रखते हैं।

फ़ैज़ की वजह से बहुत कुछ ग़ालिब की ओर रुझान हुआ। किताबें भी लिखीं लोगों ने और ग़ालिब को समझने की कोशिश की। फ़ैज़ ने जिस ग़ज़ल पर, जो 'दीवाने-ग़ालिब' ग़ज़ल का अन्तिम हिस्सा है—सत्रह शे'र, लम्बी ग़ज़ल ग़ालिब ने कही है, इसको इंटरप्रीट किया है। आम तौर पर हम समझते हैं कि आप पॉलिटिक्स और अपने दौर के आसपास के माहौल को देखें तो माशूक से बातचीत है तो ग़ज़ल की जाती है। कंटेंट उसका जो होगा, जब भी हो, इश्क ही होगा, मोहब्बत होगी। पॉलिटिकल कंटेंट ग़ज़ल में नहीं करते। करना है तो नज़्म में करेंगे। ग़ज़ल का फार्म बना हुआ है। माशूक से बातचीत करने का उसमें पॉलिटिक्स हो जो कि ग़ालिब में भी है। फ़ैज़ ग़ालिब के नक़्शे-कदम पर चलते हुए ग़ज़ल के ढाँचे में भी पॉलिटिक्स करते हैं। नज़्में तो उनकी अपनी जगह हैं। उस समय पाकिस्तान की पॉलिटिक्स थी, तानाशाही का ज़िक्र था लेकिन प्यार और मोहब्बत की ज़बान में उनके पॉलिटिक्स इशारे होते हैं। इस तरह से :

*मुद्दत हुई है यार को मेहमाँ किये हुये,*
*जोशे-क़दह से बज़्म चरागाँ किये हुये।*

इस तरह से ग़ज़ल शुरू होती है ग़ज़ल में पूरा-का-पूरा पढ़ते हुए तो एक शब्द बार-बार आता है। फिर-फिर और फिर आता है। बार-बार उन्होंने कहा है :

*फिर वज्अ-ए-एहतियात से रुकने लगा है दम,*
*बरसों हुए हैं चाक ग़रीबाँ किये हुए*

*फिर भर रहा हूँ खामा-ए-मिज़्शगाँ बखूने दिल,*
*दिल फिर तवाफ़े कू-ए-मलामत को जाये हैं*

*फिर शौक़ कर रहा है ख़रीदार की तलब*
*फिर चाहता हूँ नामा ए दिलदार खोलना।*

*फिर जी में है कि दर पे किसी के पड़े रहें*
*जी ढूँढ़ता है फिर वही फुर्सत के रात दिन*

जैसे नशे में आदमी बार-बार आ करके एक नुक्ते पर अटक रहा है! पूरी रिद्म है :

*मुद्दत हुई है यार को मेहमाँ किये हुये,*
*जोशे-क़दह से बज़्म चिरागाँ किये हुये।*

यह बताना चाहा है फ़ैज़ अहमद फ़ैज़ ने—जब अंग्रेजी हुकूमत नहीं थी, तब कैसा माहौल था, जो दुनिया हमारी उजड़ गई। जो खामियाजा हुआ, वह दिल्ली, दिल्ली नहीं रही। इसलिए जो गदर का माहौल था, मायूसी थी, दर्द था, दुख था, इसलिए फ़ैज़ ने ग़ालिब को पॉलिटिकल और पस-ए-मंज़र जो है, उसमें भरने की कोशिश की है। तब मुझे लगता है, ग़ालिब की ग़ज़ल को इश्क़ और मोहब्बत की नजर से नहीं देखना चाहिए, बल्कि वह मुगलिया सल्तनत का ढलता हुआ सूरज है और वह हिन्दुस्तान जो एक अरसे के लिए गुलाम हो गया था। ग़ालिब का इश्क नहीं, दर्द है। उस दर्द की आवाज ग़ालिब ने सुनी और वही चीज आप मीर में पाएँगे। ग़ज़लों में इश्क, मोहब्बत और आशिकी की चीजें नहीं हैं बल्कि उस जमाने का दर्द है। यही दर्द आपको 20वीं सदी में हिन्दी और उर्दू की लिखी चीजों में ढूँढ़ना चाहिए। मुहावरा अलग है लेकिन वही चीज जो गुलामी के दिनों में हुई है, वह जुड़ी हुई है। यही वजह है कि आज उर्दू शायर जो अच्छे शायर हैं, चाहे फ़िराक़ हों, चाहे जोश इलाहाबादी जो पाकिस्तान चले गए थे, आप हिन्दी और उर्दू, दोनों में देखेंगे। इसलिए 'दीवाने-ग़ालिब' में जो दर्द है, पीड़ा है, वह पूरा-का-पूरा मिलता है, गुलामी की दास्तान मिलती है। पूरे दौर का दर्द मिलता है। इसका अन्दाज़ा आप 'मिर्जा ग़ालिब' फिल्म जो बनी थी, उससे लगा सकते हैं। उस दौर की झलक उस फिल्म में मिलती है।

[भोपाल एन.टी.टी.आर. में आयोजित कार्यक्रम 'ग़ालिब : अन्दाज़े बयाँ और' में दिये गए वक्तव्य के अंश। 'समय के साखी' के अंक में प्रकाशित]

# हिन्दी में ग़ालिब

'ग़ालिब ग़ैर नहीं हैं, अपनों-से अपने हैं। ग़ालिब की बोली ही आज हमारी बोली है।' ऐसा कहनेवाले त्रिलोचन आज के हिन्दी कवियों में अकेले नहीं हैं। इसी सुर में सुर मिलाते हुए लेकिन अपने खास अन्दाज़ में एक दिलचस्प टिप्पणी शमशेर ने भी की है : 'यह कम कौतुक की बात नहीं कि हिन्दी संसार में ग़ालिब के लिए एक अलग ख़ाना है और शेष उर्दू के लिए अलग। जहाँ उर्दू से बिलगाव की भावना है, ग़ालिब के लिए नहीं। इतने दुरुह कवि होते हुए भी ग़ालिब हिन्दी पाठकों के अपने हो गए। ऐसा क्यों है, इसका जवाब देना आसान नहीं है।' शमशेर अपने-आपको 'उर्दू और हिन्दी का दोआब' कहते थे, इसलिए उनको ऐसा कड़वा सच कहने का हक़ हासिल है।

बहरहाल, त्रिलोचन और शमशेर जैसे हिन्दी के नये और प्रगतिशील कवियों को ग़ालिब विरासत में निराला से मिले थे। शमशेर ने खुद निराला को अक्सर ग़ालिब का यह शेर गुनगुनाते हुए सुना था :

*रगों में दौड़ते फिरने के हम नहीं कायल,*
*जो आँख ही से न टपका तो फिर लहू क्या है।*

निराला की आँख से टपके लहू का रंग देखना हो तो डॉ. रामविलास शर्मा की 'निराला की साहित्य-साधना' के पहले भाग में अंकित उस प्रसंग पर नज़र डालें : डॉ. एजाज़ हुसैन एक दिन निराला से मिलने उनके घर गए। निराला बोले—'वे दिन याद हैं या नहीं, जब हम लोग ईरान में घोड़े दौड़ाते थे और लोग हमारी ज़ियारत को आते थे।' एजाज़ हुसैन ने धीरे से कहा :

*कुछ न समझे खुदा करे कोई।*

निराला ने सुन लिया। फ़ौरन बोले, 'पहला मिसरा क्यों नहीं पढ़ते?'

*बक रहा हूँ जुनूँ में क्या-क्या कुछ।*

उन पर जुनून चढ़ा है, दूसरे लोग यह देख रहे हैं; निराला अपने को, जुनून को, देखनेवालों को देख रहे थे—ग़ालिब से निराला का रिश्ता इस तरह का था।

निराला का ग़ालिब से एक और रिश्ता भी था और वह था दर्शन के स्तर पर। यह बात उन दिनों की है जब वे कलकत्ता में थे और विवेकानन्द के नववेदांत के रंग में रँगे थे। ज़माना इस सदी की दूसरी दहाई का था। इस रंग का असर उनके उन लेखों में मिलता है जो रामकृष्ण मिशन की पत्रिका 'समन्वय' में प्रकाशित हुए थे, जिसका वे सम्पादन करते थे। उन निबन्धों में से एक निबन्ध है : 'साहित्य की समतल भूमि'—'समन्वय' के जुलाई, 1926 अंक में प्रकाशित। उस निबन्ध में नज़ीर अकबराबादी की विस्तार से चर्चा करने के बाद निराला ग़ालिब पर आते हैं और ग़ालिब का यह शेर उद्धृत करके अपनी टिप्पणी देते हैं। पहले ग़ालिब :

*न था कुछ तो ख़ुदा था, कुछ न होता तो ख़ुदा होता,*
*डुबोया मुझको होने ने, न होता मैं तो क्या होता।*

फिर निराला : 'ग़ालिब युक्ति लड़ा रहे हैं और दो लाइन में कुल वेदान्त छाँटकर रख देते हैं। देखिए, कैसी मज़बूत युक्ति है! इस संसार का अस्तित्व, ग़ालिब कहते हैं, मैं हूँ, चूँकि मैं ही उसे देख रहा हूँ। मुझी में वह है। मैं अगर न होता तो यह संसार भी न होता।...यह वेदान्त का निचोड़ है। ग़ालिब चुटकियाँ लेते हैं, एक खुदा ही था जब कुछ न था—जब मैं 'निर्विकार' था—ज़ाहिर करने के लिए उसके (मैं के) पास उसके सिवा और कुछ न था। लेकिन बुरा हो इस 'होने' का—'भव' का—संसार का—'मैं' की स्वप्निल प्रगति का—उसके बहुत-सी वस्तुओं के अपनाव का, जिसने मुझे डुबो दिया है, मेरा महत्त्व छीन लिया है, मुझे छोटा कर दिया है फिर वे कहते हैं, लेकिन भई, साथ ही यह भी तो समझो कि अगर मैं न होता तो क्या यह संसार, इसकी अनेक वस्तुएँ, यह चहल-पहल रहती? सब खो जाता 'मैं' के न रहने पर। ग़ालिब की यह भूमि सार्वजनिक है। संसार के उन्नत और परिमार्जित विचार वाले मनुष्य उनके साथ सहमत हैं। यहाँ हिन्दू-मुसलमान और ईसाई का घेरा नहीं।' ये हैं निराला के अपने ग़ालिब और निराला का अपना 'मैं'।

बज़रिए निराला डॉ. रामविलास शर्मा जैसे मार्क्सवादी आलोचक भी ग़ालिब की ओर मुख़ातिब हुए। उनकी 'भाषा और समाज' (1961) नाम की पुस्तक में, जो निराला को ही समर्पित है, प्रसंगवश ग़ालिब पर एक संक्षिप्त किन्तु अत्यन्त सटीक टिप्पणी है, जो भारी-भरकम आलोचनात्मक पोथियों पर भी भारी पड़ती है। रामविलास शर्मा लिखते हैं : 'उर्दू के सबसे बड़े कवि ग़ालिब हैं। उन पर सामन्ती संस्कृति का असर है, साथ ही उसका तीव्र अन्तर्विरोध भी है। वह बादशाह से तनख़्वाह माँगते हैं, साथ ही शायरी को इज़्ज़त का ज़रिया नहीं मानते। वह मुफ़लिसी और फ़ाकेमस्ती के गीत भी गाते हैं (जिन्हें स्वभावतः निराला जैसा हिन्दी कवि अपनी परिस्थितियाँ देखकर गुनगुनाता रहा है)। उनमें रोमांटिक कवियों की आत्मविभोर गेयता है, अपनी व्यक्तिगत भावनाओं की जबर्दस्त रूढ़ि-विरोधी व्यंजना भी है। उनकी सबसे बड़ी

विशेषता यह है कि भवभूति, दांते और शेक्सपियर की तरह वह करुणा और दुख के अन्यतम कवि हैं। हेमलेट और मैकबेथ की तरह वे रात को सो न सकने की व्यथा पहचानते हैं। ग़ालिब ने मनुष्य की वेदना को बहुत गहराई से अनुभव किया है और उसे बहुत ही मुहावरेदार लाक्षणिक शैली में चित्रित किया है। उनमें सूफी परम्परा के अवशेष मौजूद हैं। इसलिए उनके काव्य में वेदान्त से मिलते-जुलते विचार भी हैं। ग़ालिब में निराला की तरह—चुनौती का स्वर भी है। उन्हें जन्नत की हक़ीक़त मालूम है। दोज़ख से उन्हें डर नहीं। वह स्वर्ग को भी उसी में मिला लेने की बात करते हैं, जिससे सैर करने को और जगह हो जाए। ग़ालिब ने जहाँ सरल भाषा का प्रयोग किया है, वहाँ इतने लोकप्रिय हुए हैं कि उनकी पंक्तियाँ कहावतें बन गई हैं और बीसियों पंक्तियों ने लोकोक्तियों का रूप ले लिया है, जैसे 'मुश्किलें मुझ पर पड़ीं इतनी कि आसां हो गईं'।'

ग़ालिब की लोकप्रियता का आधार निश्चय ही उनका उर्दू दीवान है और उनके सैकड़ों शेर लोगों की ज़बान पर हैं, लेकिन उनके पत्रों का महत्त्व भी कम नहीं है—खास तौर से उनका गद्य। गद्य तो वह मैदान है जिसमें ग़ालिब के आगे कोई मीर भी न था। ग़ालिब के पत्रों के लिप्यन्तरकार डॉ. श्रीराम शर्मा ने अपनी 'भूमिका' (1958) में ठीक ही लिखा है : 'ग़ालिब के पत्र हिन्दी और उर्दू की मिली-जुली सम्पत्ति है।...इन पत्रों का महत्त्व केवल उर्दू के लिए ही नहीं है, हिन्दी गद्य के लिए इन पत्रों का उतना ही महत्त्व है। सौ वर्ष पहले हिन्दी गद्य का इतना परिमार्जित रूप अन्यत्र देखने को नहीं मिल सकता। खड़ी बोली के विकास को समझने में ये पत्र अत्यन्त सहायक सिद्ध होंगे। खड़ी बोली की जो परम्परा विकसित हुई है, ग़ालिब के पत्रों की भाषा उसी परम्परा की कड़ी है।'

ग़ालिब के गद्य के सच्चे वारिस हैं हिन्दी के इस दौर में हरिशंकर परसाई। गद्य के साथ-साथ विरासत में परसाई ने पाया ग़ालिब का व्यंग्य-विनोद, गहरी करुणा, ग़म, 'कुछ ग़मे जाना और कुछ ग़मे दौरां', ईमान और कुफ़्र के बीच का तनाव और एक तमन्ना भी। परसाई का एक लेख है : 'ग़ालिब के परसाई'। लिखा था 1969 में, जब सारे मुल्क में ग़ालिब-शताब्दी मनाई गई थी। ग़ालिब की यादगार में लिखा हुआ वह एक अनूठा लेख है—तमाम लेखों की भीड़-भाड़ में सबसे अलग। कुछ-कुछ ग़ालिब के ही अन्दाज़ में। ग़ालिब की 'दावा पारसई का' काफिया वाली ग़ज़ल के दो अशआर उद्धृत करके परसाई लिखते हैं :

'किसी दुबे, चौबे, मिश्रा, वर्मा, शर्मा का ज़िक्र न कर ग़ालिब ने सिर्फ परसाई को याद किया। मेरा दावा इन दो शेरों से साबित हो जाता है। सच कहता हूँ कि झूठ की आदत नहीं मुझे। ग़ालिब ने मेरे लिए इतना किया है कि खुदा और प्रेमिका के बाद परसाई को याद किया है। मेरा भी उनके प्रति कुछ फ़र्ज़ हो जाता है। मैं पूरी कोशिश कर रहा हूँ कि उनकी याद के जलसे कामयाब हों। इस साल टोटल

17315 समारोह ग़ालिब की याद में होंगे। इतने समारोहों के उद्घाटन के लिए इतने साधारण विद्वान न मिलेंगे। पर देश में पंचायती विद्वानों के लिए नमूने का एक भाषण लिख दे रहा हूँ, जिससे उनकी तकलीफ़ दूर होगी, ग़ालिब-समारोह सफल होंगे और ग़ालिब के प्रति मेरा फ़र्ज़ निभ जाएगा—हक़ तो यह है कि हक़ अदा न हुआ। जो वेद न पढ़े, वे सभी वैदिक धर्म मानते हैं। जो शास्त्र नहीं पढ़े, वे शास्त्रों में विश्वास रखते हैं। जो ग़ालिब को नहीं समझते, वही ग़ालिब को समझा सकते हैं। ग़ालिब ने खुद कहा है :

*जो ग़ालिब को नहीं समझे*
*वही उसको सही समझे*

अगर ग़ालिब इस उम्दा शेर को अपने गले डालने से इनकार करें तो यह मीर को दे दिया जाए। अगर मीर भी इस जोख़िम को न उठाना चाहें तो इसे मेरा ही मान लिया जाए।'

इसी बुनियाद पर यह भाषण खड़ा होता है। बाकी भाषण का अन्दाज़ा आप खुद लगा सकते हैं, क्योंकि उसे यहाँ पेश करना ख़तरे से ख़ाली नहीं। हममें से कुछ को वह आईना लग सकता है। उसका मज़ा वही ले सकता है, जिसमें ग़ालिब और परसाई की तरह अपने-आप पर हँसने का माद्दा हो।

परसाई आज ज़िन्दा होते तो ग़ालिब के जन्म की इस द्विशतवार्षिकी के वर्ष में भी कोई अनूठा लेख ज़रूर लिखते। जलसे इस बार भी होंगे, शायद शतवार्षिकी से कुछ ज़्यादा ही और उद्घाटन-भाषणों की भी ज़रूरत पड़ेगी ही और ग़ालिब को ज़्यादा-से ज़्यादा समझने के लिए नये-नये समझदार—लोग भी मंच पर आए बिना न रहेंगे। लेकिन मेरी मुश्किल यह है कि मैं अब भी ग़ालिब को समझने की कोशिश में ही लगा हूँ, इसलिए दूसरों को समझाने की हिमाक़त नहीं कर सकता। हिन्दी में भी ग़ालिब को खोलकर समझानेवाले सुखन-दां हुए हैं और ऐसी विद्वत्ताभरी आलोचना की किताबें प्रकाशित भी हुई हैं, लेकिन आज भी मेरी याद में जो छोटी-सी किताब टिकी रह गई है, वह बाबू रामानुज लाल श्रीवास्तव की है, जिसमें ग़ालिब के चुने हुए अशआर की सटीक व्याख्याएँ ही थीं। प्रसंगवश, रामानुज लाल श्रीवास्तव परसाई जी के गहरे दोस्तों में से थे और जबलपुर की शामों के साथी भी। उन्हीं की किताब से मैंने जाना कि ग़ालिब की सादगी में भी कितनी पुरकारी है। मसलन वह अतिपरिचित शेर :

*इश्क़ पर ज़ोर नहीं, है ये वो आतिश ग़ालिब*
*कि लगाए न लगे और बुझाए न बने।*

यहाँ सवाल यह है कि कहाँ लगाए न लगे और बुझाए न बने तो कहाँ? यह सवाल भी रामानुज लाल जी ने ही उठाया और जवाब दिया कि इश्क़ वह आग है

जो माशूक़ के दिल में तो लगाए न लगे और आशिक़ के दिल में जहाँ पहले ही से लगी हुई, बुझाए न बने। इसी तरह की सूक्ष्म व्याख्या उन्होंने उसी ग़ज़ल के इस सीधे-सादे शेर की भी की है :

*बोझ वह सर से गिरा है, कि उठाए न उठे,*
*काम वह आन पड़ा है, कि बनाए न बने।*

इस शेर की व्याख्या करने के लिए, जहाँ तक तुझे याद है, बाबू रामानुज लाल ने खुद ग़ालिब के ही किसी ख़त का हवाला दिया है। किसी ने ग़ालिब से ही पूछा था कि जो बोझ सर पर पहले से था, उसे गिरने के बाद दुबारा उठाने में क्या दिक्कत है? ग़ालिब ने शायद किसी तेलन के सर पर रखे तेल के मटके की मिसाल दी थी। अब इस शेर को ग़ालिब के गोद लिये हुए बेटे आरिफ़ की मौत के सन्दर्भ में रखकर देखें तो मतलब साफ़ हो जाता है। यह बोध और कुछ नहीं, अपने एक अजीज की लाश है। जीते-जी जिसकी जिम्मेदारी सर पर ली थी, अब उसी की लाश को कन्धे पर उठाने की नौबत आ गई है।

बाबू रामानुज लाल उस परम्परा से पूरी तरह वाकिफ़ थे, इसीलिए वे ग़ालिब की ग़ज़लों की व्याख्या करने में किसी हद तक क़ामयाब रहे। दुख के साथ कहना पड़ता है कि हिन्दी में ऐसे प्रयास कम ही हैं, बहुत कम। इसलिए उन सबकी चर्चा तफ़सील में जाकर करने की ज़रूरत फ़िलहाल नहीं मालूम होती। डॉ. वागीश शुक्ल कई साल से इसी काम में लगे हुए हैं और उम्मीद की जाती है कि ग़ालिब की ग़ज़लों, क़सीदों वग़ैरह की उनकी टीका के प्रकाशित होने पर ऐसी किसी प्रकार की शिकायत का मौका न रहेगा।

ऐसी हालत में स्वभावतः दृष्टि हिन्दी के उन कवियों और लेखकों पर जाती है जिनके अपने रचना-कर्म में ग़ालिब को समो कर अपने ढंग से उनकी तख़लीकी तर्जुमानी की गई है। निराला, शमशेर, त्रिलोचन और हरिशंकर परसाई की चर्चा इसीलिए आज कहीं ज़्यादा सार्थक है। निराला ने ग़ालिब के बारे में जो कुछ लिखा है, उससे कहीं ज्यादा महत्त्वपूर्ण हैं वे कविताएँ, जिन्हें पढ़ते हुए सहसा ग़ालिब याद आते हैं। निराला जब 'मैं अकेला' कविता का अन्त इस पंक्ति से करते हैं : 'हँस रहा यह देख कोई नहीं मेला', तो अपने-आप पर हँसते हुए वे ग़ालिब की बरबस याद दिलाते हैं। इसी तरह है उनकी वह कविता : 'मरा हूँ हजार मरण'। गोया ग़ालिब की तरह ही निराला मौत की आँखों में आँखें डालकर देख रहे हैं।

इसी तरह निराला के 'कुल्ली भाट' के गद्य में भी ग़ालिब के खुतूत के गद्य की गूँज सुनाई पड़ती है और 'कुल्ली भाट' के दाह-संस्कार के अवसर पर समस्त धार्मिक रूढ़ियों के तिरस्कार में ग़ालिब का काफ़िराना अन्दाज़ झलक जाता है।

यही बात शमशेर के सन्दर्भ में भी सच है। शमशेर ने ग़ालिब के बारे में जो भी कहा, वह अपनी जगह। लेकिन ग़ालिब उनके इस क़'ते और शेर में ज़्यादा मुखर हैं :

*मैं कई बार मिट चुका हूँगा*
*वर्ना इस ज़िन्दगी की इतनी धूम।*
*इल्मो-हिक्मत, दीनो-ईमां, मुल्को-दौलत, हुस्नो-इश्क़*
*आपको बाज़ार से जो कहिए ला देता हूँ मैं।*

इसलिए शमशेर को ही यह कहने का हक़ हासिल है कि :

*वो अपनों की बातें, वो अपनों की खू-बू*
*हमारी ही हिन्दी, हमारी ही उर्दू।*

कहना न होगा कि इस हिन्दी और इस उर्दू में ग़ालिब के उर्दू-हिन्दी दीवार की भी खू-बू है और ग़ालिब के उर्दू-हिन्दी खुतूत की भी।

अन्त में त्रिलोचन शास्त्री का ग़ालिब के अन्दाज़ में लिखा हुआ एक सॉनेट का यह टुकड़ा :

*वही त्रिलोचन है, वह—जिसके तन पर गन्दे कपड़े हैं। कपड़े भी कैसे फटे-फटे हैं! यह भी फ़ैशन है, फ़ैशन से कटे-कटे हैं। कौन कह सकेगा इसका यह जीवन चन्दे पर अवलम्बित है? चलना तो देखो इसका—उठा हुआ सर, चौड़ी छाती, लम्बी बाँहें, सधे कदम, तेज़ी, वे टेढ़ी-मेढ़ी राहें मानो डर से सिकुड़ रही हैं! किसका-किसका ध्यान इस समय खींच रहा है, कौन बताए...?*

['राष्ट्रीय सहारा' 9 जनवरी, 1999]

# देहली के ग़ालिब

एक थ्योरी चलती है। उस पर उर्दू में एक किताब भी आ चुकी है और हिन्दी में भी उसका तर्जुमा हो चुका है। किताब प्रोफेसर गोपीचन्द नारंग ने लिखी है। जर्मनी में उसका ज्यादा चलन हुआ था : 'रिसेप्शन थियरी'। किसी शायर को, किसी अदीब को, कैसे रिसीव किया जाता है, उसका कैसे अध्ययन किया जाता है, उसमें क्या तब्दीलियाँ आती हैं, आदि-आदि बातें उसमें देखी जाती हैं। एक ज़माने में लोग ग़ालिब की तुलना दुनिया के पश्चिम के शायरों से करते थे। एक ज़माने में गेटे का बड़ा नाम था तो ग़ालिब और गेटे की तुलना, सिर्फ यह मानकर की जाती थी कि दोनों बड़े हैं। इसके अलावा कोई ऐसी ज़मीन नहीं थी जहाँ दोनों मिलते थे। अमरीका में रहते हुए प्रोफेसर एजाज अहमद ने ग़ालिब की ग़ज़लों का अंग्रेज़ी तर्जुमा किया है। उस किताब में उन्होंने कहा कि ग़ालिब को पढ़कर वैलिस स्टीवेंस याद आता है। अमरीका में आज के ज़माने में वैलिस स्टीवेंस, क़रीब-क़रीब टी.एस. इलियट के बराबर के कवि माने जाते हैं। जैसे-जैसे शौक़ बदलता रहा है, टेस्ट बदलता रहा है, लोग ग़ालिब की तुलना हर किसी बड़े शायर से या उस समय जो मशहूर होता था, उनसे किया करते थे। विक्टोरियाई असर जब तक था तो बहुत-से लोग ग़ालिब की तुलना कुछ विक्टोरियन लोगों से किया करते थे और उसी रंग में ग़ालिब को देखते भी थे। अनेक लोग कुछ रोमांटिक और कुछ प्री-रोमांटिक कवियों से उनकी तुलना करते रहते थे। हिन्दी में कृष्णदेव प्रसाद गौड़ 'बेढब' ने अपने अन्दाज़ में ग़ालिब की शायरी के बारे में अंग्रेजी के एक ऐसे कवि का नाम लिया, जिसको यहाँ कम लोग पढ़ते हैं। उन्होंने ब्राउनिंग का नाम लिया, जबकि वह विक्टोरियन और थोड़ा पेचीदा बन्दिश का है। पोयट लारियेट था। लेकिन उसके साथ दिलचस्प जो बात है, उन्होंने कहा कि ग़ालिब कबीर की परम्परा का शायर है और जिन चीजों के कारण उन्होंने उनको याद किया, वह यह कि उसमें एक तीखापन है, एक निरालापन है और एक मस्ती है। तीखापन, निरालापन और मस्ती—ये तीन चीजें ऐसी हैं जिनके कारण ग़ालिब को पढ़ते हुए कबीर की याद आती है और कबीर को पढ़ते हुए ग़ालिब की याद आती है। इस तरह उन्होंने कबीर के साथ जोड़ करके देखा और मुझे लगा कि यह बहुत दूर की चीज नहीं है।

मैं इसलिए कह रहा हूँ कि हिन्दी वाले और दूसरी भाषा के लोग जब पढ़ते हैं तो जिस कविता की परम्परा में होते हैं, अपनी परम्परा के बीच से दूसरी भाषा के कवि की प्लेसिंग करते हैं। यह आदत है। लाचारी भी कह लीजिए। कोई दूसरा रास्ता नहीं है। इसलिए बेढब जी को कबीर ही याद आए। यह अच्छी बात है कि कबीर याद आए। बड़े कवियों का नाम होता है तो लोग तुलसीदास और ग़ालिब का नाम लेते हैं। जैसे गेटे और ग़ालिब हो सकता है, उसी तरह से उग्र और ग़ालिब हो सकता है। तुलना करनेवाला बड़ी-से-बड़ी चीज से तुलना करता है, यह न देखते हुए कि आखिर उसकी रूह क्या है?

मैंने यह सारा जिक्र इसलिए किया कि इन तमाम चीजों को देखते हुए, ठीक इनसे अलग, मेरे जेहन में एक सवाल उठा कि देखा जाए कि उन्नीसवीं सदी का जो पहला आधा है, उसमें हिन्दी और अन्य भारतीय भाषाओं में कौन-कौन-से बड़े कवि हुए हैं? अठारह सौ से लेकर अठारह सौ पचास, बल्कि सत्तावन तक हिन्दी में कौन शायर हुआ? फिर मैं ढूँढ़ने लगा कि भारतीय भाषाओं में—बंगला में, मराठी में, गुजराती में, तमिल में—कौन बड़ा शायर हुआ? सन्नाटा है। लगभग बंजर पीरियड है। राममोहन राय वगैरह हुए। रेनेसां के इंटेलेक्चुअल। समाज-सुधारक। समाज बदलनेवाले। उन्नीसवीं सदी का जो पहला पचासा था, वह उपनिवेशवाद का दौर था, जिसमें अंग्रेजी राज्य बंगाल को जीतने के बाद करीब-करीब पूरा उत्तरी हिन्दुस्तान जीत चुका था। आखिरी मुहर डलहौजी ने लगाई थी। उसके बाद ग़दर हुआ। इस पूरे दौर में अंग्रेजी राज कायम हुआ। विलियम बैटिक की मेहरबानी से और मैकाले की वजह से अंग्रेजी चली। साहित्य, संस्कृति और भाषा में अंग्रेजी का दखल हुआ, अंग्रेजियत का दखल हुआ। अंग्रेजी राज के जरिये यहाँ एक नई तरह की जमीन का इन्तजाम हुआ। परमानेंट सेटलमेंट हुआ, जिसे हमारे यहाँ उत्तर प्रदेश और बिहार में सभी लोग इस्तमरारी बन्दोबस्त कहते हैं। एक नये ढंग की जमींदारी के लिए वह हुआ। नये ढंग की अदालतें बनीं। दो भाषाएँ हिन्दुस्तान को मिलीं। अंग्रेजी पढ़ने-लिखनेवाले पैदा हुए। एजूकेशन बदला। कल्चर बदली। यही नहीं बल्कि कहना चाहिए कि तामिरात के खयाल से, तिजारत में तो बदलाव आया ही, आप देखें तो हमारे यहाँ नये आर्किटेक्चर का प्रवेश हुआ, नये ढंग के मकान बनने लगे। इलाहाबाद में आज भी उसके कुछ अवशेष दिखाई पड़ेंगे। सिविल लाइंस में या यूनिवर्सिटी के आसपास अंग्रेजी ढंग के बहुत-से बँगले आपको दिखाई पड़ेंगे। आर्किटेक्चर में, जबान में, अदब में और साथ ही हमारी आर्थिक और राजनीतिक ज़िन्दगी में बदलाव आया। यह ऐतिहासिक परिवर्तन था। इस पूरे परिवर्तन के दौर को समझने की जरूरत है। इस दौर में मुझे यह दिखाई पड़ा कि अकेला ग़ालिब इस दौर में हिन्दुस्तान का सबसे बड़ा शायर है। इस बारे में दो राय नहीं हो सकती।

हिन्दी में पद्माकर की मौत 1825 के आसपास हुई। रीतिकाल चल रहा था। हरिश्चन्द्र 1850 में पैदा हुए और ग़दर के काफी बाद से उन्होंने लिखना शुरू किया। हिन्दी सहित सभी भारतीय भाषाओं को देखने से लगता है कि इस दौर में हिन्दुस्तान का सबसे बड़ा शायर ग़ालिब था।

तब मैंने सोचा कि हिन्दुस्तान के बाहर भी जरा नजर उठाकर देखें कि और जगहों पर क्या हालत थी। क्योंकि यह बहुत पिछड़ा हुआ मुल्क समझा जाता है। जहाँ मशीन आ चुकी थी, इंडस्ट्री आ चुकी थी, नई टेक्नोलॉजी आई थी—उन राष्ट्रों में क्या हो रहा है? अठारहवीं सदी में फ्रांस की राज्यक्रान्ति हो चुकी थी और पूँजीवाद आ गया था। मार्क्स उसका इतिहास लिख रहे थे और उसकी कब्र खोद रहे थे। रूस से ही शुरू करें। रूस में इस दौर का सबसे बड़ा शायर अलेक्सांद्र पूश्किन है। गेटे की मौत हो चुकी थी। उस दौर का जर्मनी का सबसे बड़ा, तीखे तेवर वाला क्रान्तिकारी और सटायर लिखनेवाला कवि हाइनिक हाइने था। इंग्लैंड में पोएट लारिएट हो चुके थे। उसके शुरू के दशक में शेली, कीट्स, बायरन आदि हुए थे। सभी मानते हैं कि उन रोमांटिक कवियों में सबसे बड़ा कवि अगर कोई था तो जॉन कीट्स था। खुद यूरोप में इस दौर का एक कवि और था जो ग़ालिब का बिलकुल कंटेम्पोरेरी था, फ्रांस का था—जहाँ फ्रांस की क्रान्ति हुई थी, जहाँ समाजवादी विचारक मौजूद थे। लिबर्टी, इक्वलिटी, फ्रैटर्निटी का नारा जिसने दिया था, दुनिया में तहलका मचा दिया था, उस फ्रांस में, उस दौर का सबसे बड़ा कवि था—बोदलेयर।

जब मैं ग़ालिब के बारे में इन सवालों से उलझ रहा था, तो सोच रहा था कि उन्नीसवीं सदी के पहले पचास वर्ष में जब अंग्रेजी हुकूमत के दौरान हिन्दुस्तान बदल रहा था, इस माहौल में दिल्ली कैसे बदल रही थी, कुछ जानने की कोशिश करूँ। इस दौर में मार्क्सवादी आलोचक और विचारक वाल्टर बेंयामिन, जिसे कुछ लोग बेंजामिन भी कहते हैं, उसकी एक किताब मुझे मिली : 'बोदलेयर : ए लिरिक पोएट ऑफ कैपिटलिज्म प्राइजिंग कैपिटलिज्म'। उसके साथ ही एक और किताब मिली, जिसका नाम था : 'पेरिस आर्केड'। 'पेरिस आर्केड' का दूसरा हिस्सा भी था, वह भी छप गया है। उस किताब से मुझे दिलचस्पी हुई। यह इत्तफाक ही है कि ग़ालिब का 'दीवान' और बोदलेयर की जो 'फ्लावर्स ऑफ ईविल' नाम की किताब थी, ये दोनों किताबें एक ही साथ मुझे मिली थीं और मैं दोनों को साथ-साथ देख रहा था।

बार-बार मेरे जेहन में आता है दुनिया का अजीबोगरीब शहर पेरिस और उस पेरिस का, उस दौर का सबसे बड़ा शायर—बोदलेयर। दूसरी ओर, दिल्ली शहर का एक अजीब फक्कड़ किस्म का आदमी—ग़ालिब। ग़ालिब से बिलकुल अलग बोदलेयर। बोदलेयर पेरिस के और ग़ालिब दिल्ली के। मैं दिल्ली का ग़ालिब इसलिए कह रहा हूँ कि वे पैदा हुए आगरा में, लेकिन आगरा ने तो अपना शायर नज़ीर को

ही माना। उन्होंने 'दीवान' का एक अच्छा खासा हिस्सा आगरे में लिखा था। देहली पहुँचने के बाद भी कुछ आगरे का असर रहा होगा। आगरे वालों ने परवाह नहीं की और ग़ालिब देहली के ही माने गए। यह और बात है कि देहली के तो मीर भी थे। लखनऊ चले गए। इसलिए वहाँ मीर कम ही दिखाई पड़ते हैं यानी देहली और ग़ालिब, दोनों पर्याय हैं, सिनानिम हैं। मुझे लगा कि ग़ालिब को समझने के लिए उस दौर की दिल्ली को समझना बहुत जरूरी है। अठारह सौ सत्तावन के पहले की भी दिल्ली और अठारह सौ सत्तावन में तबाह हुई जो दिल्ली, उस दौर की दिल्ली का जो दिल है, उस दिल की आवाज अगर आप सुनना चाहते हैं तब आप ग़ालिब को समझने की कोशिश कर सकते हैं। जो कशमकश है, जो एम्बीबलेंस है, जो बेचैनियाँ हैं और साथ ही जो रंगीनियाँ हैं—उन्हें समझने के लिए ग़ालिब को समझना ज़रूरी है। ग़ालिब के लिए दिल्ली एक शहर का नाम नहीं है, जैसे बोदलेयर के लिए पेरिस एक शहर नहीं है, वह पूरी की पूरी एक तहजीब है, कल्चर है। उस कल्चर के जोखिम को जब तक हम नहीं समझेंगे, तब तक उस दिल्ली को नहीं समझ सकते, उस ग़ालिब को नहीं समझ सकते, ऐसा मुझे लगता है।

बहादुर शाह ज़फ़र के साथ सिर्फ मुग़लिया सल्तनत ही नहीं, बल्कि पूरी-की-पूरी वह कल्चर और तारीख दिन-पर-दिन गिरती जा रही थी। उनके साथ मुग़लिया सल्तनत का अन्त हुआ। अठारह सौ सत्तावन के बाद उनको गिरफ्तार करके रंगून भेज दिया गया। लेकिन वह पहले ही डिकेडेंट हो चुका था। किले की कल्चर का इसी से अन्दाज़ा लगा सकते हैं कि दो बड़े शायर—मोमिन और ग़ालिब—बाहर इन्तज़ार करते रहते थे जबकि उस्ताद ज़ौक अन्दर बैठे हुए हैं। वैसे आज भी दिल्ली में जैसे उस्ताद ज़ौक अन्दर बैठे हुए हैं! उस जमाने में ग़ालिब को कैसा लगता होगा कि यही वह मुग़ल ख़ानदान जिसमें अकबर हुआ था, जिसमें शाहजहाँ हुआ था, उसी के वारिस यहाँ बैठे हुए हैं। उस किले में किस तरह के मुशायरे होते हैं, किस तरह के शेर, यह बादशाह खुद कहता है और उसका उस्ताद कहता है। और बाहर ग़ालिब और मोमिन बैठे हुए इन्तजार कर रहे हैं कि हमको भी कुछ मिल जाए और रिकॉग्नेशन मिले। क्या गुजरती रही होगी? आगरे से देहली आनेवाला आदमी। अपनी सारी ज़िन्दगी, पचास साल से ऊपर की, लगभग साठ साल की गुजार दी और एक भी मकान उसका अपना नहीं हो सका। गुजरा तो हादसा वैसे खुद बादशाह पर : 'दो गज ज़मीन भी न मिली कूए यार में'। यह तो बहादुर शाह के साथ हुआ। लेकिन सच्चाई यह है कि उस दौर में पूरे मुल्क का अपमान हो रहा था। मुल्क का अपमान तो यह था कि बादशाह हिन्दुस्तान खत लिख रहा था कि ग़ालिब को जेल से छुड़ाया जाए और सुनवाई नहीं हो रही थी। इतने बड़े शायर का अपमान जो इतना खुद्दार है कि अपने सामने गिनता नहीं है किसी को। वह ह्यूमलिएशन पूरे मुल्क का, पूरी तहजीब का ह्यूमलिएशन था, अपमान था। उस अपमान के

घूँट पीता हुआ एक आदमी पचास साल लामकान जी रहा है। आजकल हम लोग बड़ी असुरक्षा की बात करते हैं। एक जमाने में दिल्ली में पेटिबुर्जुआ लोवर क्लास में हिन्दी में असुरक्षा शब्द बहुत चलता था। उस आदमी की ज़िन्दगी में असुरक्षा कितनी थी! शुरू से ले करके आखिर तक कुछ सालों को छोड़कर पूरी ज़िन्दगी कर्ज से लदा हुआ। वे जिस जेनरी से आते थे, जिस क्लास से थे, नवाबी और तुर्क का खून जिसकी रंगों में बहता हो, वह आदमी कितना इनसिक्योर है! यह असुरक्षा, अपमान, जिल्लत और यह अकेले ग़ालिब की नहीं थी। कहना चाहिए, ग़ालिब से बड़ा इम्पर्सनल शायर कोई नहीं है। मीर और ग़ालिब में फर्क करने की रेखा अगर मुझे खींचनी हो, मैं नहीं जानता, मैं गलत हो सकता हूँ, मीर जितने पर्सनल हैं, और यह ताकत है मीर की, ग़ालिब उतने ही इम्पर्सनल हैं। जैसे अपने-आपको दूर से, अलग से वह आदमी बार-बार देखता है। इतना बड़ा ईगोइस्ट और इतना बड़ा इम्पर्सनल पोएट। इसलिए यह ग़ालिब का अपना अपमान नहीं था, उस अपमान और इनसिक्योरिटी में पूरे हिन्दुस्तान की इनसिक्योरिटी और अपमान वह आदमी देख रहा था, झेल रहा था। उसकी शायरी को समझने की कुंजी शायद यहाँ कुछ हो। जो आदमी किसी से भीख नहीं माँग सकता हो, वही आदमी भिखारी की तरह अपनी ही पेंशन माँगते हुए कलकत्ते तक दौड़ते चला जा रहा है। इसलिए इतना एम्बीवेलेंस, चाहे किले से उनका रिश्ता हो, ज़ौक से उनका रिश्ता हो, अपने समाज से हो। और इन तमाम चीजों के बीच एक अजीब बात दिखाई पड़ती है कि ग़ालिब को आप किसी भी तरह से प्रोटेस्ट का पोएट नहीं कह सकते। आखिरी दम तक, अपोजीशन के पोएट वे नहीं थे, अन्त तक वे हारमोनी कायम करने की कोशिश करते रहे—चाहे वह दुनिया हो, दिल्ली हो या किला हो, हुकूमत हो, अंग्रेज हों। यह जो दोहरी ज़िन्दगी जीनेवाली चीज है—एक ओर अपने खतों में, यानी जिसको कहें कि अगर दस्तावेजी ही देखना हो, तो ईमानदारी के दस्तावेज उनके खत हैं। और गैर-ईमानदारी का दस्तावेज 'दस्तम्बू' है, ग़दर की डायरी। एक ही आदमी दोनों चीजें लिख रहा है। लेकिन वह दीवान है जिसमें यह दोहरी चीज नहीं चलती। एक मुसलसल टूटती हुई दुनिया में, टूटते हुए हिन्दुस्तान में, जो टुकड़े-टुकड़े हो रहा है, अंग्रेजी राज के दबाव में सामन्ती व्यवस्था टूट रही है, एरिस्टोक्रेसी टूट रही है, बर्बाद हो रही है, उनके खतों को पढ़ें तो यह दिल्ली दिखेगी। इस टूटती हुई कल्चर और सिविलाइजेशन के बीच एक शायर है। वह टूटना नहीं चाहता। वह अपने को जोड़े हुए मुसलसल एक रहना चाहता है। इसीलिए कहीं पूरी की पूरी शायरी में, दीवान में, आपको वह दरार नहीं मिलेगी, जो आजकल बहुत-से कवियों की शायरी में मिला करती है।

लोग अक्सर ग़ालिब के सिलसिले में बेदिल का भी जिक्र किया करते हैं और कहते कि बेदिल का बड़ा आतंक था : 'तर्जे बेदिल इख़्तखा कहना/असदुल्ला खाँ

कयामत है'। हमारे युवा मित्र वागीश शुक्ल ने इस पर काफी लिखा है बल्कि बेदिल पर ही काम कर रहे हैं। जी नहीं, बेदिल कहने का मतलब था कि उसके पीछे पूरी की पूरी जो ग़ज़ल थी और ग़ज़ल ही नहीं, बल्कि कसीदा, मसनवी, रुबाई लेकिन खास तौर से ग़ज़ल थी, वह पूरा ट्रेडीशन बोलता है एक आदमी में। जो उन्होंने कहा है कि अगर कोई रेख़्ता को फारसी से अगर रश्क है, कोई जानना चाहता है तो उसे ग़ालिब को सुनाइए। तो एक ओर यह और दूसरी ओर अगर हिन्दी को मैं देखूँ तो तुलसीदास हिन्दी का सबसे बड़ा कवि, सबसे लोकप्रिय कवि, अवधी में लिख रहा है और पढ़ते हुए तो लगता है कि एक भी पंक्ति शायद तुलसीदास की अपनी नहीं है। उसमें किसी-न-किसी की गूँज सुनाई पड़ती है। लगता है, तर्जुमा कर दिया है। बहुत अच्छी कोई पंक्ति लगे और ढूँढ़िए तो कही-न-कहीं संस्कृत में उसका आधा टुकड़ा मिल जाएगा। उस आदमी पर इतना आतंक था कि रामचरितमानस जब लिखा तो सारा का सारा मंगलाचरण संस्कृत में ही लिखा है। 'वर्णानाम् अर्थसंघानाम् रसानाम छंदसामपि, मंगलानाम् च कर्तारौ वन्दे वाणी विनायकौ।' इसलिए फारसी के साथ यह रिश्ता है। फारसी को चुनौती भी देनी है लेकिन फारसी का जो बेहतरीन है, उसको ले भी लेना है। उर्दू में इस पर काफी लिखा गया कि फारसी और उर्दू को ले करके ग़ालिब के मन में क्या दुविधा थी और उन्होंने बहुत बुरा किया जो फारसी में लिखा और अपनी उम्र के करीब पच्चीस-तीस साल उन्होंने गँवा दिये। एक ओर रेख़्ता की परम्परा और दूसरी ओर जिसके लिए वे जाने जाते हैं—जदीदियत, आधुनिकता। लोग उस रिवायत को जानते हैं जो उसके अन्दर के लोग हैं। दूसरे जो लोग उस ट्रेडीशन में पले-पुसे हैं, वे उस कशमकश को बेहतर जानते हैं। उस आदमी ने ग़ज़ल को, जो बाद में तो चूमा-चाटी वाली रह गई, केवल एक थीम इश्क, एक मोटिफ, इससे हटा करके इस आदमी ने कुछ सोच करके कहा था कि 'कुछ और चाहिए वुसअत मेरे बयाँ के लिए'। ग़ज़ल का पूरा-का-पूरा करेक्टर बदल दिया है उस आदमी ने। और तब बहुत जरूरी हो जाता है कि उर्दू ग़ज़ल की हाफ़िज के साथ जब आप तुलना करते हैं कि हाफ़िज की ग़ज़ल से ग़ालिब की ग़ज़ल किस मामले में कहाँ घूमती है और कहाँ अलग होती है और हिन्दुस्तान का खून उसमें कहाँ बहता है, तो—इस कल्चर का, इस तहजीब का ठीक-ठीक पता लगाया जाना चाहिए। मेरी जानकारी की यह कमी है कि मैं इन चीजों के बारे में ज्यादा मसाला नहीं पा सका। मुझे इन ग़ज़लों को पढ़ करके अचम्भा होता है। मैं अक्सर सोचता रहा हूँ। बहुत बाद में फैयाज़ अहमद महमूद की किताब देखी, कुछ और लोगों की भी देखी तो मालूम हुआ कि जो शेर मुझे बहुत अच्छा लग रहा है, यह तो उस आदमी ने अठारह-उन्नीस साल की उम्र में कह दिया था! मैं समझता था कि मैच्योर पीरियड में ऐसी बात कही होगी। मैं बहुत दिनों तक इस गलतफहमी में था। मुझे उनका वह शेर बहुत अच्छा लगता था जो सरदार जाफ़री

ने जमीमाँ में दिया है कि 'है कहाँ तमन्ना का दूसरा कदम या रब/हमने दस्तइमकाँ को एक नक्शे पा पाया'। यह इमेज और खयाल, मैं समझता था, बहुत मैच्योर पीरियड का होगा। मालूम हुआ कि ग़ालिब उसको 1821 से पहले लिख चुके थे। एक नौजवान लड़के से कैसे हम उम्मीद करें—एकान्त श्रीवास्तव, कुमार अम्बुज से—कि वे इस तरह की कविता की एक पंक्ति, दो पंक्ति कह दें? तब मुझे मालूम हुआ कि बहुत सारी ग़ज़लें जिसे हम अच्छी समझते हैं, मैच्योर समझते हैं, उन्हें वे अपने बचपन के दिनों में लिख चुके थे। 'आह को चाहिए एक उम्र असर होने तक'—उस कच्ची उम्र में वह कह सकता है कि 'आशिक़ी सब्रतलब और तमन्ना बेताब'। यह उम्र, जिसमें बेताबियाँ ज्यादा होती हैं, सब्र कम होता है, उस उम्र में यह आदमी कह रहा है कि 'आशिकी सब्रतलब और तमन्ना बेताब/दिल का क्या रंग करूँ ख़ूने जिगर होने तक'। यह नौजवान आदमी लिख रहा है। आज के नौजवान शायद लिखेंगे इस तरह का, इतना सधा हुआ, पैठा हुआ अशआर?

मैं कह रहा था कि ऐसे टूटते समाज में एक आदमी एक ओर परम्परा और दूसरी ओर एक नया, इन दोनों को मिला करके एक होलनेस जो हिन्दी में मुझे सिर्फ तुलसीदास में दिखाई पड़ती है, वह चीज दी और इन तमाम चीजों के साथ उस देहली की ज़िन्दगी को देखता है। ग़ालिब में 'आइना' बहुत मिलता है और आइना ही नहीं मिलता, पूरा आइनाखाना मिलता है। अब तो सेंट्रल सेक्रेटेरिएट में आप चले जाइए तो अन्दर के कमरों में नहीं मिलेगा लेकिन पुरानी इमारतों में और मुग़लों के जमाने में या कभी सालारजंग म्यूजियम में जाते हैं हम, तो वहाँ देखते हैं कि आइने तरह-तरह के लगे हुए हैं : 'द मिरर विद इन मिरर'। मुझे लगता है कि यह स्ट्रक्चर है ग़ालिब की ग़ज़लों को समझने के लिए। वह स्ट्रक्चर, एक आइना दूसरे आइने को प्रतिबिम्बत करता है और उन दोनों के बीच में जो चीजें आती हैं, बहुत मिलेगा आइनाखाने में, यदि कोई भी जाता है। 'तोड़ा जो तूने आइना, तिमसालदार था', 'आइना क्यों न दूँ...' मिलेगा आपको। क्या चीज थी कि एक जमाने में इमारती आइनाखाना बनाया जाता था! ग़ालिब ने भी एक आइनाखाना बनाया है और उसमें चलता हुआ-सा एक आदमी यहाँ से वहाँ तक दिखाई पड़ता है और साथ ही वह ऐसा आइनाखाना है जिसमें सारी कायनात दिखाई पड़ती है। यह बिम्ब-प्रतिबिम्ब के साथ दिखाई देनेवाली वह चीज...मैंने एक नमूना दिया है। हजारों चीजें ऐसी देखी-सोची जा सकती हैं। हो सकता है कि यह मेरा खयाल सब्जेक्टिव हो, यह तनकीद नहीं! इन तमाम चीजों के जलवे देखें तो मैं इस आइनाखाने को इस रूप में लेता हूँ।

मुझे एजाज अहमद के एक लफ्ज़ से तकलीफ हुई और गुस्सा भी आया। अपनी किताब में प्रो. एजाज अहमद ने लिखा है कि ग़ालिब जो हैं, वह कनिंग पोएट हैं। और अंग्रेजी में आप जानते हैं, कनिंग का क्या मतलब होता है? मेरे जेहन में तसव्वुर यह है कि जो आदमी कनिंग होगा, वह पोएट नहीं हो सकता। वह चाहे जो हो।

वह पोलिटिशियन हो सकता है। कनिंग आदमी पोएट नहीं हो सकता। ग़ालिब इज़ नॉट कनिंग। कोई बड़ा शायर कनिंग नहीं हो सकता। मुझे दूसरा लफ्ज जो मिला, जो 'फिगर ऑफ स्पीच' है और जिसे अंग्रेजी में 'कंसिट' कहते हैं—वह कंसीट, मेटाफिजिकल पोएट्स में, जॉन डन में मिलती है, और इलियट ने जिसकी तारीफ की और जिसे मॉडर्न एज में हम निराला में पाते हैं। जो आदमी बहुत सेल्फ कांशस हो, खुद्दार आदमी हो, जो दुनिया को देखने के साथ यानी जो अपनी देखनेवाली आँख को भी देखता है। जो आँख देखती हो, उस आँख की तरह से जो बराबर अपने ऊपर भी नजर रखता है। घोर निराशा में भी जो आदमी बार-बार अपने को देखता है, वह कंसीट है। इसीलिए उन्होंने जिसको चालाकी कहा, वह चालाकी नहीं है, वह एक सेल्फ क्रिटिसिज्म है। मैं समझता हूँ, ग़ालिब की उस जमाने में लोग बड़ी आलोचना करते थे कि गोयम् मुश्किल, बगोयम् मुश्किल। खाली मुश्किल की चीज नहीं है। मुश्किल इसलिए है कि वह कॉम्प्लेक्सिटी जो है, वह कंसीट से पैदा होती है। तह-दर-तह मीनिंग उसमें छिपी हुई है। वह सच कहने की कोशिश ग़ालिब करते थे और वह कंसीट ले आती है। कंसीट अलंकार है। हम लोग हिन्दी में उसे 'वक्रोक्ति' कहते हैं। उसे विरोधाभास के भी नाम से जानते हैं। उस कंसीट ने एक मीनिंगफुल, कई गहरे अर्थों वाली कविता को रचा। और यह इसलिए सम्भव हो सका कि वह एक ऐसे जमाने के बारे में लिख रहा था जो एक ओर खत्म हो रहा था। 'एंड ऑफ हिस्ट्री' जिसे मैंने कहा, एक तहजीब खत्म हो रही थी। और एक नई तहजीब आ रही थी। उस तहजीब का चेहरा दोमुँहा था। एक ओर वह बहुत ब्रूटल थी, मर्सीलेस थी जिसने अपना रंग दिखाया 1857 में। देहली के कत्लेआम में। इकट्ठे उन तीन-चार महीनों में इतने लोगों को फाँसी दी गई, जिनकी गिनती नहीं हो सकती थी। इतने लोग मारे गए। इतनी ब्रूटल और इनसेंसिटिव एक हुकूमत, अंग्रेज हुकूमत आई थी और दूसरी ओर एक रेशनल थीम। नई अदालत, नया कानून। लॉ एंड ऑर्डर का नाम लेनेवाली और अपने साथ पश्चिम की वह साइंटिफिक कल्चर लेकर आई थी, जिसकी ओर मुखातिब हुए थे सर सैयद। कहते हैं कि सर सैयद ने जब वह तर्जुमा किया था तो ग़ालिब के पास ले गए थे कि इसका दिवाचा लिखें, तो ग़ालिब ने कहा कि क्या पुरानी चीजों में लगे हुए हो! कोई नया काम करो। एक ओर वह रोशनी वहीं से आ रही थी—यानी हालत यह थी अंग्रेजों की कि 'उसी को देखकर जीते हैं जिस काफिर पे दम निकले'। तो यह था वह काफिर। यह वह कलीसा था जो 'काबा मेरे पीछे है वो कलीसा मेरे आगे'। जरूर उनको जेम्स का कलीसा दिखाई पड़ता रहा होगा, जब निकलते होंगे चाँदनी चौक से। तो एक ओर नेशनल सिविलाइजेशन जो चूर-चूर कर रही थी, हमें तोड़ भी रही थी, उस माशूक की तरह जो हमें कत्ल भी करता है यानी जिस पर प्यार भी आता है और जिस पर गुस्सा भी आता है। दर्द भी होता है और फिर हम खुश भी होते हैं। इन

दोनों चीजों को जोड़कर उससे जो शायरी बनती है, उस शायरी से अपने हालात को हम समझते हैं। जहाँ तक मेरी जानकारी है, जो लोग उर्दू नहीं जानते, पढ़ नहीं सकते हैं, सुनी-सुनाई बातों में जो विश्वास करते हैं, वे इस पर एतराज कर सकते हैं। मैं हिन्दी बोलनेवाले समाज में जहाँ घूमता हूँ तो सबसे ज्यादा जबान पर पूरा शेर नहीं तो एक मिसरा आता है ग़ालिब का। सबसे ज्यादा मुहावरे और कहावतें बन गई हैं ग़ालिब की बातें। जो नहीं जानते, ऐसे लोग उस ग़ालिब की भाषा को, उसके अदब को, उस कल्चर को आज खत्म करना चाहते हैं—जिस आदमी ने अँधेरे युग में रोशनी के गीत गाए थे। एक शेर और, और उसके साथ ही मैं खत्म करना चाहता हूँ : 'जिसे नसीब हो रोजे स्याह मेरा सा/वो शख्स दिन न कहे रात को तो क्योंकर हो'?

[21 जुलाई, 2000 को कुल हिन्द अल्लामा इकबाल अदबी मरकज, भोपाल में दिया गया व्याख्यान। 'वसुधा', अंक-49 में प्रकाशित]

# कहानी में सुरुचि का पहला शिखर : उसने कहा था

हिन्दी कहानियों के ऐसे चुम्बकीय शीर्षक बहुत कम देखे हैं, जैसा चन्द्रधर शर्मा 'गुलेरी' की कहानी 'उसने कहा था' (1915) का है। इसका शीर्षक सबसे पहले आकर्षित करता है। किसने कहा था? क्या कहा था?—इन उठे हुए सवालों का एकदम अन्त में जाकर जवाब मिलता है—जब कहानी खत्म होने को है। और, वह जवाब स्वप्न में चला था, जिससे कहा गया था। घायल-मरणासन्न लहनासिंह रह-रहकर मूर्च्छित होता है और स्वप्न चल रहा है। सूबेदारिनी कह रही है : 'मैंने तेरे को आते ही पहचान लिया। एक काम कहती हूँ। मेरे तो भाग्य फूट गए। सरकार ने बहादुरी का खिताब दिया है, लायलपुर में ज़मीन दी है। आज नमकहलाली का मौका आया है, तो सरकार ने हम तीमियों की एक घघरिया पलटन क्यों न बना दी, जो मैं भी सूबेदार जी के साथ चली जाती? एक बेटा है। फौज में भर्ती हुए उसे एक ही बरस हुआ है। उसके पीछे चार हुए, पर एक भी नहीं जिया।' सूबेदारनी रोने लगी : 'अब दोनों जाते हैं। मेरे भाग्य, तुम्हें याद है, एक दिन ताँगे वाले का घोड़ा दही वाले की दुकान के पास बिगड़ गया था, तुमने उस दिन मेरे प्राण बचाए थे। आप घोड़ों की लातों में चले गए थे और मुझे उठाकर दुकान के तख्ते पर खड़ा कर दिया था। ऐसे ही इन दोनों को बचाना। ये मेरी भी भिक्षा है। मैं तुम्हारे आगे मैं आँचल पसारती हूँ।'

ज़रा भाषा पर ध्यान दीजिएगा : 'एक काम कहती हूँ। मेरे तो भाग्य फूट गए। सरकार ने बहादुरी का खिताब...एक काम कहती हूँ'—कहते ही काम नहीं तुरन्त बताया। क्या 'काम कहती हूँ?' जैसे गीत की टेक होती है, ध्रुपद जिसे कहते हैं, यह बार-बार गूँजता है—चार बार—'उसने कहा था, उसने कहा था' बल्कि एक जगह पंजाबी में कहा है : 'उननूं कहा था।' बदले हुए सन्दर्भ में आवृत्त होती है : 'उसने कहा था, उसने कहा था...' यह मँडराता है। इसलिए इस कहानी का शीर्षक 'उसने कहा था' बार-बार हांट करता है। एक कहे हुए को—आदमी ज़िन्दगी भर कैसे निभाता है? क्या रिश्ता है?

जब इस कहानी को आचार्य महावीर प्रसाद द्विवेदी ने 'सरस्वती' में छापा, तब पहला महायुद्ध चल रहा था, जो 1914 में शुरू होकर 1917-18 में खत्म हुआ। यह

कहानी युद्ध शुरू होने के ठीक बाद ही लिखी गई, छपी 1915 में थी। हो सकता है कि 1914 के अन्त में लिखी गई हो! इस पर पाठालोचन की दृष्टि से भी विचार किया जाना चाहिए। जिस रूप में छपी है, उस पर आचार्य महावीर प्रसाद द्विवेदी की कलम चली है। कहीं सम्पादक ने बदला है। मूलपाठ, जो 'गुलेरी ग्रंथावली' में मनोहरलाल जी ने छापा है, उसमें नीचे टिप्पणियाँ दी हैं—बदलाव किये जाने के सम्बन्ध में, पर अपनी शुद्ध हिन्दी वाली कलम से पंडित जी ने थोड़ा बदला है। ज़्यादा नहीं है, कुछ जगहों पर पाठ-भेद भी है। बाद की पुस्तकों के पाठों में कुछ चीज़ें छोड़ भी दी गई हैं। जैसे पंजाबी गीत है, जिसे अश्लील समझकर हटा दिया, जिससे उस कहानी का बहुत सारा आनन्द या सेंस ऑफ़ ह्यूमर गायब हो जाता है। इसलिए पाठांतर पर ध्यान रखना ज़रूरी है।

जब कहानी लिखी गई, तब तक स्वयं गुलेरी जी विदेश नहीं गए थे। कहानी का सारा का सारा लोकेल लड़ाई का मैदान और फ्रांस और जर्मनी की सीमा का माहौल है। अधिकांश कहानी विदेश के परिवेश में घटित होती है, जहाँ विदेश में आदमी गया न हो, कहानीकार उसका वर्णन करता है! हिन्दी में युद्ध-सम्बन्धी बहुत कम कहानियाँ लिखी गई हैं। दूसरा महायुद्ध भी हुआ। उसके बारे में कोई उल्लेखनीय हिन्दी की कहानी मुझे याद नहीं आती।

यह उल्लेख ज़रूरी है कि 1916 में तिलक के नेतृत्व में 'लखनऊ कॉन्फ्रेंस' हुई थी और लगभग देशप्रेम और आज़ादी की लड़ाई का आन्दोलन आगे चलकर जो असहयोग आन्दोलन तक पहुँचा था; तब तक कुछ नहीं हुआ था। देश में लगभग हिम्मत का दबदबा बाकायदा था। यहाँ से भारतीय आर्मी विदेश में भेजी गई थी, यह सच्चाई है। यहाँ से पहले महायुद्ध में अंग्रेज़ों की ओर से लड़ने गई फौज में से बहुत महत्त्वपूर्ण भूमिका पंजाब की आर्मी की थी, जिसमें सिख लोग थे। गुलेरी जी सिख नहीं थे, न पंजाबी। क्यों सिख गए थे? आप जान सकते हैं। मैं यह पृष्ठभूमि दे रहा हूँ, क्योंकि 1857 के बारे में बंगाल आर्मी ने जहाँ विद्रोह किया था, अकेले जो सिख रेजीमेंट थी, वह बाकायदे अंग्रेज़ों के साथ थी। अंग्रेज़, जिस पर पूरी तरह निर्भर कर सकते थे कि ये गद्दारी नहीं करेंगे, बगावत नहीं करेंगे। इसलिए पहले महायुद्ध में मोर्चे पर जो आर्मी भेजी गई थी, वह सिख बटालियन थी।

यह भी ध्यान रखें कि गुलेरी संस्कृत के पंडित थे। काँगड़ा के रहनेवाले थे। काँगड़ा उस समय पंजाब का हिस्सा था। वे संस्कृत की पढ़ाई के लिए लाहौर में रहे थे। तब संस्कृत की सर्वोच्च परीक्षा लाहौर में होती थी। वह ओरिएंटल कॉलेज, लाहौर अब भी पाकिस्तान में मौजूद है। इसलिए सिखों के परिवेश को जानने का मौका गुलेरी जी को वहीं मिला होगा। वैसे सिखों को लेकर हिन्दी में बहुत कम सरदारों के अलावा गैर-सरदार ने शायद ही कोई कहानी लिखी हो!

यह पृष्ठभूमि इसलिए कि उस दौर में कहानी के रचयिता गुलेरी जी में पांडित्य और विद्वत्ता के साथ कहानीकार की प्रतिभा कैसे निवास करती थी! पहला विश्व-युद्ध फ्रांस और जर्मनी के बीच लड़ा गया था। इंग्लैंड फ्रांस की तरफ था। अंग्रेज़ भी फ्रांस के साथ थे और जर्मनी के खिलाफ। उस समय लड़ने गई भारतीय सिख फौज के द्वारा भारत की ओर से राजभक्ति की लड़ाई थी। कहानी में लहनासिंह जिसका प्रमुख प्रतिनिधित्व करता है। राजभक्ति और देशभक्ति एक साथ एक आदमी में कैसे मिली-जुली हो सकती हैं—यह बात देखना चाहें तो लगभग हिन्दी साहित्य में एक दौर पूरा-का-पूरा है, जिस पर आज भी बहस होती रहती है और कई लोगों को तकलीफ भी होती है। भारतेन्दु हरिश्चन्द्र तक में राजभक्ति और देशभक्ति, दोनों एक साथ हैं और दोनों में कोई विरोध नहीं था। इस कहानी में दोनों तत्त्वों को देखा जा सकता है—कैसे सहअस्तित्व है राजभक्ति और देशभक्ति का। जब खंदक में लहनासिंह और बजीरा की बातचीत होती है तो वह कहता है : '...मैं तो लड़ाई के बाद सरकार से दस घुमा ज़मीन यहाँ माँग लूँगा और फलों के बूटे लगाऊँगा।' सरकार पर इतना भरोसा है कि 'हम लड़ रहे हैं तो उससे ज़मीन माँग लेंगे और यहाँ खेती करेंगे। अपनी सरकार से भी फायदा उठाएँगे, उससे लेंगे'—यह राजभक्ति का भरोसा था।

गुलेरी जी स्वयं लॉ-कॉलेज, अजमेर में थे। अपनी रियासत के साथ उनके शिक्षक और सांस्कृतिक सलाहकार के रूप में थे। इस कहानी के बारे में तमाम बातें की जाती हैं। इस पहलू पर किसी का ध्यान नहीं जाता कि 1914 के प्रथम महायुद्ध में जो यहाँ के लोग लड़ने के लिए गए हैं, उनकी कहानी लिखी जा रही है। उस कहानी में राजभक्ति का एक नमूना है और देशभक्ति का दूसरा। यह बात मुझे कहानी 1952 में पढ़ते नहीं सूझी थी। इतने दिनों के बाद फिर से कहानी पढ़ने पर लगा कि आखिर इस लड़ाई को थीम बनाकर और जर्मनों को हराना मुख्य मुद्दा है। इसमें शहीद जो आदमी हुआ है, उसकी कहानी लिखी जा रही है और अंग्रेज़ों की ओर से लड़नेवाला इसका जो हीरो है, वह अंग्रेज़ों की ओर से जर्मनी के खिलाफ लड़ रहा है। अपने देश की आज़ादी के लिए नहीं, बल्कि अंग्रेज़ी राज की रक्षा में लड़ी जानेवाली लड़ाई में लड़ा नायक है लहनासिंह। गुलेरी जी अपने इस हीरो से राजभक्ति दिखाते हैं।

दूसरी खूबी यह है कि उस ज़माने में राजभक्ति के साथ एक और बात थी, जो आजकल बढ़ गई है। देशभक्ति की मजबूत नींव कैसे कायम होती है, इस कहानी में बताया गया है। जिन शब्दों और कस्बों का नाम आया है, जिससे जुड़ाव है उस आदमी का, कहानी अमृतसर से शुरू होती है। जगाधरी जिले का नाम आता है, चंबे का पानी आता है, शिमला आता है, काँगड़ा आता है। एक-एक करके जो नाम आते हैं, जिन जगहों के नाम हैं, वे खास कस्बा-शहर—गुलेरी जी पंजाब के

नहीं थे, लेकिन कहानी में जब तक काँगड़ा न आए, तब तक लगे कैसे कि हमारी कहानी है? लड़ाई के मैदान में सिपाही लड़ने जाते हैं तो उनको पूरा हिन्दुस्तान नहीं, जिस गाँव-कस्बे के हो, उसके साथ जोड़कर देखा जाता है। बटालियनों के नाम रखे गए थे—'राजपूताना बटालियन' थी। अलग-अलग इलाकों से जुड़े हुए बटालियन के नाम थे। किसी के धर्मों के नाम थे। इसलिए बंगाल आर्मी कहा गया था। यद्यपि वे रहनेवाले अवध के थे। जब बगावत की उन लोगों ने तो बाकायदे अवध को केन्द्र बनाया गया था। इसलिए अपने शहर, कस्बे, इलाके से ज़मीन पर उसके जो पाँव होते हैं, धरती जहाँ की है, जहाँ पैदा हुए हैं—उससे आपकी पहचान और आइडेंटिटी बनती है। इसमें हिन्दुस्तान नाम दो बार आता है, भारत नहीं आता—'हम हिन्दुस्तान कब जाएँगे?' लेकिन हिन्दुस्तान से ज़्यादा जो लगाव, आत्मीयता से भरे शब्द निकलते हैं, वे अमृतसर के निकलते हैं। काँगड़ा, चम्बा के निकलते हैं। इन कुछ कस्बों, छोटी जगहों के नाम निकलते हैं और जीवंत होकर चीज़ें आती हैं। मसलन, क़हानी शुरू ही होती है हिन्दुस्तान—पूरे हिन्दुस्तान से नहीं—अमृतसर से। जैसे बनारस से कोई अब दिल्ली या विदेश भी जाएँ तो आपको गुदोलिया या कमच्छा याद आए और बाद में—अब तो रहे नहीं वे बनारसी इक्के जो याद आए, जिससे आप जा रहे हैं—यह लगाव। सहसा कहानी लोगों को अपनी पकड़ में ले लेती है।

पहले ही वाक्य में पं. महावीर प्रसाद द्विवेदी ने सुधार किया था। फिर भी कहानी के आरम्भिक अंश, पहले ही पैराग्राफ को पढ़ें। गरज कि एक पूरा चित्र है उसकी स्थानीयता का। अच्छी कहानी का लक्षण यही है। कहानी केवल पढ़ने की चीज़ नहीं होती। कहानी में दृश्य और श्रव्य, दोनों गुण होने चाहिए। इस कहानी ने दिखाया कि वह कहानी ही क्या, जो आपकी आँखों के सामने दृश्य खड़ा नहीं करे और कहानी तो कायदे से गाँव में सुनाई जाती है। कहानी कानों से सुनने की चीज़ है। आँखों से वह दृश्य देखने की चीज़ है। पहले पढ़ने की नहीं थी और बाद में पढ़ने की कला विकसित की गई है।

बहरहाल, इस कहानी की शुरुआत में ही वे शब्द गूँजते हैं और साथ ही चित्र पूरा-का-पूरा अमृतसर बाज़ार का : 'हठो बाच्छाजी, हठो भाई जी'! वो बंबूकाट वाले बीच से गुज़रते हुए—कहानी बिलकुल चित्र की तरह से—यानी जैसे फ़िल्म की स्क्रिप्ट लिखी गई हो, सिनेरिया हो!—उस पूरी कहानी की खूबी है। ये चित्र उसी भाषा में हैं : 'हठ जा जीणे जोगिए, हठ जा करमावालिये, हठ जा पुत्ताँ प्यारिये, बच जा लम्बी वालिये।' समष्टि में इसका अर्थ यह है कि 'तू जीने योग्य है, तू भाग्यों वाली है, पुत्रों को प्यारी है, लम्बी उम्र तुम्हारे सामने है। तू क्यों मेरे पहियों के नीचे आना चाहती है? बच जा।' यह प्यार और मोहब्बत से ही, यह नहीं कि माँ और बहन की गालियाँ देते हुए निकल जाएँ। जबकि दूसरे शहरों के लोग जब वे रिश्ता

स्थापित करते हैं, दूसरे शहरों के इक्के वाले यहाँ माँ-बहनों की गालियाँ देते हैं। इसलिए लिखा गया है कि ये अमृतसर वाले इस बोली में बात करते हैं कि 'हठ जा पुत्तां प्यारिये...।' यह भी व्यंग्य में कि 'तू मर जाएगी, तू हठ जा, बच जा, पुत्रों को प्यारी है, उनकी प्यारी है'—यह अन्दाज़! एक कल्चर है। इसलिए पूरा-का-पूरा विवरण केवल विवरण नहीं है बल्कि समूची जाति, उस माहौल में रहनेवाले लोग और उस माहौल के बीच से कहानी शुरू होती है—वह आठ साल की लड़की और बारह साल का लड़का। अचानक दोनों एक जगह मिलते हैं। और वह मशहूर डॉयलॉग है, जिसका यह वाक्य हिन्दी में, इसके पहले, मैं न जानता था और न बाद में कभी सुना कि 'तेरी कुड़माई हो गई'। अब 'कुड़माई' शब्द इस्तेमाल करना, दूसरा कोई भी शब्द 'मँगनी' कहने पर वह बात नहीं बनेगी। एक लफ़्ज पूरी उस संस्कृति को, समाज की परम्पराओं को व्यक्त करता है। 'कुड़माई हो गई' और वह 'धत्त्' कहकर भाग जाती थी। और एक दिन ऐसा हुआ कि 'हाँ, हो गई। देखते नहीं, रेशम का कढ़ा हुआ शालू?' और फिर उसके बाद अप्रत्याशित पता लगते ही लड़का कुत्तों को मारता हुआ, किसी से टकराकर—प्रतिक्रिया उसकी व्यक्त करता है। कहानी को भी कविता की तरह, उसके पाठ को उतनी ही सावधानी से पढ़ना होता है। कहानी पढ़ने का एक तरीका है कि कहानी का सारांश और व्हॉट इज़ मॉरोलिज़्म—उसका निष्कर्ष बता दीजिए, यह नीबू निचोड़ वाला पाठन है। किसी कहानी को पढ़ने का यही तरीका पर्याप्त नहीं है।

कहानी के अन्त को बहुत-से लोग महत्त्वपूर्ण मानते हैं—कोई 'सुखांत कहानी है या दुखांत है?' यह जानकर निश्चिन्त हो जाना चाहते हैं—पर आदि और अन्त ही महत्त्वपूर्ण नहीं होता है। जो पूरा पाठ उसी रूप में पिरोया हुआ है, उसे उतने ही एकाग्रता के साथ, जैसे कविता पढ़ी जाती है, कहानी भी पढ़ी जानी चाहिए। केवल अपनी भाषा में सारांश और निष्कर्ष बताकर आप सब कहानी पढ़ते हैं और न उस कहानी के पढ़ने से आपका कुछ ताल्लुक है—आपके लिए प्लाट महत्त्वपूर्ण है और एक प्लाट पर एक दर्जन क्या, बीस कहानियाँ लिखी जा सकती हैं। कुछ लोगों ने दुनिया की सारी कहानियों पर सात प्लाट बनाए हैं और कहा कि इसी पैटर्न पर सारी कहानियाँ होती हैं। अजीब बात है कि यदि सात हों भी इत्तिफाक से—जो नहीं होते, मैं तो मानता नहीं हूँ—तो फिर लोग एक ही चोज़ अलापते चले जा रहे हैं और कहानी एक ही तरह की है, जबकि ऐसा नहीं है। आपके-हमारे दिमाग़ का साँचा एक बना हुआ है। उस साँचे में हम ढाल देते हैं और तृप्त हो जाते हैं कि—चलो, हमने कहानी पढ़ ली। मुझे लगता है कि एक साँचे को दिमाग़ से अलग करके कहानी को पढ़ो और हर कहानी कुछ ऐसा लेकर या कहकर आती है जो दूसरी जगह नहीं होता। वरना लिखता ही काहे को वह अच्छा लेखक? दुहराने के लिए नहीं बना है।

कहानी में जब आंचलिक आन्दोलन चला तो फणीश्वरनाथ रेणु का डंका बजा और लगा कि हिन्दी में पहली बार आंचलिकता की धूम मची हुई है। देखें, तो रेणुजी के पचास साल पहले, गुलेरी जी की यह कहानी आंचलिक भाषा, आंचलिक जीवन, आंचलिक गीत को जिस तरह लिये है—इसमें भाषा के कई लेबल हैं। मैं समझता हूँ कि संस्कृत के पंडित होते हुए गुलेरी जी हिन्दी के उन थोड़े-से गद्यकारों में से हैं, जो बोलता हुआ गद्य लिखते हैं। 'आमफहम' जो संस्कृत नहीं जानते, आम तौर से वही बड़ी कठिन हिन्दी लिखते हैं। गुलेरी जी के गद्य को पढ़ते हुए बिलकुल नहीं लगता है कि कभी संस्कृत महाविद्यालय में पढ़ाते थे। लेकिन उपयोग करते हैं। एक जगह उन्होंने सर्दी का वर्णन करते हुए लिखा है : 'लड़ाई के समय चाँद निकल आया था। ऐसा चाँद, जिसके प्रकाश से संस्कृत कवियों का दिया हुआ 'क्षयी' नाम सार्थक होता है। और हवा ऐसी चल रही थी, जैसी कि बाणभट्ट की भाषा में 'दंतवीणोपदेशाचार्य' कहलाती।'

यहाँ चन्द्रमा के लिए तो चाँद लिखते हैं, लेकिन 'दंतवीणोपदेशाचार्य' की जगह सीधे कह सकते थे कि सर्दी में दाँत कटकटाने लगते हैं—तो दाँतों की वीणा बजने का उपदेश, वह शिक्षा देनेवाली 'दंतवीणोपदेशाचार्य' और 'क्षयी'-शब्दों से ऐसी उपमा गुलेरी ही दे सकते थे। इसलिए कहानी में भाषा के कई रजिस्टर मिलेंगे। ठेठ पंजाबी संस्कृति से निकले हुए पंजाबी शब्दों का प्रयोग—यानी ठेठ आंचलिकता है और आंचलिकता के अनेक शब्द भरे पड़े हैं। तेरी 'कुड़माई' हो गई तो है ही, बादशाह को 'बादशा', अपने हाथों हम 'झटका' करेंगे। दो तरह का गोश्त पकाया जाता है न, एक रेत कर बनाते हैं और 'झटका' करते हैं, तो 'झटका' करेंगे। बकरा काटने को कहते हैं 'झटका'। 'दस घुमा ज़मीन', बीघा नहीं है। वह ज़मीन जो नहर के किनारे होती है, जो गज से नापी जाती है। यह ठेठ पंजाबी का शब्द है। 'उठ उदमी'—उद्यमी को 'उदमी'। यहाँ 'मुरब्बे' नहीं मिला करते हैं—मुरब्बा मिठाई नहीं है। इस तरह भरे पड़े हैं आंचलिकता के शब्द, कहानी में सारी बातचीत विदेश में होती है और विदेश में अपने शब्दों के द्वारा जैसे अपनी दुनिया और समाज में वे पहुँच जाते हैं। यह भाषा फ़ैशन के लिए इस्तेमाल की हुई नहीं है।

जैसा मैंने कहा कि संस्कृत के शब्द हैं, तो अरबी और फ़ारसी के भी हैं। कहानी के दूसरे हिस्से में एक जगह है कि 'गनीम कहीं दिखता नहीं...' मुझे डिक्शनरी देखनी पड़ी। मालूम हुआ कि दुश्मन को 'गनीम' कहते हैं—जो विपक्ष में लड़ रहा है। अरबी शब्द है। हो सकता है कि पंजाबी में भी बोला जाता हो गनीम!...जो रात में गोली दागते हैं तो कहते हैं, सब गनीम दिखते भी नहीं हैं। और सबसे बड़ी जान! कहानी में पूरा-का-पूरा संगीत पंजाबी का है, जिसे कुछ लोगों ने अश्लील समझकर निकाल दिया था। कहानी के उस गीत से आप भली भाँति

परिचित हैं। गीत का नीचे अनुवाद भी उन्होंने दे दिया है, और इस पर टिप्पणी करते हैं गुलेरी जी : 'कौन जानता था कि दाढ़ियों वाले घरबारी सिख ऐसा लुच्चों का गीत गाएँगे...' इसमें लाख टके का शब्द है 'घरबारी सिख'। पढ़े-लिखे नहीं कहा। श्रेष्ठ शब्द का इस्तेमाल नहीं किया। घरबारी, जिसके माँ, बहनें, बीवियाँ हैं; जिनके घर में ये औरतें हैं। यह शब्द मैंने हिन्दी में इस्तेमाल होते नहीं देखा है। इसलिए परिवारी या पारिवारिक नहीं कहा है। 'घरबारी सिख लुच्चों का-सा गीत गा रहे हैं'—एक टिप्पणी में उस गीत की अश्लीलता को सारा का सारा धो-पोंछकर बराबर कर दिया गया है।

इसे ही 'सुरुचि' कहते हैं। इसी के कारण इसके उपयोग के आधार पर आचार्य शुक्ल ने अपने इतिहास में इस कहानी पर छोटी-सी टिप्पणी में 'सुरुचि' के उत्कर्ष पर 'चरम मर्यादा' की चर्चा की है। बार-बार 'सुरुचि' शब्द का प्रयोग किया है। यानी किसी अश्लीलता की सीमा को छू लेनेवाला शृंगारी लोकगीत गाते हुए भी कैसे गुलेरी जी निर्वाह करते हैं, इस चीज़ को सँभाल ले जाते हैं कि फील नहीं होने पाता। यही कला है। उस आंचलिकता के साथ कहानी का ताना-बाना बनाया गया है कि भाषा के कितने स्तर हैं, कितने रूप हैं। कहानी वर्णनात्मक कम है। सारी कहानी संवादों में लिखी गई है। भारती जी ने जब इसे नाटक में बदला, तो एक बहुत बड़ी सुविधा थी और ध्यान था कि संवादों में कहानी लिखी गई है। और इसलिए अनावश्यक वर्णन से और कथा कहना, कहानी का गुण है—जिसे 'आख्यान' (इन नैरेटिव-नैरेशन) कहते हैं। नैरेशन नहीं है, इसमें डिस्क्रिप्शन है और कहानी का कथानक संवादों से बढ़ता है। स्वयं लेखक अपनी ओर से कहीं बोलता ही नहीं है। इसलिए शुक्ल जी ने कहा है, इसमें लेखक कुछ बोलता नहीं, घटनाएँ स्वयं बोलती हैं। जो संवाद हैं, वही घटना की कहानी कहते हैं। उन्हीं में कहानी निहित है। प्लॉटिंग नहीं है—इसके बावजूद यह बहुत कठिन काम है। कहानी में कला की परीक्षा यहाँ से वहाँ तक है। जैसे नाटक में होता है, आप संवाद करते चले जाएँ और कथानक उसमें से अपने-आप प्रकट हो जाए। कहना न पड़े कि कौन कह रहा है, बोलनेवाला कौन है, घटना क्या है। इसलिए अधिकांश कहानी डॉयलॉग में भरी हुई है।

इस कहानी के दो पक्ष हैं, जिस पर हमारा ध्यान जाना चाहिए। कहानी में एक 'बनावट' होती है और एक 'बुनावट' होती है। बुनावट को मैं 'संरचना' या 'स्ट्रेक्चर' कहता हूँ। प्लॉट यानी कथानक—जिसे ढाँचा कहते हैं। हर कहानी का, कहते हैं—आदि, मध्य और अन्त होता है; उसमें एक क्रम होता है। गुलेरी जी ने इस क्रम को तोड़ दिया है। यह कहानी पहले खंड के साथ ही जब पहली बार वे दोनों मिलते हैं, अचानक कहानी पच्चीस वर्ष की छलाँग लगाती है—अमृतसर के बंबूकाट वाले से, युद्ध के मैदान में पहुँच जाती है और दूसरा खंड जहाँ शुरू होता

है, पहला दृश्य सामने आया, ठीक उसके बाद युद्ध शुरू हो जाता है।

इस कहानी में पहली ही लम्बी छलाँग अमृतसर से सीधे जर्मनी का मैदान। कहाँ कुड़माई...रेशम का शालू...लड़की भाग गई। और दूसरा खंड यहाँ शुरू होता है : 'राम-राम, ये भी कोई लड़ाई है! दिन-रात खंदकों में बैठे हड्डियाँ अकड़ गईं।' लम्बी छलाँग कथानक में ही नहीं है, काल में भी है। वह घटना जो घटी थी—बाद में चलकर मालूम होता है, जब एक लड़का बारह साल का था और लड़की आठ साल की थी। युद्ध पच्चीस साल बाद हो रहा है, क्योंकि आर्मी में भरती हो करके वह लड़का हवलदार बन चुका है। यानी बारह का लड़का अब सैंतीस वर्ष का हुआ। सीधे पच्चीस साल की छलाँग लगाकर कहानी वहाँ पहुँचती है। बीच में क्या हुआ, यह कहानी बाद में कहते हैं, यानी धागा तोड़ करके कथानक का ताश की गड्डी की तरह फेंटकर, और फिर इसके बाद उस बीच की घटना बहुत बाद में सुनाते हैं। बाद वाली घटना पहले सुनाते हैं—आम तौर पर इसे 'फ्लैश बैक' कहा जाता है। कहानी 'फ्लैश बैक' में लौटती रहती है। बार-बार लौटती है और 'फ्लैश बैक' के उस बीच में उसकी शादी हुई। एक बेटा हुआ। बाद में बताया जाता है कि तीन और हुए, मर गए थे। यह भी आर्मी में भरती हो गया। फिर यह हुआ, यह हुआ, यह हुआ है...ये बातें बाद में बताई जाती हैं। उस समय यह कहानी की कला और किसी के पास नहीं थी। यह कि कहानी का कथानक सीधी रेखा में न चले, टेढ़ी रेखा में न चले, कथानक तोड़कर छलाँग लगाकर बढ़े। यह किसने कहा था कि पहले की घटना बाद में बताई जाए और बाद की घटना पहले बताई जाए? कहाँ कहा था? किस किताब में लिखा हुआ है? यह गुलेरी जी का नया प्रयोग था, जिसकी ओर लोगों का ध्यान नहीं जाता। दरअसल कहानी सपनों में चलती है। और सपने में 'वज़ीरा, पानी पिला', 'वज़ीरा, पानी पिला'—यह आवृत्ति जो बार-बार आती है, हांट करती है। सारी चीज़ें भूल जाएँ, लेकिन ये नहीं : 'वज़ीरा, पानी पिला'—'उसने कहा था।' उसने क्या कहा था कि '...ऐसे ही इन दोनों को बचाना।'

कहानी की खूबी है कि जिस व्यंग्य, हास्य और विनोद से ठहाके लगाती हुई शुरू होती है, लेकिन अन्त करुण होता है। संस्कृत कविता में एक शब्द चलता है—भाव सबलता। दो भावों का मिश्रण विरोधी चीज़ों का। 'रस-सिद्धान्त' में बताया गया है कि किन-किन भावों का मेल हो सकता है। हास्य और करुण का मेल हो सकता है कि नहीं, यह कहीं नहीं बताया गया है। संस्कृत काव्यशास्त्र के आचार्य गुलेरी जी हास्य और करुणा का मेल करते हैं, क्योंकि इस मेल का कारण मुख्य उद्देश्य है—करुण रस उत्पन्न करना और करुण रस को थीम में बनाने के ठीक उसके उल्टा हास्य को मिलाया जाएगा, तो करुण और भी गहरा और तीव्र होगा। 'हम-तुमको मोहब्बत करके सजन हँसते भी रहे, रोते भी रहे..' और यह प्यार में ही हो सकता है। प्यार की कहानी हँसते और रोते हुए—दोनों तरह अगर नहीं कही

गई, तो वह प्यार की कहानी नहीं है। इसलिए इस कहानी में एकदम दो विरोधी भावों को एक जगह सबलता में रूप में रखा गया है। यही नहीं, इस कहानी का सबसे महत्त्वपूर्ण चरित्र वज़ीरासिंह है। वज़ीरा के मजाक से पूरी खंदक में ठहाके लगते हैं। आधी कहानी देखें, करुण रस केवल अन्त में है—जब लहनासिंह घायल पड़ा हुआ है और स्वप्न में बर्राता जा रहा है, पुरानी चीज़ों को याद करता जा रहा है। आखिर में एक लाइन में लिखा गया, जैसा अख़बार के बुलेटिन में छपता है, आँसुओं से बहुत नहीं बहाया है। सेंटीमेंटल कहानी नहीं है। भावुकता नहीं है। लहना के मरने की ख़बर सिर्फ एक वाक्य में है। कुछ दिनों पहले जब यह कह रहा था कि 'हाँ, अब ठीक है, पानी पिला दे। बस, अब के हाड़ में आम खूब फलेगा। चाचा-भतीजे, दोनों बैठकर आम खाना। जितना बड़ा तेरा भतीजा है, उतना ही यह आम है। जिस महीने उसका जन्म हुआ था, उसी महीने में मैंने इसे लगाया था।' वज़ीरासिंह के आँसू टप-टप गिर रहे थे, लहना के नहीं।

कुछ दिन पीछे लोगों ने अख़बारों में पढ़ा : 'फ्रांस और बेल्जियम—68वीं सूची—मैदान में घावों से मरा नम्बर-77 सिख राइफल—लहनासिंह।' फैक्चुअल फैक्ट के रूप में। ऐसे आदमी के करुण जीवन के अन्त में कहानी, तथ्यात्मक बुलेटिन में जिस तरह से छपती है।

आम तौर से समझा जाता है—कहानी शुरू करना मुश्किल है। कैसे शुरू करें? लेकिन सबसे मुश्किल होता है—कहानी खत्म कैसे करते हैं, खंड कहाँ करते हैं। सारी कामयाबी पूरी ताकत के साथ कहानी का अन्त करना—कई लोगों ने इसे सबसे महत्त्वपूर्ण माना है। अन्त तो मालूम है, जैसे हम सबको अपना अन्त मालूम है कि एक दिन मरना है। अन्त ज्ञात है। लेकिन वह अन्त कैसे लिखा जाता है, कैसे बयान किया जाता है, यह महत्त्वपूर्ण है। इस कहानी का आरम्भ कैसे हुआ, इसकी बात तो पहले ही हो गई है—बंबूकाट वालों से...। अन्त देखें, जब बजीरा के आँसू टप-टप गिर रहे थे। लेकिन जो आदमी मर रहा है, उसको कोई खबर नहीं! यही कहानी-कला कही जाती है। मैंने कहा कि उसका टैक्स्चर—घनी बुनावट, जिसको कोई भी कैमरे की फ़िल्म के द्वारा पूरे घनत्व के साथ उतार सकता है। दृश्य एक-एक करके टुकड़े-टुकड़े हैं। पुनरावृत्तियाँ, जैसे हांट करती हैं कोई चीज़। आवृत्तियाँ होती हैं, जैसे गीत में होती हैं और अन्ततः कहानी प्रैक्टिकल है। उस दौर में जैसा हुआ करता था।

अब इस कहानी को भारतीय कहानी और विश्व-कहानी के परिप्रेक्ष्य में देखिए एक बार—क्योंकि आलोचकों के काम का विश्लेषण यही है—आलोचक का और पाठक का। वह जो कहानी पढ़ता है, तो पढ़ने के बाद उसको कहीं स्थित करना चाहता है। उसकी जगह कहाँ होगी? भारत में बंगला कहानी में देखें तो 19वीं शताब्दी के अन्तिम दशक में रवीन्द्रनाथ अपनी समस्त कहानियाँ लगभग लिख चुके

थे—एकाध उपन्यास लिख चुके थे—यानी बंगला में एक बड़ा लेखक हो चुका था। रूस में चेखव और टॉल्स्टॉय लिख चुके थे। 19वीं शताब्दी में दोस्तोएव्स्की लिख चुके थे। कहानी सारी दुनिया में पश्चिम देशों से शुरू हुई है—हम लोगों के पास संस्कृत के पुराने ढंग की लिखी हुई वे कहानियाँ तो थीं, लेकिन जिसे आधुनिक कहानी कहते हैं—वह कहानी प्रेमचन्द जी उर्दू में लिखते थे उस समय। 1916 में 'पंच परमेश्वर' कहानी 'सरस्वती' में इसके एक साल बाद आई है। इसलिए 'उसने कहा था' हिन्दी कहानी की दुनिया में बड़ा ऊँचा शिखर है—जिससे हमने शुरू किया है। इस ऊँचे पाए की यह पहली कहानी है और एक ऐसे कहानीकार की, जिसने कुल मिलाकर चार कहानियाँ लिखीं। कहानियाँ ज्यादा लिखीं ही नहीं, वे तो निबन्ध लेखक थे। उन्होंने और चीज़ें लिखीं। दुनिया में कहानी की दुनिया बन चुकी थी। उसके बावजूद इस कहानी को पढ़ने पर, दूर-दूर तक किसी भी पूर्ववर्ती लेखक की छाप और छाया नहीं मिलेगी। किसी भी भाषा के लेखक की छाँव तक इस पर नहीं है। उस दौर में, जब हिन्दी गद्य का 20वीं शताब्दी में पत्रकारिता के द्वारा भी बहुत विकास नहीं हुआ था। जैसे खड़ी बोली हिन्दी में 'पंच परमेश्वर' कहानी को महावीर प्रसाद द्विवेदी ने छापा था, जो 'पंचायत' नाम से उर्दू में पहले छपी थी। उसकी भाषा के साथ इसकी भाषा मिला लीजिए, तो फ़र्क़ मालूम होगा कि कथानक में हिन्दी गद्य बन रहा था।

भूलना नहीं चाहिए, जिसका थोड़ा-सा संकेत पहले किया जा चुका है कि इस कहानी पर आचार्य रामचन्द्र शुक्ल (जो प्रशंसा में बहुत कृपण थे) ने जो कथन अपने इतिहास में लिखा है—उसमें क्या छूट गया है? लेकिन इससे बढ़कर उसके बहुत दिनों बाद तक किसी ने इस कहानी के बारे में ऐसा नहीं लिखा : 'इसके पक्के यथार्थवाद के बीच सुरुचि की चरम मर्यादा के भीतर, भावुकता का चरम उत्कर्ष अत्यन्त निपुणता के साथ सम्पुटित है। घटना इसकी ऐसी है, जैसी बराबर हुआ करती है, पर उसमें भीतर से प्रेम का एक स्वर्गीय रूप झाँक रहा है—केवल झाँक रहा है, निर्लज्जता के साथ पुकार या कराह नहीं रहा है। कहानी भर में कहीं प्रेमी की निर्लज्जता, प्रगल्भता, वेदना की बीभत्स विवृत्ति नहीं है। सुरुचि के सुकुमार से सुकुमार स्वरूप पर कहीं आघात नहीं पहुँचता। इसमें घटनाएँ ही बोल रही हैं, पात्रों के बोलने की अपेक्षा नहीं।'

घटना में कोई विलक्षणता नहीं है, कहना चाहते हैं—दो के बीच लड़कियों-लड़कों में प्रेम हो ही जाता है। शुक्ल जी सुपरलैटिव बहुत कम इस्तेमाल करते थे, पर यहाँ किया है—'चरम' शब्द का दो बार इस्तेमाल किया है। दरअसल, कहानी में कुल मिलाकर एक घटना है—एक लड़का, एक लड़की के मिलने और परस्पर आकर्षित होने की। वह तो होता ही रहता है। शादी दूसरे से हो जाती है—यह भी होता है। उससे नहीं होती, किसी और से हो जाती है और जीवन-भर उसकी याद

बनी रहती है। इसीलिए शुक्ल जी ने लिखा : 'घटना इसकी ऐसी है, जैसी बराबर हुआ करती है।' आचार्य जी मर्यादावादी हैं—वेदना हो, पर वेदना की बीभत्स विवृत्ति नहीं। मसलन, झार-झार के कोई रोने लगे तो बेशर्म समझिए कि बीभत्स विवृत्ति है—बहुत आँसू बहाना, बार-बार। गुलेरी जी ने ठहरकर, तुला हुआ, चुना हुआ एक-एक शब्द रखा है।

चरम उत्कर्ष, सुरुचि की मर्यादा की तमाम चीज़ों के अलावा, क्या इस कहानी में कुछ ऐसा भी है, जिसे आचार्य शुक्ल ने जिसको नहीं देखा है? उन्होंने प्रेम का आदर्श ही इस कहानी में देखा है। वे भूल जाते हैं कि प्रेम के कई रूप इसमें हैं। केवल लहनासिंह और सूबेदारिनी का ही प्रेम नहीं है। लहनासिंह का प्रेम जगहों से भी है, अपने घर से भी है, देश से भी है, बजीरा से है, सूबेदार से है; और ये प्रेम होते हुए, ध्यान रखें कि जिस तरह लपटन साहब के साथ जो नोक-झोंक दिखाई गई है, बिलकुल हलवा-हलवा ही नहीं है कहानी, बल्कि इस कहानी में जीवन के कुछ कड़वे और भी सत्य हैं। सबको मिला करके सौंठ-मिर्च की तरह से ऐसा घोल तैयार किया गया है, जिसमें कहीं-कहीं वह खटास चोज़ भी अगर न हो और थोड़ी काली मिर्च न डाली जाए तो यह मिठास अपच पैदा करेगी, मन भर जाएगा। इसलिए अफसर आता है। उसके साथ जो नोक-झोंक होती है, अन्त में उसको कोई बाध्यता रही है, बेनकाब करता है। इस तरह के मजाक़ करता है कि 'जहाँ-जहाँ नीली गायें मिलती हैं, बन्दूक चल गई थी, तो पुट्ठे में मारी थी और गर्दन से निकल गई...। उस दौर के बीच में, जिसे कॉमिक रिलीफ कहते हैं, या उस कॉमिक रिलीफ के द्वारा और भी घाव होता है। देश-प्रेम के लिए अपनी जगह को खास तौर से बचपन की शुरुआत करता है कि 'जब मैंने वो आम लगाया था।' अपनी मातृभूमि से प्यार है उसको। जब वह पैदा हुआ था, वह भी उसी उम्र का था जिस उम्र का वह बेटा था। इसलिए आम और वह भतीजा, दोनों जैसे एक साथ पैदा हुए थे—अपनी जन्मभूमि-मातृभूमि के प्रति प्यार भी है। केवल यह एक लड़के-लड़की की प्रेम-कहानी नहीं है, बल्कि प्रेम कहीं ज़्यादा बसा है, व्यापक है। शुक्ल जी का ध्यान इसकी ओर भी जाना चाहिए था, और भी कई पहलू हैं। फिर भी मेरी जानकारी में शुक्ल जी ने अपने इतिहास में किसी अन्य कहानी की ऐसी प्रशंसा नहीं की है।

[बी.एच.यू. में 13 मार्च, 2008 को 'कहानी कैसे पढ़ें' शीर्षक से दिया गया वक्तव्य। नामवर जी ने 'उसने कहा था' कहानी का चयन किया था। यह आलेख ध्वन्यांकित वक्तव्य के लिप्यन्तरण का सम्पादित रूप है।]

# साँड़ के सींगों पर लहूलुहान कवि : लोर्का

फेदेरीको गार्सीया लोर्का की प्रेतछाया जैसे आज फिर मँडरा रही है और मुझे साँड़ से लड़नेवाले मातादोर इग्नासिओ सांचेस मेखीयास की मौत पर लोर्का का लिखा वह अविस्मरणीय शोकगीत बार-बार याद आता है। 'शाम के पाँच बजे', 'शाम के पाँच बजे' का आवर्तन कानों में ख़ौफ़नाक घंटे की तरह बज रहा है और आँखों के सामने साक्षात् मौत नाच रही है और गा रही है : 'शाम के पाँच बजे', 'शाम के पाँच बजे'।

वीरान अखाड़ा। एक बच्चा सफ़ेद चादर ले आता है। सफेद चूने का झोला पहले ही से तैयार। छितराए काँच के टुकड़े। रुई के उड़ते फाहे। गाड़ी पर रखा ताबूत। आयोडीन की गंध। एक टूटे सींग के साथ एक जाँघ। घाव जल रहा है सूरज की तरह। साँड़ रँभा रहा है उसके सामने। भीड़ खिड़कियाँ तोड़ने पर उतारू है। सभी घड़ियों में बज रहे हैं पाँच। शाम के झुटपुटे में बज रहे हैं पाँच।

गीत और भी लम्बा है। तीन खंड और हैं। अन्तिम खंड का उप-शीर्षक है : 'अनुपस्थित आत्मा'। यह कविता 1935 की है। साल भर बाद खुद गार्सीया लोर्का की भी यही गति हुई। लेकिन वह साँड़ और था। उसके दो ही पैर थे। शाम नहीं, काली रात थी। लाश का भी ठीक पता नहीं। जाने किस क़ब्र में दफ़ना दी गई!

गार्सीया लोर्का को उस शाम पाब्लो नेरुदा से मिलना था। स्वयं नेरुदा ने अपने संस्मरणों में याद किया है। लेकिन लोर्का की भेंट तो पहले ही से तय थी—मौत से, मौत के खूँखार बन्दों से! लोर्का को पूर्वाभास था। यह भी नेरुदा ने लिखा है। पहले भी लोर्का को मौत के खौफनाक दुःस्वप्न जैसे आते थे। नेरुदा के संस्मरणों में एक ऐसे ही प्रसंग का उल्लेख है। लोर्का ने उसे स्वयं ही बतलाया था। वे देहात में अपने एक नाटक के प्रदर्शन के बाद थके-माँदे लौटे थे। किसी कस्बे में रात बिताने के लिए रुके। भोर में अचानक नींद खुल गई। टहलने निकल पड़े। कुछ दूर जाने पर सामने किसी जमींदार की पुरानी हवेली दिखी। जंग-लगे लोहे का बड़ा फाटक। टूटी-फूटी मूर्तियाँ। गिरे-पड़े खम्भे। जीर्ण-शीर्ण पत्तियाँ। चाकू-सी धारदार ठंड। लोर्का एक टूटे हुए खम्भे पर अस्त-पस्त बैठ गए—किसी अप्रत्याशित के घटित होने के इन्तजार में। सहसा एक छोटा-सा मेमना न जाने कहाँ से आ निकला। वीराने में जैसे कहीं से टपकी हुई एक पंखुड़ी! या फिर कोई फरिश्ता! कवि अब अकेला

न था। इसी बीच अचानक सूअरों का एक झुंड आ धमका। यही कोई चार-पाँच काले जानवर। आधे बनैले। बर्बर भूखे। चट्टानों-सी खुरों वाले। वे सूअर उस मेमने पर झपटे और कवि के देखते-देखते उस बेचारे को चीर-फाड़कर निगल गए। इस रक्त-रंजित दृश्य से लोर्का के मन में इतनी दहशत पैदा हुई कि वह अपनी रंगमंडली को लेकर तुरन्त कूच कर गया। यह घटना 'गृहयुद्ध' से तीन महीने पहले की है।

नेरुदा को यह लोमहर्षक घटना सुनाते समय भी लोर्का जैसे मौत के दुःस्वप्न की छाया में थे। एक ओर वह निरीह मेमना और दूसरी ओर वे जंगली और बर्बर सूअर! जुलाई, 1936 में इन्हीं सूअरों ने एक निरीह कवि को अपना शिकार बनाया था। ये सूअर वही हैं जिन्हें इटली में फासिस्ट कहा जाता था, जर्मनी में नात्सी और स्पेन में फालाँगीर।

लोर्का की हत्या के साथ ही स्पेन में गणतंत्र की भी हत्या हुई थी। यही वह मौत है जिसका पूर्वाभास लोर्का को होता था और इसी मौत में उन्हें अपनी मौत दिखाई पड़ती थी। यह अस्तित्ववादी बुद्धिजीवियों का अमूर्त मृत्युबोध नहीं है। लोर्का के लिए मौत एक भौतिक वास्तविकता थी—लोहे की तरह ठोस, ठंडी और मारक। ऐसा लोहा, जिस पर खून की बूँदें चमकती थीं।

1936 का यही वह स्पेन है जिसमें गणतंत्र को बचाने के प्रयास में अंग्रेजी के लेखक राल्फ फॉक्स और क्रिस्टोफर कॉडवेल जैसी चमकती हुई नौजवान प्रतिभाएँ शहीद हो गईं। कलम जिनका अपना हथियार था, उन्हें बन्दूक उठाने के लिए मजबूर होना पड़ा और उन्हें अपनी मातृभूमि इंग्लैंड से बाहर निकलकर पड़ोसी देश स्पेन में जनता का साथ देने के लिए उतरना ज़रूरी मालूम हुआ। यह लेखकों और बुद्धिजीवियों का 'अन्तर्राष्ट्रीय ब्रिगेड' था—अपनी तरह का पहला ब्रिगेड। अन्ततः राल्फ फॉक्स और क्रिस्टोफर कॉडवेल ने गार्सीया लोर्का के खून में अपना खून मिला दिया।

लोर्का को मौत की छायाएँ काफी पहले से दिखाई पड़ रही थीं। वे छायाएँ आस-पास के सारे वातावरण में थीं। हर कहीं, हर जगह। 'मालागुआ' शीर्षक कविता में :

*मौत*
*शराबखाने में*
*आती-जाती है।*

यही नहीं, बल्कि 'समन्दर के किनारे झाड़ियों से नमक की और औरत के खून की बू आती है।' दौड़ते हुए घोड़े तो लोर्का की कविताओं में अक्सर दिखाई पड़ते हैं, लेकिन इस कविता में खास तौर से काले घोड़े नज़र आते हैं।

मौत के ये घने साए 1929 में ही न्यूयॉर्क-प्रवास के दौरान लोर्का को दिखाई पड़े थे। उस दौर की कविताओं में मौत की एक नई दुनिया है...।

'न्यूयॉर्क में कवि' (1929) काव्य-संग्रह की पहली ही कविता 'टहल कर वापस' का आरम्भ इस पंक्ति से होता है : 'आसमान का मारा कोई'। उन्हीं दिनों की एक और कविता है तीन दोस्तों के बारे में। इसमें तीसरे का अन्त इस प्रकार होता है :

*जब डेज़ी के फूलों की क्री-क्री में*
*शुद्ध रूपाकार ध्वस्त हो गए*
*तो मुझे अहसास हुआ कि उन्होंने मेरी भी हत्या कर दी।*
*उन्होंने कैफ़े, कब्रिस्तानों, गिरजाघरों को छान मारा,*
*उन्होंने शराब के पीपे और कपड़े-लत्ते उलट-पुलट डाले*
*उन्होंने तीन नर-कंकालों को भी लूटा और दाँतों का सोना उखाड़ लिया*
*लेकिन मुझे—मुझसे उनकी मुठभेड़ कभी नहीं हुई।*
*मुझसे उनकी मुठभेड़ नहीं हुई?*
*नहीं। कभी नहीं।*

उसी संकलन की 'दो कब्रों और एक असीरियाई कुत्ते से जुड़ा परिदृश्य' शीर्षक कविता के बीच सहसा यह पंक्ति आती है :

*एक चाकू अपने अन्दर लिये हम सौ वर्षों तक जिए!*

चाकू या छुरे के सिवा मौत और कई शक्लों में लोर्का के काव्य-संसार में आती है। इन्हीं में से एक है काला घोड़ा। 'घुड़सवार का गीत' शीर्षक का आरम्भ होता है इस प्रकार :

*काली चाँदनी में राहजन के*
*झनझना रहे हैं रकाब।*
*काले घोड़े*
*कहाँ लिये जा रहे हो पीठ पर*
*मुर्दा असवार!*

और पूरे गीत में काले घोड़े पर मुर्दा असवार की आवृत्ति हर चन्द के बाद होती है और 'चाँदनी के अँधेरे' के बावजूद काले घोड़े पर मुर्दा असवार साफ़-साफ दिखाई पड़ता है।

घोड़े ही काले नहीं हैं, 'काले फाख्तों का कसीदा' में फाख्ते भी काले हैं और इनके साथ ही कब्र भी। पूरी कविता प्रश्नोत्तर में है। पहले प्रश्न, फिर उसका उत्तर :

*प्यारे दोस्तो*
*कहाँ है कब्र मेरी, मैंने पूछा*
*मेरी दुम में, सूर्य ने कहा*
*हलक में, चाँद बोला।*

लोर्का का काव्य-संसार खून और कब्र के बिम्बों से भरा पड़ा है।

न्यूयॉर्क में कवि को मौत ने एक नये संसार से परिचय कराया। स्पेन में जिप्सियों के साथ अपने-आपको एकाकार कर नाचने-गाने और मस्त रहनेवाले कवि का परिचय अमरीकी नीग्रों से हुआ। 'हार्लेभ का राजा' शीर्षक से नीग्रो लोगों के उत्पीड़न पर लम्बी कविता लिखी। लेकिन लोर्का को इस नई दुनिया की मौत के दर्शन तो मानहाटन में हुए। इसकी ओजस्वी अभिव्यक्ति अमरीकी लोकतंत्र के उन्मुक्त गायक वाल्ट हिटमैन पर लिखित 'ओड' अथवा 'उद्‌बोधन गीत' में मिलती है। यहाँ अपनी गहरी पीड़ा में छटपटाती एक नई सभ्यता की यह छवि है :

*संत्रास, संत्रास, स्वप्न, उत्तेजना और स्वप्न।*
*यह संसार का ढंग है, मेरे दोस्त, संत्रास।*
*शहर के घंटाघर के नीचे लाशें सड़ रही हैं*
*युद्ध अपने रास्ते चलता है, नाबदान में लाखों चूहे सिसकते हैं।*

एक कवि की आँखों में दूसरे कवि को 'टपकती हुई मौत' दिखाई पड़ती है और वह कवि के कानों में चुपके से कहता है :

*सोते रहो, कुछ भी टिकाऊ नहीं।*
*दीवालों का नाच चरागाहों को झकझोर देता है*
*और अमरीका इंजनों और आँसुओं में डूब रहा है।*

इफरात की गगनचुम्बी अट्टालिकाओं की तलहटी में बजबजाते हुए नरक को लोर्का साक्षात् देख रहे थे खुद अपनी आँख से, पहली बार। टी.एस. इलियट की नज़र में जो 'आधुनिक' सभ्यता ऊसर-बंजर जमीन थी, वही लोर्का की जिप्सी आँखों में एक मौत थी।

लेकिन कवि की आँखों में नज़दीक से झाँककर देखें तो मौत के आतंक में वस्तुतः जिन्दगी की उद्दाम प्यास थी। इस दृष्टि से लोर्का का यह गीत गौरतलब है :

*अगर मैं मरूँ*
*तो बालकनी खुली छोड़ देना।*
*बच्चा नारंगी खा रहा है*
*(बालकनी से मैं उसे देख रहा हूँ)*
*किसान हँसिए से बाली काट रहा है*
*(बालकनी से मैं उसे सुन रहा हूँ)*
*अगर मैं मरूँ*
*तो बालकनी खुली छोड़ देना!*

एक तरह से देखें तो लोर्का की कविता मौत के भुतहे मकान में एक बालकनी खोलने की बेपनाह ख्वाहिश है।

सम्भवतः इसीलिए लोर्का को हरा रंग बहुत प्रिय था। कुछ विद्वान इस हरेपन को तुर्कों से जोड़कर देखते हैं और उसे स्पेन पर तुर्कों की विजय का अवशेष-चिह्न भी मानते हैं। इसमें कुछ सच्चाई हो सकती है, लेकिन है यह कुल मिलाकर दूर की कौड़ी ही। हमारे सामने तो इस समय लोर्का का वह मोहक 'निद्राचारी गाथा गीत' है जिसका आरम्भ हरेपन के महोत्सव से होता है :

*हरापन, कितना चाहता हूँ तुम्हें देखना हरा-हरा।*
*हरी हवा, हरी शाखें*
*समंदर के ऊपर जहाज़*
*और पहाड़ों में घोड़ा*
*अपनी कमर पर परछाईं के साथ*
*वह अपने छज्जे पर सपना देखती है,*
*हरा बदन, हरे केश*
*और ठंडी चाँदी की आँखें*
*हरापन, मैं तुम्हें कितना हरा देखना चाहता हूँ।*

इस हरेपन में उत्कट प्यास है ताज़गी की, टटकेपन और साथ ही इस बदसूरत होती जाती दुनिया को अब भी सुन्दर बनाए रखने की 'सुनहरी लड़की का कसीदा' एक ऐसे ही अपरूप रूप की सृष्टि है :

*तालाब में नहा रही थी*
*सुनहरी लड़की*
*और तालाब सोना हो गया।*

और फिर उजली रात के आते ही वह भीगी हुई लड़की सफेद बगुली हो जाती है। इस तरह अन्त में :

*सुनहरी लड़की थी*
*सफेद बगुली*
*और तालाब हो गया था सोना।*

यह नैसर्गिक लोर्का। जन्मजात लोक-कवि। सहज, सुंदर, सम्मोहक और सर्जक।

लेकिन एक तत्त्व और है जो इस लोक-कवि को एक आधुनिक 'आवांगार्द कवि के रूप में विकसित करता है और वह भी अनायास ही। लोर्का के ज़माने में उसे 'सुर्रियलिज़्म' अथवा 'परायथार्थवाद' कहा जाता था, लेकिन मैं उसे ठेठ भाषा

में 'बीहड़' कल्पनाशीलता कहना चाहूँगा जो ऐसी तमाम चीज़ों को एक कौंध में देख लेने और फिर उन्हें एक सूत्र में पिरो डालने की क्षमता रखती है जिनके बीच दूर-दूर तक न तो कोई रिश्ता दिखाई पड़ता है और न किसी सम्बन्ध की कल्पना की जा सकती है।

विशेष बात यह है कि उस दौर के परा-यथार्थवादियों ने जिस अवचेतन और स्वचालित लेखन को कठिन बौद्धिक व्यायाम से हासिल किया थ, वह लोर्का की नैसर्गिक कल्पना का सहज विस्फोट था। विचारों की स्पष्टता लोर्का की प्रतिभा का अपना क्षेत्र न था। वे हर चीज़ को सीधे-सीधे अपनी इंद्रियों से ग्रहण करते थे। इसलिए हर चीज़ उनकी कविता में मूर्त, मांसल और ऐन्द्रिय हरकतों के साथ आती थी। इस स्वभाव के कारण उनकी कविता कभी-कभी परस्पर-विरोधी और रंग-बिरंगे बिम्बों की भूलभुलैया-सी बन जाती है। किन्तु इस दुनिया की अटपटी और उलटी-पुलटी सच्चाई को सार्थक रूप से प्रस्तुत करने का और कोई कारगर ढंग भी नहीं है। 'कुएँ में डूबी एक छोटी बच्ची' शीर्षक कविता एक तरह से लोर्का की इस तथाकथित परा-यथार्थवादी काव्य दृष्टि का अच्छा उदाहरण है।

किन्तु इस काव्य-दृष्टि का सहज विस्फोट 'सागर-जलगान' में कहीं अधिक प्रीतिकर है :

*सागर*
*मुसकराता है दूर कहीं।*
*फेन के दाँत*
*आसमान के होंठ।*

सवाल-जवाब के रूप में रची इस कविता में एक मैली-कुचैली लड़की बताती है कि वह सागर का जल बेचती है। लेकिन इसके साथ ही वह रोती भी है तो सागर जल और पीती भी है तो सागर जल ही, खारा-खारा। उधर एक काल-कलूटा लड़का भी है अपने खून से सना। वह लड़का सागर-जल ढोता है। यह सब देखकर सागर मुसकराता है। फेन के दाँत सागर के और ओठ हैं आसमान के।

पूरी कविता में सबसे ज़्यादा क्रियाएँ बोलती हैं। लोर्का की कविता की भाषा की यह अपनी विशेषता है। उनकी कविता में हर चीज़ कुछ न कुछ करती है, सिर्फ होती नहीं, हर समय हरकत में रहती है। विशेषण भी किसी चीज़ का गुण नहीं बखानते, बल्कि उस चीज़ का काम बताते हैं और साथ ही काम करते हैं। इन कामों में ही एक काम है जादू। उनकी ये हरकतें अपनी समग्रता में जैसे जादू करती हैं और कुल मिलाकर जादुई असर करती हैं। गार्सीया मार्केस के नाम से उपन्यास में जो कला 'जादुई यथार्थवाद' के नाम से आगे चलकर प्रसिद्ध हुई, उसके प्रथम अंकुर मुझे तो गार्सीया लोर्का में मिलते हैं।

लोर्का मुख्य रूप से गीतकार माने जाते हैं। गीतकार तो वे थे लेकिन व्यापक अर्थ में। गीत भी 'किसिम-किसिम' के लिखे। कुछ गीतों के नाम 'कसीदा' हैं और कुछ के 'गजल' भी। शायद यह अरबी का असर है। अजीब बात है कि अपने किसी गीत को उन्होंने 'मर्सिया' नहीं कहा, जबकि सबसे ज्यादा उन्होंने 'मर्सिया' ही लिखे। शायद 'मर्सिया' की परम्परा से परिचय का अवसर उन्हें नहीं मिला। यह भी एक विडम्बना ही है कि वे 'मर्सिया' से अनजान रहकर भी आजीवन मार्सिया लिखते रहे—यहाँ तक कि जिसे वे 'क़सीदा' और 'गजल' कहते हैं, वे भी दरअसल मर्सिया ही मालूम होते हैं।

दो विश्वयुद्धों के बीच जो भी महत्त्वपूर्ण कवि हुए, उनमें निश्चय ही गार्सीया लोर्का का स्थान विशिष्ट है। वे बर्टोल्ट ब्रेख्ट के हमउम्र हैं और पाल एलुआर तथा पाब्लो नेरुदा के समानधर्मा कवि। हर एक अपनी विशिष्टता लिये हुए, फिर भी भावबोध की एक ऐसी ज़मीन है जिस पर साथ-साथ खड़े। इन सबमें, दुर्भाग्य से, सबसे कम उम्र लोर्का को ही मिली। लेकिन सैंतीस वर्षों की छोटी-सी उम्र में गार्सीया लोर्का ने अपनी कविता और नाटकों में वह हासिल कर लिया जो किसी के लिए भी ईर्ष्या का विषय हो सकता है।

लोर्का के महत्त्व को उनके समकालीनों में यदि किसी ने सबसे अधिक समझा तो वे हैं पाब्लो नेरुदा। निकट भी सबसे ज़्यादा वही थे। इसलिए लोर्का को जिन शब्दों में नेरुदा ने याद किया है, उसे फिर याद आ जाने के बाद कहने को कुछ रह नहीं जाता। नेरुदा ने लोर्का को 'पंखों वाले हृदय और बिल्लौरी झरने का अनूठा संयोग' कहा था। 'बिल्लोरी झरने' का यह बिम्ब स्वयं लोर्का के 'नये गीत' में है। स्पानी भाषा के Duenda शब्द का प्रयोग करते हुए नेरुदा ने लोर्का में निहित एक रहस्यमयी शक्ति की ओर संकेत किया था क्योंकि उनके जैसा जादुई हाथों वाला कोई आदमी कभी मिला नहीं। खुला दिल, पुरमज़ाक, दुनियादार और साथ-साथ देहाती, संगीत-प्रतिभा में असाधारण, नकल उतारने में बेजोड़, अंधविश्वासी और सशंक इत्यादि सभी गुणों के साथ वे स्पेन की समस्त परम्परा—मुख्यतः लोक-परम्परा के सच्चे प्रतीक थे। कुल मिलाकर लोर्का एक मुजस्सिम ज्वालामुखी थे।

कहना न होगा कि किसी बड़े कवि को एक बड़ा कवि ही समझता है। फिर भी अन्त में रह जाती है गार्सीया लोर्का के इस गीत की गूँज :

*हर गीत*
*चुप्पी है*
*प्रेम की।*
*हर तारा*
*चुप्पी है*

*समय की।*
*समय की एक गठान*
*हर आह*
*चुप्पी है*
*चीख की।*

लोर्का से हिन्दी कवियों का लगाव गहरा है। आज का नहीं; पहले का है।

हिन्दी में लोर्का की पन्द्रह कविताओं का अनुवाद, मेरी जानकारी में, पहली बार जनत्ररी-मार्च, 1987 की 'आलोचना' '80 में प्रकाशित हुआ था। इनमें आठ कविताओं के अनुवाद विष्णु खरे के थे और सात शानी के। दोनों ही अनुवाद मूल स्पानी के एवज़ अंग्रेजी अनुवाद पर आधारित थे। इससे पहले अंग्रेजी अनुवाद के सहारे ही 1960 में धर्मवीर भारती ने 'चाँद' शीर्षक से लोर्का के एक छोटे-से गीत का अनुवाद 'देशान्तर' पुस्तक में शामिल किया था। दुर्भाग्य से इसमें चार पंक्तियों का एक बन्द छूट गया है।

ग्यारह-बारह वर्षों के बाद लोर्का की जन्मशती की याद आते ही हिन्दी में लोर्का की कुछ कविताओं के अनुवाद और आए हैं। जनवरी, '99 के 'साक्षात्कार' में नरेन्द्र जैन ने लोर्का के सात गीतों का अनुवाद प्रकाशित किया है। इनमें सिर्फ पाँच कविताएँ पहली बार अनूदित हुई हैं और एक कविता अधूरी है। इसी तरह इस बीच सुरेश सलिल ने भी 'पहल' (अंक 57) पत्रिका में छह कविताओं का अनुवाद प्रकाशित किया है जिनमें सिर्फ तीन कविताओं के अनुवाद पहली बार हुए हैं, शेष तीन पूर्वानूदित हैं। 'वसुधा' के मार्च, '99 के अंक (43-44) में 7 कविताओं के अनुवाद किये हैं जिनमें 6 कविताओं का अनुवाद पहली बार हुआ है। इन तीनों अनुवादकों ने भी अंग्रेजी अनुवाद को ही आधार बनाया है।

सीधे स्पानी भाषा से लोर्का की कविताओं के अनुवाद का प्रयास हिन्दी में पहली बार प्रभाती नौटियाल ने किया है। अभी तक मेरे देखने में सिर्फ सात कविताओं के ही अनुवाद आए हैं। इनमें से तीन कविताएँ तो ऐसी हैं जिनका अनुवाद पहले भी हुआ है, जब कि चार कविताओं का अनुवाद पहली बार सामने आया है।

कुल मिलाकर अभी तक हिन्दी में लोर्का की जितनी कविताएँ अनूदित हुई हैं, वे इतनी नहीं हैं कि कवि की प्रतिभा का पूरा परिचय प्राप्त हो। फिर भी इसमें कोई शक नहीं कि कवि के मिजाज की एक झलक तो मिल ही जाती है।

मुझे स्पानी भाषा बिलकुल ही नहीं आती। इसलिए इन अनुवादों के बारे में कुछ भी कहना धृष्टता होगी। जिन कविताओं के तीन या चार अनुवाद हैं, उनको साथ-साथ मिलान करके मैंने ज़रूर देखा है लेकिन फिलहाल उनके बारे में तफसील से कुछ कहने के लिए यह स्थान नहीं है, पर जो सामान्य धारणा बनी है, उसे कह देने

में कोई हर्ज़ नहीं। मूल स्पानी से अनुवाद न किये जाने के बावजूद विष्णु खरे और शानी के अनुवाद अभी तक सबसे अच्छे हैं। अच्छी बात यह है कि पढ़ते समय वे अनुवाद नहीं मालूम होते और इस बात को मैं अनुवाद की पहली शर्त मानता हूँ। यहीं यह भी कह देना ज़रूरी है कि विष्णु खरे और शानी ने कविताएँ भी अच्छी चुनी हैं। उस समय गार्सीया लोर्का की पचासवीं पुण्यतिथि थी। उसी उपलक्ष्य में जवाहरलाल नेहरू विश्वविद्यालय में एक संगोष्ठी हुई थी और आलोचना में लोर्का की कविताओं के वे अनुवाद प्रकाशित हुए थे। पुण्यतिथि की अर्द्धशती को देखते हुए जन्मशती के अवसर के ये ठंडे अनुवाद बहुत उत्साहित नहीं करते। कभी लोर्का की इन कविताओं को देखता हूँ और कभी उस साँड़ को जो सींग उठाए फुफकारता चढ़ा आ रहा है।

['लोर्का' (सम्पादक : प्रभाती नौटियाल) के एक अंक में प्रकाशित]

# नागार्जुन : कबीर भी, तुलसी भी

विदिशा तो क्या, बस्तर में भी नागार्जुन का सम्मान होता तो मैं और मेरे जैसे लोग दौड़े आएँगे। पैर नहीं वरन सिर के बल चलकर आएँगे। और फिर सोने में सुगंध जैसा विजय बहादुर का आग्रह भी था। मैं कैसे नहीं आता! राजधानी में राजपुरुषों के बीच राजकवि का सम्मान होता है परन्तु जनकवि के बीच लोकविद्या द्वारा केवल जनकवि का ही सम्मान सम्भव है जो आज साकार रूप ले रहा है।

नागार्जुन न होते तो हिन्दी कविता क्या होती? हिन्दी कविता 'नदी के द्वीप' होतीं। 'ये इंद्रधनुष रौंदे हुए' होते और हिन्दी कविता में 'असाध्य वीणा' बजती। बहुत सुन्दर-सुन्दर चीं-चीं होतीं परन्तु शासन की बन्दूक को चुनौती देनेवाली कोकिला की आवाज नहीं होती। निराला ने हिन्दी कविता को महंगू और त्रिप्लव बादल द्वारा जहाँ पहुँचाया, उस परम्परा को आगे बढ़ाने की जरूरत थी। स्वाधीन भारत के पेचोखम के बीच इस धारा को जिन्होंने आगे बढ़ाया, उसमें नागार्जुन प्रमुख थे। ऋग्वेद की ऋचाओं और कालिदास की परम्परा से चली आ रही हजारों वर्षों की धारा की धारा का यह अभिनन्दन है। केदार, शमशेर, त्रिलोचन के साथ नागार्जुन इसे नया रूप दे रहे थे। इसमें नया रंग भर रहे थे। रामचन्द्र शुक्ल ने कहा : 'राम का सौन्दर्य समझने के लिए उन्हें चित्रकूट के परिवेश में समझना होगा', उसी प्रकार इन सभी कवियों का अपना अलग-अलग रंग है, अपनी विशिष्टता और विविधता है। केदार का अपना रंग, त्रिलोचन का अपना रंग और शमशेर का अलग रंग है। यह कल्पना करना कठिन है कि कबीर, जायसी, सूर, तुलसी ने भक्ति-आन्दोलन को जो वैभव दिया, उसी क्रम में हिन्दी कविता नागार्जुन के बिना कितनी दरिद्र होती? युवा कवियों की लम्बी परम्परा नागार्जुन अपने पीछे छोड़ रहे हैं।

आचार्य रामचन्द्र शुक्ल ने कहा : 'कविता हृदय की मुक्तावस्था है।' कविता वैचारिक पूर्वग्रहों से भी मुक्त करती है। यह नागार्जुन की कविता की श्रेष्ठता व अर्थ-गरिमा है कि हमारे मित्र विष्णुकान्त शास्त्री (प्रसिद्ध विद्वान एवं भाजपा के राष्ट्रीय उपाध्यक्ष) को बाबा की कविता आत्मीय लगती है, प्रभावित करती है। यह पाठक की उदारता कम, कविता की शक्ति अधिक है। जब प्रारम्भ में नागार्जुन की कविताओं को 20 वर्षों तक प्रकाशक नहीं मिला, तब नागार्जुन ने इसे लोक-कंठ

पर मौखिक परम्परा के रूप में जीवित रखा। नागार्जुन के संघर्ष को रेखांकित करना आसान नहीं है। कविता की लौ को प्रज्वलित रखते हुए दृष्टि और प्रतिमान स्थापित करते हैं नागार्जुन। गुट्ठल और खुरदरे पाँव के साथ 12 बच्चों को अपना दूध पिला रही मादा सूअर को मादरे-हिन्द की बेटी कहकर असुन्दरता में छिपे सौन्दर्य को उद्घाटित करते हैं। पसीने की सुगंध को उन्होंने अपनी रचना का विषय बताया। नागार्जुन ने लोकजीवन की, किसानों की, मजदूरों की शक्ति को उजागर किया है। प्रेमचन्द और निराला के संघर्ष को नागार्जुन अपनी तनी हुई शक्ति, लड़ाकू शक्ति, जुझारू शक्ति द्वारा आगे बढ़ाते हैं। जन-जन ही नागार्जुन की कविता के पाठक और श्रोता हैं। इनकी अनगढ़ता में भी सौन्दर्य होता है। 'दाने आए घर के अन्दर...' और 'बाल न बाँका कर सकी...' जैसी सादगी में भी बहुत बड़ी कला है। सरलता में जो बाँकपन है, उस बारीकी को कलावादी समझ नहीं सकते। नागार्जुन की कविताएँ भारत के अनेक चरित्रों और चित्रों से भरा हुआ चालीस वर्षों का एलबम हैं। धवल हिमालय, बस्तर का माडिया, ॐ मन्त्र, हजार-हजार बाँहें, छब्बीस जनवरी, पन्द्रह अगस्त और कटहल के बिम्ब हैं। देश की धरती में जितनी विविधता है, वह नागार्जुन की कविता है। पूरी शक्ति और ऊर्जा के साथ नागार्जुन में कबीर और तुलसी, दोनों एकत्र हैं। नागार्जुन परम्परा को तीक्ष्ण दृष्टि से देखकर आज की रामायण लिखते हैं। श्रीधर पाठक की इन दो पंक्तियों के माध्यम से मैं अपनी वाणी को विराम देता हूँ :

*प्राण पियारे की गुन गाथा*
*साधु कहाँ तक मैं गाऊँ*
*गाते गाते चुके नहीं वह*
*चाहे मैं ही चुक जाऊँ*

[पंडित गंगाप्रसाद पाठक, ललित कला न्यास, विदिशा द्वारा 19-20 नवम्बर, 1988 को आयोजित 'लोक-सम्मान समारोह' में दिये गए वक्तव्य का सारांश। प्रस्तुति : महावीर अग्रवाल। 'नागार्जुन : विचार सेतु', सम्पादक : महावीर अग्रवाल, श्री प्रकाशन, दुर्ग में पहली बार प्रकाशित, प्रथम संस्करण, 1996]

# नागार्जुन : और और कवि, और और छवि

बीसवीं शताब्दी बहुत-सी बातों के आरम्भ की शताब्दी और बहुत-सी बातों के अन्त की शताब्दी है। बीसवीं शताब्दी का अर्थ है : दो विश्वयुद्ध। इसके पहले विश्वयुद्ध नहीं हुए थे और इस विश्वयुद्ध से पैदा क्या हुआ? इसी शताब्दी के खत्म होने से पहले समाजवाद का अन्त भी हुआ। इसलिए यह शताब्दी बहुत-सी बातों के आरम्भ का सूचक है और अन्त का भी सूचक है कि एक ही शताब्दी में इतिहास कैसे करवट बदलता है। इसी शताब्दी में उपनिवेशवाद का अन्त हुआ और जिसके कारण हमारा देश स्वतंत्र हुआ। इसलिए उपनिवेश का अन्त भारत के लिए विशेष महत्त्व रखता है और साथ ही नये ढंग से नये उपनिवेशवाद का आरम्भ भी हुआ है। उसी शताब्दी में फासिज्म का अन्त हुआ है, जिसका अन्त समाजवाद ने किया है। और इसी शताब्दी के ढलते-ढलते और उसके बीच में ही नवस्वतंत्र देशों में एक नये ढंग के फासिज्म की शुरुआत हुई जो धार्मिक फासीवाद है। और लगभग दिखाई पड़ रहा है कि उभरते हुए इसी 21वीं शताब्दी में वह एक बहुत बड़ी चुनौती के रूप में हमारे देश में तो है ही, दूसरी दुनिया के देशों में इसका असर क्या होगा, मैं नहीं कह सकता। इसी शताब्दी में तीन दुनियाएँ बनीं। पहले तो एक विश्व की बात थी जो 'वन वर्ल्ड' नाम से किताब भी लिखी गई। लेकिन इसी शताब्दी में पहली दुनिया, दूसरी दुनिया और तीसरी दुनिया बनी। और अन्त में इसी शताब्दी में तीनों खत्म होकर सिर्फ एक दुनिया रह गई। और उस एक दुनिया का स्वरूप क्या है? और किन लोगों ने खत्म किया है? इस सन्दर्भ को भी हमें ध्यान में रखना चाहिए। और इसी शताब्दी में एक और बात हुई जो 19वीं शताब्दी में हुई है—राष्ट्रवाद का उदय। और धीरे-धीरे हम लोग देख रहे हैं कि अपने ही देश को हम लें तो राष्ट्र खंड-खंड हो रहा है, टुकड़े-टुकड़े भी हो रहा है। अब राष्ट्र का अर्थ केवल फासीवादी लोग लेते हैं। जो लोकतांत्रिक शक्तियाँ हैं, वे एक राष्ट्र को नहीं बल्कि राष्ट्र की परिकल्पना बहुराष्ट्रीयता वाली बात है। मल्टीनेशनल कम्पनियाँ ही नहीं बल्कि अपने ही देश में हम देखें तो जो राष्ट्रीय भावना आजादी की लड़ाई के बारे में एक भारत के रूप में थी, वह अनेक भारत के रूप में है और उसमें से छोटी से छोटी इकाइयाँ; इसका अनुमान आप इसी से लगा सकते हैं कि संविधान जब

हमारा बना था, तब कुल कितने राज्य थे; कुछ दिनों बाद उससे और जुड़े। पुनः निर्माण हुआ। आज जो महाराष्ट्र दिखाई पड़ रहा है, वह पहले महाराष्ट्र नहीं था। आज जो गुजरात दिखाई पड़ रहा है, वह गुजरात नहीं था, और तो और, टूटन जो हो रही है, उसको भी नहीं भूलना चाहिए। लगभग राष्ट्र नाम की इकाई एक तरह से 19वीं शताब्दी की परिकल्पना रह गई है। और राष्ट्र की वही अहमियत नहीं है, वही अर्थ नहीं है क्योंकि हमारे यहाँ बहुराष्ट्र की परिकल्पना है। आज जब कोई राष्ट्र का नाम लेता है तो देखते हैं, वे फासीवाद की ताकतें राष्ट्र का ज्यादा नाम लेती हैं। वे लोग नहीं लेते राष्ट्र का नाम, जो फासीवाद से लड़ रहे हैं।

इन सारे के सारे परिवर्तनों के बीच में, इस पूरे सन्दर्भ में, बदली हुई शताब्दी में हम चार और एक पाँच कवियों की जन्म-शताब्दी मना रहे हैं। मैंने जानबूझ-कर नागार्जुन को चुना है। उनकी कविताओं का एक चयन मैंने 'राजकमल' से छापा था। उसकी एक छोटी-सी भूमिका मैंने लिखी थी। मुझे नागार्जुन में दो पुरानी परम्पराओं का मेल मिलता है; कई दृष्टियों से। एक हैं कबीर और दूसरे हैं निराला। यद्यपि नागार्जुन ने कोई 'राम की शक्ति-पूजा' नहीं लिखी है, 'सरोज-स्मृति' भी नहीं लिखी है, 'तुलसीदास' भी नहीं लिखी है। इसलिए तय है कि निराला, निराला हैं। उनकी जोड़ का दूसरा कोई नहीं है। कोई उनकी प्रतिलिपि नहीं है। लेकिन इस पूरे दौर में जो मूल आधार है, जिसको लोक-आधार मैं कहता हूँ; केदारनाथ और नागार्जुन दो कवि हैं। उनकी भाषा बोलती है, उनका अंचल बोलता है। चाहे केदार बाबू का वह बुन्देलखंड हो, चाहे नागार्जुन का। मैं ही नहीं बल्कि समूचा हिन्दी प्रदेश बोलता है। इसलिए जमीन से जुड़े हुए और उस जमीन की जमीनी भाषा जो बोलता है। कविता किसी साहित्य की पहचान होती है जो कि वह जो बोलता है, उसकी भाषा क्या है? किस भाषा में बात करता है? शास्त्र की भाषा में बात करता है या कहना चाहिए कि सरकारी हिन्दी में कविता लिखने की कोशिश करता है?

विश्वविद्यालयी हिन्दी जो हिन्दी विभागों में या विद्यालयों में आजकल चलती है, यह ठेठ लोक जुबान से फूटी हुई भाषा है। मैं कहता हूँ कि नागार्जुन, केदारनाथ अग्रवाल की सूची उनके शब्दों, क्रियाओं की सूची आप लोग बनाएँ। उनकी भाषा का पता, उनकी क्रियाओं से उनकी ताकत का पता चलता है। संज्ञाओं से नहीं पता चलता, विशेषणों से पता नहीं चलता। उन क्रियाओं से, एक जो मजबूत जनाधार है जिसे आत्मसात करके उसे जनता की बोली बल्कि उसके दुख-सुख, संघर्ष की पूरी की पूरी दास्तान लिखते हैं। इस दौर की भारत की जो आम जनता है, भूखी है, दबी-कुचली है जो लड़ रही है और तन के खड़ी है। उन कविताओं को और यही नहीं बल्कि कहना चाहिए कि खड़ी बोली के अलावा जिन्होंने अपने अंचल मिथिला को भी नहीं छोड़ा है। मैथिली में भी कविता लिखी है। यद्यपि मुझे याद नहीं है कि केदार बाबू ने बुन्देलखंडी में लिखी है कि नहीं, लेकिन छौंक तो उनमें

बुन्देलखंडी की प्रचुर मिलती है, भले ही न लिखा हो। लेकिन नागार्जुन तो चूँकि विद्यापति के देश के हैं इसलिए उनकी कविताएँ उतनी ही महत्त्वपूर्ण हैं मैथिली की भी, जितनी कि उनकी हिन्दी की हैं। यह लोकनिष्ठा जो है, केवल दो कवियों का नाम ले करके और यही हमारी परम्परा के सक्षम कवि हैं बल्कि अज्ञेय, शमशेर; कोई इसमें विरोध नहीं है। सवाल यह है कि उस जनता की आवाज में, वाणी में, शब्दों में; और उन चीजों को लेकर और उनमें खास बात कि जो कविता के विषय नहीं हो सकते थे, उनको कविता में प्रवेश कराया। साहित्य की जो यह पवित्र-सी दुनिया है, उस सम्भ्रान्त दुनिया में कुछ ऐसे चरित्रों का समावेश कराया है जिसको प्रेमचन्द ने कहानियों या उपन्यासों में जगह दी है। कविता में तो इनके लिए जगह थी नहीं जो कविता की दुनिया में प्रवेश करते। ऐसे लोग नहीं थे। नागार्जुन की कविताएँ आप लोगों ने पढ़ी होंगी और जिसे कहें कि रसों में शृंगार रस रसराज होता ही है और प्रेम की कविता सबसे ज्यादा लिखी जाती है। कवित का मतलब प्रेम की कविता समझा जाता है, गीत को खास कर समझा जाता है। लेकिन एक बीभत्स नाम का रस होता है और बीभत्स रस भी रस कहा गया है। अगर ढूँढ़े तो अज्ञेय या शमशेर की कविताओं में शृंगार रस ही ज्यादा मिलेगा; रसराज, नौ रसों में कविता लिखना। नागार्जुन में बीभत्स रस तो शीर्षरस की तरह है, उसे रस बनाया उन्होंने। कुछ उदाहरण देना चाहता हूँ—आत्मचित्र जो नागार्जुन के जितने हैं, उनको खास तरह से देखें। कवि की जो एक बनी-बनाई प्रतिमा है, बड़ी सभ्य। छायावाद को पहचानते ही हैं पंत जी के बालों के कारण। तो कवि की जो छवि है, उस छवि से अलग जो लोक-कवि होता है, उसकी क्या छवि है? एक छोटी-सी कविता का टुकड़ा है कि यह बनमानुष, यह सत्तर साला उजबक उमग में भरकर सिर के बाल नोंचने लग जाता है, अकेले में बजाने लगता है सीटियाँ आए-दिन। यह सत्तर साला उजबक जो है। अपने ऊपर ही या तो निराला हँस सकते थे या उसके बाद हँसनेवाला केवल नागार्जुन हैं। दुनिया पर तो सभी हँसते हैं लेकिन अपने ऊपर कोई नहीं हँसता। कवि की बनी-बनाई जो छवि होती है, छायावादियों की खास अलग किस्म की। निराला की एक अलग छवि मालूम होती है। इसलिए मैंने कहा कि निराला की परम्परा के समूह में आते हैं। कवि की एक नई छवि—'कवि और और कवि दे वह, और और छवि दे वह।' ये पंक्तियाँ निराला की हैं। तो जब भी नागार्जुन को पढ़ता हूँ तो 'और और कवि, और और छवि' वाला पाता हूँ। उन्होंने दोहे लिखे, और क्या दोहे लिखे हैं! आम तौर से रहीम के दोहे, कबीर के दोहे, तुलसी के दोहे—यह दोहा जो है, हमारा हिन्दी की विजातीय पहचान है। छन्द; हर भाषा का एक अपना छन्द होता है। मराठी का अपना छन्द, बंगाली का अपना छन्द। मराठी का एक अपना छन्द है जिसमें तुकाराम ने लिखा है, बाकी लोगों ने भी लिखा है। हर भाषा का, कविता का एक अपना दुलारा छन्द होता

है। और दोहा को, जिसे हम संस्कृत का 'श्लोक' कहते हैं—'अनुष्टुप'। जिस 'अनुष्टुप' में वाल्मीकि वाणी पहली बार फूटी। यह दोहा हमारा अपना हिन्दी का छन्द है और किसी अन्य भाषा में दोहा नहीं है। हिन्दी से निकला है और अगर कहीं गया है तो हिन्दी से होकर गया है। दोहा गाया भी अच्छा जाता है, बहरहाल वह क्षमता मुझमें नहीं है। उनके दो दोहे मैं सुनाता हूँ :

*खड़ी हो गई चापकर, कंकालों की हूक।*
*नभ में विपुल विराट-सी, शासन की बन्दूक॥*

तो एक चित्र बनता है इन दो पंक्तियों में, कि खड़ी हो गई चापकर कंकालों की हूक। हूक खड़ी हो रही है, कंकाल नहीं खड़े हो रहे हैं। और आदमी नहीं खड़ा हुआ, उसकी हूक खड़ी हो गई। जवाब दे रही है। कई शब्द आते हैं लेकिन बन्दूक के जवाब में हूक का खड़ा होना—ये हैं नागार्जुन।

*जली ठूँठ पर बैठकर गई कोकिला कूक।*
*बाल न बाँका कर सकी शासन की बन्दूक॥*

इसलिए यह दमन-अत्याचार की ताकत दिखाते हुए भी उसके विरुद्ध उठी हुई, आवाज रिरियाते हुए कुत्ते वाली आवाज नहीं है। ताकत देती है जो, कविता की ताकत है, इसे नागार्जुन ने इस दोहे के द्वारा सिद्ध किया है। आज के मूर्धन्य कवियों के दौर में केवल नागार्जुन के दोहे याद रखे जा सकेंगे और कोई दोहे नहीं।

बड़ा कवि वह होता है जो सौन्दर्यबोध को बदलता है। आप इसे सुन्दर मानते हैं तो यह सुन्दरता है। 'यह ललित लवंगलता पद शीलन...' जहाँ सौन्दर्य का पददीप हुआ करता है, नागार्जुन में भी दिखता है। जिन लोगों को लगता है कि नेवले पर भी कविता लिखी जा सकती थी, तो मादा सुअर पर एक कविता है। एक सज्जन हमारे विनोद में कहा करते हैं : एक ऐसी उम्र आती है, 'हे सखी, खास उमर में यह कि सुअर भी सुन्दर लगा करते हैं। मादा सुन्दर।' शीर्षक है : 'पैने दाँतों वाली'। भला 'कटहलऽ' भी शीर्षक हो सकता है? एक कविता कटहल पर लिखी है और एक रिक्शा चलानेवाले लोग जो हैं, उनके जो खुरदरे पैर हैं, जब रिक्शे पर बैठते हैं और डाँटते भी हैं जब धीरे-धीरे चलते हैं, गालियाँ भी देते हैं। नागार्जुन की नजर उसके खुरदरे पैरों पर है जिससे वह चलता है। और वह ड्राइवर जो सरदार जी गाड़ी ड्राइव कर रहे हैं, आगे गुलाबी चूड़ियाँ लटका रखी हैं। और अपनी बेटी, उसके लिए गुलाबी चूड़ियाँ रखता है। इसमें कहीं कुछ नहीं, वात्सल्य रस किस तरह पैदा करता है आम आदमी, वह उसमें दिखाया उन्होंने। एक कविता लिखी है उन्होंने, 'घिन तो नहीं आती', बीभत्स रस की। बीभत्स रस, जिसको कवियों ने छोड़ दिया है। बीभत्स का वर्णन सीमित कर

दिया गया है कि वह श्मशान के समय ही उपयोग में लाया जा सकता है और कहीं नहीं। लेकिन जिसका जीवन संघर्ष, ज़िन्दगी श्मशान ही बन गई हो, उस ज़िन्दगी में श्मशान कौन-कौन-सी चीजें हो सकती हैं!

गांधी जी के 'तीनों बन्दर बापू के' वाली कविता जरूर पढ़ी जानी चाहिए। 'तीनों बन्दर बापू के—तीनों बन्दर बापू के...' और किस तरह बाबा नाचते हुए यह कविता सुनाया करते थे! पूरी जनता उनके साथ गाया करती थी। इसलिए बापू को तो लोग याद किया करते हैं पर तीनों बन्दरों को कोई नहीं याद करता है। खास कर गांधी शान्ति प्रतिष्ठान वाले और राजघाट वाले और दुनिया भर के। चरखा कातते हैं लेकिन असल चीज तो गांधी जी के तीनों बन्दर हैं। मुश्किल यह है कि जो याद करनेवाले लोग हैं, क्षमा करें, बुरा न मानें—बन्दरों को नहीं समझ सके। इसलिए गांधी जी को इन्होंने अजीब निरामिष वगैरह-वगैरह तरह का प्राणी बता दिया है। नागार्जुन कैसे याद करते हैं गांधी जी को! इस तरह नागार्जुन की कविताएँ हैं।

एक कविता इसलिए कि अज्ञेय जी ने इस कविता का उपयोग किया है अपने ढंग से। 'प्रतीक' जो निकाला था उन्होंने इलाहाबाद से, उसके सातवें अंक में; नागार्जुन का नाम नहीं लिया है। अति श्रेष्ठ आदमी थे, नाम नहीं लेते थे। बिना नाम लिये एक कविता लिखी, मैं उसकी पैरोडी प्रस्तुत करता हूँ : 'पाँच पूत भारत माता के'।

कविता आपको याद होगी, क्या कविता है! बहुत दावा करते हैं प्रगतिशील और नई कविता वाले लोग कि वह बहुत प्रयोग करते हैं। अकेले; मैं कहना चाहता हूँ कि नागार्जुन ने जितने प्रयोग किये हैं कविता में, केदारनाथ अग्रवाल ने जितने प्रयोग किये हैं, उतने अज्ञेय ने नहीं किये, शमशेर ने नहीं किये हैं। प्रयोगवाद के नाम पर ये लोग जो हल्ला मचाते हैं; उससे ज्यादा कविता के रूप-विधान में, भाषा में सबसे ज्यादा प्रयोग नागार्जुन, केदारनाथ ने किये हैं। और इस पर जोर देना चाहिए लोगों को। झूठा वाद है प्रयोगवाद, कोई प्रयोग-व्रयोग नहीं किया है इन लोगों ने। वैसे ही जैसे कोई वैज्ञानिक हो और उसके पास प्रयोगशाला हो ही नहीं। प्रयोगशाला सबसे बड़ी कवियों के लिए लोकजीवन है। लोकजीवन में वह प्रयोग को नहीं देखता है, तो अपनी कोठरी में बैठकर चाहे जितनी दंड-बैठक किया करे! उस प्रयोगशाला से 'पाँच पूत भारत माता के' दुश्मन था खूंखार, गोली खाकर मर गया एक। बाकी बचे, पाठक कहते हैं, चार। एक क्रान्तिकारी कविता की पैरोडी उन्होंने किसी रूप में की है। यह पाठक और कवि के बीच जो होता है कि जो आप कहना चाहें, वह पाठकों के बीच से निकलता है। 'चार पूत भारत माता के'—चारों चतुर, प्रवीण और देश निकाला गया एक को, बाकी रह गए तीन। तीन पूत भारत माता के लड़ने लग गए खुद। अलग हो गया एक

उधर, अब बाकी रह गए दो। दो पूत भारत माता के, छोड़ पुरानी टेक, चिपक गया है एक गद्दी से, बाकी रह गया एक। जहाँ कविता खत्म होती है, क्या क्रम चलता है—एक पूत भारत माता का कंधे पर है झंडा, नाम नहीं लिया है कि झंडा किसका है। नाम नहीं लिया है, बता दिया है कि झंडा किसका है। उसे पकड़कर ले गई पुलिस, बाकी रह गया अंडा।

इसलिए झंडे के साथ आपके पास अंडे को रखे जा रहा हूँ। इससे मुझे उम्मीद है, अच्छे-अच्छे बच्चे निकलेंगे।

[महात्मा गांधी अन्तरराष्ट्रीय हिन्दी विश्वविद्यालय, वर्धा, के हबीब तनवीर सभागार में दो दिवसीय 'जन्मशती का सन्दर्भ' कार्यक्रम में दिनांक 2 अक्टूबर, 2010 को प्रस्तुत उद्घाटन-वक्तव्य के प्रमुख अंश। 'बहुवचन', 26-27 में 'नागार्जुन : और और कवि, और और छवि' शीर्षक से प्रकाशित]

# अज्ञेय : अपने दौर के सबसे बड़े कवि

जहाँ तक इस पुस्तक का सवाल है, इसमें लगभग स्वयं ओम जी के लिखे हुए पचासेक पृष्ठों के दो खंड हैं। शुरू में भूमिका है और बाद में एक लेख है और उसमें जो कुछ कहा है ओम जी ने, जितना जानते हैं, एक नई बात मुझे दिखी, वह यह कि स्वयं अज्ञेय को 'अज्ञेय' नाम पसन्द नहीं था। और इसकी पुष्टि होती है...और अगर ओम जी ने नहीं लिखा तो चाहे तो लिख दें, 1944 की लिखी हुई एक कविता उनकी है जो लगभग 'ओबिट्यूरी' जिसे कहते हैं, उस तरह की लिखी हुई कविता है—'समाधि लेख' नाम से। उसमें दो पंक्तियाँ आती हैं : 'रहा अज / निज को कहा अज्ञेय / हुआ विज्ञ / सो यह रहा अज्ञेय।' यह 1944 की कविता है और 'इत्यलम्' में छपी हुई कविता है। पहला बड़ा प्रसिद्ध संग्रह जो सरस्वती प्रेस से निकला था, वह 'इत्यलम' था। इससे पुष्टि होती है, जो ओमजी ने कहा है। अज्ञेय पर जो व्यंग्य है, जो दिखाई पड़ रहा है कि जब रहा अज तब अपने को अज्ञेय कहा था और जब विज्ञ हुआ तो सो यह रहा अज्ञेय। तो हलका-सा जो व्यंग्य है, वह इससे प्रकट होता है और ओम जी के इस कथन से इस बात की पुष्टि होती है। मेरे मन में भी सन्देह था इस कविता को लेकर कि क्यों लिखी है व्यंग्य वाली कविता उन्होंने समाधि-लेख के रूप में? 1944 में ही वे अपना 'समाधि' लेख लिख गए थे।

दूसरी बात, पुस्तक से जो अंश पढ़े गए, उससे पता चलेगा कि कितना परिश्रम किया है। सौ लेखकों ने जो लिखा है, कुल मिलाकर मैं नहीं जानता कि हिन्दी साहित्य में किसी लेखक के बाद उसकी शताब्दी के ऊपर—100 तो इसी में हैं। मुझे उम्मीद है कि और इकट्ठा किया जाएगा तब पता चलेगा कि अज्ञेय हिन्दी-जगत में क्या स्थान रखते थे, क्या महत्त्व रखते थे। यही नहीं बल्कि विन्दा करन्दीकर का जो पढ़ा गया संस्मरण, उससे मालूम होता है कि समूचे भारतीय साहित्य में अज्ञेय का क्या स्थान था। और यह काम ओम जी ने करके बहुत महत्त्वपूर्ण काम किया है। शताब्दी-वर्ष पर आप देखें तो अन्य कवियों के बारे में जो कुछ किया गया है और अकेले अज्ञेय के बारे में जो किया गया है, वह ठोस, महत्त्वपूर्ण और उस कवि को ठीक-ठीक समझने के लिए महत्त्वपूर्ण काम किया है।

मुझे उम्मीद है कि और मैं कह रहा था ओम जी से, आपने अभी जीवनी खंड लिखा है, इसमें उसकी पूर्ति हुई उनकी रचनाओं के पाठ से। और मैं उनकी दो कविताओं के बारे में पहले भी कह चुका हूँ : 'नाच' और 'असाध्य वीणा'। और 'असाध्य वीणा' में जो अन्त में मौन का दर्शन है, एक लेख इसमें मौन के बारे में लिखा है—अवाक् होना और मौन होना, दोनों में क्या अन्तर है। उस कविता के अन्त में तो मौन होता है लेकिन बहुत बड़ा अंश ऐसा है जहाँ वह अवाक् होता है। इसलिए अवाक् का रूप और मौन का, दोनों का सम्बन्ध 'असाध्य वीणा' में दिखाई पड़ता है। जहाँ तक स्वयं अज्ञेय की, एक आजकल के जमाने में नये लिखनेवाले कवियों के लिए, एक शिक्षा भी हो सकती है, वहीं अज्ञेय की समस्त कविताओं में आपको मुक्त से मुक्त छन्द में भी इसका निर्वाह बराबर हुआ है, और इससे भिन्न लिखी जानेवाली कविताओं को वे लद्धड़ गद्य कहा करते थे। सम्भव है कि आज के लिखनेवाले कवियों के लिए इशारा हो कि और यह अलग बात है कि इशारा अक्लमन्द के लिए ही होता है, तो यह इशारा हो कि लद्धड़ गद्य के नाम पर बहुत सारी कविताएँ लिखी जा रही हैं। अज्ञेय से और नहीं तो एक सबक सीखें कि कविता में लय नाम की चीज़ होती है। और हर भाषा की अपनी अन्तर्निहित लय हुआ करती है। इस लय को ही नहीं जानता है जो आदमी, वह जीवन और समाज के लय को क्या समझेगा? इसलिए अज्ञेय से और नहीं तो एक सबक तो सीख ही सकते हैं, भले ही उनकी और आलोचना की जाए।

आम तौर पर और लोगों को बुरा भी लगा है कि मैंने नेशनल बुक ट्रस्ट के अनुरोध पर अज्ञेय की कविताओं का एक चयन किया है। कई प्रगतिशील मित्र हमारे कुपित हुए कि यह पाप-कर्म तू कर रहा है! ज़िन्दगी भर जिसका हम विरोध करते रहे, तुम उसकी कविताओं का संचयन कर रहे हो, भूमिका भी उसकी लिख रहे हो, कह रहे हो कि वे उस दौर के सबसे बड़ी कवि थे? और धीरे-धीरे यह मेरा खय़ाल है कि पुरानी बहस क्योंकि बहस कभी खत्म नहीं होती, उनके बारे में।

कबीर, सूर, तुलसी को लेकर विवाद बहुत चला है। बहुत-से लोग तुलसी को सबसे बड़ा कवि नहीं मानते। कुछ सूर को ही मानते हैं, कुछ कबीर को मानते हैं। कहना चाहिए कि यह बहस जो है, यह तो हर भाषा में चलती रहती है। हिन्दी में भी चले तो कोई हर्ज नहीं है। लेकिन धीरे-धीरे जब लोगों को पता चलेगा कुल मिला करके कि और चीज़ों के अलावा परिणाम नाम की भी एक चीज़ होती है। मैं समझता हूँ कि अकेले अपने दौर के कवियों में जितनी कविताएँ अज्ञेय ने लिखी हैं, उतनी कविता किसी कवि ने नहीं लिखी हैं। यह मात्र बोध भी, जैसे कि आप 'सूर-सागर' कहें, होगा सागर और रामचरितमानस भले ही मानस हो लेकिन रामचरितमानस ही लोकमानस में बसा हुआ है, 'सूर-सागर' उसकी जगह ले नहीं

सकता है। और कबीर चाहे जितने क्रान्तिकारी हों लेकिन सब कुछ लिखने के बावजूद उस स्थान को ग्रहण कर नहीं सकते हैं।

धीरे-धीरे जो विवेक है, साहित्यिक विवेक और आलोचनात्मक विवेक, इन चीज़ों को कवि रास्ता दिखाते हैं। और मुझे उम्मीद है कि जन्म-शताब्दी के बाद अज्ञेय का समूचा साहित्य जब आएगा, तब पता चलेगा कि कुछ भी छोड़ा नहीं है। कहानियाँ भी बेजोड़ लिखी हैं, उपन्यास भी उन्होंने लिखा है। 'शेखर : एक जीवनी', 'नदी के द्वीप' को लेकर बहस हो सकती है, 'अपने-अपने अजनबी' को लेकर बहस हो सकती है, लेकिन 'शेखर' तो अपनी जगह टिका हुआ है। वैसा उपन्यास हिन्दी में दूसरा तो लिखा नहीं गया। और जो आलोचनाएँ, टिप्पणियाँ, स्मृति-लेखा, ये काफी चीज़ें लिखी हैं। और सबसे बड़ी बात है कि क्रमशः अज्ञेय का सबसे ज्यादा शब्द-विवेक, और मैं समझता हूँ हिन्दी को जितने शब्द आधुनिक काल में अज्ञेय ने दिये हैं, किसी कवि ने नहीं दिये हैं। बनाए हैं, गढ़े हैं, संस्कार दिया है उन्होंने। शब्द-सम्पदा एक कवि कितनी बढ़ाता है! जब तुलसीदास की महिमा कहते हैं तो तुलसीदास का शब्दकोश पढ़िए तो लगेगा कि अकेले तुलसीदास ने हिन्दी को कितने शब्द दिये। अज्ञेय ने हिन्दी का शब्द-भंडार बढ़ाया है। और उनके साहित्य को पढ़ने से धीरे-धीरे हम समझते चले गए और साथ ही विवेक दिया है। ओम जी ने अपनी किताब में उदाहरण दिया है कि मसलन 'पूर्वग्रह' शब्द उनका दिया हुआ है। लोग हिन्दी में 'पूर्वाग्रह' लिखा करते थे। 'लोकार्पण' शब्द उनका दिया हुआ है। शब्दों की सूची भी ओम जी ने दे दी है। कौन कवि अपनी भाषा बोलनेवालों को कितने शब्द देता है, यह भी उसका अवदान गिना जाना चाहिए। मैंने बहुत ज्यादा समय लिया क्योंकि अज्ञेय को सुनना ही—उनकी भाषा को, वाणी को हम लोगों ने सुना है—बहुत बड़ी उपलब्धि है। इसको तो आप परिशिष्ट समझिए। शिष्टजनों के लिए इतना ही बोझ काफी है।

[ओम थानवी द्वारा सम्पादित पुस्तक 'अपने-अपने अज्ञेय के लोकार्पण के अवसर पर दिये गए भाषण का लिप्यन्तरित पाठ]

# फ़िराक़ गोरखपुरी : प्रगतिशीलता और आधुनिकता

## 1

फ़िराक़ गोरखपुरी के माध्यम से हम प्रगतिशीलता और आधुनिकता, दोनों के आपसी सम्बन्धों को और दोनों के अन्तर को समझने की कोशिश कर सकते हैं। पहले ही निवेदन करूँ कि फ़िराक़ साहब का जो साहित्य नागरी में छपकर उपलब्ध है, वही मैंने पढ़ा। यह सच है कि एक अरसे से, छात्र-जीवन से ही हम उनकी कविताओं—ग़ज़लों, रूबाइयों और नज़्मों को पढ़ते आए हैं—मजा लेते रहे हैं और एक तरह से फ़िराक़ साहब के मुरीद रहे हैं। लेकिन मुरीद होने भर से फ़िराक़ साहब की शायरी पर कहने का हक़ हमें हासिल नहीं हो जाता। फ़िराक़ साहब एक ट्रैडीशन में पैदा हुए शायर थे और एक तरह से ट्रैडीशन में रहकर ट्रैडीशन को बदलनेवाले शायर थे। उन्हें यहाँ मौजूद डॉ. सिद्दीकुर्रहमान साहब और दूसरे महत्त्वपूर्ण अदीब नक़्क़ाद बेहतर समझते हैं। मैंने अपनी सीमाओं में जो समझा है और जो कुछ समस्याएँ मेरे सामने आई हैं, मैं उन्हीं के बारे में कहूँगा।

मैंने पीछे ज़िक्र किया था कि 1936 में प्रगतिशील लेखक संघ के ऐतिहासिक जलसे में फ़िराक़ साहब ने जो लेख पढ़ा था, उस पर काफी दिनों बाद ग़ालिब 1955 या 1956 में 'रोशनाई' के लेख में सज्जाद ज़हीर ने कहा कि बातें तो फ़िराक़ ने नई कही हैं पर शायरी उनकी 1936 तक पुराने ढंग की ही है और दोनों में कोई तालमेल नहीं। इसका मतलब यह है कि 1936 तक फ़िराक़ शायरी में पुराने रास्ते पर ही चल रहे थे, बदलाव उनमें 1936 में या उसके बाद आया। मैं तो कहना चाहता हूँ कि 1936 वह समय है जब हिन्दुस्तान के पूरे अदबी मिज़ाज में एक बदलाव आया। खास तौर पर शायरी में यह बदलाव आया। मैं 1936 पर ही क्यों जोर दे रहा हूँ? पहले क्यों नहीं? और 1936 के बाद या 1930 के भी पहले या 1938 या 1940 पर क्यों नहीं? बहस हो सकती है। लेकिन कहीं-न-कहीं फर्क करना पड़ेगा—सिर्फ़ समझने के लिए भी यह ज़रूरी है। मैं इस सिलसिले में कहना चाहता हूँ कि अंग्रेजी की प्रसिद्ध उपन्यास लेखिका ने, जिन्होंने 'कॉमन रीडर' नाम से बहुत अच्छी आलोचना की किताब लिखी है—1925 के आसपास 'टाइम्स लिटरेरी सप्लिमेंट' में एक लेख लिखते हुए कहा कि 1910 के आसपास

इंग्लैंड में एक बदलावा आया—आधुनिकता की दृष्टि से। अंग्रेज लोग भले कम समझदार हों, 1910 को लेकर बहुत बहस उन्होंने नहीं की। हम लोग इतिहास तो कम जानते हैं पर इतिहास की तारीखों पर बहुत बहस करते हैं। कुछ लोग इसी पर उलझे रहेंगे—1936 ही क्यों, पहले क्यों नहीं? कहना यह चाहेंगे कि वे जो मार्क्सवादी कम्यूनिस्ट और प्रगतिशील हैं इसलिए 1936 कह रहे हैं क्योंकि 1936 में ही इनका जलसा हुआ था। लेकिन यह बड़ी ऐतिहासिक सच्चाई है कि 1936 के आसपास पूरे भारतीय साहित्य में खास बदलाव आया। उस बदलाव के बारे में पहली बात मैं यह कहना चाहता हूँ कि यह बदलाव आधुनिकता और प्रगतिशीलता को लिये हुए साथ-साथ था। यह याद रखना बहुत जरूरी है, क्योंकि आगे प्रगतिशीलता और आधुनिकता, दोनों अलग-अलग विरोधी चीजें मान ली गईं। यह किस तरह हुआ, इसके कारणों की खोज की जानी चाहिए। फ़िराक़ को समझने के लिए याद रखने की जरूरत है कि 1936 तक वे हुस्न और इश्क के ही शायर समझे जाते थे। 1936 तक आशिक और महबूब के बारे में उनका जो तसव्वुर था और जवानी के दिनों में हम लागों को, नौजवानों को, उनके जो शे'र पसन्द आते थे, वे कुछ इस तरह के थे :

*शाम भी थी धुआँ धुआँ हुस्न भी था उदास उदास*
*ऐसे में कुछ कहानियाँ याद सी आके रह गईं।*

इस 'सी' पर बहुत बहस होती थी। बहुत 'सी-सी' की जाती थी। यह जो कुछ धुआँ-धुआँ-सा था, उदास-उदास था, वह एक ऑस्कर वाइल्डियन मिज़ाज फ़िराक़ के यहाँ था और बहुत गहरा था—वह रंग जो लेट रोमांटिसिज्म का था, उसका गहरा असर था फ़िराक़ की शायरी में। मैं चुपके से कहना चाहूँगा कि वह ऑस्कर वाइल्डियन असर फ़िराक़ पर ही नहीं रहा है। उस जमाने में जितने पॉलिटिकल लीडर थे, उनके बारे में कहा जाता है कि वे जेलों में ऑस्कर वाइल्ड को सबसे ज्यादा पढ़ा करते थे। बालकृष्ण शर्मा 'नवीन' वगैरह पढ़ा करते थे। नेहरू भी पसन्द करते थे। इस पसन्द की वजह क्या थी, इसकी पड़ताल की जानी चाहिए। ऑस्कर आयरलैंड का रहनेवाला था। बहुत विद्रोही स्वभाव का था। और सच पूछिए तो इंग्लैंड की अरिस्टोक्रेसी में रेबल होने के कारण सजा हुई थी उसे वरना विक्टोरियन मोरैलिटी तोड़ना कोई उतना बड़ा गुनाह नहीं है। ऑस्कर वाइल्ड से उस अर्थ में ज्यादा गुनहगार लोग रहे होंगे। तो ऑस्कर वाइल्ड का असर फ़िराक़ पर है। मैं कहना चाहता हूँ कि 1936 तक उर्दू, हिन्दी, दूसरी जगहों में बंगला का लें। रवीन्द्रनाथ ठाकुर का जो क्लासिकी सौन्दर्य था जिनका व्यक्तित्व स्वयं उस सौन्दर्य का मूर्तिमान रूप था। उसके साथ ही फ़िराक़ के सौन्दर्यबोध या भावबोध, यह जो धुआँ-धुआँ, उदास-उदास वाला रंग था, इसके पीछे एक परम्परा थी।

'हुस्न', 'इश्क' के मार्फत धार्मिक रूढ़ियों के विरुद्ध विद्रोह करने की जो परम्परा गजल में चली आ रही थी, वह भी थी लेकिन उसको भी इस समय के आसपास एक नया रूप दिया गया है। उन्हीं दिनों के शे'रों में एक यह था :

*कोई समझे तो एक बात कहूँ*
*इश्क़ तौफ़ीक़ है, गुनाह नहीं।*

'इश्क़ तौफ़ीक़ है, गुनाह नहीं है—यह जो कॉन्सेप्ट है, उर्दू-परम्परा में जो पहले से था, सूफ़ी-परम्परा में था, उसे एक ऑस्कर वाइल्डियन डाइमेंशन दिया गया। इस तरह का एक विद्रोह था लेकिन वह हुस्न और इश्क के महदूद दायरे में था जिसमें फ़िराक़ गजलें कह रहे थे। हिन्दी में आप सब जानते हैं कि छायावादी सौन्दर्यबोध इन्द्रधनुष की पराकाष्ठा पर पहुँचकर लगभग बेरंग हो चुका था। 1936 में फ़िराक़ का महत्त्व इसी बात में है कि वे पहले हैं (जबकि हैं वे उसी पुरानी पीढ़ी के जिसमें पंत हैं, प्रसाद हैं, निराला हैं) जिन्होंने गजल की लम्बी परम्परा के बीच उसे आधुनिक रूप देने के लिए संघर्ष किया। हिन्दी में जो रोमांटिसिज्म का दौर है उर्दू में, वही जोश और फ़िराक़ का दौर है। उर्दू शायरी को गजल से निकालकर फ़िराक़ उस खुली जगह ले आए जहाँ ज़िन्दगी के बारे में कहने के लिए ज्यादा गुंजाइश हो। फ़िराक़ पहले शायर हैं, बड़े शायर हैं, जो पुराना भी लिख सकते हैं। उन्होंने उर्दू शायरी को आधुनिक रूप देने के लिए संघर्ष किया। उसी समय मजाज़, फ़ैज़ अहमद फ़ैज़—इन लोगों की, जो जवान थे, एक पीढ़ी सामने आई। हम सब जानते हैं कि फ़ैज़ ने ही 1936 के जलसे में वह मशहूर नज़्म पढ़ी :

*मुझसे पहली सी मुहब्बत मिरे महबूब न माँग।*

एक नई पीढ़ी, जब नये तेवर, नई संवेदना के साथ आती है तो बदलना उसके लिए आसान होता है लेकिन पुरानी रवायत के लोगों को अपने-आपको बदलना बहुत मुश्किल होता है। मैं कहना चाहता हूँ कि हिन्दी में जो काम निराला जी ने सबसे पहले कविता के दायरे या ढाँचे को तोड़कर किया—यही नहीं कि उन्होंने 'कुकुरमुत्ता' लिखा, यही नहीं कि उन्होंने 'वह तोड़ती पत्थर' जैसी कविता लिखी, जो पत्थर ही नहीं तोड़ती, हिन्दी कविता की ज़मीन तोड़कर एक नया छन्द देती है, एक नया सन्देश देती है—बल्कि पुरुषोत्तम अग्रवाल जैसा कह रहे थे, 'हुस्न का मेयार बदलता है' सुन्दरता की परिभाषा बदली है—कुछ ऐसा नया सन्देश दे पाती है।

*श्याम तन भर बँधा यौवन*
*नत नयन प्रिय कर्म रत मन*

*गुरु हथौड़ा हाथ*
*करती बार-बार प्रहार।*

पत्थर तोड़नेवाली स्त्री का ऐसा चित्र छायावाद में कहीं मिलता नहीं है। 'श्याम तन भर बँधा यौवन'—श्यामा वगैरह आती थीं उनके यहाँ भी, पर पत्थर तोड़नेवाली स्त्री का यह चित्र उनके लिए अकल्पनीय ही था। इसलिए जो काम हिन्दी में निराला ने किया, वही काम उर्दू साहित्य में पुराने दौर के लोगों में फ़िराक़ का है। जोश शायरे-इंक़लाब कहे जाते थे, पहले से पॉलिटिकल चीजें कहते चले आ रहे थे, पर फ़िराक़ के लिए, जो ग़ज़ल के फ्राम में इश्क़-हुस्न की बातें कहते आ रहे थे, उनके लिए ग़ज़ल के ढाँचे में परिवर्तन करना, उसे बदलना, पूरा-का-पूरा ट्रांसफॉर्म करना बहुत मुश्किल काम था। नये लोगों के लिए यह काम उतना मुश्किल न था। फ़ैज़ अहमद फ़ैज़ 1936 के जलसे में कह सकते थे : 'मुझसे पहली-सी मुहब्बत मेरे महबूब न माँग'। एक तरह का 'मेनिफेस्टो' था कि पहली-सी मुहब्बत नहीं, मुहब्बत के सिवा कुछ और भी। लेकिन वह मुहब्बत का रूप बदले—इस दिशा में फ़िराक़ के लिए कहते हैं कि उन्होंने उर्दू शायरी को नया आशिक और नया महबूब दिया। उनका महबूब वही नहीं है जो ट्रेडिशनल ग़ज़ल का महबूब था। उनका आशिक भी वही नहीं है। आगे चलकर आप देखेंगे कि 'रूप' नाम से जो रूबाइयाँ फ़िराक़ ने लिखी हैं, वहाँ रूप और सौन्दर्य ज्यादा रियल है, घर-आँगन का है। वह औरत नहीं है जो 'स्टेरीटाइप' रूप में उर्दू शायरी में आया करती थी या जिसके बारे में 18वीं या 19वीं सदी के शायर लिखते आ रहे थे। इसलिए फ़िराक़ ने सुन्दरता की परिभाषा कैसे बदली, यह बहुत कुछ 'रूप' की रूबाइयों से जाना जा सकता है। बाकी, 'इश्क' के रूप को कैसे बदला? कल रत बातचीत के सिलसिले में क़िदवई साहब ने फ़िराक़ का एक शे'र सुनाया—यह बताने के लिए कि क्या बारीकी खयालों की यहाँ आती है—खास तौर से मानसिक बनावट में जो परिवर्तन आता है, उसे समझने के लिए यह एक उपयुक्त उदाहरण है :

*कहाँ का वस्ल तनहाई ने शायद भेस बदला है*
*तेरे दम भर के आ जाने को हम भी क्या समझते हैं।*

वस्ल नहीं—तनहाई है कि शायद भेस बदलकर आ गई है। बहुत बारीकी में जानेवाले शायर थे मीर, ग़ालिब—लेकिन उनके यहाँ यह तसब्बुर—कि तनहाई भेस बदलकर आ गई है, शायद नहीं है। 'तनहाई' पर बहुत लिखा गया है। फ़ैज़ ने आगे चलकर पूरी नज़्म लिखी है :

*फिर कोई आया दिलेज़ार, नहीं, कोई नहीं*
*राह रौ होगा, 'कहीं' और चला जाएगा।*

*अपने बेख़्वाब किवाड़ों को मुक़फ़्फ़ल कर लो*
*अब यहाँ कोई नहीं, कोई नहीं आएगा!*

यह तनहाई एक नये डाइमेंशन के साथ आई है जिसे आगे चलकर जदीदियों या आधुनिकतावादियों ने बहुत पीटा है। मैं कहना चाहता हूँ कि 1936 में या आसपास हुस्न और इश्क़ की जो काव्य-परम्परा थी, उसे बदल देने का काम पहली बार पुरानी पीढ़ी के कुछ लोगों ने किया—जिनमें फ़िराक़ का नाम सबसे पहले लेना चाहूँगा। वे जोश के साथ थे और जोश बड़े शायर थे लेकिन जोश ने वह काम नहीं किया, जो फ़िराक़ ने किया।

फ़िराक़ की शायरी में हम देख सकते हैं कि किस तरह उन्होंने हुस्न और इश्क़ का तसब्बुर बदला। किस तरह कविता की अन्तर्वस्तु बदली। आगे जो नज़्में लिखीं—मैं उन्हें ध्यान में रखते हुए कहना चाहूँगा कि खामखा आधुनिकतावादी या ज़दीदियत पसन्द लोग दावा करते हैं कि कविता में, उर्दू-हिन्दी या अन्य भाषाओं में परिवर्तन लाने का काम उन्होंने किया। सच्चाई यह है कि यह काम प्रगतिशील चेतना-सम्पन्न कवियों ने किया। उन लोगों ने किया, जो एक वैज्ञानिक समझ के साथ आए थे। हिन्दी में जिस 'तार सप्तक' को परिवर्तन का, प्रयोगवाद का पहला उदाहरण माना जाता है, उसमें आधे से ज्यादा कम्यूनिस्ट थे। उन दिनों चाहे नूरमीम राशिद रहे हों, फ़ैज़ अहमद फ़ैज, मजाज़, सरदार जाफ़री रहे हों—यह पूरा-का-पूरा जेनरेशन जो आया था, उस दौर में राजनीतिक माहौल से अछूता न था जिसके जरिये तरक्की पसन्दी की शुरुआत हुई थी, जिस पर नेहरूवाद की धाक थी और यह नेहरूवाद पुराने गांधीवाद की एक खास परम्परा के साथ जुड़ा था। हमारे यहाँ के हिन्दी साहित्य में गांधी का नाम लेते हैं तो मैथिलीशरण गुप्त याद आते हैं, निराला नहीं याद आते। और निराला ने नेहरू की कड़ी आलोचना की है। इसके बावजूद, उस जमाने में, मैंने कहा कि 'नेहरूवाद' सुविधा के लिए दिया गया शब्द है लेकिन यह स्वाधीनता-संग्राम में वामपंथी रूझान का प्रतीक हो गया दिखता है जो आधुनिकता से भी सम्बद्ध है। नेहरू अपने आधुनिक विचारों के लिए उस जमाने में भी खूब जाने जाते थे जो तब भी प्लानिंग की बात किया करते थे, जो भारत को और किसी अलग दिशा में ले जाने की बात सोचा करते थे। वे पुरानी सभ्यता वाले देश को वैज्ञानिक विकास और औद्योगिकीकरण के बीसवीं सदी के यूरोप के विचारों के साथ जोड़कर आगे ले जाने की बात सोच सकते थे। इसीलिए जब मुझसे किसी ने पूछना चाहा कि 'प्रगति' का क्या अर्थ है तो मैं वही नेहरू वाले 'प्रोग्रेस' के 'कॉन्सेप्ट' को सामने रखना चाहूँगा जहाँ आधुनिक धारा और समाजवादी धारा, दोनों एक जगह मिलती हों। इसीलिए यह याद दिलाना जरूरी है कि 1936 के आसपास उर्दू या हिन्दी या दूसरी भारतीय भाषाओं में आधुनिकता और प्रगतिशीलता, दोनों एक साथ शुरू हुईं।

फ़िराक़ ने आगे जो नज़्में लिखीं, उनमें मैं सिर्फ एक नज़्म का जिक्र करूँगा—'आधी रात'। लड़ाई का वह दौर था जब हिटलर की सेनाएँ रूस पर कामयाब न हो पाई थीं—कविता शुरू होती है :

*सियाह पेड़ हैं अब आप अपनी परछाईं*
*जमीं से तामहो-अंजुम सुकूत के मीनार*
*जिधर निगाह करें इक अथाह गुमशुदगी*
*इक-इक करके फ़सुर्दा चराग़ों की पलकें*

आगे चलकर ये पंक्तियाँ हैं :

*ये मौजे-नूर, ये भरपूर, ये खिली हुई रात*
*कि जैसे खिलता चला जाए इक सफ़ेद कंवल*
*सिपाही रूस हैं अब कितनी दूर बर्लिन से*

*क़रीब चाँद के मँडला रही है इक चिड़िया*
*भँवर में नूर के करवट से जैसे नाव चले*

*लगे हैं कान सितारों के जिसकी आहट पर*
*इस इन्क़लाब की कोई ख़बर नहीं आती*
*दिले-नुजूम धड़कते हैं कान बजते हैं*

*कुछ और जाग उठा आधी रात का जादू*
*ज़माना कितना लड़ाई को रह गया होगा*
*मेरे ख़याल में अब एक बज रहा होगा।*

यह 'आधी रात' जो नज़्म है, आप इसकी 'इमेजेज' देखें। फ़िराक़ अब भी परछाइयों, धुँधलकों के ही शायर हैं पर अब वह धुँधलका पहले वाला नहीं है, धुआँ-धुआँ, उदास-उदास वाला धुँधलका नहीं है, यह वह धुँधलका है जिसके लिए कहा है : 'सियाह पेड़ हैं अब आप अपनी परछाईं/जमीं से तामहो-अन्जुम सुकूत के मीनार'। यह जो बदला हुआ तेवर है, कास्मिक विजन जो है, वह अब आया है। प्रकृति को जो नये ढंग से देख रहे हैं, और रात ऐसी लगती है, जैसे 'खिलता चला जाए इक सफ़ेद कंवल'। चाँदनी रात की उपमा कमल से बहुत लोगों ने दी है लेकिन 'खिलता चला जाए इक सफेद कंवल' में जो पूरा प्रॉसेस है, उसी में फ़िराक़ को देखना चाहिए। यह एक नई उपमा भर नहीं है, एक नया रियलिज्म, नया यथार्थवाद है। कहते हैं, फ़िराक़ पहले के जमाने में भी इशारों में बात कहते थे। मोहम्मद हसन अस्करी ने शायद कहा

है कि वे आहटों के शायर हैं या शायद किसी और ने कहा है। तो अब भी फ़िराक़ हैं जिनमें बड़बोलापन नहीं है जो अक्सर बहुत-से प्रगतिशील या तरक़्क़ीपसन्द लोगों में दिखाई पड़ता है, जो शायरे-इंक़लाब में बहुत ही था या सरदार जाफ़री तक में दिखाई देता है, जिस तरह फ़िराक़ चीज़ों को देखते हैं :

*ज़माना कितना लड़ाई को रह गया होगा*
*मेरे ख़याल में अब एक बज रहा होगा।*

लड़ाई का वर्णन औरों ने भी किया है जिनके यहाँ सेना बढ़ रही है और बड़ा हंगामा है लेकिन उस लड़ाई का गहरा अहसास जिस निहायत मद्धिम सुर में फ़िराक़ जाहिर करते हैं, वह नई चीज है जो प्रगतिशीलता के दौर में पहले के रोमांटिक शायर फ़िराक़ में हमें इस रूप में देखने को मिलती है। 'आधी रात' नज़्म इस बात की ओर भी इशारा करती है जहाँ हुस्न का मेयार बदला है और जहाँ इश्क एक फिक्र से जुड़ा है। एक नई चिन्ता है—ग़मे-दौरां की चिन्ता, जमाने की चिन्ता। इस ग़मे-दौरां में फ़ासिज़्म किस शक्ल में आता है, उसकी चिन्ता की गई है। यह नई सियासत है जो शायरी में आती है और उसे नया कॉन्टेंट भी देती है। इसलिए फ़िराक़ के माध्यम से बहुत सही विषय परमानन्द जी ने रखा है कि—फ़िराक़ के माध्यम से प्रगतिशीलता और आधुनिकता पर विचार किया जाना चाहिए।

पहली बात यह विचारणीय है कि हिन्दी, उर्दू, बंगला आदि तमाम भाषाओं में किस तरह की आधुनिकता (मॉडर्निटी), प्रगतिशीलता कवियों के द्वारा आई। फ़िराक़ की उर्दू कविता में वही भूमिका है जो हिन्दी में निराला की है। केदारनाथ अग्रवाल की 'चन्द्रगहना से लौटती बेर' कविता में चना मुरैठा बाँधे खड़ा है। प्रकृति को देखने का ढंग बदला है इन प्रगतिशील कवियों ने। यही नहीं कि चने और अलसी पर केदारनाथ का ध्यान गया—सौन्दर्य भी देखा गया उनमें। मनुष्य में नया सौन्दर्य देखा गया। निराला ने पत्थर तोड़ती स्त्री में जो सौन्दर्य देखा, वह नया सौन्दर्य है। प्रगतिशील कवियों ने प्रकृति का पूरा-का-पूरा रूप बदल डाला है। तो गहराई में जाकर विचार किया जाना चाहिए कि फ़िराक़ में जो प्रकृति-प्रेम है, उसका रूप कहाँ-कितना बदला है। साथ ही इस सुन्दरता के बदलने के सिलसिले में जो आन्तरिक दुनिया है (क्योंकि आधुनिकतावाद के बारे में समझा जाता है कि उसने मनोवैज्ञानिक स्थितियों के चित्रण की दृष्टि दी—प्रगतिशील लोग तो बहिर्मुखी थे—वस्तुपरक दृष्टि थी उनकी।) देखना चाहिए कि उसके चित्रण में क्या बदलाव आया। सिर्फ एक उदाहरण देकर अपनी बात खत्म करना चाहूँगा। 'हिंडोला' कविता—जो एक लम्बी कविता है—को पढ़ते हुए एक 'इमेज' पर मेरा ध्यान गया :

*वो हल्की सीना-ओ-रग-रग में बेपनाह चुभन*
*नदीम! मैंने निगल ली हो जैसे नागफनी।*

हिन्दी कविता में भी मुझे एक्सप्रेशन मिला नहीं। वैवाहिक अनुभूतियों की तीखी अन्तर्कथा-सी कहते हुए फ़िराक़ जो इमेज सामने लाते हैं : 'नदीम, मैंने निगल ली हो जैसे नागफनी', किसी जदीरियत पसन्द वाले आदमी के दिमाग में यह इमेज आ ही नहीं सकती थी क्योंकि उनकी नाजुक-मिज़ाजी के लिए यह नागफनी जरा ज्यादा भारी पड़ती है। यह जो तेज तल्ख और, शायद रूखे भी, तरक्कीपसन्द शायर हैं, उन्हीं के यहाँ मुमकिन है कि अन्दर की चुभन और जलन जाहिर करने के लिए 'नागफनी निगल ली हो' जैसा अनुभव या बिम्ब आता है। यह कोई अकेली इमेज नहीं है। प्रगतिशील कवियों ने भी तनहाई के बारे में, अकेलेपन के बारे में, आत्मसंघर्षों के बारे में काफी लिखा है। मुक्तिबोध में ऐसे अनुभव बहुत हैं, भरे पड़े हैं। फ़ैज़ अहमद फ़ैज की अकेली 'तनहाई' नहीं, और भी कई कविताएँ हैं। अपने अन्दर की कशमकश के बारे में गहरा बयान है। बाहर की जद्दोजहद में जो जितना ही इन्वॉल्ब है, वही शायरी में उस कशमकश का जिक्र कर सकता है जो कि दरअसल तरक्कीपसन्द मॉडर्निस्ट लोगों ने किया है वरना दूसरे लोगों की तनहाई, दूसरे लोगों की आन्तरिक कशमकश बहुत कुछ इंटेलेक्चुअल लक्जरी बनकर रह गई है। इसलिए इस बात का पता लगाना चाहिए कि क्यों यह हुआ कि 1936 के आसपास उर्दू, हिन्दी, बंगला आदि भाषाओं में जो कविता 'तरक्कीपसन्द मॉडर्न पोएट्री' के रूप में शुरू हुई थी, 1947-50 के आसपास क्या हुआ कि यहाँ के कुछ आधुनिकतावादियों का एक रास्ता अलग हुआ और दूसरों का अलग? राशिद फ़ैज़ अहमद फ़ैज़ से कहाँ और दूसरों का अलग? राशिद फ़ैज अहमद फ़ैज से कहाँ और क्यों अलग हुए? मुख्य धारा की बात करें तो बीसवीं सदी के शुरू के दो-तीन दशकों में जो मुख्य धारा की कविता चली, उससे टूटकर एक शाखा की तरह आगे एक दूसरी धारा चली, जिसे आधुनिकतावादी कहते हैं, जहाँ से मुक्तिबोध का रास्ता अलग होता है, अज्ञेय का रास्ता अलग होता है। शुरू में दोनों एक जगह थे, एक साथ की शुरुआत थी। क्यों अलग हुए? वे कौन-सी सामाजिक-राजनीतिक परिस्थितियाँ थीं, उन परिस्थितियों के कौन-से अन्तर्विरोध थे, वर्गहितों की वह कौन-सी टकराहट थी कि स्वाधीनता के बाद एक रास्ता छोटा-सा, एक सँकरी-सी पगडंडी बनकर इस दिशा में जाता है, और दूसरा उस दिशा में जाता है?

1936 के आसपास जो नया यथार्थवाद आया, जिसने कविता को आधुनिक भी बनाया और प्रगतिशील भी बनाया—उसके पीछे वह राजनीति थी जिसमें सबसे महत्त्वपूर्ण मोड़ था 'किसान'। सन् 1934 से 1936 के आसपास भारतीय राजनीति में उभरकर किसान संगठन आते हैं। यों गांधी 1918-20 से ही स्वाधीनता-संग्राम में किसानों को खींच लाए थे, और जिसकी अभिव्यक्ति चौरी-चौरा कांड में हुई, आज सभी लोग जानते हैं—लेकिन स्वतंत्र रूप से 1934 के आसपास सहजानन्द सरस्वती, राहुल सांकृत्यायन आदि-आदि लोगों ने किसानों को संगठित किया और

समझा गया कि दरअसल किसान शक्ति के साथ मजदूर वर्ग मिलेगा तो इन दोनों की एकता से ही सच्ची और सही आजादी हासिल होगी। भारतीय राजनीति ने यह एक नया मोड़ लिया था। जवाहरलाल नेहरू खुद किसानों को, खास कर अवध के किसानों को, आशा की दृष्टि से देखते थे। साहित्य में इस किसान के आने से हिन्दी कविता तो बदली ही, यथार्थ की पूरी दृष्टि और संवेदना भी बदली। 'वे किसान की नई बहू की आँखें'—निराला की 'अनामिका' में छपी हुई 1937-38 के आसपास लिखी कविता है। 'नये पत्ते' में निराला का यह ग्रामीण अनुभव बोलता है—चाहे खजोहरा हो, खजोहरा की बुआ हो—अनेक कविताएँ हैं—महंगू महँगा रहा जैसी कविताएँ। निराला पहले भी किसान-जीवन की कविताएँ लिखते थे लेकिन इस बीच किसान सहानुभूति और करुणा का पात्र बनकर नहीं आया, जैसा पंत जी की 'ग्राम्या' में दिखाई देता है। यहाँ किसान दूसरे तेवर के साथ आता है। केदारनाथ अग्रवाल और नागार्जुन की कविताएँ भरी पड़ी हैं। मैं उर्दू कविता के सन्दर्भ में कहना चाहता हूँ। उर्दू शायरी खास तौर से ग़ज़ल की शायरी बहुत दिनों तक उसकी जो लम्बी परम्परा है, उसके अनुरूप अर्बन पोएट्री जैसी चीज रही है। नज़ीर अकबरावादी उसमें अपवाद हैं जो ककड़ी वाले या आगरा बाजार जैसी चीज लिखते हैं जिसकी खुल करके ग़ज़ल में आने की गुंजाइश नहीं। लेकिन 'किसान' और 'गाँव' के आगमन से एक नया फ़िक्र और फ़न आया—फन मैं कहूँगा—उर्दू शायरी ने पूरी जबान बदली—यही नहीं कि बोलचाल के शब्द आए—और अकेले फ़िराक़ ने यह नहीं किया। वामिक़ जौनपुरी के यहाँ उनके गीतों में यह सब हम बखूबी देख सकते हैं। उर्दू शायरी की जबान बदली, लहजा बदला, बहर और फ्राम बदला—इतने ज्यादा प्रयोग हुए कि मुगल दरबार से जैसे निकलकर उर्दू कविता एकदम कस्बों और गाँवों में, सड़कों पर आ गई। फ़िराक़ की बाद की नज़्मों में, रूबाइयों में यह चीज मिलेगी। फ़िराक़ 'धरती की करवट' लिखनेवाले शायर हुए। एक अजीब बात है—यह वह जमाना है जब हर भाषा में 'धरती' शब्द इतना ज्यादा मिलेगा। 'धरती' के पर्यायवाची शब्द मिलेंगे—'धरती', 'जमीन'। अध्यापकीय सुविधा की दृष्टि से देखें तो इसके पहले की शायरी अगर आसमान की, इन्द्रधनुष की, बादलों की शायरी थी तो यह नई शायरी धरती की, खेत-खलिहान, घर-आँगन की शायरी हुई। दैरोहरम की नहीं रह गई। 'घर-आँगन' नाम से जांनिसार अख़्तर ने पूरी किताब ही लिखी है। इस नये परिवर्तन के पीछे 1936 के आसपास की राजनीतिक दृष्टि थी, नया रुझान था जिसमें किसानों की अहम भूमिका थी, मजदूरों की अहम भूमिका थी। जरूरी है कि इसे देखने के लिए महज उन कविताओं को न देखा जाए जहाँ इसी शीर्षक से कविता लिखी हुई है बल्कि यह देखना है कि कैसे इसकी उपस्थिति, इसके वजूद के चलते बाहर का पूरा सोच प्रभावित होता है। उदाहरण के लिए हम लोग यहाँ सभा कर रहे हैं और बाहर अगर जुलूस निकले या हम अहसास करें

कि हम घेर लिये गए हैं उन विद्रोही किसानों के द्वारा—जिनकी माँग ज्यादा बड़ी है तो बात करने का लहजा बदल जाएगा—भले ही विषय नितान्त साहित्यिक हो।

अन्तिम बात, कल भाई रघुवीर सिंह ने कहा था कि प्रगति को डिफाइन करो तो सगुण रूप में प्रगति की यही परिभाषा है। मेनिफेस्टो में उसे इसी रूप में रखा गया था :

To rescue Literature and other arts from the conservative classes in whose hands they have been degenerating so long, to bring arts into the closest touch with the people and to make them the vital organs which will register the actualities of life as well as lead on to future, we envisage.

गतिरुद्ध कविता या साहित्य को मुक्त करने के लिए, पतन से उबारने के लिए 'प्रगति' की परिभाषा इस रूप में की गई थी। अंग्रेजी जमाने के कारण पूरे घोषणा-पत्र में न 'सोशलिज्म' का नाम है, न 'मार्क्सिज्म' का। 'मार्क्सिज्म' के लिए 'सांइटिफिक रैशनलिज्म' का नाम लिया गया है और 'सोशलिज्म' का नाम न लेकर 'द फ्यूचर, वी इनवेसज' कहा गया है। यह फ्यूचर समाजवाद का है। लेकिन मुख्य चीज थी कि प्रगति तभी सम्भव है जब साहित्य को अवाम के सम्पर्क में लाने की कोशिश की जाएगी। तभी साहित्य विटल होगा। फ़िराक़ में जो नई विटालिटी है—फार्म में, कंटेंट में—वह बहुत-से पुराने खयाल के लोगों को उतनी पसन्द न आई—भाषा भी कुछ उबड़-खाबड़ लगी, लेकिन यह एक विटालिटी नई थी जिसने उर्दू कविता को एक मोड़ दिया था। यह मेरे अपने कुछ अधबने विचार थे जो मैंने आपके समक्ष रखे। अन्य विद्वान अधिक व्यवस्थित रूप में इस चर्चा को आगे बढ़ाएँगे, ऐसी आशा है।

## [2]

*वाइज ने इल्म को भी खड़ा सर के बल किया*
*ऐसा पढ़ा लिखा है कि जाहिल कहें जिसे।*

वाइज के बारे में पहले भी उर्दू में काफी लिखा गया है लेकिन 'इल्म को भी खड़ा सर के बल किया'—यह एंगेल्स बोल रहे हैं, मार्क्स बोल रहे हैं जिन्होंने हेगेल को पढ़ा था और इस एक वाक्य से 'वाइज' का तसब्बुर भी फ़िराक़ ने बदल दिया। साथ ही यह भी बता दिया कि कभी-कभी इल्ज के कई रूप हुआ करते हैं। एक बात आई थी कि 1936 एक बहुत बड़ा इल्यूसन था जिससे प्रगतिशील आन्दोलन खड़ा हुआ। संस्कृत का एक वाक्य आता है—प्रसिद्ध नैयायिक और काव्यशास्त्री महिमभट्ट ने लिखा है : भ्रान्तिस्तु प्रमा। भ्रान्ति भी प्रमा होती है। काव्य-व्यापार नष्ट

हो जाएगा यदि भ्रान्ति प्रमा न हो, लेकिन एक नैयायिक कह रहा है कि 'भ्रान्तिस्तु प्रमा'। कभी-कभी बहुत बड़ा इल्यूजन जो तर्क से, दर्शन से, बाद में जिसे लोग सत्य समझ करके लिखते थे—अवतारवाद शायद वैज्ञानिक दृष्टि से भ्रान्ति साबित हो लेकिन उस अवतारवाद ने जो काव्य रचना की है लीला आदि बहुत सारी चिन्तन की चीजें, जिन्हें हम-आप कहें कि क्या सबूत है कि वही सत्य हो, कल भ्रान्ति साबित हो सकती है। साहित्य के इतिहास में संस्कृतियों के निर्माण में मिथ का बड़ा योगदान हुआ करता है। संस्कृतियों का, कलाओं का आधार मिथ है जिस पर वेद से लेकर आज तक का साहित्य खड़ा है। 1936 यदि इल्यूजन है तो रहा होगा लेकिन उस इल्यूजन ने जो साहित्य रचा है, वह क्या है? इसलिए आज हम लोग ज्यादा समझदार होकर जिसे इल्यूजन कहें, इस पर विचार करने की जरूरत है—विदेशों में भी और यहाँ भी।

दूसरी बात, प्रगतिशील आन्दोलन के साथ ही मार्क्सवाद को कम्यूनिज्म को, कम्यूनिस्ट पार्टी को चुनौती दी गई। कुछ लोग मार्क्सवाद को बुद्धिजीवियें का अफीम भी कहते रहे हैं। सच्चाई यह है कि बीसवीं सदी में जितने बड़े साहित्यकार हुए हैं, कलाकार हुए हैं—अगर आप पूरी फेहरिस्त पर विचार करें तो ऐसा कोई नहीं है जो मार्क्सवाद को बाइपास करके बड़ा लेखक हुआ हो—बड़े लेखक जो भी हुए, उसके साथ रहे या उससे टकराए। लम्बी सूची नहीं देना चाहता। यह बात राजनीतिक चिन्तन में भी है, दार्शनिक चिन्तन में भी, साहित्य और कला में भी। आप बीसवीं सदी के विश्व की सूची बनाएँ तो देखेंगे कि अनेक लोग टकराए हैं। मार्क्सवाद चुनौती रहा है उनके सामने, जिनमें से आधी संख्या उन लोगों की रही है जो उससे किसी-न-किसी रूप में प्रेरित और प्रभावित रहे हैं। उसके स्पर्श में आनेवाले लड़नेवाले रहे हैं। दूसरे महायुद्ध के बाद खास तौर से आप, और नहीं तो, नोबेल पुरस्कार और ज्ञानपीठ पुरस्कार की सूची ही देख लें तो आपको अन्दाज़ा लग जाएगा। कुछ दिनों पहले लैटिन अमरीका का लेखक गार्सिया मारकेज जो लैटिन अमरीकन हैं, स्पेनिश में लिखता है और उसने जो कई इंटरव्यूज दिये हैं, वह क्या है, उसकी विचारधारा क्या है, यह सब लोग जानते हैं। हिन्दी में भी 1936 से लेकर अब तक जो महत्त्वपूर्ण लेखक भारतीय भाषाओं में हुए हैं, साहित्य अकादमी पुरस्कारों की सूची देखेंगे तो लगभग आधे उसमें किसी-न-किसी रूप में, किसी-न-किसी दौर में उससे प्रेरित और प्रभावित रहे हैं। यह विचार की वस्तु है, केवल पोलेमिक्स नहीं है।

रही बात प्रगतिशील आन्दोलन के द्वन्द्व या अन्तर्विरोध की, तो संघर्ष इसके मूल में रहा है। स्थिति यह है कि जहाँ तक आलोचना का काम है—इसके पहले भी, और जगह पर न जाएँ तो मूल्यांकन को लेकर कवियों के बीच बहस चली है। हमारे ही साहित्य में देव और बिहारी को लेकर बहस हुई है। कालिदास और

भवभूति को लेकर बहस हुई है। रामचन्द्र शुक्ल ने यही काम किया है। ऐसा नहीं कि सबसे ज्यादा लड़ाकू प्रगतिशील ही थे जिन्होंने महज उठापटक का—कौन बड़ा है, कौन छोटा—यह वातावरण बनाया। आलोचना का इतिहास इससे मुक्त नहीं है और संस्कृत आलोचना भी मुक्त नहीं है। इसलिए जिस क्लास स्ट्रगल या संघर्ष को मार्क्स ने इतिहास का लोकोमोटिव कहा है—वह संघर्ष विकास का नियम जान पड़ता है। बिना उसके विकास हुआ ही नहीं। चाहे विचार का संघर्ष हो, चाहे जीवन के भीतर विभिन्न शक्तियों का संघर्ष हो—आप उसे वर्ग-संघर्ष कहें, न कहें—यदि साहित्य या प्रगतिशील साहित्य संघर्ष पर बल देता है तो उसमें निहित एक तथ्य को स्वीकार करता है और शायद साहित्य-सृजन के मूल में ही कहीं-न-कहीं वह संघर्ष निहित है। किसी ने कहा है कि बड़ी कविता वह होती है जब कवि दुनिया से लड़ता है और जो अपने-आपसे लड़ता है, वह दूसरे प्रकार की कविता होती है। तीसरे तरह की लड़ाई वह होती है जो दुनिया से लड़ते हुए अपने-आपसे भी लड़ाई जारी रखी जाती है। उससे तीसरे तरह की कविता पैदा होती है। यह टकराव कविता के मूल में है। प्रगतिशीलता संघर्ष पर बल देती रही है, इसका खास मतलब है। संघर्ष पर पर्दा डालकर अच्छी कविता या बड़ी कविता लिखी नहीं जा सकती। कहते हैं, भाई-भाई को मिलकर रहना चाहिए, लड़ना नहीं चाहिए, पर उससे कविता कैसी लिखी जाती है, आप देख सकते हैं।

अन्तिम बात जिस पर मैं समाप्त करना चाहता हूँ—फ़िराक़ की प्रगतिशीलता का सन्दर्भ। कहा गया कि व्यापक इकाई तो मॉडर्निटी है, प्रगतिशीलता तो उसका एक अंगभूत है—या आगे चल करके समाप्त हो जाएगी। मित्रो, आप पढ़े-लिखे लोग हैं। मॉडर्निटी, मॉडर्निज्म और मॉडर्निजेशन—तीन शब्दों का प्रयोग किया जाता है। मॉडर्निजेशन सामाजिक रूपान्तरण के सिलसिले में होता है जो समाजशास्त्र के लोग इस्तेमाल करते हैं। मॉडर्निटी नियमित रूप से एक कॉन्सेप्ट है। मॉडर्निज्म उस मॉडर्निटी का भी एक संकुचित-संकीर्ण कालबोधक रूप है। मॉडर्निज्म का आन्दोलन जुड़ा हुआ है खास कर अंग्रेजी कविता में टी.एस. इलियट और एज़रा पाउंड से। लेकिन यह सही है कि मॉडर्निटी कविता में एक व्यापक अवधारणा है। लेकिन मैं कहना चाहता हूँ कि 1936 के प्रगतिशील साहित्य और चिन्तन के साथ यह 'मॉडर्निटी' आई। 1947 के बाद जो विभाजन हुआ, यह विभाजन मॉडर्निज्म की शक्ल में एक अलग धारा के रूप में चला जो ज्यादा संकीर्ण था।

अब कहा जाता है कि प्रगतिशीलता (प्रोग्रेसेविज्म) एक संकुचित विचारधारा है जो एक राजनीतिक दर्शन, एक पार्टी, कम्यूनिस्ट पार्टी से जुड़ी विचारधारा है। एक विडम्बना ही है कि 1953 के आसपास संगठन तो समाप्त हो ही गया, पर वह प्रक्रिया सामाजिक रूप में आज भी समाप्त नहीं हुई—प्रोग्रेस का नारा भी आज हम उतना ही बुलन्द करते हैं। यह दूसरी बात है कि उसका एक रूप इक्कीसवीं

सदी में छलाँग लगाकर टेक्नोलॉजिकल प्रोग्रेस का है और दूसरा सोशल जेनेटिक का हो सकता है जो प्रोग्रेस का हिस्सा है। तो आधुनिकता के कई रंग हैं और एक वह भी है जिसे मैंने कहा—प्रगतिशील आधुनिकता, दूसरा आधुनिकतावाद। जो आधुनिकतावाद इधर कलावाद-सौन्दर्यवाद के रूप में अधिक विकसित हुआ है—जिसकी मैंने पीछे चर्चा की थी।

इस बहस में, क्योंकि उसकी मूल स्थापनाओं पर प्रश्नचिह्न लगाया गया है, मैं अन्त करना चाहूँगा फ़ैज़ से—फ़िराक़-फ़ैज़ का नाम साथ-साथ लिया जा रहा है। इस प्रगतिशीलता से जिनकी टकराहट रही है, खास तौर से प्रिय बन्धु रामकृष्ण मणि त्रिपाठी, फ़ैज़ की नजरों में कहूँ, रकीब-से दिखाई पड़ते हैं। फ़ैज़ के अर्थ में और इसलिए प्रिय हैं। प्रगतिशीलों का यह रुख रहा है :

*ग़म-ए-जहाँ हो, रुख-ए-यार हो, के: दस्त-ए-अदू*
*सलूक जिससे किया हमने आशिक़ाना किया।*

यह सलूक हमारा उनके साथ भी है।

# त्रिलोचन का जाना

त्रिलोचन जी मेरे बड़े अभिभावक और मेरे गुरु थे। सहसा वे मुक्त हो गए। उनके अन्तिम दिन जितने दुखद और कष्टप्रद थे, उसे देखकर बार-बार यही भावना उठती थी कि इस कष्ट से उन्हें मुक्त हो जाना चाहिए। हम दोनों का साथ काशी में पच्चीस वर्षों का था। सन् 1941 से लेकर 1966 तक। यह पास-पास रहने का ही नहीं, लगभग सुबह-शाम साथ रहने का था। मैं आज जो भी हूँ, उन्हीं का प्रसाद है। मुझे उन्होंने साहित्य में उँगलियाँ पकड़कर चलना सिखाया है और, यह इतना बड़ा ऋण है कि उन पर कभी एक पूरी पुस्तक लिखकर ही अंशतः उऋण हुआ जा सकता है। कबीर पर उन्होंने एक सॉनेट लिखा था : 'काशी का जुलाहा'। उसक अन्त होता है :

*साईं की दी चादर, ज्यों-की-त्यों धर दिनी।*

आज सचमुच उन्होंने वह चादर ज्यों-की-त्यों धर दी। यह कबीर का स्वर काशी के उस रूढ़िवादी समाज में त्रिलोचन को अलग करता था। त्रिलोचन जी ने अपने बारे में अनेक कविताएँ लिखी हैं। उनके तीन-चार सॉनेट हैं जिननें एक : 'आता है, भीख माँगते उसी त्रिलोचन को देखा कल' और : 'वही त्रिलोचन है जिसके तन पर गन्दे कपड़े हैं, पाजामा फटा-फटा है और यह भी फैशन है, कटे-कटे से हैं।' लेकिन उसमें एक बात अपने बारे में स्पष्ट वह कहते हैं कि 'त्रिलोचन है, सबमें अलगाया भी, प्रिय है, आलोचन।'

एक तो उनके व्यक्तित्व की याद आती है। और उस कविता में भी उन्होंने यही लिखा है। कभी वह धीमे नहीं चलते थे, बहुत तेज गति से चलते थे। ऊँचा सिर, चौड़ा माथा और आत्मविश्वास। साथ ही अपने ऊपर व्यंग्य करने की अद्भुत क्षमता उनकी शक्ति का स्रोत थी। उनके एक कविता संग्रह का नाम है : 'उस जनपद का कवि हूँ' और, अपने जनपद और अपनी बोली को जिस रूप में कविता में उतारते थे, सच पूछिए तो उस जनपद के चरित्र उनकी कविता में आते हैं। एक उनकी बड़ी मशहूर कविता है : 'नगही महरा', एक कविता है : 'भारेई केवट', एक है : 'अतवरिया', 'चम्पा काले-काले अक्षर नहीं चीन्हती' एक और कविता है। ये जीवित चरित्र हैं। ऐसे चरित्र को लेकर कविता जिन लोगों ने लिखी है, उनमें निराला

हैं और उसके बाद प्रेमचन्द की कहानियों में चरित्र आते हैं, लेकिन कविताओं में जीते-जागते चरित्र कम आते हैं। कुछ नागार्जुन की मैथिली कविताओं में है।

उनके पहले कविता संग्रह का नाम था : 'धरती', जो 1945 में छपा था। सचमुच वह धरती के कवि थे। एक परम्परा है जो निराला के बाद नागार्जुन, केदारनाथ अग्रवाल, मुक्तिबोध तक आई। उसकी अन्तिम कड़ी हैं त्रिलोचन। इसलिए आधुनिक कविता की यह एक परम्परा है। त्रिलोचन उस कड़ी में आते हैं। चूँकि उनकी अपनी भाषा अवधी थी, मुझे मालूम है कि रामचरितमानस उन्हें कंठस्थ था। उन्होंने एक कविता लिखी है : 'तुलसी बाबा, भाषा मैंने तुमसे सीखी। मेरी सजग चेतना में तुम रमे हुए हो।'

तुलसी की भाषा का मतलब था कि तुलसीदास एक ओर तो ठेठ अवधी के शब्दों का प्रयोग करते थे और दूसरी ओर संस्कृतनिष्ठ पदावली भी उनके यहाँ दिखाई पड़ती है। इसलिए त्रिलोचन में भी जहाँ बोलचाल के शब्द हैं, वहीं संस्कृतनिष्ठ शब्द भी हैं। उनकी कविता में हम देखें—एक नमूना :

*सप्तबाल चन्द्री आयस पुल राजघाट का*
*सात फलाँगों में गंगा को पार कर गया*
*नम्र बालचन्द्रों में स्तम्भन शक्ति भर गया।*

इसलिए 'फलाँगना' शब्द भी है और उसके साथ 'सप्त' भी है। इसलिए तुलसीदास से भाषा सीखने की बात कहते हैं। भाषा के इतने सारे स्तर और आयाम सारे-के-सारे खुलते दिखाई पड़ते हैं : ठेठ देशज शब्द से लेकर संस्कृत शब्द की पदावली तक। इस अर्थ में उन्होंने कहा था कि 'तुलसी बाबा, भाषा मैंने तुमसे सीखी।' ऐसे ही प्रयोग निराला जी में भी दिखाई पड़ेंगे। ठेठ। एक ओर 'राम की शक्ति-पूजा' में संस्कृत पदावली चलती है। भारी समास हैं और बोलचाल की भी भाषा है। यह चीज नागार्जुन में दिखाई पड़ेगी। यह चीज मुक्तिबोध में दिखाई पड़ेगी। हिन्दी के कितने स्तर, कितने रूप हैं! कितनी समृद्ध है! केवल देशी नहीं है, उस भाषा की पूरी शक्ति का अहसास त्रिलोचन की कविता से होता है। अहसास कराते हैं अपनी पूरी परम्परा का। एक कविता उन्होंने लिखी है, हिन्दी भाषा के कवि किन लोगों के हैं, इस पर :

*हिन्दी की कविता उनकी कविता है*
*जिनकी साँसों को आराम नहीं था*
*और, जिन्होंने सारा जीवन लगा दिया*
*कलमस को धोने में समाज के*
*नहीं काम करने में घिन की*
*भाव उन्हीं सबका है*

*जो थे अभावमय*
*पर अभाव से दबे नहीं*
*जागे स्वभावमय।*

यह उदाहरण बताता है कि उनको हिन्दी भाषा की अपनी परम्परा का अहसास था। वह भाषा बोलनेवाला जो समाज है, उस समाज की जो अपनी प्रकृति है, जिन लोगों ने कल समाज के कलमस को धोने में लगा दिया और कलमस को धोना ऐसा काम है जिससे लोगों को घिन आती है इसलिए बहुत-से लोग कान छोड़ देते हैं। उन्हें ऐसे लोगों की परम्परा का बराबर अहसास था। एक भाषा की शब्द-सम्पदा और भाषा को बोलनेवालों का मिज़ाज। गाँव के मामूली किसान और गरीबों के साथ अपने को अनुभव करते थे। स्वयं भले ही ये लोग सवर्ण रहे हों लेकिन उन्होंने अपने-आपको अवर्ण के साथ अनुभव किया। अपने ही समाज की आलोचना भी करते रहे। यह काम बाबा नागार्जुन ने किया, यही काम त्रिलोचन ने किया।

हिन्दी के लोग आम तौर पर उर्दू को परायी भाषा समझते हैं। त्रिलोचन जी उन लोगों में थे जिन्होंने कुछ गजलें भी लिखीं। ग़ालिब के बारे में उनका एक सॉनेट भी है :

*ग़ालिब ग़ैर नहीं हैं*
*अपने हैं*
*ग़ालिब की बोली ही*
*आज हमारी बोली है।*

मैं इन शब्दों के साथ अपने अग्रज और गुरुतुल्य त्रिलोचन भगवान को प्रणाम करता हूँ। मैं उन्हें त्रिलोचन भगवान ही कहता था।

['आज समाज' : 10 दिसम्बर, 2007 में प्रथम प्रकाशन।
'पैगाम' : नवम्बर, 2007—फरवरी, 2008 में पुनः प्रकाशन]

# त्रिलोचन का अनूठापन

*था पथ पर मैं भूला-भूला*
*फूल उपेक्षित कोई फूला।*

आज जब त्रिलोचन शास्त्री नहीं हैं तो जाने क्यों, उनकी कविता की यही पंक्तियाँ याद आ रही हैं। अपने समकालीनों में त्रिलोचन सबसे अधिक उपेक्षित रहे। उनकी उपेक्षा विडम्बनापूर्ण लगती है। अपने समकालीनों में पहला कविता-संकलन सबसे पहले त्रिलोचन का ही प्रकाशित हुआ : 'धरती' (1945)। केदारनाथ अग्रवाल की 'युग की गंगा' और अज्ञेय का 'इत्यलम्' 1945 में और नागार्जुन का 'युगधारा' 1953 में आया। इस दृष्टि से त्रिलोचन की 'धरती' का ऐतिहासिक महत्त्व है। 'धरती' की वह पहली प्रति आज भी मेरे पास है जिस पर उनके हस्ताक्षर के साथ 1 मई, 1946 की तारीख पड़ी है। पार्सल का बंडल लेकर भारी दुपहरी में वे सीधे बनारस के उदय प्रताप कॉलेज के प्रथम छात्रावास के मेरे कमरे में आए थे और दो लोटा पानी पीने के बाद प्रकाशित प्रति की प्रूफ रीडिंग करने बैठ गए थे। छपाई की कुछ भूलों को ठीक करने के बाद वे यह देखकर खिन्न हुए कि एक कविता को दो टुकड़े करके अलग-अलग छाप दिया गया है। वह मशहूर कविता है : 'धूप में जगरूप सुन्दर'। इस कविता के उत्तरार्द्ध की पच्चीस पंक्तियाँ 'सघन पीली उर्मिचीं में बौर' शीर्षक से आठ पृष्ठों के बाद छपी हैं। कहने की आवश्यकता नहीं कि उनसे मेरी यह पहली मुलाकात नहीं थी। हम लोग पाँच साल पहले ही मिल चुके थे—खैर।

'धरती' की पहली समीक्षा 1946 में ही 'हंस' में प्रकाशित हुई। समीक्षक थे गजानन माधव मुक्तिबोध—वही मुक्तिबोध, जो 1943 में प्रकाशित 'तार सप्तक' जैसे ऐतिहासिक काव्य-संकलन के प्रथम कवि थे। यह संयोग ही है कि त्रिलोचन और मुक्तिबोध 'हंस' के कार्यालय सरस्वती प्रेस में कई साल तक साथ-साथ काम करते थे। त्रिलोचन 'तार सप्तक' में शामिल नहीं थे, फिर भी मुक्तिबोध त्रिलोचन की काव्य-प्रतिभा से भली भाँति परिचित थे। 'धरती' की लम्बी समीक्षा में मुक्तिबोध को जो बातें पसन्द आईं, उनमें पहली तो यह कि 'त्रिलोचन में प्राच्य

क्लासिकी संयम है और साथ ही पाश्चात्य गद्यात्मकता भी।' दूसरी विशेषता यह कि 'कवि की प्रगतिशीलता अट्टहासपूर्ण आन्तरिक क्षतिपूर्ति के रूप में नहीं आई, वरन् कवि के अपने जीवन-संघर्ष से मँज-घिसकर तैयार हुई है।' तीसरी विशेषता है कि 'कवि त्रिलोचन में 'सेंटीमेंटलिटी' का लेश भी नहीं है।'

विचित्र विडम्बना है कि 'धरती' की ऐसी प्रशंसात्मक और सूक्ष्म समीक्षा के बाद भी वर्षों तक हिन्दी में कहीं न 'धरती' की चर्चा हुई, न कवि त्रिलोचन पर किसी की दृष्टि गई। दृष्टि तो मुक्तिबोध पर भी नहीं गई। गरज के समीक्षक के साथ-साथ कवि भी वर्षों तक उपेक्षित रहा।

मुझे 'धरती' की वह बहुचर्चित कविता आज भी याद है : 'चम्पा काले अक्षर नहीं चीन्हती'। कवि-सम्मेलनों में त्रिलोचन प्राय: यही कविता सुनाया करते थे और जब कविता की अन्तिम पंक्तियाँ पढ़ी जातीं तो लोग हँस पड़ते थे। लोग इसे हास्य रस की कविता समझते थे। आज स्त्री-विमर्श के दौर में सम्भव है, यह दूसरे ढंग की सहानुभूति प्राप्त करे। पंक्तियाँ इस तरह हैं : 'चम्पा बोली—तुम कितने झूठे हो, देखा/हाय राम तुम पढ़-लिखकर इतने झूठे हो/मैं तो ब्याह कभी न करूँगी/और कहीं जो ब्याह हो गया/तो मैं अपने बालम को संग-साथ रखूँगी/कलकत्ता मैं कभी न जाने दूँगी/कलकत्ते पर बजर गिरे।'

उपेक्षा का एक कारण शायद यह भी हो सकता है कि त्रिलोचन किसी बनी-बनाई लीक पर नहीं चले। उन्हीं दिनों की लिखी कविता में उन्होंने स्वयं कहा : 'बनी-बनाई राह मुझे कब कहाँ सुहाई/गहन विपिन में धँसा, नहीं की राम दुहाई।'

त्रिलोचन की एक और कविता है जिसमें वे कहते हैं : 'प्रगतिशील कवियों की नई लिस्ट निकली है/उसमें कहीं त्रिलोचन का नाम नहीं था/शुद्धि-पत्र देखा, उसमें नामों की माला/छोटी न थी/यहाँ भी देखा, कहीं त्रिलोचन नहीं।' यह बात 1950-51 की है। कई दशक बीत जाने के बाद प्रगतिशील कवियों की एक मेरिट लिस्ट निकली। पहला स्थान केदारनाथ अग्रवाल का है। दूसरा नागार्जुन का। तीसरा स्थान खाली है। त्रिलोचन उस योग्य भी नहीं। कविता की गली शायद प्रेमगली से कम सँकरी है। इसलिए दो कवि समा गए। वरना समाई तो एक ही की थी।

दरअसल त्रिलोचन न विचारधारा के फीते पर फिट, न 'सुरुचि' के साँचे में। हर चौखट में अनफिट। हर शिविर से बाहर। 'धरती' और 'दिगन्त' के कवि की समाई कहीं नहीं। त्रिलोचन की कविता में ऐसा क्या है जो 'इनके' लिए भी असुविधाजनक और 'उनके' लिए भी? न यह प्रगतिवाद है, न प्रयोगवाद। न नई कविता और न साठोत्तरी कविता ही। त्रिलोचन की अपनी पहचान यही है शायद। ये बातें मैंने 1985 में लिखी थीं जब त्रिलोचन ने अपनी उम्र के सत्तर बरस पूरे किये थे। मैंने

उन्हें 'साधारण का असाधारण कवि' कहा था। त्रिलोचन की काव्य-यात्रा को आज देखता हूँ तो वे अपने समकालीनों में सम्भवत: सबसे लम्बी पारी खेलनेवाले कवि हैं। 1944 से 2004 तक लगभग साठ वर्षों तक वे लगातार लिखते रहे और किसी भी रचना में वार्धक्य की शिथिलता नहीं आई है। प्रमाण है उनके अन्तिम दिनों की यह रचना—'मेरा घर' :

*पृथ्वी मेरा घर है*
*अपने इस घर को*
*अच्छी तरह मैं ही नहीं जानता*

*भीत नहीं दीखती*
*दुआर भी नहीं है*
*मोहार का पता नहीं चलता*

*भटक रहा हूँ*
*यही जीवन है*
*हाथों में वायु है*
*आँखों में आकाश*
*सूरज की आभा से देखता हूँ*
*चाँदनी थोड़ा झलकाती है*
*थोड़ा छिपाती है*

*तारे सब सहचर हैं मेरे*
*पेड़ अपनी उँगलियों-टहनियों को*
*हिला-हिलाकर मुझे बुलाते हैं*
*कानों में कहते हैं—*
*आओ, आओ यहाँ मेरे पास*
*बैठो ज़रा सुस्ताओ*
*लम्बी साँस लेकर*
*बैठ जाता हूँ और*
*ऊँचे स्वर में*
*बोल पड़ता हूँ मैं—*
*सर्वे भवन्तु सुखिन:।*

त्रिलोचन ने तुलसी और ग़ालिब से भाषा सीखी, कबीर से रूढ़ियों पर प्रहार करना और डंके की चोट पर अपनी बात कहना। निराला से उन्होंने प्रयोगशीलता

सीखी। इन सबमें एक समानता है कि ये सभी विद्रोही थे और अपने दौर में उपेक्षित। त्रिलोचन इसी परम्परा के कवि हैं। त्रिलोचन का अनूठापन ही उन्हें महत्त्वपूर्ण बनाता है।

त्रिलोचन का जो अन्तिम चित्र छपा है, उसमें वे कुछ लिख रहे हैं। अन्तिम समय तक वे कुछ लिखना चाहते थे। अपनी पौत्री से उन्होंने कागज और कलम माँगा। पर लिख न सके। सम्भवतः न लिख पाने की पीड़ा ही उनके अचानक चले जाने का एक कारण बनी। साठ साल तक लगातार लिखते रहना सचमुच एक चमत्कार है।

['वसुधा', अंक-75 में प्रकाशित]

# नई कविता और उसके बाद की कविता

विविध सम्प्रदायों के मामले में उपजाऊ इस भारत देश में तरह-तरह की कविताएँ देखने को मिलती हैं। इन विविध कविताओं के, भाषा तथा शैली की दृष्टि से, अनेक स्तर रहे हैं, किन्तु जिस प्रकार अनेक वामपंथी दल सारे मतभेदों को छोड़कर अहम् विषयों पर एक हो जाते हैं, उसी प्रकार इन सारी कविताओं में युगबोध की एकरूपता है। यह बात पिछले पन्द्रह वर्षों के इतिहास के गौरव-शिखर पर बैठकर कह सकते हैं। नई कविता से अकविता तक की व्यापक परिधि में एक ही प्रकार की समन्वयवादी धारा है, क्योंकि हमारा देश समन्वय का पुजारी है।

गीत और कविता में सह-अस्तित्व नहीं हो सकता। धड़कन आज की कविता की विशिष्ट प्रवृत्ति से मेल नहीं खाती। कुछ कविताओं ने गीतों से आधा समझौता कर लिया है, ऐसी कविताएँ सफल हैं, पर सार्थक नहीं। आज की कविता आज की भावना व्यक्त कर रही है, पर गीत यह कार्य नहीं कर रहे।

छायावादी अनुभूतियों में 'कामायनी' का 'सोम' बच्चन के हाथों 'मधुशाला' बना तो वह जीवन की धरती पर खड़ा हुआ। यह बड़ा क़दम था, जब कवि 'सजनी' का सम्बोधन 'साथी' से करने लगा। गीत को नीरज, भारती, राही आदि ने अपनी व्यावसायिकता से दूषित कर दिया। ये गीतों की एक समृद्ध परम्परा को भंग करते हैं, जिनका विकास तुलसी, सूर, मीरा से प्रसाद, पंत, निराला तक तथा वहाँ से नरेन्द्र शर्मा तथा बच्चन तक हुआ था। 'अगिमा' तथा 'अर्चना' के जीवन्त प्रगीत तो निराला ने लिखे हैं। उन्होंने बिना कानू या कालिन विल्सन को पढ़े ही ऐसे लिख दिये थे : 'बाहर मैं कर दिया गया हूँ, भीतर पर भर दिया गया हूँ'। ये गीत अति परिचित तथा जाने-पहचाने हैं। इनकी भाषा सीधी और सहज है। यह बात सुधियों के कवि नीरज या धड़कन के गीतकार भारती नहीं कर पाए। निराला का एक और गीत है :

*भर गया है जहर से संसार*
*कि जैसे देखते हैं लोग सही परिचय न पा कर।*

यह गीत हकीकत का गीत है। इसमें रोमांस या प्यार नहीं है, यह तुलसी की परम्परा का गीत है। उर्दू कविता की इन दो पंक्तियों को देखिए :

*हर के चेहरे से उठती है लपट*
*शहर में आग लगी हो जैसे!*

और उन्होंने बल दिया कि यह सच्ची और ईमानदार कविता है। इन दिनों पश्चिमी बंगाल से जो व्यक्ति आते हैं, उनके चेहरों पर लपट दिखती है। यह बात 'फ़ीरोजी होंठों पर बर्बाद मेरी ज़िन्दगी' के कवि धर्मवीर भारती तथा 'क़ारवाँ गुज़र गया' के कवि नीरज के व्यावसायिक गीतों में नहीं है। इन गीतों का मेल आज की कविता से कदापि नहीं हो सकता।

उनमें कविता की तौहीन है। आज के सच्चे गीत तो छोटी कविताएँ, जो छन्द-विन्यास से मुक्त हैं। इन कविताओं ने आज की परिस्थितियों को बाँधा है। ये जागरूकता के गीत हैं, चाहे मुक्त छन्द में ही हों और ये अंग्रेज़ी शब्द 'लिरिक' के नज़दीक हैं। लिरिक और सौंग में अन्तर होता है। ये अनगढ़, अरूप, छन्द-मुक्त लघु कविताएँ लयात्मक हैं, जो लिरिक ही हैं। अज्ञेय की अनेक लघु कविताएँ तथा निराला की 'जुही की कली' को भी गीत ही माना जाना चाहिए।

दिशाएँ बताना और सम्भावना की बातें कहना तो फ़तवे देना है। आलोचना का सम्बन्ध तो वर्तमान तक ही है। हमें कविताओं का विश्वास करना है, अत: कवियों के वक्तव्य अमहत्त्वपूर्ण हैं। छायावाद के प्रभामंडल से मुक्त नई कविता ने अनुभूति की प्रामाणिकता को निभाया। अज्ञेय की 'हरी घास पर क्षण भर' एक प्रकार से 'नई कविता' की भूमिका है, जो छायावाद की सभी रूमानी भावुकता के विरुद्ध है। इस कविता का प्रेमी इस भावुकता से मुक्त है कि प्रणय पलायन है। वह सभ्य, शिष्ट जीवन की दरारों से विमुक्त है। वह अपनी प्रेमिका से कहता है :

*नमो, खुल खिलो, सहज मिलो*
*अन्त:स्मित, अन्त:संयत*
*हरी घास-सी।*

यह पूरी कविता 'नई कविता' का घोषणा-पत्र है। इस प्रकार छायावाद के हिमालयी उत्तुंग शिखर से उतरकर कविता लघुमानव की कविता बनी। कवि मसीहा या विधि-निर्माता नहीं रहा। 'नई कविता' लघु दायरे की कविता बनी और यों कविता का जनतंत्रीकरण हुआ। वह साधारण धरातल पर उतरी, पर नैतिक साहस के साथ।

इस विशेषता के बावजूद अज्ञेय की कविता में सामाजिक सन्दर्भ नहीं उभरे। नागार्जुन, केदार और मुक्तिबोध के काव्य की ध्वनियाँ उपेक्षित रहीं, क्योंकि पूँजीवाद ने इन्हें पनपने नहीं दिया। अज्ञेय की सम्पूर्ण कविता 'मार्ग या पथ की कविता'

रही, वह मुक्तिबोध की 'सड़क की कविता' नहीं बनी। मार्ग या पथ एक विशिष्ट अभिरुचि के सूचक हैं तथा सड़क दूसरी अभिरुचि की सूचना देती है। छायावादी कविता जहाँ फूलों के नाम, बादलों के रंग, इन्दीवर तथा यूथिया तक सीमित रही, वहाँ अज्ञेय की भाषा भी एक विशिष्ट अलंकरण को निभाती रही। उसने एक विशाल ज़िन्दगी को अनछुआ छोड़ दिया। इस प्रवृत्ति को बदलने का श्रेय मुक्तिबोध को दिया जा सकता है।

'अँधेरे में' तथा 'चम्बल की घाटियों में' महत्त्वपूर्ण रचनाएँ हैं। ये कविताएँ देश के आतंकपूर्ण वातावरण को पूरी भयावहता से प्रस्तुत करती हैं। 'अँधेरे में' पढ़ने से लगता है कर्फ़्यू में क़ैद सारा हिन्दुस्तान अँधेरे में है। इनकी तुलना चेखव की कहानी 'वार्ड नं. 06' से की जा सकती है, जिसे पढ़कर जेनिन ने कहा था कि 'लगता है कि सारा रूस वार्ड नं. 06 बना हुआ है।' इस प्रकार विशाल ज़िन्दगी की बात मुक्तिबोध ने की। यदि हिन्दी के इन पन्द्रह वर्षों का सम्पूर्ण काव्य नष्ट हो जाए और केवल अज्ञेय का ही काव्य बचे तो पाठक यह समझेगा कि इस विशाल देश में छात्रों पर या किसी अन्य वर्ग पर गोलियाँ नहीं चलीं, कहीं आग नहीं लगी। यहाँ केवल केशर-कुंकुम के राजतिलक ही लगते रहे। अतः अज्ञेय की कविता परिवेश के यथार्थ को नहीं निभाती, वह केवल 'गाँवों' की बातें कहती है। अज्ञेय की मुक्तिबोध से तुलना के लिए हम 'नदी के द्वीप' हैं (अज्ञेय), हम 'डबरे के सूरज' हैं (मुक्तिबोध)—इनको एक साथ पढ़ना उचित होगा। दोनों बिम्ब एक-दूसरे के विरोधी तथा चुनौती देनेवाले हैं। नदी के द्वीप, शोभावान, ख़ूबसूरत, एकाकी, बाढ़ में बहनेवाले—यही अज्ञेय के काव्य की ध्वनि है। वे समूह से कटे हुए, 'डबरे के सूरज' कहकर मुक्तिबोध ने हिन्दी में नया प्रतीक एवं भाव-बोध दिया है। डबरे, जो घर-घर में पाए जाते हैं—यह जीवन के महत्त्वपूर्ण क्षणों की वाणी है, सम्पूर्ण मानवता की वाणी। कविता विश्राम के क्षणों की वाणी नहीं है, जीवन की वाणी है। वह नदी के द्वीपों-सी एकाकी नहीं है। इलियट ने जब 'द वेस्लैंड' या 'लव-सौंग ऑफ़ प्रूफ़ाक' लिखा तो वह समय का यथार्थ था। मुक्तिबोध ने सामाजिक जीवन की ज्वलन्त कविता लिखी।

अब कथा-साहित्य सिमटने लगा है। एक समय यह जीवन-संग्राम की भाषा बना था, लेकिन अब यौन-चित्रण में डूबकर यह अशक्त हो गया है। कविता में अधिक गहराई दिखने लगी है। युग की भयावहता, जो मुक्तिबोध की कविता में थी, वह कहानी में दिखाई नहीं देती है।

रघुवीर सहाय 'आत्महत्या के विरुद्ध' लिखकर प्रचलित मनःस्थिति को नकारते हैं। उनकी कृतियाँ 'आत्महत्या के विरुद्ध', 'गिरीश की मृत्यु', 'स्वाधीन व्यक्ति' तथा 'अधेड़ भारतीय आत्मा' विशेष रूप से उल्लेखनीय हैं। रघुवीर सहाय ने जनतंत्र के संकट को, इसकी असंगतियों को, राजनीतिक दलों के टकराव को बड़े ही सहज

ढंग से लिखा है। साधारण आदमी कैसे सोचता है—यह इन कविताओं में स्पष्ट है। वे कहते हैं : 'मैं हूँ, मैं—कोई रूपक नहीं, ये मेरे बच्चे हैं—प्रतीक नहीं।' उन्होंने पहली बार बिना रूपकों और प्रतीकों के कविता लिखी है।

अकविता तांत्रिकों की कविता है। अगर उनमें तांत्रिकों की भाषा का-सा रोष-क्षोभ नहीं होता तो वह अच्छी कविता होती। धूमिल ने सच्चे समाजवाद की कविताएँ लिखी हैं।

रोमांटिनिज्म तथा क्लासीनिज्म शब्द विवादास्पद हैं। छायावाद के बारे में ही रूसो, कीट्स, शेली तथा ब्लेक की भिन्न-भिन्न व्याख्याएँ हो रही हैं। इलियट ने रोमांटिनिज्म के विरुद्ध लिखना प्रारम्भ किया था, लेकिन एक अर्थ में आज उन्हें भी रोमांटिक कहा जाने लगा है। यही नियति अज्ञेय की हुई। अज्ञेय ने छायावाद के विरुद्ध लिखना प्रारम्भ किया, पर आज उन्हें ही नव-छायावादी घोषित किया जा रहा है। अज्ञेय में दृष्टि और विषयवस्तु छायावादी नहीं हैं। लेकिन उनमें रूमानियत है। अज्ञेय की कविता कहीं-कहीं तो इतनी 'धार्मिकता-सम्पन्न' हो जाती है कि वे रहस्यवादी लगते हैं। मुक्तिबोध निर्वैयक्तिकता के पुजारी थे। अगर इसे नव-क्लासीसिज्म कहा जाता है तो कोई आपत्ति नहीं है। क्या अज्ञेय का सम्पूर्ण काव्य युग-सत्य से विरक्त है? उसका उत्तर यह है कि वात्स्यायन जी बड़े चतुर आदमी हैं। वे दो-चार सामाजिक सन्दर्भों की कविताएँ भी अपने संकलन में जोड़ देते हैं। 'असाध्य वीणा' को ही लें तो पता लगेगा कि सारी कविताएँ रहस्यवादी हैं। यह कविता की भाषा बतलाती है। ऐसी कविताएँ नागार्जुन और मुक्तिबोध ने नहीं लिखीं। अगर अज्ञेय की कविता में जनजीवन उभरता है तो इस तरह, जैसे राज-पुरुषों के प्रीति-भोज में चमारों तथा मोचियों को भी आमन्त्रित कर लिया गया हो!

सिने-तारिका के शादी के प्रस्ताव पर जब बर्नार्ड शॉ ने कहा कि यदि शादी के बाद हुए बच्चे में तुम्हारी बुद्धि और मेरा सौन्दर्य हुआ तो क्या होगा? ऐसी शादी नवगीत है। इसके रूप और बुद्धि में कोई सामंजस्य नहीं। उनकी दुर्गति स्पष्ट है।

मेरे बारे में ऐसी धारणाएँ आधारहीन हैं कि मैं केवल प्रगतिवादी कवियों को ही सत्य का वक्ता मानता हूँ। सही स्थिति तो यह है कि आज के कवियों में पाँच प्रतिशत भी ऐसे नहीं हैं, जिन्हें डॉ. रामविलास शर्मा या शिवदान सिंह चौहान या प्रकाशचन्द्र का प्रमाण-पत्र प्राप्त हो। सही बात तो यह है कि संवेदना के स्तर पर प्रगतिशील परम्परा अपने-आप आगे बढ़ रही है। आज साहित्य में पहले की तरह दो खेमे नहीं हैं—प्रगतिशील तथा प्रयोगवादी। अब तो लेखकों का एक प्रकार से 'यूनाइटेड डेमोक्रेटिक फ्रंट' है। एक प्रश्न यह किया गया है कि देश में आत्महत्या का वातावरण है या नहीं? आत्महत्या के वातावरण में अतिरंजना है, यह असन्दिग्ध है। मैं अतिवादी नहीं हूँ। लेकिन जब से डॉ. देवीशंकर अवस्थी की मृत्यु स्कूटर की सवारी से हुई, मैं जीवन की क्षणिकता को गहराई से लेने लगा हूँ। आज दिल्ली

में आदमी के जीवन का मूल्य बहुत कम हो गया है, अनिश्चय की स्थिति बढ़ गई है तथा सुरक्षा की भावना समाप्त हो रही है। कवि हमेशा चरम स्थितियों का स्पर्श करता है। अगर शेक्सपियर त्रासदी लिखता है तो उसका अर्थ यह नहीं है कि सारा इंग्लैंड ही त्रासदी का नगर बन गया है। लेकिन यह कौन कहेगा कि शेक्सपियर ने ग़लत लिखा था? लेखक स्थिति को नाटकीय बनाता है। यही आज की स्थिति है।

यह सर्वथा सही है कि एक ही समय में हम दो कवियों को पसन्द नहीं कर सकते। दोनों को पसन्द करना कविता न समझना है। यह सही है कि आज के कवि संवेदना के प्रेमी नहीं रहे।

[बीकानेर के प्राचीनतम साहित्यिक संस्थान नागरी भंडार के स्वर्ण महोत्सव के अवसर पर 4 फरवरी, 1968 को भंडार भवन में आयोजित गोष्ठी 'आज की कविता : दिशाएँ एवं सम्भावनाएँ' में दिये गए अध्यक्षीय वक्तव्य का सारांश; रामदेव आचार्य द्वारा लिखित एवं 'माध्यम' : मई, 1968 में प्रकाशित रपट से]

# हिन्दी गद्य परम्परा का आईना और आज गद्य

हिन्दी-भूषण शिवपूजन सहाय न्यास से मैं आरम्भ से जुड़ा हुआ हूँ। इस न्यास की ओर से पटना और दिल्ली में पहले जो भी कार्यक्रम हुए हैं, उन कार्यक्रमों में भी भाई मंगलमूर्ति जी की प्रेरणा और पहल से मैं कुछ कहता-बोलता रहा हूँ। मुझे खुशी है कि उस कड़ी में यह आयोजन काशी में, और वह भी काशी हिन्दू विश्वविद्यालय में हो रहा है। इस अवसर पर भी भाई मंगलमूर्ति जी ने यह उपयुक्त समझा कि इस मिट्टी से पैदा होनेवाले एक व्यक्ति को, यहाँ शिवजी को याद करने को उपस्थित होने के लिए कहा जाए। मैं आपके सामने हूँ पहले भी मैं कहता रहा हूँ कि मैं तो बनारस आने के बहाने ढूँढ़ता रहता हूँ। तो यह एक बहाना है। काशी से शिवजी का क्या और कितना सम्बन्ध रहा है, भाई आनन्द कृष्णजी इसे बेहतर बता सकते हैं। मैंने उन्हें पहली बार काशी में '45 के आसपास नागरी प्रचारिणी सभा की स्वर्ण-जयन्ती के अवसर पर देखा था और उसके बाद तो कई बार देखने का मौका मिला। उन्होंने 'हिमालय' नाम की पत्रिका लहेरिया सराय से सम्पादित करके निकाली थी। जब मैं इंटरमीडिएट का विद्यार्थी था तो बाल चापल्यवश मैंने भी एक चिट्ठी ठोंक दी थी। उनकी उदारता, विशाल हृदयता को देखिए कि उन्होंने बालक के उस पत्र का जवाब दिया। मेरे पास अब भी सुरक्षित है वह चिट्ठी। मैंने दुबारा पत्र लिखा और उन्होंने दुबारा उसका जवाब दिया। उसके बाद तो उनके दर्शन के अवसर कई बार आए। मंगलमूर्ति जी उनके निश्चय ही आत्मज हैं। यदि हृदयज कोई शब्द बनता आत्मज की तरह तो उनके हृदयज लोगों में से मैं भी एक हूँ।

आज का विषय है : 'आज के कलम-घसीटू दौर में गद्य'। कुछ लोगों को यह 'कलम-घसीटू' शब्द अटपटा लगा है। टाँग-घसीटू लोग तो बहुत-से होते हैं, टाँग-खींचू भी होते हैं। इसलिए मैंने कहा कि यदि अकादमिक आलोचना की शास्त्रीय भाषा में ही विषय रखा जाए तो जरा गरिमामय मालूम होता है। उस मिथ्या गरिमा और मिथ्या भव्यता को तोड़ने के लिए मैंने यह शब्द चुना। कई तरह से इस दौर का नाम लिया जाता है, पर मैं समझता हूँ कि यह दौर कलम-घसीटू है। सचमुच यह दौर टाँग-खींचू और कलम-घसीटू दौर है। इस दौर में गद्य की

चर्चा की जाए तो गद्य ही ऐसी चीज है जो आपमें से कुछ लोगों को गद्गद जरूर करेगी। उस गद्गदायमान मनःस्थिति में आप इस बातचीत को ग्रहण करें। गद्य पर इस विश्वविद्यालय में ही सम्भवतः पहले मैं कुछ बोल चुका हूँ। कुछ और बातें सूझीं, उनकी ओर ईशारा करना चाहता हूँ। आज सुलेख गायब हो गया है। आज सुलेख लिखने की परम्परा खत्म हो गई है। हम लोग जब प्राइमरी में पढ़ते थे तो सुलेख की एक छपी कॉपी मिला करती थी और हमारे अध्यापक पहला काम सुलेख लिखाने का किया करते थे। सरकंडे की कलम से हम लोग लिखते थे। पट्टी को खूब घिसकर चिकनी बनाते थे और खड़िया वाली स्याही से उस पर लिखा करते थे, दवात हुआ करती थी। कलम सरकंडे की होती थी, वह हम उनकी मेज पर रख देते थे और हमारे मास्टर पहला काम यह करते थे कि सबकी कलम काटकर, कत लगाकर हर विद्यार्थी को दिया करते थे।

सुलेख बहुत आवश्यक समझा जाता था। यह परम्परा हिन्दी में सम्भवतः उर्दू से आई हो क्योंकि उर्दू में दो चीजें चला करती थीं। उर्दू में शिकस्त लिखने की परम्परा थी यानी घसीटकर लिखना। कचहरियों में काम करनेवाले लोग, कागज-पत्र लिखनेवाले लोग शिकस्त उर्दू लिखते थे। जानबूझकर लिखते थे कि उसको पढ़वाने के लिए उनके पास आना पड़ेगा और लोग उनकी फीस देंगे। शिकस्त की परम्परा के साथ खुशखत लिखना भी उर्दू की एक कला थी। कैलियोग्राफी की पेंटिंग बनी हुई है, भाई आनन्द कृष्ण जी बेहतर जानते होंगे, बताएँगे कि पुरानी जो चित्रावलियाँ मिलती थीं। इस खुशखत शब्द का हिन्दी में हम लोगों ने अनुवाद किया है—सुलेख। इस तरह की परम्परा थी। अब कटी हुई कलम का रिवाज तो खत्म हो गया, फाउंटेन पेन आई, वह भी उठ गई। बाल पेन आ गया है और इसके बाद तो आप घसीटेंगे ही बाल पेन। और सबसे अच्छा हस्ताक्षर करनेवाला आदमी यह है कि ऐसा हस्ताक्षर करे कि पढ़ा ही न जा सके। इसलिए इस दौर को मैंने कलम-घसीटू कहा है। एक जमाने में बड़े-बड़े सुल्तान और बादशाह कुरान शरीक खुशखत अपने हाथ से लिखा करते थे। इतिहास में आप पढ़ेंगे। दिल्ली सल्तनत में कई लोग थे, उसी से उनका खर्चा चलता था। यही बात पुरानी पांडुलिपियों को लिखने में नागरी लिपि में भी लोग किया करते थे।

हिन्दी से शिरोरेखा गायब हो गई है। लेकिन मराठी में, नागरी लिपि में, शिरोरेखा अब भी पूरी लिखी जाती है। किसी मराठी लेखक को देख लिजिए, वह शिरोरेखा के साथ लिखता है। उसका प्रभाव भाषा पर भी पड़ता है। शिरोरेखा में न लिखने के कारण 'भ' और 'म' का फर्क मिट जाता है। 'घ' और 'ध' का फर्क मिट जाता है। ऐसे कई अक्षर हैं। इसलिए मैंने कहा कि यह कलम-घसीटू दौर है। जहाँ तक लिपि या लेखन का सवाल है, सुलेख छोड़कर विकृत हस्तलेख भी एक बड़ा भारी गुण और आभूषण हो गया है। पहले टाइपराइटर और अब कम्प्यूटर

प्रिंटिंग के चलते लगता है कि वह हाथ जो लिखने में मजता था, एक-एक शब्द को लिखते समय थोड़ा समय लगता है, तो आपकी भाषा भी ठीक हो जाती है। घसीटकर लिखेंगे तो आप गलतियाँ भी बहुत करेंगे और जिसको कहते हैं सन्देह का लाभ—वह आप लेंगे। तो यह दौर है। इस दौर के चलते मैं गद्य की चर्चा करना चाहता हूँ।

एक तो शिवजी सुलेख में विश्वास करनेवाले आदमी थे। पत्रिकाओं के सम्पादन के क्रम में जो लेख उनके पास आते थे, उनमें कभी-कभी लेखों को शुद्ध करके, अपने हाथ से लिखकर प्रेस में देते थे। केवल संशोधन करके लाल स्याही से छोड़ नहीं देते थे। गलतियाँ जब बहुत हो जाती थीं तो अपने हाथ से लिखकर प्रेस में दिया करते थे। मैं बात कहना चाहता हूँ कि सम्पादन की तरह गद्य-लेखन में भी वे उतनी ही सावधानी बरतते थे। यह बात एक स्वर से उस दौर के कई लोगों ने लिखी है—मैं केवल दो आदमियों के उद्धरण आपके सामने देना चाहूँगा। एक केसरी कुमार का लिखा हुआ है और दूसरा प्रसिद्ध नाटककार जगदीशचन्द्र माथुर का।

केसरी कुमार लिखते हैं : 'पद्मभूषण होने से पहले ही वे हिन्दी-जगत के भूषण हो चुके थे। यह जनोपाधि उन पर खूब फबती थी। केवल शिवपूजन बाबू को पढ़कर कोई तत्कालीन हिन्दी में प्रचलित समस्त लेखन-शैलियों को जान सकता है। एक शैली में उन्होंने नहीं लिखा। भाषा की ऐसी मँजाई उन्होंने की थी और उसे इतनी वशवर्तिनी बनाया था कि हर प्रकार की शैली में लिखना उनके लिए इस्तामलकवत था। एक ही रचना में वे कादम्बिनी की कलित-ललित-अलंकृति और मुहावरों की बाँकी-झाँकी दिखा सकते थे, जैसे मुंडमाल में। वे परिनिष्ठित हिन्दी के सम्पादकीय लिखते और टकसाली हिन्दी में 'चलती चक्की' नाम का कॉलम लिखा करते थे। वे लिखकर बहला सकते थे और अगिया बैताल बनकर दो घड़ी बहका सकते थे। भट्टनायक नाम से उच्छ्वास-मुक्त भाषा में उन्होंने दो साहित्य इतिहासों—बाबू श्यामसुन्दर दास-कृत 'हिन्दी भाषा और साहित्य' तथा पं. रामचन्द्र शुक्ल-कृत 'हिन्दी साहित्य का इतिहास'—के अभावों, त्रुटियों, अनुप्रयोगों के अनौचित्य तथा बिहारवासियों की उपेक्षा पर लिखा। उच्छ्वासकंठी भाषा में तो उन्हें महारत हासिल थी ही, अतिरेक निरपेक्ष, विकल्प-शंकित पग-पग पर आघातों से सजग भाषा उनके जीवन के शेष काल में भी बनी रही।' केसरी कुमार ने लिखा कि 'शिवजी का गद्य पढ़कर पाठक हिन्दी में प्रचलित समस्त लेखन-शैलियों को जान सकता है। केसरी कुमार का गद्य है—अतिरेक निरपेक्ष, विकल्प-शंकित। ये शब्द हिन्दी में नहीं मिलेंगे। आज कोई इस्तेमाल नहीं करेगा।' गद्य कैसा लिखा जा रहा था—अतिरेक निरपेक्ष, विकल्प-शंकित, पग-पग पर आघातों से सजग इत्यादि, इत्यादि। शिवपूजन सहाय पर हिन्दी-भूषण की उपाधि इसलिए भी फबती थी कि वे अन्तिम साँस तक हिन्दी के सजग प्रहरी और संरक्षक रहे।

दूसरा उद्धरण है जगदीश चन्द्र माथुर का। वे आई.सी.एस. थे। विख्यात नाटककार थे। उनके नाटकों से आप परिचित हैं। वे लिखते हैं : 'शिवपूजन जी को सुललित और सन्तुलित वाक्य को लिखने, सुडौल और समाकार अक्षरों को कागज पर उतारने, एक त्रुटिपूर्ण पृष्ठ का सांगोपांग सम्पादन करने एवं प्रेस के भूलों के मायाजाल को विकीर्ण करके एक ही पन्ने का भली भाँति प्रूफ-संशोधन करने में वही आनन्द मिलता था जो किसी सेठ को अपने शेयरों के सूद का मिलान करने पर मिलता है और किसी पेटू पाँड़े को सुस्वादु भोजन पाने पर।'

दो लेखकों का गद्य आप देखें कि किस तरह लिखा गया होगा। किसके बारे में लिखा जा रहा है और लिखते समय लिखनेवाले की कलम कितनी सधी हुई चलती है कि कहीं टोक न दे कोई बीच में आकर, यदि कहीं कलम में स्खलन हो जाए तो। ऐसा गद्य उसी दौर में लिखा गया है। इस दौर में नहीं, इस दौर से कुछ दशक पहले लिखा गया है। इसलिए नमूने मैंने आप को दिये। भाषा के बारे में उनकी जो समझ थी, उसका एक नमूना उनके एक लेख में मिल जाएगा। भाषा की ताकत संज्ञा, सर्वनाम शब्दों या विशेषणों में नहीं होती है। किसी भाषा की ताकत क्रियाओं में होती है। क्रियाओं से भाषा कुछ की कुछ बन जाया करती है। हमारे गुरु आचार्य केशवप्रसाद मिश्र ने क्लास में एक दिन बताया था कि विश्वविद्यालय के लड़के गंगाजी में नौका विहार करके वापस लौट रहे थे, तो एक लड़के ने दूसरे लड़के से कहा कि आज हम गंगा जी में खूब रोये। वह रोईंग करने के अर्थ में कह रहा था, हिन्दी के रोने के अर्थ में नहीं। हर भाषा की पहचान उसकी क्रियाओं से होती है। आज के निष्क्रिय निठल्ले लोग क्रिया की ताकत नहीं पहचानते हैं, बल्कि संज्ञा और विशेषणों पर ज्यादा समय बरबाद करते हैं। हिन्दी-भूषण शिवपूजन सहाय का एक लेख है : 'तुलसी-प्रयुक्त क्रियाएँ'।

तुलसीदास केवल रामकथा लिखने के लिए नहीं जाने जाते बल्कि अपनी भाषा के कारण भी जाने जाते हैं। भाषा पर जैसा अधिकार तुलसीदास का है, वैसा अधिकार हिन्दी में किसी दूसरे आदमी का नहीं—न तब था, न उसके बाद। अच्छी हिन्दी लिखने के लिए, भाषा लिखने के लिए, तुलसी को पढ़िए। आप कहेंगे कि अवधी और ब्रज पढ़कर खड़ी बोली लिखना कैसे सीखेंगे, फिर भी पढ़िए। तब पता चलेगा। अगर आचार्य शुक्ल का गद्य आपको एक आदर्श गद्य लगता है तो उसके पीछे छिपी हुई ताकत रामचरितमानस और तुलसी-साहित्य है, जिसको उन्होंने घोंट डाला था। अन्तिम दिनों में वे चाहते थे कि अवकाश प्राप्त करने के बाद तुलसी घाट पर बैठकर रामकथा पढ़ें। यह मेरे गुरु केशव जी ने बताया था।

बाबू शिवपूजन सहाय ने 'तुलसी-प्रयुक्त क्रियाएँ' लेख लिखा। उनका कहना था कि हिन्दी में जो कमजोरी आई है—अवधी और ब्रज के सामने—आज तुलसीदास जैसी भाषा क्यों नहीं लोग लिखते हैं? तो उत्तर यह है कि एक जमाने में हिन्दी में

क्रियाओं की बहुलता थी। संज्ञाओं को भी क्रिया के रूप में बना देते थे—'नाम धातु' जिसे संस्कृत में कहते हैं।

शिवजी ने लिखा है : 'भारतेन्दु-युग के प्रमुख गद्यकार भी छमिये, रमिये, सेवते हैं, छलते हैं, भावते हैं, अवगाहते हैं, प्रतिपालते हैं, संकोचते हैं, आचरते हैं, अनुमानते हैं, आदि प्रयोगों को अंगीकृत कर चुके हैं।' हिन्दी जब से खड़ी बोली हुई, तब से उसने पुरानी परम्परा छोड़ दी है। बहुत-सी क्रियाएँ अब भी गाँव की बोलियों में हैं। 'जुतियाने' में जो ताकत है, वह 'जूते से मारने' में नहीं है। खूब 'बतियाने' में जो बात है, वह 'बात करने' में नहीं है। इसलिए पहले के लोग इन क्रियाओं का इस्तेमाल करते थे। शिवजी की नजर इस पर थी कि क्रियाओं के प्रयोग हम भूल गए हैं, जो पहले आम तौर से किया करते थे। उनकी विनम्रता देखिए कि वे अपने को भाषा-तत्त्वज्ञ नहीं मानते। अच्छा था कि वे अपने को भाषा-तत्त्वविद् नहीं मानते थे। सबसे भ्रष्ट हिन्दी भाषाविज्ञान वाले लिखते हैं। 'तजहुँ तात तुमको हम जानी, निश्चय भाषा विज्ञानी'—छन्द याद कीजिए। काशीनाथ जी ने कभी लिखा था। शिवजी लिखते हैं : 'मैं भाषा-तत्त्वविद् नहीं हूँ पर पुराने कवियों और गद्यकारों के सुहाने प्रयोग देखकर ऐसी इच्छा होती है कि आधुनिक हिन्दी गद्य के प्रभावशाली लेखक इस तरह की क्रियाओं को टकसाली बनाने का प्रयास करने में तत्पर हों तो हिन्दी का अंग सँवरेगा, कोई सहृदय साहित्यानुरानी उसे दूसेगा नहीं।'

क्रिया का प्रयोग 'दूसेगा नहीं'। गाँव की बोलियों में जो ताकत है, वे इसलिए कि वे धड़ल्ले से संज्ञाओं को क्रिया की तरह इस्तेमाल करती हैं। वहाँ नाम धातुओं का खूब प्रयोग होता है। खड़ी बोली में ऐसा कुछ खड़खड़ापन आया कि संस्कृत से तो हम लेने लग गए, पर भूल गए कि संस्कृत में ऐसा बहुत होता है। वहाँ नाम धातुओं की सूची बहुत लम्बी है। इन्द्र से इन्द्रायते बना देते हैं, रामायते बना देते हैं, कृष्णायते बनाते हैं। संस्कृत में यह ताकत थी। यह परम्परा तुलसीदास में मौजूद थी, भारतेन्दु-युग के लेखकों में मौजूद थी। आधुनिक युग में मैं कहूँ कि जब से महावीर प्रसाद द्विवेदी ने खड़ी बोली चलाई—व्याकरण वाली, उसके कारण हुआ या उससे भी ज्यादा कहूँ तो स्वाधीनता प्राप्त होने पर जो रघुवीरों हिन्दी चली, उसके कारण यह हुआ है, इसलिए शिवजी की स्मृति में मैंने सोचा कि गद्य की चर्चा की जाए। आपके सामने मैं सुझाव नहीं दे सकता, लेकिन कम-से-कम इस परम्परा को हम लोग याद कर सकते हैं।

आपको सिर्फ याद दिलाना चाहता हूँ कि एक लम्बी परम्परा रही है, एक जमाने में गद्य पर और भाषा पर हिन्दी के लोग बहुत गहराई से विचार करते थे। द्विवेदी-युग में ही अनस्थिरता पर विवाद की बहस हुई थी। पूरी किताब कर्मेन्दु शिशिर ने छापकर पेश कर दी है। एक बार हर आदमी को उस किताब को पढ़ना

चाहिए। एक ओर महावीर प्रसाद द्विवेदी और दूसरी ओर बाबू बालमुकुन्द गुप्त। वे पत्रकार थे। एक जमाने में हिन्दी के पत्रकारों ने भाषा के स्वरूप पर विचार किया, बहस की और आज यदि भाषा भ्रष्ट हो रही है तो पत्रकारिता में सबसे ज्यादा भ्रष्ट हो रही है। कोई मानक भाषा नहीं रह गई है। अंग्रेजी के शब्दों का धड़ल्ले से इस्तेमाल करना, मुहावरे इस्तेमाल करना—कोई किसी का मुँह पकड़नेवाला या कलम पकड़नेवाला नहीं रहा।

उस अनस्थिरता विवाद से कुछ नमूने मैं आपको पेश करना चाहता हूँ। बालमुकुन्द गुप्त कलकता में 'भारत भिन्न' में सम्पादक थे। महावीर प्रसाद द्विवेदी ने 'मारेस मोंहि कुठाउ' में 'अनस्थिर' शब्द का प्रयोग कर दिया था। गुप्त जी ने इसे पकड़ा और कहा कि अनस्थिर शब्द कैसे बनेगा? अनगिनत बनेगा लेकिन अनस्थिर कैसे बनेगा? संस्कृत में स्थिर के पहले 'अ' लगेगा और हिन्दी में भी अनस्थिर नहीं होगा। द्विवेदी जी ने यह शब्द इस्तेमाल किया था तो उन्होंने पकड़ा और वहाँ से उन्होंने उदाहरण लिये, जिनके नमूने मैं आपके सामने पेश कर रहा हूँ।

अनस्थिर शब्द तो अपनी जगह रहा और लगभग दो साल तक हिन्दी की जितनी विभूतियाँ थीं, सबने उस विवाद में हिस्सा लिया। दो पक्ष बन गए थे और बहुत बाद में जाकर वह समाप्त हुआ। बालमुकुन्द गुप्त ने द्विवेदी जी के वाक्य का एक उदाहरण दिया है : 'पं. बलदेव प्रसाद के शरीर के साथ हिन्दी का एक बहुत अच्छा लेखक तिरोहित हो गया।' बालमुकुन्द गुप्त ने टिप्पणी की : 'मतलब यह कि पं. बलदेव प्रसाद हिन्दी के अच्छे लेखक थे, वे उठ गए। लेखक ने एक अंग्रेजी बोतल का टुकड़ा पीसकर हिन्दी की खिचड़ी में मिलाना चाहा है।' यह मुहावरा है कि उनके साथ एक अच्छा लेखक तिरोहित हो गया। कहना यह है कि वे अच्छे लेखक थे, वे उठ गए। यह मुहावरा अंग्रेजी का है। आजकल हम लोग अंग्रेजी के बहुत-से मुहावरें हिन्दी में इस्तेमाल करते हैं। यह लगभग वैसे ही है कि उनके साथ एक अमुक साहित्यकार चल गया, अमुक मरे तो उनके साथ एक महान नाटककार मर गया। अमुक अध्यापक मर गया तो उनके साथ एक अध्यापक मर गया। यह कौन-सा मुहावरा है? इसलिए आप पिता की मृत्यु के बाद यह तो नहीं लिखेंगे कि यह मरे तो उनके साथ मेरा बाप मर गया? बालमुकुन्द हिन्दी मुहावरे के पक्षधर थे। इसलिए उन्होंने यही बताया कि लेखक ने अंग्रेजी बोतल का टुकड़ा पीसकर हिन्दी की खिचड़ी में मिलाया है। गुप्तजी ने कहा कि द्विवेदी जी को 'को' की बड़ी बीमारी है। अंग्रेजी में, हम लोग समझते हैं कि जब भी 'जब' लगाना होगा तो हिन्दी में 'को' लगा दिया। बहुत समझ-बूझकर लगाना होगा 'को' को। बहुत जगह 'को' नहीं होता है।

तो वे कह रहे हैं कि द्विवेदी जी को 'को' की बड़ी बीमारी है। 'बहुत-से वाक्यों को न समझ सके'—अब 'बहुत-से वाक्य न समझ सके', लिखिए। यहाँ 'को' की

कोई जरूरत नहीं है। कर्म कारक वहाँ नहीं होता जहाँ 'को' होता है। बल्कि जहाँ नहीं भी होता है, वहाँ भी कर्म कारक होता है। 'सीधी-सी बात है—बहुत-से वाक्य न समझ सके। जिनको हिन्दी न जाननेवालों की सोहबत है, वे इसी प्रकार 'को' की भरमार करते हैं।'

यह जो बहस थी—रामविलास जी ने भी इस पर टिप्पणी की है और बहुत सही टिप्पणी की है। भारतेन्दु-युग और द्विवेदी-युग में आचार्य शुक्ल ने भाषा को लेकर लोगों का, खास कर बिहार वालों का मजाक उड़ाया है। मसलन बिहार वाले व्याकरण की किताबें बहुत लिखते हैं। क्षमा कीजिएगा मंगलमूर्ति जी, यह आप पर नहीं है। एक जमाने में हिन्दी व्याकरण पर किताबें सबसे ज्यादा बिहारवाले लिखा करते थे। आचार्य शुक्ल के पास व्याकरण की एक पाठ्य-पुस्तक आई। उसमें लिखा हुआ था कि 'तुम गधा हो।' इस पर शुक्ल जी ने लिखा है कि मैंने 'आकाशे दृष्टिं बद्ध्वा', आकाश की ओर दृष्टि करके वाक्य का शुद्ध पाठ दोहरा दिया, क्योंकि 'तुम गधे हो' होना चाहिए। 'तुम गधा हो' हिन्दी में हो ही नहीं सकता, शब्द बदल जाएगा। जो छोटी-छोटी चीजें हैं, इन चीजों पर एक जमाने में विचार होता था। जब हम स्वाधीन हुए, तो स्वाधीनता-प्राप्ति के पश्चात् इस तरह की परम्परा में पले हुए विद्वान थे। शिवजी स्वाधीनता के पहले से यह काम करते आ रहे थे और स्वाधीनता-प्राप्ति के बाद 'बिहार राष्ट्रभाषा परिषद' के वे पहले सचिव रहे, फिर निदेशक हुए और जो ग्रंथ उन्होंने प्रकाशित किये हैं, क्या मजाल कि उन पुस्तकों के पहले संस्करण में छापे की कोई भूल आपको मिल जाए! उस दौर में सम्पादकों का काम महत्त्वपूर्ण था। अब कोई भी आदमी देखिए, तो पत्रिका निकालने के लिए सम्पादक बन जाता है। एक अंक, दो अंक—भडास निकली, इसके बाद पत्रिका बन्द हो गई। सम्पादक होने का क्या मतलब? सम्पादन नाम की एक चीज भी होती है।

'कल्पना' पत्रिका के सम्पादक-मंडल में कात्यायन नाम के उस्मानिया विश्वविद्यालय के संस्कृत के प्रोफेसर थे। उन्होंने कात्यायन नाम से 'यह बेचारी हिन्दी' नाम का कॉलम 1955 के आसपास शुरू किया। फिर उसी परम्परा में '64 में जाकर दूसरा कॉलम—बालकृष्ण राव ने 'अनमोल बोल' नाम से लिखा। उसमें वे नमूने केवल कोट कर देते थे, बिना टिप्पणी के, निशान लगाकर कि यह देखिए—यह लिख रहे हैं। तीसरा कॉलम, जो यहाँ के लिए ज्यादा प्रसंगानुकूल है—बालकृष्ण राव 'प्रोफेसरी हिन्दी' नाम से लिखते थे। 'प्रोफेसरी हिन्दी' में पहले शिकार हुए हिन्दी के भूतपूर्व प्रोफेसर—अध्यक्ष विजयपाल सिंह। उनके शोध-ग्रंथ से उन्होंने नमूने दिये। दूसरा हमला उन्होंने किया माताप्रसाद गुप्त पर। मंझन की 'मधुमालती' से उदाहरण देकर। कुमार पंकज खिन्न होंगे लेकिन इलाहाबाद वालों की हिन्दी सचमुच गड़बड़ है। यद्यपि स्वयं प्रो. धीरेन्द्र वर्मा आर्यसभा के संस्कार

वाले थे। भाषा में भी शुद्धता पर उनका बल था। स्वयं उनसे गलती नहीं होती थी, पर क्या करें, उनके पढ़ाए हुए लोग ऐसे निकल जाते थे।

एक उदाहरण प्रसंगवश केवल बता रहा हूँ। भारतीय हिन्दी परिषद का छठा अधिवेशन इलाहाबाद विश्वविद्यालय में हुआ था और उसके अध्यक्ष थे दीनदयाल गुप्त। वे प्रोफेसर अध्यक्ष, लखनऊ विश्वविद्यालय थे। सीनेट हॉल में उनका भाषण हो रहा था, शीर्षक था : 'भारतीय हिन्दी परिषद षष्ठम् अधिवेशन का अध्यक्षीय भाषण'। मेरे बगल में गुरुजी मौजूद थे। उनके साथ मैं भी गया था। धीरेन्द्र जी वहीं बैठे हुए थे। पंडित जी ने कहा : 'अभी मालूम हो जाएगा कि छापे की गलती है या पं. दीनदयाल जी की गलती है।' दीनदयाल जी भाषण पढ़ने खड़े हुए और स्वयं उन्होंने कहा कि 'इस षष्ठम् अधिवेशन में', और एक बार नहीं, दस बार 'षष्ठम्' दोहराया होगा। पंडित जी ने धीरेन्द्र जी की ओर देखकर कहा, 'यह छापे की गलती है? जो संस्कृत नहीं जानते हैं, वे आम तौर से संस्कृत का अतिरिक्त ज्ञान दिखाते हैं। नवम् होता है, दशम् होता है, सप्तम् होता है, पंचम् होता है, दुर्भाग्य से पंचम् और सप्तम् के बीच में षष्ठम् नहीं होता है, षष्ठ ही होता है। इसलिए तद्भव में छठ है।'

लोकबोलियों के लोग ज्यादा सावधान हुआ करते हैं। बिहार में छठ का पर्व हुआ करता है। छठ 'षष्ठ' से बना हुआ है। छट्टम् कोई नहीं लिखता है। इसलिए आम जनता षष्ठ का 'छठ' कर रही है और आप बड़े भारी हिन्दी के प्रोफेसर बने हैं! इसलिए फिर से एक पत्रिका में कॉलम 'प्रोफेसरी हिन्दी' चलाया जाना चाहिए। शोध-प्रबन्धों में और जो कमजोरियाँ हों, दरकिनार कर दें, लेकिन भाषा की सारी की सारी गलतियाँ टंकणगत भूलें नहीं हुआ करती हैं। टाइप का सहारा लेकर अपनी अशुद्धियों को ढँकने की कोशिश की जाती है। 'कल्पना' में जो काम कात्यायन और बालकृष्ण राव ने शुरू किया, उसमें योगदान दिया था, यह चिन्ता लोग सत्तर के दशक तक करते थे। दिन-पर-दिन यह घटती गई। लगभग साठ के दशक के अन्त के बाद 'कल्पना' जब से बन्द हुई है और कॉलम बन्द हो गया, मैंने नहीं देखा कि किसी पत्रिका ने इस बेचारी हिन्दी या 'प्रोफेसरी हिन्दी' या 'अनमोल बोल' कॉलम निकाला हो जो लोगों की भाषा की गलतियाँ बताए। बड़े लोगों से अब गलतियाँ होती हैं, छोटों की बात नहीं है। ये विद्यार्थियों की चीजें नहीं हैं। इसकी आज बहुत जरूरत है। ऐसे समय हम याद करते हैं कि काश, आज हिन्दी-भूषण शिवपूजन सहाय होते! इस प्रसंग में उनको आज याद बहुत जरूरी है। यह मेरे व्याख्यान का एक पहलू है।

मैं इस सिलसिले में कहना चाहता हूँ कि कलम-घसीटू दौर केवल पिछले वर्ष से नहीं शुरू हुआ है। मैंने कहा कि हिन्दी गद्य का पतन हो रहा है। यह अनुभव हिन्दी के साहित्यकार करते रहे हैं। आपको अगर याद हो तो 'हिन्दी गद्य का पतन' नाम से एक लेख निर्मल वर्मा ने 1967 के आसपास लिखा था जो उनकी किताब

में संकलित है। छोटा-सा लेख है। निर्मल वर्मा की कहानियों से आपका मतभेद हो; उनके निबन्धों, उनकी जीवन-दृष्टि से आपका मतभेद हो सकता है, आप असहमत हो सकते हैं, लेकिन 'हिन्दी गद्य का पतन' नाम का उनका लेख हर विद्यार्थी के पढ़ने योग्य है। निर्मल वर्मा हिन्दी के विद्यार्थी नहीं थे। संस्कार उनका अंग्रेजी का था। सेंट स्टीफेंस में उनकी पढ़ाई हुई थी और वे हिस्ट्री के विद्यार्थी थे। उस तरह से हिन्दी पढ़ने का मौका नहीं मिला था, बावजूद इसके वे हिन्दी लिखने के प्रति बहुत सावधान थे। उनका हस्तलेख मैंने देखा, मोतियों की तरह उनके अक्षर हुआ करते थे। 'हिन्दी गद्य का पतन' में वे लिखते हैं : 'पिछले दशक में गद्य किस तरह अपनी गरिमा खोता गया है, वह अपने में एक आश्चर्यजनक घटना है। यह भयानक घटना भी है। गद्य का ह्रास भाषा के अवमूल्यन के साथ जुड़ा हुआ है और उसका सीधा असर साहित्य की उन विधाओं के ऊपर पड़ता है, जैसे रिपोर्ताज, निबन्ध, सम्पादकीय लेख, जिनका आईना अन्तमुर्खी न होकर सीधे सपाट ढंग से हमारी-आपकी दैनिक ज़िन्दगी से होता है। शब्दों की अपनी एक नैतिकता होती है। जिस अनुपात में हम इस नैतिकता के प्रति कम संवेदनशील होते जाते हैं, उतना ही अधिक हम भाषा के प्रति बलात्कार करते हैं।'

'भाषा के प्रति बलात्कार'—यह उन्होंने अंग्रेजी मुहावरे में कहा है कि आप किसी स्त्री के साथ बलात्कार करते हैं, किसी स्त्री के प्रति बलात्कार नहीं करते। खैर। वे आगे लिखते हैं : 'भारतेन्दु-युग से द्विवेदी-काल तक का हिन्दी गद्य एक संघर्षरत परम्परा का क्रमागत विकास है। उसमें पश्चिमी गद्य का सघन और बहुमुखी अहसास न भी हो—वह एक साहसपूर्ण, साफ, लाग-लपेट से मुक्त, निश्चल गद्य था, जिससे जुड़ने का मतलब ही एक लड़ाकू परम्परा से जुड़ना था।' यह निर्मल जी कह रहे हैं। खुद हिन्दी के विद्यार्थियों को अपनी इस गद्य परम्परा का पूरा अहसास नहीं है। इसलिए निर्मल जी केवल रंगीन भाषा नहीं लिखते थे बल्कि अपनी हिन्दी गद्य की लड़ाकू परम्परा से वाकिफ थे। 'गांधी जी की 'आत्मकथा' के गद्य और लेख में उनकी दो टूक बात कहने की अप्रिय और कठोर सत्यवादिता, उनकी सादगी और स्पष्टवादिता, अपने सर्वोत्तम क्षणों में जार्ज-आलेख की याद दिलाती है।'

जैनेन्द्र के शुरू के उपन्यासों की भ्रामक सहजता याद रखें जब साफ और पारदर्शी पानी किसी नदी से गुजरे, तो उथला मालूम होता है, लेकिन जब पानी गंदला होता है तो गहरा मालूम पड़ता है। भाषा के बारे में भी यही है। भाषा जब पारदर्शी होती है तो लगता है, बड़ी सतही है। बहुत-से लोग केवल दुरदुरी और निहायत उलझी हुई भाषा का इस्तेमाल करते हैं, तो लगता है, बड़ी गहरी बात कह रहे हैं। वस्तुतः वे कन्फ्यूज लोग होते हैं, इसलिए भाषा से पहचान होती है। गहराई और गम्भीरता केवल भारी-भरकम हिन्दी और गद्य लिखने से नहीं होती है, लम्बे-लम्बे वाक्य लिखने से नहीं होती है, छोटे वाक्य लिखने में भी गहराई हो सकती है और देखना

हो तो गांधीजी की आत्मकथा पढ़िए, विनोबा की पढ़िए, पता चलेगा। निर्मल कह रहे हैं : 'ये जैनेन्द्र के आरम्भिक उपन्यासों की, 'परख' की भाषा जरा पढ़िए—यह खुले मैदान का गद्य। अपने में मुक्त, मुक्ति के कारण थोड़ा-बहुत विनम्र, लेकिन हमेशा गरिमामय। आगे चलकर इसकी थोड़ी महीन छाया दीख पड़ती है तो शमशेर के 'प्लाट के मोर्चे' पर, महादेवी के 'अतीत के चलचित्रों' पर। दोनों में गहरी सूझबूझ है।' ये निर्मल जी गद्य के पतन की बात कह रहे हैं, इसलिए जब आज मैंने आपके सामने यह कहा कि सन् 1976 में निर्मल वर्मा यह महसूस करते थे कि हिन्दी गद्य का पतन हो रहा है, तो यह पतन यह साबित करता है कि उस समय इस पतन का अहसास था। आज उसी कड़ी में जब मैं कह रहा हूँ तो कहने के लिए केवल मुझे ही नहीं बल्कि अनेक लोग यहाँ बैठे हैं, वे भी महसूस करते हैं। जो बात महसूस की जाती है, वह खुलकर कही जानी चाहिए कि वह गद्य का पतन जो '76 में था, और ज्यादा खड्ड में गिर गया है, ज्यादा गहरा पतन हो रहा है और दुखद बात यह है कि इसका अहसास नहीं है। कोई उसकी ओर इशारा करनेवाला नहीं है। उसके कारणों में हम लोग नहीं जा रहे हैं कि पतन क्यों हो रहा है। कुछ लोग समझते हैं, गद्य की ताकत गर्जन, तर्जन, प्रभंजन, क्रांतिकारी भाषा लिखने में होगी। वे समझते हैं कि इस तूफान में चाहे जो बक जाए। अनेक कारण हैं। क्षोभ-विक्षोभ से लोग इतने भरे हुए हैं कि संतुलन खो बैठे हैं और गुस्से में जबान लड़खड़ाने लगती है। लोग कहते हैं न कि 'कहता हूँ कुछ, तो निकलता है मुँह से कुछ।'

कहने को यूँ तो मुँह में जुबाँ है, लेकिन जुबाँ नहीं। वे लोग जो आवेश में आकर बोलने लगते हैं, वे भूल जाते हैं कि जुबाँ उनकी नहीं है, वे जुबाँ से नहीं बोल रहे हैं, कोई और चीज बोल रही है। आवाज कहीं और से आ रही है और उसमें दुर्गंध भी है। इसलिए इस गद्य की चर्चा करते समय उन चीजों को याद रखें कि हम लोग कविता पर चर्चा करते हैं। लेकिन कविता में लय पर, छन्द पर बात खत्म हो गई है। गद्य की बात करते हैं तो शैली वगैरह की बात तो करेंगे लेकिन सीधे-सादे आप गद्य की बात कीजिए, शैलियाँ तो होती रहेंगी—अनेक शैलियाँ हो सकती हैं। शैलियों की आड़ में इस चीज को छिपाइए नहीं। इस सिलसिले में एक-दो बातों का जिक्र करूँगा क्योंकि 'हरि अनन्त हरि कथा अनन्ता'। स्थिति यह है कि एक खुशफहमी हम लोगों को है गद्य के बारे में कि गद्य बोलचाल की, रोजमर्रा की बातचीत की भाषा है। मैंने कहा कि यह खुशफहमी है, यह भ्रम है। बच्चों को आप देखें, गद्य की इकाई शब्द नहीं है, गद्य की इकाई वाक्य है। अपनी बातचीत में पूरा वाक्य कम बोलते हैं, टूटे हुए वाक्य बोलते हैं। टूटे हुए वाक्य गद्य नहीं होते। गद्य एक सुनियोजित और सुचिन्तित क्रम से लगाया हुआ है, क्योंकि बच्चों को देखें तो जो बच्चे तुतलाते हैं, हकलाते हैं, आम तौर से भाषा एक वाक्य से शुरू नहीं करते। एक शब्द बोलेंगे, समझेंगे कि बाकी क्रिया आप लगा लोगे। यह

भ्रम है कि बातचीत की भाषा, रोजमर्रा की बातचीत की सड़कछाप भाषा गद्य है। गद्य उसी तरह से लिखा-बनाया हुआ है जिस तरह से कविता लिखी जाती है, छन्द लिखा जाता है। यह सहज नहीं है, स्वत:स्फूर्त नहीं है। नामा फ्राई को एक कविता बहुत पहले आई थी जिसकी ओर उसने इशारा किया था और उदाहरण भी दिया था कि मोलियर का एक मशहूर नाटक है : 'बुर्जुआ-ए जेंटिलमैन'। तो 'बुर्जुआ-ए जेंटिलमैन' में मिस्टर योरगेन उसका एक नायक है, उसे भ्रम था। गद्य के बारे में बात चल रही थी, तो उसने कहा कि 'अच्छा, तो मैं बिना जाने ही ज़िन्दगी में अब तक गद्य बोलता रहा हूँ?' सहसा आश्चर्यचकित होकर उसने कहा कि 'जो मैं बोलता रहा हूँ, वह गद्य था?' जी नहीं, आप गद्य नहीं बोल रहे थे—हर समय, हर क्षण में, आपस में बातचीत में। गद्य तब बोलते हैं जब आप कलम लेते हैं, लिखते हैं और लिखकर जो वाक्य रचते हैं, जो कहना चाहते हैं—ठीक-ठीक उसी लहजे में, उसी अदा में, उसी स्वर में—वाक्य में जहाँ कहीं क्रिया को पहले ले आना चाहते हैं, कहीं जोर देकर बाद में जोड़ना चाहते हैं। यथा—'लोग कह गए हैं' न कह जब आप यह कहते हैं, 'कह तो गए हैं'।

'कट तो गई है हिज्र की रात, कैसे कटी यह और है बात।' तो यह जो गद्य है बिलकुल बनाया गया है। पूरा-का-पूरा। यह गद्य रचा हुआ है, यह बोला हुआ गद्य नहीं है। ऐसे दौर में हम लोग याद रखें कि हेगेल की 'Lectures on aesthetics' नाम की बड़ी मशहूर किताब है। उसमें हेगेल ने एक बात कही है कि हमारा युग जो है, वह गद्य का युग है। आचार्य रामचन्द्र शुक्ल ने 'हिन्दी साहित्य का इतिहास' भी लिखा है तो शुरू में 'काव्य-युग' कहीं नहीं लिखा है, लेकिन सहसा आधुनिक युग में जब आते हैं तो इसे 'गद्य-युग' कहते हैं। आदिकाल है, भक्तिकाल है, रीतिकाल है, रीतिमुक्त काल है। लेकिन जैसे ही आधुनिक काल में शुक्ल जी आते हैं तो कविता छोड़ देते हैं और उस गद्यकाल में विचार करते हैं—छायावादी कविता पर भी, मैथिलीशरण गुप्त पर भी, लेकिन यह कहते हैं, यह गद्यकाल है। मैं नहीं जानता, आचार्य शुक्ल ने हीगेल की 'Lectures on aesthetics' पढ़ी या नहीं, लेकिन हीगेल ने एक बात कही थी कि होमना का युग, जो काव्य-युग था, वह युग खत्म हो गया। संसार में किसी भाषा को उठा लीजिए, प्रत्येक भाषा का आरम्भ काव्य से हुआ है। ऋग्वेद काव्य है, छन्दस है, होमर का काव्य है। संस्कृत में गद्य बहुत बाद में आया है, 'ब्राह्मण'। उपनिषद में गद्य के कुछ टुकड़े मिलते हैं। आगे चलकर महाभाष्य में आकर जब टीका या भाष्य लिखा गया, उसमें गद्य आता है। लेकिन शुरू काव्य से हुआ था। उच्छ्वास के रूप में काव्य निकला। गद्य उस दौर में शुरू हुआ जब आदमी में विचार की प्रक्रिया, चिन्तन की प्रक्रिया, दर्शन की प्रक्रिया शुरू होती है। तब वह चिन्तन और दर्शन की पद्धति को एक दूसरे प्रकार के छन्द में डालती है जो बातचीत के वार्तालाप की प्रक्रिया से अलग है। जैसे बृहदारण्यक उपनिषद

पढ़ा जा सकता है, लेकिन है गद्य वह। स्वयं संस्कृत में कालिदास ने गद्य नहीं लिखा। गद्य देर से लिखा गया। कालिदास के छह सौ, सात सौ साल बाद दंडी ने 'दशकुमार चरित्र' लिखा, बाणभट्ट ने 'हर्षचरित' और 'कादम्बरी' लिखी है। गद्य का विकास बाद में हुआ है। इसलिए हीगेल ने एक पते की बात कही कि चूँकि आधुनिक युग में गद्य तब शुरू होता है जब विज्ञान शुरू होता है, दर्शन शुरू होता है, न्याय और तर्क शुरू होता है। फिर समाचार-पत्र निकलते हैं, प्रेस का आविष्कार होता है। ये सारे साधन बदलते हैं तो वही बोलचाल की भाषा आगे चलकर गद्य बनती है। इसका मतलब यह है कि इस आधुनिक युग की रूलिंग विधा, जो गद्य है। हीगेल ने भी यही बात कही है। मैं नहीं कहता कि आप इसको ज्यों का त्यों मान लें। इसलिए कि इस दौर में भी तो कविता लिखी जा रही है, जैसे काव्य के युग में भी गद्य लिखा गया किन्तु गद्य गौण था। उसी तरह से इस गद्य युग की प्रधान विधा—तमाम चीजों के होते हुए—मुख्य रूप से कथा-साहित्य है, फिक्शन है। हिन्दी भाषा की ताकत देखनी हो तो इस दौर में भी उपन्यासों, कहानियों, कुछ अंश तक नाटकों में देखी जा सकती है। यह ठीक है कि ज्यादा नहीं लिखे गए हैं लेकिन आप देंखे तो मुख्य रूप से हिन्दी की ताकत कुछ निबन्धों में, चिन्तन-प्रधान ग्रंथों में, जहाँ अधिकांश साहित्य कुल मिलाकर लाइब्रेरी में देखा जाएगा तो इसलिए कि इतिहास आप कविता में नहीं लिख सकते। अब वह जमाना गया कि 'राजतरंगिणी' आप कविता में लिखें। भारत का इतिहास अब गद्य में ही लिखा जाएगा। भूगोल गद्य में लिखा जाएगा, दर्शन गद्य में ही लिखा जाएगा। कई कारिकाओं में अब दर्शन नहीं लिखा जा सकता। इसलिए विज्ञान, समाजविज्ञान, इतिहास, राजनीति, अर्थशास्त्र गद्य में लिखा जाएगा। और इसलिए इस जीवन की गाथा उपन्यासों में, कहानियों में, नाटकों में, निबन्धों में लिखी जाएगी और इसलिए इस युग के गद्य की ताकत आप देखेंगे तो कविता से ज्यादा कथा-साहित्य में मिलेगी और यह शुरुआत प्रेमचन्द से होती है और आज के दौर में भी आएगी। चूँकि अक्सर मुख्य मुद्दा और मुख्य बात लोग भूल जाते हैं। मैं नाम किसी का जानबूझकर नहीं ले रहा हूँ। यद्यपि मेरे प्रिय गद्य लेखक हैं और कुछ आज भी मौजूद हैं। उनके गद्य को प्रमाण मानें—अध्यापकों के लिखे अपठनीय शोध ग्रंथों में नहीं। तो मेरा सबसे खराब गद्य जो है वह 'कविता के नये प्रतिमान' का है। कुछ सनक सवार रही होगी सैद्धान्तिक लिखने की। दूसरे कुछ और लेख हैं, कुछ पुस्तकें हैं—उनके कुछ गद्य मुझे अच्छे लगते हैं। मुझे अपने से ज्यादा अच्छा गद्य काशी का लिखा हुआ फिक्शन में दिखाई पड़ता है। वह माध्यम ऐसा है कि ज़िन्दगी से जुड़ा हुआ गद्य वहाँ उभरकर आता है। अच्छा गद्य लिखनेवालों में हरिशंकर परसाई का गद्य अच्छा लगता है, निर्मल जी का गद्य मुझे बहुत अच्छा लगता है और खास तौर से उनका गद्य उनके लेखों में, निबन्धों में नहीं, उनकी कहानियों में, उनके उपन्यासों में दिखाई पड़ता है।

इसलिए यह गद्य-युग अगर है तो इस गद्य-युग में कम-से-कम हम लोग उस गद्य की गरिमा सुरक्षित रखें। गद्य की शक्ति को पहचानें, उसकी जीवन्तता को पहचानें। अनेक शैलियाँ होंगी लेकिन यह बहुत बड़ा काम है। विश्वविद्यालयों में मेरा बस चले तो बेशक सारे सवालों के जवाब सही लिखे हुए हों, लेकिन यदि भाषा भ्रष्ट हो तो मैं उसमें से 50 फीसदी अंक काट लूँ। अगर ये संस्कार बने, चूँकि मैं अपनी ही विधा-भूमि में कह रहा हूँ और यहाँ हमारे दो वरिष्ठ प्रोफेसर बैठे हैं, उन लोगों की उपस्थिति में केवल अत्यन्त विनम्रता से सिर झुकाकर कहना चाहता हूँ कि हम लोग यह अगर जिम्मेदारी उठा लें तो हिन्दी-भूषण बाबू शिवपूजन सहाय की विरासत पर आज जो चर्चा हो रही है, उसका सचमुच कोई सन्देश हम ग्रहण कर सकेंगे और दूसरों तक दे सकेंगे। कहने की बहुत-सी बातें थीं, उन्हें छोड़ दिया है। किसी और व्याख्यान में या कहीं लिखने का मौका मिला तो लिखने की कोशिश करूँगा। मुझे उम्मीद है—यही कहूँगा कि 'मेरी बातों को समझ, तल्खी-ए-तकरीर न देख'। वक्तृत्व-कला पर और इस पर न जाइए। जो कहना चाहत हूँ, जिस दर्द के साथ कहना चाहता हूँ, गुस्से में नहीं, उस दर्द को अगर आप समझ सकें तो तकरीर की उस तल्खी को पहचाानिए। धन्यवाद।

# उत्तर आधुनिकता और हिन्दी साहित्य

पोस्टमॉडर्निज्म पर बहस पश्चिम में समाप्त हो चुकी है। फ्रांस में पैदा हुआ लेकिन वहाँ इस पर अब कोई चर्चा नहीं है। अमरीका में परवान चढ़ा। अमरीका में भी इस पर बात नहीं होती। आजकल एक अमूर्त शब्द 'थ्योरी' पर बात हो रही है। इसलिए आफ्टर थ्योरी, केवल थ्योरी। अब पोस्टमॉडर्निज्म बगैरह बेकार है, एक ब्लैकेट शब्द है थ्योरी, जिसके अन्तर्गत यह कल्चरल स्टडीज पर, न्यू हिस्टारिज्म पर, पोस्ट-मॉडर्निज्म पर, तमाम चीजों पर बात करते हैं। आप मैगजीन, किताबें उलटकर देख जाइए, वहाँ ब्यौरे ही नहीं, आफ्टर थ्योरी की मैं बात कर रहा हूँ। पहले पोस्ट-मॉडर्निज्म अमरीका में हुआ था। फेड्रिक जेम्स ने इस पर किताब दस साल पहले लिखी थी, उसके बाद इस पर कुछ नहीं लिखा गया। तो निकल गया है साँप, अब लकीर पीटा करें। जब साँप निकल जाता है तो लकीर पीटा करते हैं, हिन्दुस्तान वाले। इसलिए अब पोस्ट-मॉडर्निज्म पर बहस नहीं है, खाली मुर्दे को हम ढो रहे हैं। इसलिए मैं पोस्ट-मॉडर्निज्म पर कुछ नहीं बोलूँगा। मैं पोस्ट-मॉडर्न वर्ल्ड के बारे में बोलूँगा।

उत्तर आधुनिक दुनिया और वह सोच जो अमरीका में कुछ दिनों से पोस्टो दुनिया चल रही है, यह एक युग का सूचक है। एक युग बदल चुका है। दूसरा युग है। क्या नाम दिया जाए, कुछ नहीं सूझता है तो हम पहले वाले के बाद पोस्ट लगाकर बात करते हैं। इसलिए पोस्ट-मॉडर्न, पोस्ट-कोलोनियल, पोस्टो दुनिया है। इसे पोस्ट समझ लीजिए। युगान्त का जब एहसास होता है तो हम उसके लिए कोई शब्द ढूँढ़ते हैं और उस शब्द से हम चर्चा करना चाहते हैं। 'रामचरित' लिखा जा चुका था तो भवभूति ने...लिखा। स्वयं 'रामायण' जब लिखा गया तो उत्तरकांड करके उत्तर किया गया।

उत्तर-चरित, उत्तर-रामचरित, उत्तर-कांड, इससे मालूम होता है, आम तौर पर इस प्रकार के प्रयोग हुए थे। तो उसके साथ एक और परिकल्पना आई जिस पर हमें विचार करना चाहिए। हम लोगों ने अपने पूरे लौकिक काल को सतजुग, त्रेता, द्वापर और कलियुग नाम से बाँट रखा था, और लगभग जो समय का साहित्य मिलता है, हमारे सामने है, जिसको लौकिक संस्कृत कहते हैं, और उसके बाद

भी तो हमारा ध्यान जाना चाहिए कि कौन-सा समय था जब हमें कलियुग का बोध पहली बार हुआ? जहाँ तक मुझे याद है, भवभूति का समय सातवीं-आठवीं शताब्दी है तो दसवीं-ग्यारहवीं शताब्दी के आसपास श्रीहर्ष का समय है। श्रीहर्ष के 'नैषध-चरित' में पूरा-का-पूरा अध्याय है कलियुग का। 'नैषध-चरित' में पहली बार कलियुग का वर्णन हुआ। कालिदास ने कभी कलियुग का वर्णन नहीं किया। वाल्मीकि के यहाँ कलियुग का एहसास नहीं मिलता। पंडित लोग मुझसे ज्यादा जानते होंगे। उसके बाद यहाँ कलियुग का संत-साहित्य में वर्णन है। 'कलियुग हम सो लड़ि पड़ा मोहकन मेरा बाँच'—कबीर ने कहा लेकिन केवल प्रसंगवश चर्चा की है। 'रामचरितमानस' का उत्तरकांड कलियुग के वर्णन से भरा है। सूरदास के यहाँ कलियुग नहीं है। क्या कलियुग की चर्चा हो रही है? इसका मतलब है कि एक युग बीत चुका है, प्रदत्त हो चुका है। स्वर्ण-युग समाप्त हो चुका है और एक ऐसा युग आया जिसमें बहुत कुछ उलट-पलट गया है।

हमारे यहाँ यह परम्परा रही है और उसी परम्परा के अनुरूप चिन्तन हुआ है। इसलिए अपनी परम्परा में स्वयं हम लोग देखें। गोली मारो अमरीका को, ध्यान जाना चाहिए कि यूरोप जो बहुत दिनों तक मॉडर्न रहा और हम लोग उसकी नकल करके मॉडर्निज्म पर बहस करते थे। इलाहाबाद में आधुनिकता पर बड़ी बहस हुई थी। आधुनिक-बोध, आधुनिक-भाव, आधुनिकता के सम्बन्ध में 'परिमल' में काफी बहस हुई थी। आधुनिकतावाद और आधुनिकता में अन्तर है। अपने ढंग से हम लोग भी इस बदले युग का एहसास कर रहे हैं। हिन्दी में सुधीश पचौरी ने सबसे ज्यादा किताबें उत्तर आधुनिकता पर लिखी हैं, और उन्हें ही इसका सबसे ज्यादा ज्ञान है। लेकिन छोटे-बड़े परिवर्तनों का एहसास हिन्दी में हन लोगों को होता है। हम लोग बराबर उन परिवर्तनों की चर्चा करते रहे हैं, और इन सारे परिवर्तनों पर चर्चा होनी चाहिए। उत्तर आधुनिकता से ज्यादा चर्चा उत्तर-उपनिवेशवाद पर होनी चाहिए। पोस्ट-कोलोनियलिज्म हमारे लिए ज्यादा महत्त्वपूर्ण है क्योंकि हम उपनिवेशवाद से संघर्ष करके मुक्त हुए हैं। साम्राज्यवाद के विरुद्ध उपनिवेशवाद था, अंग्रेजी उपनिवेशवाद। उसके विरुद्ध एक क्रान्तिकारी राष्ट्रवाद हमारा था और गांधी जी के नेतृत्व में खास तौर से हम लोगों ने उपनिवेशवाद का अन्त किया। तो उत्तर आधुनिकता की चर्चा के साथ उत्तर-उपनिवेशवाद की चर्चा शुरू हुई थी, और आजकल काफी लोग पोस्ट-कोलोनियलिज्म पर ज्यादा लिख रहे हैं। ये शब्द जो बार-बार आते हैं, इससे शब्दों के मायाजाल का मर्म समझना ज्यादा जरूरी होता है, व्याख्या करने की अपेक्षा है। इसलिए यह मैं कहना चाहता हूँ कि पोस्ट-मॉडर्निज्म के साथ जो पैदा हुआ, वह खास तौर से पोस्ट-कोलोनियलिज्म था। उत्तर-उपनिवेशवाद का मर्म समझना जरूरी है। वह आज ज्यादा जरूरी है क्योंकि अब उसकी चर्चा के साथ बाद में नया शब्द ग्लोबलाइजेशन (भूमंडलीकरण)

आदि शब्द जो आते हैं, उन शब्दों का भी मायाजाल है। इस मायाजाल में हम कहीं फँस न जाएँ, इसलिए इन बातों का विचार करना जरूरी है। जैसे हमारे यहाँ पुराण है। एक-एक पद को तोड़-तोड़कर देखते हैं भाव, मर्म क्या है, इसके पीछे क्या प्रयोजन है।

आपको याद होगा, अगर याद दिलाएँ तो पोस्ट-कोलोनियलिज्म शब्द जब नहीं चला था, तब एक थर्ड वर्ल्ड चलता था—तीसरी दुनिया। इस नाम की पत्रिका भी निकलती थी। लेकिन जैसे ही सेकेंड वर्ल्ड खत्म हुआ अर्थात रूस खत्म हुआ तो फर्स्ट वर्ल्ड अमरीका तो अपनी जगह फर्स्ट है, थर्ड ध्वस्त हो गया। कोई अर्थ नहीं रह गया तीसरी दुनिया का क्योंकि दूसरी दुनिया रूस गायब हो गया। चीन के होने के बावजूद, क्यूबा के होने के बावजूद दूसरी दुनिया बची हुई है थोड़ी-सी। इसलिए लोगों ने कहा कि थर्ड वर्ल्ड नहीं कहना चाहिए। अब इसको पोस्ट-कोलोनियल कहना चाहिए। यह शब्द कब आया, कैसे आया, चूँकि विषय एकेडमिक है तो एकडेमिक पर थोड़ी चर्चा तो करनी पड़ेगी। शब्दों की खोल उतारनी पड़ेगी। 1978 में पहली किताब एडवर्ड सईद की निकली थी : 'ओरिएंटलिज्म', जिस पर हमारे दिवंगत मित्र रामस्वरूप जी ने एक लेख लिखा है। हेटिंगटन पर भी लिखा है। जब ऐसी नई चीजें आती थीं, तो उन पर उनकी दृष्टि भी रहती थी। 1978 में 'ओरिएंटलिज्म' किताब लिखकर सईद ने और जो किया हो, लेकिन 100-150 साल का पश्चिम का जो पूरा दर्शन-चिन्तन था, उसको उसने चुनौती दी कि पश्चिम वाले भारत के बारे में, जो कि पूर्वी देशों के साहित्य का अनुवाद करना, उसकी प्रशंसा करना, उसकी व्याख्या करना, जैसे मैक्समूलर आदि ने हमारे साहित्य की बड़ी महिमा गाई है, विलियम जेम्स ने, जिनको हम सिर-आँखों पर रखते थे, बड़ी मेहरबानी की, हमारे साहित्य के महत्त्व को पहचाना—एडवर्ड सईद ने कहा कि साहब, यह आपको काबू में रखने के लिए, बौद्धिक रूप से आप पर कब्जा करने के लिए ओरिएंटलिज्म आया था। पूर्व क्या है, यह छवि रची और बनाई हमारे पूरे साहित्य को लेकर, अनुवाद करके, जैसे है न कि बालि को वरदान था, कि जो उसके सामने आए, उसका आधा बल उससे छीन लेता था। उसने कहा कि पश्चिम ने पूर्व को समझने के लिए इतनी ज्ञानराशि पूरी-की-पूरी रची और अनुवाद किया, व्याख्या की, समझाया कि तुम क्या हो, तुम खुद नहीं जानते कि क्या हो। जो मैं कह रहा हूँ, उसके आईने में तुम अपने को देखो और जो तुम्हारा ज्ञान है, वही ताकत है। इसके अनुसार उन्होंने हमारे दिल और दिमाग पर कब्जा कर लिया। गुलाम बनाने में ज्यादा समर्थ हुई सेना से, फौज से। शासन से ज्यादा ज्ञान ताकतवर चीज साबित हुई। सारे हिन्दुस्तानी अंग्रेज बनने की कोशिश में हैं। इस प्रकार एडवर्ड सईद ने लिख करके बहुत बड़ा हमला किया। उसके जवाब में पोस्ट-कालोनियल शब्द की नई

थ्योरी दी गई कि यह सईद की किताब 'कोलोनियल पीरियड' के बारे में है और उपनिवेशवाद खत्म हो गया है।

अब हमें उत्तर-उपनिवेशवाद के बारे में चर्चा करनी चाहिए। उत्तर-उपनिवेशवाद के समय में हम-आप समान हैं। कोई किसी का स्वामी नहीं है, और इंटरनेशनल सेमिनार पोस्ट-कोलोनियलिज्म पर हो रहा है, जिसमें अंग्रेजी के डिपार्टमेंट वाले ज्यादा भाग लेंगे। यह बहुत जल्दी हो गया क्योंकि पोस्ट-मॉडर्निज्म चला नहीं। पोस्ट-कोलोनियलिज्म के नाम पर उन्होंने नया जाल फेंकने की कोशिश की, और उससे निकलकर जो चीज आई, वह ज्यादा खतरनाक है। आप सोचिए कि एक जमाने में हम लोग किन चीजों पर बहस करते थे—पूँजीवाद, साम्राज्यवाद पर। हम लोग ब्रिटिश इम्पीरियलिज्म पर बात करते थे। शब्दकोश से पूँजीवाद गायब हो गया, साम्राज्यवाद गायब हो गया। लोगों ने कहा कि कहीं सुनाई नहीं देता साम्राज्यवाद शब्द। पोस्ट-कोलोनियलिज्म शब्द नखदंतविहीन है, इम्पीरियलिज्म शब्द बड़ा खतरनाक शब्द है। साम्राज्यवाद, क्योंकि हम जानते थे कि साम्राज्यवाद शब्द का क्या मतलब होता है। साम्राज्यवाद कहते हुए जलियाँवाला बाग याद आता है, चौरी-चौरा याद आता है, 1942 याद आता है लेकिन उपनिवेशवाद तो नखदंतविहीन कोई बड़ा सुन्दर-सा शब्द लग रहा है। इसमें जैसे ही आगे कोई बढ़े तो एक हिन्दुस्तानी ने ही नया शब्द गढ़ा, उसका नाम होमी भाभा है। पारसी पहले इंग्लैंड में थे, बाद में अमरीका चले गए हैं। बड़ा सम्मान उनका हुआ, बड़ी किताबें हैं उनकी तो उन्होंने एक शब्द दिया—हाईब्रेडिटी। हाईब्रीड, जिसे हम लोग कलमी आम जानते हैं, कलम लगाई जाती है। ब्रीडिंग का उल्टा हाईब्रीड है। एक तो आज के जमाने में शुद्ध नाम की कोई चीज रह नहीं सकती है इसलिए हाईब्रीड पोस्ट-कोलोनियलिज्म एक मुख्य चीज है जिसे सीधे-सीधे कहें—दोगलापन। बुरा लगता है कहने में, कलमी अच्छा लगता है कहने में क्योंकि कलमी आम बड़ा अच्छा होता है। कलम होती है इसलिए पूरब और पश्चिम की कलम होनी चाहिए। इस पर काफी बहस चली है। उस कलम की एक मिसाल आपको देना चाहता हूँ जिस पर एक बड़ा अच्छा लेख विष्णु खरे ने लिखा है। ऑक्सफोर्ड ने अंग्रेजी की डिक्शनरी छापी है, जिसमें बताने की कोशिश की है कि इंग्लिश इतनी समृद्ध हो गई है कि उसमें हिन्दी के कितने शब्द आ गए हैं लेकिन मैं कहना चाहता हूँ कि हिन्दी के शब्द जब हमने ले लिये तो अंग्रेजी तुम्हारी भाषा उसी प्रकार हो गई, जैसे हमारी। इससे हिन्दी का मान नहीं बढ़ता। हिन्दी का शब्द अगर कोई ले लिया तो हिन्दी राजभाषा की जरूरत क्या है? क्यों बहस कर रहे हो? अंग्रेजी तो उसका काम कर रही है, आपके शब्दों को लेकर है। यानी यह हाईब्रेडिटी का नमूना है। यह केवल भाषा की चीज नहीं है, संस्कृति की चीज नहीं है, अब तो खान-पान में हाइब्रेडिटी बढ़ गई है।

फास्ट फूड, यूरोपियन म्यूजिक, हाइब्रेडिटी का पूरा मार्केट पश्चिमी माल से भरा हुआ है, हाईब्रीड हो गया है। हमारे यहाँ की पुरानी चीजें खत्म हो गई हैं। सौ तरह के शरबत बनते थे हमारे यहाँ, वे सब गायब हो गए इस नये शरबत के कारण, और ये हाईब्रेडिटी केवल खान-पान, म्यूजिक में नहीं। आउटसोर्सिंग नाम की जो नई चीज आई है कि वे कम्पनियाँ असेम्बुल करेंगी सारे पाट्र्स यहीं हमारे ही यहाँ और ब्रांड उनका होगा। इसलिए मुफ्त में कहना चाहिए, कम खर्च से माल तैयार करेंगे आपके मुल्क में क्योंकि यहाँ से उनके यहाँ लेबर बड़ा महँगा है, यहाँ सस्ता लेबर मिलता है, थोड़े में काम हो जाएगा। हाईब्रेडिटी का एक नमूना यह है कि जो कल्चरल चीजों से बाहर निकला, तो बिजनेस में आ रहा है।

आप समझेंगे कि साहित्य की चर्चा न करके मैं कहना चाहता हूँ कि ये जो बड़े लुभावने शब्द हैं, इन शब्दों के कितने ही व्यापी अर्थ हैं। इस पर हमारा ध्यान जाना चाहिए। अनावश्यक इनकी चर्चा करके अपना समय ही नहीं, अपना दिमाग भी खराब करेंगे। कबीर ने निर्गुण ब्रह्म के बारे में जितना कहा है, उससे ज्यादा उनके पद्य माया के बारे में है। माया पर जहाँ कहा कि 'माया महाठगिनि हम जानी' तो पंडित के घर इस रूप में बैठी, फलाने के घर यहाँ बैठी, तो माया इतने रूपों में है। इस प्रकार पश्चिम की जो माया है, अलग-अलग अवधारणाओं, पदों, शब्दों के द्वारा हमारे देश के तथाकथित बौद्धिक और बुद्धिजीवियों को लुभा रहे हैं कि अप-टू-डेट बने रहने के लिए उन्हीं की चर्चा करें। वे पंडित बने हुए हैं, और वहाँ सेमिनार करने के लिए, इंटरनेशनल सेमिनार में जाने के लिए पत्र पाते हैं, विदेशी यात्रा करते हैं, प्रसन्न रहते हैं। लेटेस्ट मॉडल की गाड़ी लेना और लेटेस्ट थ्योरी पर विचार करना, दोनों लगभग एक ही तरह का काम है। लेटेस्ट मॉडल की गाड़ी खरीदकर शान से सड़क पर निकलना, लेटेस्ट पर चर्चा करके अपने को बहुत बड़ा विद्वान साबित करना, अप-टू-डेट बताना, दोनों काम एक ही तरह का है, एक ही कोटि का है। इसलिए मैंने कहा कि मैं पोस्ट-मॉडर्निज्म पर चर्चा करने से पहले इस ठगिनी की ठग-विद्या के बारे में आपको बताऊँगा और आप स्वयं सतर्क रहें, इसलिए मैं अपनी केवल व्यथा-कथा ही कह सकता हूँ। इसलिए मैंने इसके बारे में कुछ नहीं कहा। इसको अगर मजहबी माना जाए तो अकबर इलाहाबादी के शब्दों में मजहबी बहस मैंने की ही नहीं, फालतू अक्ल मुझमें थी ही नहीं, तो जिनके पास भैया, फालतू अक्ल होवे, पोस्ट-मॉडर्निज्म पर लेख लिखें। मेरे पास इतनी फालतू अक्ल नहीं कि इन चीजों के बारे में मगजपच्ची करूँ। लेकिन इतना मैं जरूर कहूँगा कि इन वादों के बावजूद दुनिया बदल गई है और जब दुनिया बदल गई है तो पुरानी चीजों से काम नहीं चलेगा। मसलन, मैं कहना चाहता हूँ कि जितने पोस्ट-मॉडर्न थिंकर्स हैं, सत्यप्रकाश जी ने उनकी ओर इशारा भी किया था, सारे-के-सारे पुराने पापी हैं। पुराने पापी माने मार्क्सवादी

हैं। लियोतार मार्क्सवादी, दरीदा मार्क्सवादी, फूको मार्क्सवादी तो ये सारे-के-सारे पुराने पापी हैं, और ये पुराने पापी जो मार्क्सिस्ट रहे हैं, उन्होंने सफाई दी है कि मेरा डीकांस्ट्रक्शन एक प्रकार का मार्क्सवाद नहीं। फूको लियोतार के शिष्य थे जिन्होंने 'फॉर मार्क्स' किताब लिखी है। इसलिए सारे पुराने पापी यानी मार्क्सवादी पोस्ट-मॉडर्निस्ट हुए, इसका क्या मतलब है? इनमें से कुछ पोस्ट-मॉडर्निस्ट हैं लेकिन हमारे देश में सुधीश पचौरी पुराने जनवादी लेखक संघ के सदस्य हैं और एक जमाने में सी.पी.एम. के फेलो ट्रैवलर हुआ करते थे। मुझसे ज्यादा क्रान्तिकारी थे, सुधीश पचौरी। इसलिए पोस्ट-मार्क्सिस्ट पोस्ट-मॉडर्निस्ट हो गए। जब मार्क्सिस्ट थे, मॉडर्निज्म का विरोध करते रहे हैं क्योंकि मॉडर्निज्म को माननेवाले टी.एस. इलियट वगैरह थे। वे फासिज्म को समर्थन देनेवाले थे तो मॉडर्निज्म का विरोध किया इन लोगों ने। लेकिन पोस्ट-मॉडर्निज्म के रूप में वह पोस्ट है, मॉडर्निज्म जो अब बीत गया है इसलिए उसका जश्न मना रहे हैं। मैं आपका ध्यान ब्यौरे में न ले जा करके इसके बारे में कहना चाहता हूँ।

ये पोस्ट-मॉडर्निज्म 1970 के दशक और उत्तर के दशक के पास आया है। किताबों के रचनाकाल आप देखें दरीदा का, फूको का। फूको ज़रा-सा बाद में आया है। लियोतार का, तो हम देखेंगे, यह 60 और 70 के दशक का काल था। 1968 में फ्रांस में, मुम्बई में रिवोल्यूशनरी छात्रों ने इसका प्रयोग किया था। देगाल इसके बाद आए। असफल हुई थी मई क्रान्ति फ्रांस की। इसे स्टूडेंट्स रिवोल्ट के नाम से जाना जाता है। इत्तफाक से जवाहरलाल नेहरू यूनिवर्सिटी उसी समय बनी थी। सारे विद्रोही और क्रान्तिकारी हर रंग के जे.एन.यू. में पाए जाते थे। माओ का कल्चरल रिवोल्यूशनर रिवेलियन का पीरियड था। भारत में नक्सल मूवमेंट सबसे उग्र और प्रबल था। उसकी असफलता और फेलियर से निकली हुई वह पोस्ट-मॉडर्न फिलासफी है। हवाई से हवाई विचार भी किसी-न-किसी ऐतिहासिक वास्तविकता से पैदा होता है। ये प्रेत होते हैं लेकिन वे आदमी के स्थूल भेजे से इन आँखों में दिखाई पड़ते हैं। जीवित आदमी को ही प्रेत का एहसास होता है। प्रेत को प्रेत का एहसास होता है कि नहीं, इस बात को हम नहीं जानते हैं। विचार अगर प्रेत है तो उन प्रेतों के लिए बड़ी ठोस भौतिक परिस्थिति होती है जहाँ से वे पैदा होते हैं। पोस्ट-मॉडर्निज्म खुद अपना इतिहास नहीं बताता, इसलिए हमें जरूरत इस बात की है कि हम उसे उसका इतिहास बताएँ—तुम कब पैदा हुए हो, किन परिस्थितियों से पैदा हुए हो। निहायत क्रान्तिकारी परिस्थितियाँ थीं, और लगता था, दुनिया उलट-पुलट हो जाएगी। उलट-पुलट नहीं हुई। देगाल आए 1968 में पेरिस की क्रान्ति पैदा हो गई, बन्द हो गई। कैम्पस में सिटिन, टिचिन, और क्या-क्या हुआ करता था, बन्द हो गया। जवाहरलाल नेहरू यूनिवर्सिटी अपने ढर्रे पर चलने लगी। आई.पी.एस. और आई.ए.एस. निकलने लगे वहाँ से। आखिरी क्रान्तिकारी

सीताराम येचुरी निकले थे। मुरली मनोहर प्रसाद सिंह दिल्ली यूनिवर्सिटी में थे, वह लड़ाई करते रहे। लेकिन हमारे यहाँ जे.एन.यू. से निकलनेवाले आपके डी.पी.टी. थे जो किस रास्ते से कहाँ-कहाँ से होते हुए कहाँ पहुँचे और आजकल कहाँ हैं, उसकी चर्चा न करना ही बेहतर है। ऐसे दौर से पोस्ट-मॉडर्निज्म पैदा हुआ था। अत: उसे उसका इतिहास बताना बहुत जरूरी है। उसके इतिहास के साथ उसे याद करना बहुत जरूरी है। लेकिन उसके साथ एक और चीज याद करना जरूरी है। वह यह कि लगभग उसी समय वियतनाम-वार हुआ था। उसकी चर्चा इसलिए जरूरी है कि इराक में लगभग वियतनाम दोहराया जानेवाला है। इनको शर्मसार हो करके वहाँ से भागना ही पड़ेगा। यह वही दौर है जब पोस्ट-मॉडर्निज्म पैदा हुआ, पोस्ट-मॉडर्निज्म क्या है? एक तरह से डाइलेक्टिक्स ऑफ डिफीट है, हार का द्वन्द्ववाद है जो पराजय से पैदा हुआ है, और पराजय में जो विचारधारा पैदा होती है, वह पोस्ट-मॉडर्निज्म के रूप में निकलती है। वह क्रान्तिकारी विचारधारा नहीं हो सकती थी। वह मार्क्सवाद की जगह नहीं ले सकती थी। लेकिन पोस्ट-मॉडर्निज्म के आने के बाद मार्क्सवाद की चर्चा खत्म हो गई, स्वयं मार्क्सवादियों ने मार्क्सवादी किताबें पढ़ना बन्द कर दिया। एक जमाने में हम लोग बड़ी बहस किया करते थे, पर आज तो पता नहीं कि सी.पी.आई. और सी.पी.एम. के लोग मार्क्स को पढ़ते हैं कि नहीं! क्या पढ़ते होंगे, मुझे नहीं मालूम। उसी तरह पढ़ते होंगे बल्कि कहना चाहिए कि गीता, रामचरितमानस पढ़नेवाले ज्यादा मिल जाएँगे। 'कम्यूनिस्ट मेनिफेस्टो' पढ़नेवाला कोई नहीं मिलेगा। यह पढ़ना बन्द हो गया। भूतपूर्व मार्क्सवादी पोस्ट-मॉडर्निस्ट हो गए।

मार्क्सवाद क्यों अप्रासंगिक हो गया, यह जाने बगैर पोस्ट-मॉडर्निज्म की चर्चा नहीं की जा सकती है। जिस दिन बर्लिन की दीवार गिरी थी और स्तालिनवाद के अत्याचारों की दास्तान खुल करके आई थी तो मार्क्सवाद उस दिन नहीं मरा था, उसके कारण नहीं मरा था। मार्क्सवाद मरा था इसलिए कि इस बीच में मार्क्स ने जिस 'पूँजी' पर किताब लिखी थी, उस कैपिटल का चरित्र बदल गया था। वह कैपिटलिज्म नहीं रह गया था, जिस कैपिटलिज्म के बारे में मार्क्स ने किताब लिखी थी। जिसे पूँजी कहते थे हम, पूँजीवाद कहते थे तो उस पूँजीवाद की बुनियाद थी औद्योगिक क्रान्ति, जहाँ चिमनी का धुआँ होता था, कोयले की खान से निकला हुआ मजदूर हुआ करता था। इंडस्ट्री थी और इंडस्ट्रियल कैपिटलिज्म था। 80 और 90 के दशक के बाद अब जो कैपिटलिज्म दिखाई पड़ रहा है, वह आई.टी. टेक्नोलॉजी से बड़ा साफ-सुथरा हो गया है। अब तो कम्प्यूटर जैसी चीज है। सारी दुनिया इतनी कम्प्यूटराइज हो गई है कि चिमनी गायब हो गई। इलेक्ट्रिसिटी ऑफ पावर भी जहाँ और जिस रूप में पैदा किया जा रहा है, इसलिए वह मजदूर उन्नीसवीं शताब्दी वाला वह मजदूर नहीं रह गया जिस पर के.एच. लारेंस ने लिखा था। कोयले की

खानों पर लिखे हुए नॉवेल अब नहीं रह गए क्योंकि उस तरह के मजदूर पीछे पड़ गए। पूँजीवाद का चरित्र पूरा-पूरा बदल गया, और पूँजीवाद औद्योगिक क्रान्ति, उद्योग नहीं रह गया बल्कि पूँजीवाद (फाइनेंस) वित्तीय पूँजी कैपिटल हो गया, बैंकिंग का सेंसेक्स का पसारा यहाँ से वहाँ जो साफ-सुथरा सारा देख रहे हैं आप, कहीं कोई क्रान्ति नहीं हो गई और नई सरकार बनने के साथ ही धमाके से सेंसेक्स गिरा और लगा कि बाजार गया।

आपको याद होगा, मैं जब 'नई कहानी' वाली लेखमाला में लिखा करता था तो पहला लेख मैंने लिखा था फैंटेसी पर, और मार्क्स का एक उद्धरण दिया था जिसमें मार्क्स ने कमोडिटी के बारे में लिखा था जो 'कैपिटल' का पहला चैप्टर है और कमोडिटी यानी कहा कि यह तो तिलिस्म है। जिस कमोडिटी की हम बात करते हैं, यह तो एक जादुई चीज है और चौकोर में होता है। जैसे दूधनाथ के उपन्यास में या उदयप्रकाश की फैंटेसी का जिक्र जहाँ आप दखेंगे कहानियों, कविताओं में तो एक फैंटेसी की जादुई माया की दुनिया है, फाइनेंस कैपिटल यूनिवर्सल मनी इज एक्चुअली द गॉड। और मनी नोट नहीं है, रुपया नहीं, सिक्का नहीं है। बड़ी आसानी से बिना कहीं पहुँचे एक जगह से मनी दूसरी जगह पहुँच जाती है, दुनिया के एक कोने से दूसरे कोने तक। दिखाई नहीं पड़ती वह, मौजूद है ब्रह्म के समान सर्वत्र। इसलिए कैपिटल का रूप इतना बदल गया। मार्क्स ने कहा था, जिस दिन कैपिटल बदलेगा, स्थिर नहीं रह सकता, अपना चरित्र बदलेगा, पूँजी बदलेगी और अब वह जमाना गया कि आपके पास सोना है तो घड़े में डाल करके गाड़ कर रख दीजिए तो बड़े भारी सम्पत्ति वाले हो गए। गया वह मानला। अब कोई गाड़कर नहीं रखता। बड़े-बड़े सेठों के घर में आप पूरी तलाश लीजिए, एक टका नहीं मिलेगा आपको। जितने बड़े करोड़पति हैं, अदृश्य है उनकी पूँजी लेकिन है उनके ही पास। इसलिए फाइनेंस कैपिटल प्रवाहशील, गतिशील है, अमूर्त ब्रह्म के समान है और उस अमूर्त ब्रह्म पर काबू आप मास्को से लेनिन ग्राड पर बैठकर नहीं कर सकते हैं।

आज की दुनिया अच्छी है या बुरी, यह मैं कोई फैसला नहीं देता लेकिन वह दुनिया नहीं है जो दुनिया गांधी जी ने देखी थी, जिसके खिलाफ वे या जवाहरलाल लड़े थे। अब जिस दुनिया में हैं, उस दुनिया में लड़ने के लिए वैचारिक हथियार दूसरे प्रकार के होने चाहिए, बनाने पड़ेंगे और मार्क्स को फिर पढ़ना पड़ेगा। क्योंकि मार्क्स पर एक जीवनी वीन ने बहुत अच्छी बायोग्राफी लिखी है, वह अमरीका में है। मेहनत करके लिखी है। अभी दो-तीन साल पहले किताब आई है। उस आदमी ने कहा कि वहाँ वालस्ट्रीट में घूम करके जितना पूँजीवाद को मैंने नहीं समझा, उतना मार्क्स के 'कैपिटल' को दुबारा पढ़ने के बाद समझा कि मार्क्स सही है और कैपिटल के लॉस को जितनी बारीकी से वह जानता था,

उतनी बारीकी से दूसरे पोस्ट-मार्क्सिस्ट नहीं जानते, फिर पढ़ना पढ़ेगा। खैर, पढ़ें या न पढ़ें, यह और बात है। इसलिए इस बदली हुई नई दुनिया को समझने के लिए उत्तर आधुनिकतावादी लोगों ने कुछ अवधारणाएँ दी हैं, उनकी जाँच-परख होनी चाहिए। पर आप देखेंगे, एक युग बीत गया है, नया युग आया है और उस नये युग में अत्यन्त परस्पर-विरोधी चीज़ें आपको वैसी ही दिखाई पड़ेंगी। पोस्ट-मॉडर्निज्म उसके बारे में कहता है। लियोतार ने मार्क्सवाद का विरोध करने के लिए कहा कि महाआख्यान या ग्रैंड नरेशन का युग समाप्त हो गया। महाआख्यान का समाप्त हो गया तो छोटे आख्यान का होना चाहिए और उसने कहा कि इसलिए महाआख्यान से मेरा मतलब मार्क्सवाद है क्योंकि मार्क्सवाद विश्व इतिहास की एक बड़ी कहानी आदि साम्यवाद से लेकर समाजवाद तक अग्रगण्य नरेटिव रहता है, हम इसको नकारते हैं।

हमें इलाहाबाद पर गर्व होना चाहिए। लक्ष्मीकान्त वर्मा और विजयदेव नारायण साही (दोनों मित्र स्वर्गीय हैं) ने इसी इलाहाबाद में लघुमानव के बहाने कविता पर बहस-लेख लिखा था, और यह 1950 के दशक के बीच के महान महानायकों का जमाना नहीं है। लघुमानव का जमाना है। इलाहाबाद पर हम गर्व कर सकते हैं कि जो बात पोस्ट-मॉडर्नी लोग बाद में कह रहे हैं, बीस साल पूर्व इलाहाबाद वालों ने पहली बार लघुमानव कहा था। छोटे का जमाना है और उस समय हम लोगों ने जब बात की थी लघुमानव पर कि महाआख्यान नहीं। अब आज उस बहस को दोहराने की जरूरत नहीं है कि जिस समय पोस्ट-मॉडर्निज्म बात कर रहा था ग्रैंड नरेटिव की और फाइंड ऑफ हिस्ट्री की, हर महाचीज का विरोध उस समय जब लोग कह रहे थे, उनके सामने था एक ओर जवाहरलाल नेहरू जो महानायक हैं और दूसरी ओर राममनोहर लोहिया जो लघुमानव हैं। हर तरह से लघु थे और लघु लोगों का युग चला। मेरे खयाल से लघु लोगों का युग आज तक चल रहा है लेकिन सारी बात कहते हुए ये लोग भूल गए। विराट और लघु की डाइलेक्टिक्स साथ-साथ चलती है। कभी-कभी छोटा आदमी जो है, छोटे लोग जो हैं, वही बड़ा होता है—हिटलर जैसा। क्या पिद्दी, क्या पिद्दी का शोरबा और महामानव बन गया था। क्षमा करें, आडवानी जी जैसे महामानव को आज देखें। पूर्व प्रधानमन्त्री अटल बिहारी वाजपेयी को देखें, ये क्या थे और सहसा इंडिया साइन और गौरव यात्रा में सबसे बड़ी विभूति विराट उन्हीं का चेहरा दिखाई पड़ता है। लघु को विराट होते देर नहीं लगती। ब्रेख्त की कविताओं को पढ़ें तो हिटलर को पुतइया कहा जाता था, अंग्रेज कहा करता था। मामूली पेंटर जो है, वह विराट आकार बनता है। इसे लघु और विराट की डाइलेक्टिक्स को देखना-समझना चाहिए। दोनों साथ-साथ चलते हैं इतिहास में, महाआख्यान और लघुआख्यान में, यह भारत को बताने की जरूरत नहीं है।

महाभारत लघुआख्यानों से बना हुआ एक विराट आख्यान है। इसलिए ग्रैंड नरेटिव और लघु नरेटिव परस्पर विरोधी नहीं हैं। उनमें एक द्वन्द्वात्मक सम्बन्ध है, यह बात जब कहने की कोशिश कर रहे थे तो उनके पोस्ट-मॉडर्निज्म को भूल गए। जिस पोस्ट-मॉडर्निज्म के बारे में लियोतार जब कह रहे थे तो भूल गए कि देगाल कब पैदा हुआ था। 1968 की क्रान्ति के बाद देगाल आया था, और देगाल लघुआदमी नहीं था। इतिहास में दोनों घटनाएँ साथ घटती हैं। आधा सच कह रहा था उत्तर आधुनिकवाद। एक ओर समाजवाद ध्वस्त हुआ। अनेक छोटे-छोटे देश अमरीकी साम्राज्यवाद के सामने पराजित हुए। लेकिन इसी बीच में एक विराट शक्ति के रूप में अमरीका पैदा हुआ, इसको कैसे भूल सकते हैं? और यही नहीं, जो यूरोप के इतिहास में भी नहीं हुआ था, वह हुआ। पहली बार यूरोपेयन यूनियन बनी। सारे छोटे देश मिल करके एक विराट के रूप में हो गए। कहाँ ग्रैंड नरेटिव खत्म हो रहा है? ग्रैंड नरेटिव खत्म हो रहा है, हिन्दुस्तान जैसे देश में। यहाँ देश छोटे-छोटे टुकड़ों में हो रहा है। झारखंड, अलग तेलंगाना एक नया (राज्य) बनने जा रहा है। बड़ी मुश्किल से छोटे-छोटे टुकड़ों को जोड़कर आजादी की लड़ाई में हमने ग्रैड नरेटिव तैयार किया था। एक बड़े भारत के रूप में। यानो पोस्टमॉडर्न थ्योरी पश्चिम में बड़े आख्यान के लिए हिमायत करता है। उनकी सच्चाई हो सकती है लेकिन जो तीसरी दुनिया है, वह पोस्ट-कालोनियल वर्ल्ड, वह छोटे-छोटे टुकड़ों में तोड़ने के छोटे आख्यानों के बहाने हो रहा है, वही है पोस्ट-मॉडर्निज्म। इसलिए पोस्ट-मॉडर्निज्म वह दुधारी तलवार है जो सच्चाई पश्चिम के लिए और सन्देश देता है तथा हमें दूसरा सन्देश देता है।

आखिरी बार मार्क्स ने भी कहा था और बोडिया ने साइबेलेक्रा शब्द का प्रयोग किया है कि दुनिया जो है, वहाँ हर चीज अपनी छायाकृति के रूप में, छायाछवि के रूप में, दूसरे शब्दों में मूर्त चीजें अपने बिम्बों में, प्रतीक में, सिम्बल्स, इमेजेज में दिखाई देती है। स्वयं चीजों का महत्त्व नहीं है बल्कि उनकी छाया महत्त्वपूर्ण है। आप स्वयं क्या हैं, यह महत्त्वपूर्ण नहीं है; महत्त्वपूर्ण है आपकी छवि जो टेलीविजन पर आती है या होर्डिंग में आती है। आज अटलबिहारी वाजपेयी जी स्वयं क्या हैं, क्या करते हैं, नहीं मालूम। उनकी छवियाँ खूब घूम रही हैं। सुधीश पचौरी को आप पढ़ेंगे और छवियों की ताकत महत्त्वपूर्ण है। सोचिए, कम-से-कम दो-तीन हफ्ते तक लग गया था कि इंडिया सचमुच साइन कर रहा है, और फीलगुड ही हो रहा है। छवियाँ ही सच थीं। छाया ही सच्ची थी क्योंकि लोगों का ध्यान ही नहीं जाता था। यानी अनरियलिटी बिकेम रियलिटी। हम लेखक लोग मार्क्सवादी, प्रगतिशील लोग, खास तौर से मार्क्सवाद यथार्थवाद या सामाजिक यथार्थवाद, क्रिटिकलिज्म, सोशलिज्म, सारे रियलिज्म पर मत्था पीटकर हम लोग मर गए, और धीरे-धीरे यह मालूम हो गया कि रियल क्या है, अनरियल क्या है। इसमें फर्क मिट गया, इस दुनिया से।

अब फिर हम वेदान्त की ओर आ रहे हैं कि कोई तो बात होगी। कबीर ने ब्रह्म पर जितना कहा, उससे ज्यादा माया पर कहा। तुलसीदास के रामचरितमानस और बाबा का विश्वास करें तो पूरा रामचरितमानस तो माया की सीता की कहानी है, और माया के राम की कहानी है। पैदा जब हुए थे, अपना अद्‌भुत रूप दिखाया। माँ कौशल्या तो घबड़ा गई थीं और हाथ जोड़कर उन्होंने कहा कि बेटा, तुम अपने असली रूप में आओ, और जैसे ही माया के रूप में आए तो पूरी कहानी ही मायामय हो गई बल्कि अगर रामचरितमानस पर विश्वास किया जाए तो सीता का हरण भी माया है। माया का मृग आया, माया की सीता का हरण कर ले गया। युद्ध जो हुआ, वह भी माया था। सीता लौटी, वह भी माया थी। आग में जलना माया था, बाद में यहाँ तक कि अन्त में बाबा ने देखा कि जो राज्य राम को मिला होगा, वह भी माया ही था। आगे की कहानी बाबा ने नहीं कही लेकिन वाल्मीकि कह गए थे कि राम द्वारा सीता को दोबारा जो वनवास दिया गया, वह भी माया था और अन्त में राम ने जो शरीर त्याग किया, वह भी माया थी, तो पूरी-की-पूरी अवतारी राम की जो कहानी कही गई है, वह माया की कहानी कही गई है, ब्रह्म की कहानी तो हो ही नहीं सकती है। हम लोग धन को, सम्पत्ति को माया कहते हैं। अरे, माया के चक्कर में पड़े हैं, माने पैसे के चक्कर में पड़े हैं लेकिन सचाई तो यह है कि वह माया जो है, वही खाना भी देती है, कपड़ा भी देती है, जीने का सहारा भी देती है लेकिन है तो माया। पोस्ट-मॉडर्निज्म ने रियलिज्म की रियलिटी की औकात बता दी कि जिस यथार्थ के पीछे भाग रहे हो, उस यथार्थ से ज्यादा ताकतवर तो अयथार्थ है। मुक्तिबोध की कविताओं में छायावादी लोग जिसको कहते हैं, 'छाया तन बहु छायाहीन।...चक्र रच रहे थे खल निसचर, चला कुहुक-ताना-बाना'। प्रथम प्रश्नवाली कविता में है, 'छाया तन वह छायाहीन'। भूत का लक्षण यह है जिसकी छाया न पड़े। जो स्वयं छाया है, उसकी छाया क्या पड़ेगी! छाया उसकी पड़ेगी जो यथार्थ होगा। इसलिए 'छाया तन वह छायाहीन'। कुल मिला करके एक ऐसी छाया जो इमेजेज की दुनिया है और इस इमेजेज की दुनिया में ताकत है। असल चीज यह है कि हम बाहुबलियों का जो नाम लेते हैं, हमने-आपने सहाबुद्दीन को नहीं देखा है लेकिन सहाबुद्दीन के नाम का बज रहा है डंका। सोचिए कि वर्ल्ड से महत्त्वपूर्ण चल रहा है यह अंडरवर्ल्ड। कुछ लोगों के नाम के आतंक पर काम होता है। सच पूछिए तो आज की दुनिया में हम साक्षात् चले जाएँ और कहें कि यह काम करें तो शायद बैंकवाले बिलकुल नहीं मानेंगे। कहेंगे, सिग्नेचर चलता है। सशरीर आप चले जाएँ, सिग्नेचर अगर नहीं मिलता तो आप सिर पटक करके मर जाएँगे, वह देगा नहीं पैसा।

पोस्ट-मॉडर्न की एक बहुत बड़ी देन है कि यथार्थ की औकात, असलियत बताती है, और बताती है कि यथार्थ से ज्यादा ताकतवर अयथार्थ होता है।

इसीलिए हिन्दी की वे कहानियाँ ज्यादा महत्त्वपूर्ण हैं, अर्थवान हैं, ताकतवर हैं जो इन फैंटेसी लोक की सृष्टि करती हैं। छायावादी लोग उसको कल्पना कहते थे। आज का लेखक उसको फैंटेसी कहता है। इमेजेज कहता है। इसने साहित्य को बहुत दूर तक प्रभावित किया है। यथार्थवाद हल्का है, छोटा है, कमजोर है। वह साहित्य जो उसे जाने-पहचाने—चाहे कोई छोटा आख्यान रचे, चाहे बड़े आख्यान में छोटे-छोटे आख्यान रचे, जैसे दूधनाथ ने 'आखिरी कलाम' में रचा है। जैसे उदयप्रकाश ने 'वारेन हेस्टिंग्स का साँड' में रचा है, यद्यपि थोड़ी कमजोर कहानी है लेकिन 'पीली छतरी' के आरम्भिक अध्यायों में वही है। अखिलेश कुछ ऐसे रचने की कोशिश करते हैं। वे साहित्य और कविताएँ महत्त्वपूर्ण हैं जो इस लोक का आभास देती हैं। उसकी अपेक्षा पुराने ढंग के वर्णनों से भरे हुए, ब्यौरों से ठसी हुई कहानियाँ और उपन्यास लिख करके कुछ लोग अपना वक्त और दूसरों का वक्त बर्बाद कर रहे हैं। पोस्ट-मॉडर्निज्म की प्रकारान्तर से यह देन है। उनके द्वारा वांछित नहीं बल्कि उनके द्वारा बाई-प्रोडक्ट के रूप में प्राप्त हुई। यह इस दुनिया की रचाई है। इसीलिए इस दौर में पढ़ रहा था, आप लोगों ने शायद पढ़ी हो, 'रीडिंग लोलिता इन तेहरान'—एक महिला की लेखी हुई कहानी है। उपन्यासों के माध्यम से लिखी हुई कहानी है। यूनिवर्सिटी से कोई निकाल दी गई थी, जो अपने घर में कुछ लोगों को ले करके उपन्यासों के ऊपर बात करती है—'लोलिता' जैसे उपन्यासों पर और जिस लोलिता को अश्लील समझ करके खारिज कर दिया था। बताया है कि किस तरह से उसका हीरो जो है, वह अब्दुल्ला खुमैनी की तरह का आदमी है। एक फासिस्ट और एक छोटी-सी भोली-भाली लड़की को फुसला करके जो करते हैं, वह आतंक की और टेरर की कहानी है, सेक्स की कहानी है। यानी अब ऐसा साहित्य—नये ढंग का नॉविल है। पुराने ढर्रे की कहानी कहनेवाला नहीं है।

कवि शशि थरूर ने महाभारत पर एक किताब लिखी थी, उसका नाम रखा था : 'द ग्रेट इंडियन नावेल'। मुझे लगता है कि उसे नये सिरे से पढ़ें। काफी समय से डूबकर मैं महाभारत पढ़ रहा हूँ। आज के दौर का महाभारत 'ग्रेट इंडियन नावेल' है क्योंकि एक युग की समाप्ति पर लिखा हुआ, उसके अन्त पर लिखा हुआ पोस्ट-मॉडर्निस्ट नॉवेल है। 'महाभारत : द ग्रेड पोस्ट-मॉडर्निस्ट' नॉवेल है। उसका दूसरा नाम युगान्त है। इरावती कर्वे ने इसे युगान्त कहा है। यह उत्तर आधुनिकता को सही ढंग से समझने-प्रस्तुत करने का तरीका है। उसकी काट आप वैसा ही एक नॉवेल लिख करके करें, जिनमें यह एक युग बीत चुका है। हम लोग बिलकुल दूसरे युग में रह रहे हैं। उसकी नई मिसाल है कि जिसको प्रधानमन्त्री चुना गया हो, वह कह रहा हो कि अन्तरात्मा की आवाज आ रही है। मैं प्रधानमन्त्री नहीं बनना चाहता। हमारे इतिहास में, स्वाधीन भारत के इतिहास

में आज तक ऐसा नहीं हुआ। अच्छा है या बुरा है, गलत है या सही है, मैं नहीं निर्णय लेता। एक नये युग की शुरुआत है। लोकतंत्र में एक नई समस्या पैदा हो रही है। संविधान में सोचा भी नहीं गया था कभी कि ऐसा होगा तो क्या होगा और इससे लगता है कि तमाम चीजों के साथ-साथ बहुत-सी चीजें बहुत तेजी से बदल रही हैं। पोस्ट-मॉडर्निज्म और कुछ नहीं देता है तो कम-से-कम एक युगान्त का महसूस करने का एहसास तो कराता ही है।

[19 मई, 2004 को राजर्षि पुरुषोत्तमदास टंडन व्याख्यानमाला के अन्तर्गत 'उत्तर आधुनिकता और हिन्दी साहित्य' विषय पर दिया गया व्याख्यान। 'माध्यम' : अक्टूबर-दिसम्बर, 2004 में प्रकाशित]

# साहित्य और समय

# साहित्य और समय : अन्तःसम्बन्धों पर पुनर्विचार

मूलतः साहित्य का विद्यार्थी होने के नाते मैं साहित्य की दृष्टि से ही समय को देखने की क्षमता रखता हूँ। इसमें भी कोई बना-बनाया पूर्व निधारिंत विचार मेरे मन में नहीं है।

एक बात मुझे खटकी भले न हो पर अटकी जरूर है, वह यह कि पीढ़ियाँ आमने-सामने ही क्यों? पीढ़ियाँ अगल-बगल क्यों नहीं? अगल-बगल होकर भी मुड़-मुड़कर आप आमने-सामने हो सकते हैं। मैं ऐसा इसलिए कह रहा हूँ कि अपने साहित्य में बहुत पुराना छोड़ दें और आधुनिक युग के इतिहास का सिंहावलोकन करें तो शायद ही कोई ऐसा दौर हो जिसमें इकट्ठे तीन-तीन, चार-चार पीढ़ियाँ साथ-साथ काम न कर रही हों। 20वीं सदी के आरम्भ में देखें तो काशी में त्रिवेदी जी हिन्दी साहित्य के क्षेत्र की प्रतिभाओं के रूप में जाने जाते थे और उनके पहले भी उसी काशी नगरी में जहाँ जयशंकर प्रसाद लिख रहे थे, वहाँ रत्नाकर भी ब्रज भाषा में लिख रहे थे। एक लम्बे समय तक तीन-तीन, चार-चार पीढ़ियाँ इकट्ठा काम कर रही थीं। साहित्य में कोई भी दौर ऐसा नहीं है जिसमें इकट्ठे पीढ़ियाँ काम न कर रही हों। आज के दौर में देखें तो चार नहीं तो कम-से-कम तीन पीढ़ियाँ मौजूद हैं। एक पीढ़ी के अवशेष के रूप में मैं हूँ जो 80 के दौर से गुजर रही है।

कई लोग जुझारू हैं जो साथ मिलकर काम कर रहे हैं और कर चुके हैं। इन बीस सालों पर निगाह डाली जाए तो स्पष्ट दीखता है कि परिदृश्य में साठ पार के लोग भी मौजूद हैं, चालीस के लोग भी मौजूद हैं और बीस-पच्चीस के लोग भी मौजूद हैं। इसलिए एक अजीब-सा ताना-बाना हमारे साहित्य का और समाज का बन रहा है। परिवार से लेकर पूरे साहित्य के इतिहास को देखें तो पीढ़ियाँ अगल-बगल धक्कम-धक्का करते हुए मुँहामुँही करते हुए चलती हैं। अगर साहित्य की यह स्थिति है तो मैं नहीं समझता हूँ कि यह अन्य अनुशासनों में, इतिहास में, भूगोल में, विज्ञान में न हो।

सवाल यह है कि पीढ़ियाँ आमन-सामने ही हों, यह आवश्यक तो नहीं? यह महाभारत नहीं है कि कौरव और पांडव आमने-सामने हों। वैसे कहते हैं कि आमने-सामने होते हुए भी शाम को जब युद्धविराम हो जाता था तो उसके बाद वे अगल-बगल ही होते थे, इसलिए पीढ़ियाँ साथ-साथ रहने के लिए अभिशप्त हैं।

एक समय गैर-मार्क्सवादी या प्रगतिशीलता के जो खिलाफ रहे थे, जो अपनी प्रयोगवादी और मुक्त चिन्तन वाली परम्परा के लिए जाने जाते थे, जिनमें अज्ञेय जी थे, उस तरह के विचारकों ने लगभग एक दशक तक, आज से 20 साल पहले तक समय पर चर्चा की थी और इस पर अनेक गोष्ठियाँ हुई थीं। उनमें विचार व्यक्त करनेवालों में प्रोफेसर मैनेजर पांडेय भी थे। इन लोगों ने समय पर बहुत चर्चा की इसलिए इस सवाल का भी इतिहास है और उस इतिहास को अवश्य ही हम ध्यान रखेंगे।

उस इतिहास ने एक ऐसा सवाल उठाया जिस पर मैंने बहुत व्यवस्थित विचार प्रस्तुत किया और वह विचार था—हम लोग अक्सर कहते हैं कि हमारा समकालीन, हम लोग वैसे भी समकालीन हैं—मैं, राजेश जोशी, अजय तिवारी। क्या अर्थ है इसका? अज्ञेय ने इस पर सवाल उठाए हैं जो इस प्रकार हैं : 'वह मेरा समकालीन है, किस अर्थ में वह मेरा समकालीन है? क्या मेरी स्वानुभूति में वह मेरा साझेदार है? काल की जो अनुभूति मुझे हो रही है, क्या उसे हो रही है? इसलिए अनुभूति में वह हमारा साझेदार है कि नहीं है? यदि नहीं है तो केवल आज की तारीख में होने के कारण वह मेरा समकालीन है?'

जगन्नाथ दास रत्नाकर क्या जयशंकर प्रसाद के समकालीन हैं? निजी तौर पर हैं। पर मुख्य प्रश्न है कि क्या अनुभूति के तौर पर थे? यहाँ देखें, उन्होंने अनुभूति को ही साझेदार कहा है, विचारधारा को नहीं। इसलिए क्या जो विचारधारा का साझेदार है, वह ही हमारा समकालीन है? हमारी विचारधारा को नहीं मानता, वह हमारा समकालीन है कि नहीं? अगर पार्लियामेंट में दो विरोधी दल एक जगह हैं, वे समकालीन हैं तो साहित्य में दो विरोधी होते हुए समकालीन हो सकते हैं कि नहीं हो सकते हैं? समकालीनता की परिकल्पना में द्वन्द्ववादी गुंजाइश है कि नहीं? समानता ही एकमात्र आधार होगा समकालीनता का या द्वन्द्वात्मक सम्बन्ध भी समकालीनता का आधार हो सकते हैं? यह सवाल मार्क्सवादियों के सामने तो हैं ही, गैर-मार्क्सवादियों के सामने भी हैं कि मार्क्सवाद मानें कि न मानें?

आज जो नये अर्थद्वन्द्व की मार पड़ रही है, उसमें कोई ज्यादा भोग रहा है, कोई कम भोग रहा है। भोग तो सब रहे हैं, पर भोगने का ढंग अलग-अलग है। आप कंज्यूम करते हैं, कंज्यूमर सोसाइटी के हैं तो ध्यान दें—उपभोग करना। इस समय की सारी सुविधाओं का उपभोग करनेवाले हम लोग मध्यवर्ग के लोग हैं।

क्या उपभोग भी सहभोगी है? सहभोगिता करने का मतलब केवल भोगना ही नहीं है। भोगना दो अर्थ में—रोग को भोगते हैं, भोजन को भी भोगते हैं। आप प्रश्न भी भोगते हैं, और अवसर भी भोगते हैं।

कई लोगों के बारे में हम देखते हैं कि रहते तो ये 21वीं शताब्दी में हैं लेकिन यह 21वीं शताब्दी में जीते नहीं हैं। कम-से-कम जो रामायण के युग में जी रहे हैं, वे समझते हैं कि वे उसी काल में जी रहे हैं। आपके लिए यह वर्तमान, वर्तमान

हैं कि नहीं? कुछ लोग अतीत में वर्तमान को तलाशते हैं। उनके लिए अतीत ही उनका वर्तमान है और कुछ स्वप्नजीवी लोग हैं जो भविष्य में ही जीते हैं और अपने को बड़ा क्रान्तिकारी समझते हैं। इसलिए क्या उनका और मेरा एक वर्तमान है?

अभी तो हम समकालीन हो सकते हैं। क्या उसके भी अतीत और भविष्य का परिदृश्य और अनुभूति उसी बिन्दु से आगे बढ़ते हैं जैसे मेरा? और उतने ही व्यास में फैलाव? यहाँ मैं कहना चाहता हूँ कि विषय आपका समय पर हो सकता है लेकिन अपनी परम्परा में देखता हूँ तो भारतीय परम्परा में परिदृश्य हैं। उसमें काल के साथ दिक् लगा होता है, टाइम विथ स्पेस। दिक् के बिना काल निर्गुण हो जाएगा।

'निर्गुण ब्रह्म सगुण हो जैसे'—तो निर्गुण ब्रह्म सगुण होता है। तुलसीदास के लिए राम सगुण भी थे और निर्गुण भी। काल निर्गुण रह जाएगा अगर वह दिक् के साथ, स्पेस के साथ, स्थान के साथ नहीं जुड़ेगा। अगर हम नहीं जोड़ेंगे तो भारत का काल वह नहीं है जो अमरीका का काल है। इसलिए 21वीं शताब्दी भारत की भिन्न है और अमरीका की भिन्न। सम्भव है कि आपका और हमारा वर्तमान एक हो। सम्भव है, जैसे सभी राजनीतिक पार्टियों का वर्तमान है कि अगला चुनाव होने को है। इन सबका वर्तमान एक है लेकिन क्या इनका भविष्य भी एक है? और क्या उनका अतीत भी एक है? इसलिए यह फर्क देखना पड़ेगा। हिन्दुत्ववादियों का अतीत वह नहीं है, कुछ लोग उनसे असहमत हैं। कुछ हैं जो मानते हैं कि उनके हिसाब से उस अतीत में कुछ लोग खलनायक हैं या नहीं हैं। केवल एक मजहब और जाति को माननेवाले लोग हैं, बाकी लोगों के लिए उस अतीत में गुंजाइश नहीं है और भविष्य में वैसा ही भारत वे नहीं बनाना चाहते, जैसा भारत कुछ और लोग बनाना चाहते हैं। इसलिए ध्यान रखें कि एक वर्तमान होना, वर्तमान में एक साथ होना और साथ-ही-साथ रहते हुए वह सारा का सारा वर्तमान सबका एक हो, ऐसी स्थिति में समकालीनता का निर्णय लेना और समकालीनता के निर्णय में अनुभूति और विचार, दोनों के महत्त्व के द्वारा निर्धारित होगा।

फैलाव कितना बड़ा और व्यापक है! एक जमाने में जब अपनी बात करते थे या कुटुंब की बात करते थे तो हमारे देश के लोग कहते थे कि 'वसुधैव कुटुम्बकम' लेकिन अब सब मायने बदल गए हैं, इसलिए मैंने कहा कि समय के साथ दिक् जरूरी है। यानी भविष्य की कल्पना करें तो ध्यान रखें, आप किसके लिए कह रहे हैं। आज देखें तो गांधी जी या रवीन्द्रनाथ जैसे जो लोग थे, वे जब भी अपने लिए बात करते थे तो उन्हें लगता था कि जो मैं कह रहा हूँ, वह सारे विश्व पर लागू होता है। नैतिकता का यह रूल मानते हैं कि जो आप अपने लिए सही मानते हैं, यदि दूसरे के लिए वह सही नहीं मानते तो आपके लिए वह सही नहीं है। इसलिए समकालीनता का प्रश्न मैं आपके लिए छोड़े जा रहा हूँ।

इकट्ठे तीन-तीन, चार-चार पीढ़ियाँ लिख रही हैं। भाषा अलग है। पुराने जो लिख रहे हैं, उनके बाद और पीढ़ियाँ आ गई हैं जो वह भाषा नहीं लिख रही हैं पर उनकी चिन्ता वही है, उनका मुहावरा वही है। कहानी या उपन्यास में आप देखें तो हर दस-दस, पन्द्रह-पन्द्रह साल पर जो आगे वाली पीढ़ी है, वह अपनी उपस्थिति दर्ज करा रही है।

समकालीनता का एक प्रश्न है कि आपकी आत्मभाषा कैसी है? आप कौन-सी भाषा बोलते हैं? यहाँ भाषा से मतलब यदि आप हिन्दी बोलते हैं तो हिन्दी में कौन-सी हिन्दी? तो वह आपकी पहचान होती है—आप जिस भाषा या शब्दों में उसको व्यक्त करते हैं। यह हिन्दी की शर्त है कि 'नव-नव उन्मेष', मतलब एक नई भाषा देते हैं तब समझा जाता है कि आपने कुछ नया रच दिया, सृजन किया। इसलिए काल की परिकल्पना के साथ-साथ क्रियेटिविटी भी है और वह निर्णय करती है।

समकालीनता में तीन-चार पीढ़ियों के बीच हो सकता है कि चार तरह की भाषा लिखनेवाले लोग भी समकालीन हों! कहने के लिए समकालीन हैं लेकिन उनकी भाषाएँ अलग-अलग हो सकती हैं। भाषा की खूबी होती है कि भाषा में बहुत बदलाव नहीं होता है। ठीक है, हम तुलसीदास की भाषा नहीं लिख रहे हैं लेकिन निराला जब लिख रहे थे तो निराला की कविताओं में तुलसीदास भाषा के शिखर पर भी बोलते थे। इसलिए भाषा में एक ऐसा प्रवाह है जो छिन्न प्रवाह भी हो सकता है और अविच्छिन्न भी।

हमारे सामने सवाल है—कौन हमारा समकालीन है, कौन नहीं? दूसरी चीज मैं कहना चाहूँगा कि नई पीढ़ी से कहना आसान लगता है लेकिन पीढ़ियों में टकराव होता है। लेकिन इस विरोध या टकराव से कुछ नया पैदा होता है। यह मल्लयुद्ध नहीं है, वैचारिक द्वन्द्व है और उस द्वन्द्व से कुछ रचा गया है या नहीं, यह महत्त्वपूर्ण होता है। रवीन्द्र जब लिख रहे थे तो नई पीढ़ी आ गई थी और उन्होंने रवीन्द्रनाथ को चुनौती दी थी। इसका जिक्र उन्होंने अपनी बंगला कविता में किया है। काल के घात में वह ही मरेगा, जो अटल रहना चाहता है। वह मरेगा काल के आघात से। काल छोड़ता नहीं है, इसलिए समय को वहाँ प्रवाह के रूप में देखना चाहिए। उस प्रवाह में आप डूब जाएँगे अगर आप अटल बने रहेंगे। जो अटल होना चाहेगा, वह ध्वस्त हो जाएगा। जो सगुण होते हैं, वह प्रवाह के साथ रहते-रहते उस किनारे पर निकल जाते हैं।

साहित्य में अगर कहीं कोई उदारता दिखे तो यह देखें कि वह उदारता है या आपको पैटरोनाइज करने की कोशिश है? मैं जानता हूँ कि नई पीढ़ी बहुत समझदार है। अज्ञेय जी ने लिखा था कि काल मुझसे होड़ कर रहा है, मुठभेड़ नहीं। होड़ और मुठभेड़ में फर्क है। काल की ताकत, काल की गति और उसके साथ होड़ है हमारी। जैसे एक लम्बी दौड़ है। जयशंकर प्रसाद की एक रचना है जिसमें कहा

गया है कि काल का अपना कोई रथ नहीं होता। हमारा जीवन ही उसका रथ है। 'चढ़कर मेरे जीवन रथ पर', सोचिए अगर मनुष्य न हो तो यह अमूर्त काल किसकी सवारी करेगा? किसके माध्यम से आगे बढ़ेगा? 'चढ़कर मेरे जीवन रथ पर, पैर चल रहा'—यहाँ पैर से मतलब समय है। समय चल रहा अपने पथ पर। यहाँ रचनाकार कह रहा है कि काल तुझसे होड़ है मेरी।

काल को चुनौती के रूप में लेते रहे हैं इसलिए साहित्य में दो काल चलते हैं—कालदर्शी और कालजयी। बड़ा वही है जो काल को जीतता है। तुलसीदास को कहते हैं कि वे कालजयी हैं। जितने महाकवि हैं—कालिदास, व्यास कालजयी हैं, काल को उन्होंने जीता है। वे कालजयी इसलिए कहलाते हैं कि वे कालदर्शी थे। वे काल को देखते थे। काल अमूर्त चीज है। उस अमूर्त चीज को भी उन्होंने देखा। इसलिए जो कालदर्शी होते हैं, उन्होंने अपने काल को जिस तरह से भी देखा हो, सात परतें फाड़ करके जो असली काल की छवि थी, उसको उन्होंने देखा। सत्य को देखा। इसलिए वह कालजयी हुए। जो केवल काल के चेहरे के पर्दे को देखते हैं, वे कालजयी नहीं, कालक्षयी होते हैं। इसलिए कबीर ने कहा था कि 'कहत कबीर, संत न सूरमा, काल निचोड़ के, अमृत पी ले'। साहित्य का धर्म है—काल को निचोड़ करके अमृत को पीना। जरूरी नहीं कि काल को निचोड़ने से अमृत ही निकले। जहर विष भी निकल सकता है। सच्चा साहित्यकार अपने काल को निचोड़ता है और निचोड़ करके रस की वर्षा करता है। कुछ लोग रस का विवेचन दूसरे ढंग से करते हैं, मैं अलग ढंग से करता हूँ। पाँच-चार चीजें मिला करके जो निकलता है, वह रस नहीं। जो निचोड़ करके सत्य होता है, वह रस। वही सच्चा साहित्यकार और साहित्य के धर्म को जाननेवाला होता है और इस नाते इतिहास से उसकी होड़ बनी रहती है। साहित्य में मौजूद अनेक धाराओं से होकर एक परम्परा चलती है और साहित्यकार उस परम्परा को रेखांकित करता है।

[गोविन्द वल्लभ पंत सामाजिक विज्ञान संस्थान, इलाहाबाद में 31 मार्च से 2 अप्रैल, 2008 को आयोजित संगोष्ठी का उद्घाटन वक्तव्य। पुस्तक 'साहित्य और समय : अन्त:सम्बन्धों पर पुनर्विचार' (सं. बद्री नारायण) में प्रकाशित]

# समकालीन भारतीय रंगमंच और कलाएँ

आज नाट्य के प्रसंग में सभी कलाओं के बीच आदान-प्रदान की चर्चा करना उचित ही नहीं, आवश्यक भी है। लेकिन इसकी चर्चा करने का अधिकार उन्हें है जो सभी नहीं तो कम-से-कम दो-तीन कलाओं में दखल रखते हों। मेरी जानकारी तो साहित्य तक ही सीमित है। इसलिए मन में थोड़ा संकोच है। लेकिन नेमिचन्द्र जी के आदेश को टालना भी कठिन है। इसलिए मुखर चिन्तन के रूप में एक-दो आरम्भिक बातें।

नाट्य स्वयं सभी कलाओं का संयोग है। भरत मुनि का यह कथन प्रसिद्ध है :

*न तज्ज्ञानं, न तच्छिल्पं, न ता विद्या, न ता कला।*
*नासौ योगो, न तत्कर्म नाट्येऽस्मिन् यन्न दृश्यते॥*

भरत मुनि तो नाट्य को और भी व्यापक मानते हैं। उनकी नाट्य की परिकल्पना में तो कला के साथ ज्ञान, शिल्प, विद्या और कर्म का भी योग है। यहाँ मैं आपका ध्यान सबसे पहले 'योग' शब्द की ओर आकृष्ट करना चाहता हूँ। यह 'योग' हम सबका सुपरिचित योग नहीं है, यानी आसनों वाला योग। इसलिए ज्ञान, शिल्प, विद्या, कला और कर्म के समान नाट्य के अन्य तत्त्वों में से एक के रूप में योग की गणना नहीं की गई है। अभिनवगुप्त को प्रमाण मानें तो 'योग' का अर्थ है : योजन या योजना। तात्पर्य यह कि नाट्य में ज्ञान से लेकर कला-पर्यन्त सभी तत्त्वों का एक-दूसरे के साथ मिश्रण होता है।

वैसे भी 'नाट्यशास्त्र' में 'योग' और 'संयोग' शब्द बड़े ही अर्थगर्भित हैं। रस-निष्पत्ति के सन्दर्भ में भी भरत मुनि ने 'संयोग' शब्द का प्रयोग किया है, और आप जानते हैं कि उस एक शब्द की व्याख्या कितनी तरह से की गई है, और व्याख्या में कितने पन्ने रँगे गए हैं। सवाल यह है कि यदि नाट्य सभी कलाओं का संयोग है तो क्या यह केवल तकनीकी मामला है या इसका कोई विशेष अर्थ है?

इस प्रसंग में इस ऐतिहासिक तथ्य की याद दिलाना प्रासंगिक होगा कि भारत में नाट्य की उत्पत्ति यज्ञ से मानी गई है। 'नाट्यशास्त्र' के 'नाट्योत्पत्ति' नामक प्रथम अध्याय में इसका वर्णन विस्तार से किया गया है। आजकल हम 'यज्ञ' का अर्थ हवन आदि समझते हैं; किन्तु किसी समय यज्ञ आर्यों की समग्र जीवन-पद्धति थी।

कृषि आदि उत्पादन की प्रणाली सम्भवत: उस जीवन-पद्धति के केन्द्र में थी। किन्तु यज्ञ सामुदायिक जीवन की सम्पूर्ण प्रक्रिया का, जीने के कर्म का, प्रतीक बन गया था। नाट्य-प्रयोग भी इस यज्ञ का एक अभिन्न अंग था। इस यज्ञ के ही इर्द-गिर्द ज्ञान का विकास हुआ, शिल्प का विकास हुआ, समस्त विद्याओं का विकास हुआ और निश्चय ही सभी कलाओं का भी विकास हुआ, जिसमें नृत्य, गीत, वाद्य आदि के साथ काव्य की गणना की जा सकती है। इन सबका सामूहिक नाम 'वेद' है और 'वेद' में ये सब सुरक्षित भी हैं। इसलिए 'नाट्यशास्त्र' में जब यह कहा गया कि प्रत्येक 'वेद' से एक-एक तत्त्व लेकर नाट्य की रचना की गई, तो वह केवल एक 'मिथक' या किंवदन्ती मात्र नहीं है, बल्कि व्यवहार का सत्य है।

मेरे कहने का आशय यह है कि अपने उदय-काल में जब नाट्य ने सभी कलाओं, शिल्पों और विधाओं से विविध तत्त्व लिये, तो यह संग्रह-कर्म सहज-स्वाभाविक था, क्योंकि व्यवहार में ये सब परस्पर-सम्बद्ध थे और इनको आपस में जोड़नेवाली एक अखंड-अविभाज्य समग्र जीवन-पद्धति थी—जिसका एक सामूहिक नाम था 'यज्ञ'। यह आकस्मिक नहीं है कि नाट्य को 'यज्ञ' भी कहा गया है। कालिदास ने अपने खास अन्दाज़ में इसे 'चाक्षुष यज्ञ' कहा है, लेकिन यह केवल आँखों से देखने का ही 'यज्ञ' न था, बल्कि इस यज्ञ में समस्त ज्ञानेन्द्रियाँ सक्रिय थीं। गरज कि नाट्य में सभी कलाओं का सहज संयोग इसलिए सम्भव हो सका कि न कलाएँ अलग-अलग थीं और न जीवन ही टुकड़े-टुकड़े था।

सबसे बड़ी बात तो यह है कि सभी कलाओं को जोड़नेवाला एक कलाशास्त्र था—एक सिद्धान्त था, जिसे भरत मुनि ने 'रस' का नाम दिया है। यह आकस्मिक नहीं है कि भरत मुनि ने 'नाट्यशास्त्र' के छठे अध्याय के प्रारम्भ में, जहाँ नाट्य के ग्यारह अंगों की चर्चा की है, उसमें क्रमानुसार पहला स्थान 'रस' का है और अन्तिम स्थान 'रंग' का। नाट्य-प्रसंग में 'रस' का महत्त्व इससे भी प्रमाणित है कि भरत मुनि के अनुसार : 'न हि रसादृते कश्चिदर्थ: प्रवर्तते।' रस के बिना कोई अर्थ प्रवृत्त नहीं हो सकता। भरत के नाट्य-चिन्तन में रस की ऐसी महिमा है कि रस नाट्य का पर्याय है। नाट्य के समान रस भी संयोग है, सम्यक् योजन है, संयोजन है, मिश्रण है, और, अभिनवगुप्त को प्रमाण मानें तो, रस नाट्य के समान ही 'उपगम' अर्थात 'प्रत्यक्षकल्प' है। तात्पर्य यह है कि रस एक सम्पूर्ण कलाशास्त्र यानी 'एस्थेटिक्स' है, जिसमें सृजन-प्रक्रिया, प्रयोग-प्रक्रिया से लेकर आस्वाद-प्रक्रिया तक सभी व्यापारों का समावेश है। कहने की आवश्यकता नहीं कि इस सर्वव्यापी समग्र सिद्धान्त के कारण ही एक भूमि पर सभी कलाओं का संयोग, परस्पर सहयोग और अन्तरावलम्बन सम्भव हो सका।

इस सन्दर्भ में मुझे यह बात महत्त्वपूर्ण लगती है कि नाट्य और रस, दोनों ही के प्रसंग में 'नाट्यशास्त्र' ने बार-बार 'योग', 'संयोग', 'मिश्रण', 'सम्मिश्रण'

आदि शब्दों का प्रयोग किया है। निश्चय ही इसका विशेष प्रयोजन होना चाहिए। इस दृष्टि से 'नाट्य' के लिए 'प्रयोग' शब्द के विशिष्ट अर्थ की ओर ध्यान जाना चाहिए। निश्चय ही यह प्रयोगवादी कविता का 'प्रयोग' नहीं है, लेकिन आजकल कुछ रंगकर्मी 'प्रस्तुति' के अर्थ में भी इसका प्रयोग करते हैं—वह भी भरत मुनि के 'प्रयोग' को संकुचित करता है। 'प्रयोग' नाट्य की 'प्रस्तुति' से कहीं अधिक व्यापक है। भरत मुनि का 'प्रयोग' उनके 'योग' और 'संयोग' की ही जाति का शब्द है जो नाट्य के कलाशास्त्र का आधार है।

अब सवाल यह है कि आज हमारे यहाँ सभी कलाओं के बीच संयोग कैसे घटित हो? जीवन टुकड़े-टुकड़े विभाजित है, कलाएँ भी अलग-अलग पड़ी हैं, इसलिए प्रत्येक कला के विकास की मंजिल भी अलग-अलग है। कुछ कलाएँ आज भी अपने क्लासिकी रूप से बँधी हैं, तो कुछ आधुनिकता की कई सीढ़ियाँ पार कर उत्तर आधुनिकता की ओर बढ़ने का हौसला रखती हैं। इसलिए आदान-प्रदान हो तो कैसे? किस भूमि पर हो? जब तक सभी कलाओं में प्रयोग की कोई सामान्य भूमि न हो, तब तक आदान-प्रदान क्या होगा, किसका होगा?

मुझे कुछ ऐसा समझ पड़ता है कि एक व्यापक अथवा सामान्य कलाशास्त्र यानी 'एस्थेटिक्स' के तहत ही कलाओं के बीच आदान-प्रदान सम्भव है। सम्भव और सृजनात्मक भी। दुर्भाग्य से आज हमारे पास ऐसा कोई कलाशास्त्र नहीं है। परम्परा से 'रस' का जो कलाशास्त्र प्राप्त हुआ था, वह अब बहुत कुछ प्राचीन विद्या के प्रेमी पंडितों के बुद्धि-विलास का विषय बनकर रह गया है। दूसरा कोई कलाशास्त्र ऐसा विकसित नहीं हो पाया जो 'रस' की तरह आज भी कलाओं को एक सूत्र में बाँध सके।

इस प्रसंग में मुझे 'नाट्यशास्त्र' की पूर्व-उद्धृत कारिका का वह दूसरा शब्द संकेतपूर्ण लग रहा है। वह शब्द है : 'दृश्यते'। 'नाट्येऽस्मिन् यन्न दृश्यते।' शब्द तो सामान्य ही है। अर्थ भी सामान्य है—दिखाई पड़ना। नाट्य की विशेषता है कि रंगमंच पर हर चीज दिखाई पड़ती है—यहाँ तक कि रस, भाव और अर्थ-जैसी अमूर्त संकल्पनाएँ भी। अभिनवगुप्त को मानें तो 'दृश्यते' का अर्थ 'हृदयगोचर होना' भी है। मेरे मन में यह प्रश्न उठता है कि क्या यह दृष्टिगोचरता अथवा प्रत्यक्ष-कल्पना केवल नाट्य का धर्म है? अंग्रेजी में जिसे 'रिप्रेज़ेंटेशन' कहते हैं, वह क्या किसी-न-किसी रूप में सभी कलाओं का गुण-धर्म नहीं है? 'नाट्यशास्त्र' के अर्थ-गर्भ शब्द 'प्रयोग' का भी एक अर्थ तो यह है ही। यही वह भूमि है जिस पर आज सभी कलाओं के बीच अन्तरावलम्बन भी सम्भव है और कुछ सैद्धान्तिक-व्यावहारिक समस्याओं का समाधान भी। क्या इस संकल्पना के आधार पर किसी सामान्य कलाशास्त्र की दिशा में चिन्तन की शुरुआत की जा सकती है? फिलहाल मैं इतना ही सोच पा रहा हूँ। समय भी कहाँ है?

['नटरंग-53' में प्रकाशित]

# आधुनिक भारतीय रंगकर्म

1965 में जब मैं नया-नया दिल्ली आया था तो एक गोष्ठी दरियागंज में हुई थी। सुरेश अवस्थी, नेमि जी, मोहन राकेश, कमलेश्वर, राजेन्द्र यादव—हम सब लोग थे। प्रयाग जी को भी याद होगा। अनामिका उसका नाम था। तब अनामिका कलकत्ते वाली बन गई थी या नहीं, मुझे नहीं मालूम। उस गोष्ठ में मेरे मुँह से निकल गया कि कहानी-वहानी की चर्चा बहुत हो गई। नाट्य क्षण आ गया है। बड़ा मजाक लोगों ने उड़ाया। उसके बाद फिर हिम्मत नहीं पड़ी कि नाटक पर आगे मैं कुछ कहूँ। ठहाकों में वह चीज उड़ गई लेकिन दिलचस्पी मेरी कुछ पैदा हो रही थी। क्योंकि दिल्ली में आने के बाद पहली बार राष्ट्रीय नाट्य विद्यालय द्वारा 'अन्धा युग', ताजा-ताजा और ढंग का हुआ था। यह पृष्ठभूमि थी। 'अन्धा युग' के उस प्रदर्शन को देखने के बाद मुझे लगा कि साहित्य में एक बहुत बड़ी घटना हुई है। क्योंकि 'अन्धा युग' 1953 में जब लिखा गया था इलाहाबाद में, तो रेडियो नाटक के रूप में लिखा गया था और रेडियो पर ही वह प्रस्तुत भी किया गया था। किसी ने सोचा भी नहीं था कि वह मंच पर भी कभी आएगा। तब इसके बाद यानी अब, गिरीश कर्नाड कहनेवाले हैं कि हिन्दुस्तान में आज सबसे बड़े नाटक का नाम अगर लेना होगा तो हम 'अन्धा युग' का नाम लेंगे। लेकिन यह सही है कि जैसा भाई हबीब ने कहा कि नाटक लिखे गए इस बीच और बड़े पैमाने पर खेले भी गए और उस भाषा में, जिसका आधुनिक काल ही नाटक से शुरू हुआ था भारतेन्दु से। हिन्दी साहित्य आधुनिक युग के उन थोड़े-से साहित्यों में से है जिसका आरम्भ उन्नीसवीं सदी में नाटक से हुआ था। अपनी इतनी बड़ी विरासत को हम लोग अचानक भूल गए और नाटक इतनी गौण विधा हो गई। तो एक नया दौर आया था। आया है फिर। और उसकी तुलना में यह सही है कि उसको वैसे आलोचक नहीं मिले। यह तो मैं नहीं कह सकता कि जैसे वेदों का उद्धार मैं ही करूँगा। जैसे मैं कुमारिल भट्ट हूँ और वेदों के उद्धार की जिम्मेदारी मेरी है!

मैं केवल एक बात कहूँगा। गोष्ठी का आकर्षण मेरे लिए बहुत ज्यादा था। सोलह तारीख मैंने चुनी थी कि कमलेश दत्त त्रिपाठी मुख्य रूप से बोलने

के लिए आ रहे हैं उसमें। राधावल्लभ भी बोलेंगे। और पहले मैं बता दूँ कि कमलेश दत्त जी का जो एक लेख छपा है अनुकरण के बारे में, अनुकीर्तन पर, आप लोगों में से कुछ लोगों ने उसको पढ़ा होगा। वही यह कह सकते थे। मेरे खयाल में भरत मुनि के 'नाट्यशास्त्र' पर अभिनव गुप्त की टिप्पणी के बाद अकेले कमलेशदत्त त्रिपाठी हैं जो उस पर महाभाष्य लिख सकते हैं। इसलिए मैंने श्रद्धापूर्वक चुना कि चलो, यही बहाना है, अध्यक्षता तो एक बहाना है। पुरानी परम्परा रही है और उसके अनुसार राधावल्लभ जी ने उस मुख्य व्याख्यान के हाशिए पर कुछ लिखा है। लेकिन एक और चीज होती है आजकल। पुरानी परम्परा में तो नहीं है, क्योंकि हाशिया भी पुरानी परम्परा का नहीं, आधुनिक है। लोग 'मार्जिनल' या ऑन द मार्जिन लिखते हैं तो एक फुटनोट नाम की चीज भी होती है। पाद-टिप्पणी। वैसे किसी ने यह कहा है कि प्लेटो के डायलॉग्स के बाद सारी यूरोपियन फिलॉसफी डायलॉग पर एक फुटनोट है। तो उतना बड़ा दावा तो मैं नहीं करूँगा। कमलेशदत्त जी के भाषण पर जगह बची हुई है और मैं पाद-टिप्पणी या फुटनोट के रूप में कुछ कहना चाहता हूँ। और आप जानते हैं, कभी-कभी पाद-टिप्पणी लम्बी भी हो जाया करती है। और आजकल के शोध-प्रबन्धों में मूल कम रहता है, पाद-टिप्पणी ज्यादा रहती है। मैं केवल एक शब्द, और जिसकी ओर इन्होंने इशारा किया था, और इन्हीं से मैंने जाना था और जिसमें मेरी दिलचस्पी हुई थी, वह है संस्कृत नाटक में विदूषक। भरत मुनि ने श्रृंगार के ठीक बाद दूसरा महत्त्वपूर्ण रस हास्य को माना है। मैं चाहता था कि मैं पहले बोलता तो कमलेशदत्त जी इसमें कुछ प्रकाश डालकर बहुत ही मौलिक और महत्त्वपूर्ण बात कहते। यह अब भी प्रश्न है कि श्रृंगार के अनुकीर्तन को ही हास्य क्यों कहा गया है? उन्होंने जिस क्वेपर के लेख का जिक्र किया है, इन्हीं से मुझे 'वरुण एंड विदूषक' नाम की किताब का पता चला और मैंने अपनी लाइब्रेरी में खरीदकर उसको पढ़ा। नाटकों पर क्वेपर ने एक टिप्पणी की है जो संस्कृतज्ञ लोगों के सामने भी है। कालिदास पहले ज्ञात नाटककार हैं जिन्होंने अपने नाटक में विदूषक को इतना प्रमुख स्थान दिया है। 'नाट्यशास्त्र' के अनुसार नायक और नायिका के बाद तीसरा स्थान, उतना ही महत्त्वपूर्ण स्थान, विदूषक का है। क्यों श्रृंगार के बाद, जिसको रसराज कहते हैं, उस रसराज के बाद दूसरा नम्बर हास्य का है? करुणा का, 'ट्रेजडी' वगैरह का जो जिक्र करते हैं, वह नहीं है, क्यों? क्योंकि कालिदास जैसा महत्त्वपूर्ण नाटककार पहली बार विदूषक को ले आता है। विदूषक शब्द पर क्वेपर ने टिप्पणी की है, व्हिजिंग का हवाला दिया है कि विदूषक उसका नाम क्यों पड़ा, जिसको हम लोग मसखरा कहते हैं। यह दूषक है। अंग्रेजी में उसका अनुवाद है : 'करप्टर'। क्या करप्ट करता है वह? वह नायक का दोस्त होता है। लेकिन वह ऐसा दोस्त है—मूर्ख, गँवार,

कि अपने गँवरपन में मदद करते हुए अक्सर उसके लिए समस्याएँ खड़ी करता है और उसको उलझा देता है। क्योंकि जबान उसकी बहुत तेज चलती है, और जिसकी जबान बहुत तेज चलती है, वह चाहे आलोचक हो, चाहे रचनाकार हो, ऐसी ही गलती करता है। तो वह जबान उसको ले उड़ती है। इस तरह से वह स्वयं दूषण का कार्य करता है। इस सिलसिले में मेरा ध्यान अभी इसी साल नेमि जी ने तीन व्यंग्य नाटक जो 'भगवदज्जुकम्', 'मत्तविलास' और 'हास्य चूड़ामणि' किये, उनकी तरफ जाता है। एक करीब चौथी या पाँचवीं शताब्दी का है 'भगवदज्जुकम्'। दूसरा जो है वह दक्षिण में लिखा गया पल्लव राजाओं के जमाने में काँची में। मोटे तौर से कह लीजिए वह सातवीं शताब्दी का है। और तीसरा 'हास्य चूड़ामणि' बारहवीं शताब्दी का है। समय महत्त्वपूर्ण नहीं है। उस पर भी एक थीसिस है क्वेपर की, कि हास्य के प्रकरण का दौर तब चलता है जब क्लासिकीय नाटक अपनी पराकाष्ठा पर पहुँच चुकते हैं। मैं उन कारणों में भी नहीं जाना चाहता। उसमें पढ़ते हुए मुझे लगा कि इन्होंने व्यंग्य नाटक कहा है, हास्य नाटक क्यों नहीं कहा है? संस्कृत परम्परा के अनुसार हास्य ही है, व्यंग्य कोई अलग रस नहीं है। हास्य के अन्तर्गत ही है। ये किस परम्परा से आए हैं? और क्या इसकी थीम है? और क्या ढाँचा है? खेला भी गया है। आप लोग इससे परिचित होंगे। इसको देखते हुए मुझे लगा कि आम तौर से यह एक तरह की 'ब्लेसफेमी' या एक कुफ्र की तरह से है। यानी साधु या संन्यासी या पंडित या जो विद्वान है। 'भगवदज्जुकम्' तो यही है कि जो गुरु जी हैं, वह संन्यासी हैं। चेले को पढ़ा रहे हैं और अन्त में गणिका आती है। तो विषय क्या है? यह गणिका और संन्यासी और खास तौर से संन्यासियों का मजाक। यानी पूरा-का-पूरा हास्य नाटक है उस जमाने का।

आज के जमाने में हम देखते हैं कि कायदे से राजा का नहीं उड़ाया जाता मजाक, संन्यासी का क्यों उड़ाया? उस समय की सत्ता को देखते हुए धर्म और धर्मशास्त्र और मनुस्मृति सबसे ज्यादा सत्ता रखनेवाली थी। जिन लोगों ने जयशंकर प्रसाद का 'चन्द्रगुप्त' पढ़ा है, जानते हैं कि चन्द्रगुप्त तो खिलौना है, सबसे ज्यादा सत्ताधारी, और इस पर बहुत बहस होती है, चाणक्य है। इसलिए धर्मशास्त्र, नीतिशास्त्र, आचार और आदर्शवाद बघारनेवाले ये लोग स्वयं कैसे हैं? इनको दिखाने के लिए जो तरकीब इस्तेमाल की गई है नाटक में, वह प्रयोग में और खुल करके आती होगी। आखिर में यमदूत आता है कि इसको ले जाना है। तो साँप काट लेता है गणिका को। थोड़ी देर के लिए गलती हो गई उससे तो उसमें संन्यासी की आत्मा रख देता है और बाद में जब उसको भूल महसूस होती है तो लौट करके थोड़ी देर के लिए गणिका में संन्यासी की आत्मा रखता है और संन्यासी की आत्मा गणिका को दे देता है। अब दोनों आचरण करते हैं। संन्यासी

होते हुए वह गणिका की भाषा बोलता है और गणिका जो है, वह संन्यासी की भाषा, पवित्रता की भाषा बोलने लगती है।

मैं टुकड़े अलग-अलग रख करके जहाँ जिस ओर मेरा मन गया, वहाँ उस ओर जाने की कोशिश कर रहा हूँ। इस बीच आपने पढ़ा होगा कि ब्रेख्त के 'गैलीलियो का जीवन' नाम का नाटक हिन्दी में अनूदित होकर आया और उसमें दसवाँ अंक जो कार्निवाल का है, वह उस नाटक में छोड़ दिया गया। विष्णु खरे ने एक लम्बा लेख लिखकर बताया कि इतना महत्त्वपूर्ण दृश्य छोड़ दिया गया। उस पर बहस हुई है 'कथादेश' में, आप लोगों ने पढ़ा होगा। अब तक दृश्य पर बहस होती रही है 'एलीनेशन इफेक्ट' को ले करके। ब्रेख्त की लाइफ और गैलीलियो के केन्द्र में वह दसवाँ अंक है जो कार्निवाल का है। याद रखें, गैलीलियो को चर्च ने प्रताड़ित किया था और विज्ञान की एक नई खोज हुई थी तो चर्च के सामने घुटने टेकना पड़ा था उसको। इस पूरी चीज में गैलीलियो और उसके चेलों की टिप्पणी, नाटक में सबसे कड़ी टिप्पणी, चर्च के खिलाफ, कार्डिनल के खिलाफ है। लोग आते हैं और एक बड़े मोटे-से बाँस पर बिल्ले लटकाए हुए, तख्ती बनाए हुए आते हैं और आखिर में गायक जो हैं, वे जुलूस निकालकर कार्निवाल निकालते हैं। गीतों को पढ़ें आप। उनमें से केवल कुछ बानगी के लिए दे रहा हूँ जो बार-बार इस्तेमाल किया जाता है। 'भले सज्जनो' / ये नहीं कोई उपहास / सेवा करनेवाले हर दिन मुँहजोर हुए जाते हैं / सत्यानाश / लेकिन एक चीज सच है / मजा कम है / दिल पर रक्खो हाथ / कौन नहीं होना चाहेगा अपना आका / अपना नाथ...और यह चीज बार-बार दोहराई जाती है। मैं आपसे कहना चाहता हूँ कि ब्रेख्त कार्निवाल की उस थीम को लेता है जो चर्च के खिलाफ है, यानी सत्ता के खिलाफ है। उपहास के रूप में लोकगायकों द्वारा यह जो कार्निवाल है, यह लोगों की आँखों से क्यों ओझल हो गया? जबकि यूरोप में इसकी एक ट्रेडीशन है और मैं कहना चाहता हूँ, ये सारी चीजें—भरत मुनि का हास्य रस, कालिदास का विदूषक, ब्रेख्त का कार्निवाल—मुझे यह सोचने के लिए ले जाती हैं कि किनका विरोध कर रहे हैं? कौन-से लोग हैं जो जीवन के उस लोक-तत्त्व से आनेवाले हैं?

आज के माहौल में क्या प्रासंगिक है, क्या अप्रासंगिक है, इसकी चर्चा करते हुए कमलेशदत्त जी ने कहा था कि पूँजीवाद का तीसरा दौर है, समाजवाद का खात्मा हो गया है, और यह उत्तर-उपनिवेशवाद, उत्तर आधुनिकतावाद है। इस दौर का सबसे महत्त्वपूर्ण लेखन जो हो रहा है, वह एक ऐसे हास्य और कामिक वेन में हो रहा है जो चुनौती देता है। उसमें गम है समाजवाद के खत्म होने का, और उसमें भय है, आतंक है इस संसार के एकध्रुवीय हो जाने का, अमरीका के उभरते हुए नवसाम्राज्यवाद का, पूँजीवाद के उदारवादी चेहरे का। यही वजह

है कि उत्तर आधुनिकता में बहुत सारी चीजें होंगी जिस पर सुधीश पचौरी बहुत लिखते रहते हैं। शास्त्र लिखनेवाले और लोग होंगे। उत्तर आधुनिकता के दौर का लेखक मिलान कुंडेरा है और उसका मसखरापन है : 'कामिक सेन्स'। सलमान रुश्दी इसी दौर का लेखक है। और तब मुझे लगता है कि क्यों चर्च के या सत्ता के विरुद्ध धार्मिक सत्ता है—खास तौर से मैं कहना चाहता हूँ हिन्दुस्तान के सन्दर्भ में कि ये पांडे और मौलवी और विश्व हिन्दू परिषद, बजरंग दल—ये भी उत्तर आधुनिकता का ही हिस्सा हैं। अलग नहीं हैं इससे। सांस्कृतिक राष्ट्रवाद और ग्लोबलाइजेशन में कोई विरोध नहीं है। ये तो आर्थिक नीतियों में भी एक ही हैं। अभी आपने देख लिया है। इस दौर में जरूरत है हमें उस कार्निवाल की परम्परा लेने की—कॉमिक-परम्परा लेने की, विदूषक की परम्परा लेने की। मुझे ऐसा लगता है और इसलिए लगता है, ऐसे समय नाटक के मूल केन्द्र की एक भूली हुई परम्परा अभी भूली-बिसरी है। ग़ालिब ने जो कहा था कि 'ईमां मुझे रोके है तो खैंचे है मुझे कुफ्र। काबा मेरे पीछे है कलीसा मेरे आगे', तो वह ईमान जो बहुत मजबूत-सा दिखाई पड़ रहा है, है नहीं, खोखला है बहुत, जो रोक रहा है, बगैर काफिर हुए, और उस कुफ्र के बिना, इस दौर का सार्थक लेखन हो ही नहीं सकता—चाहे वह कहानी हो, चाहे वह उपन्यास हो, चाहे वह नाटक हो। जिस दौर में भवभूति ने करुण रस की स्थापना की थी, वह पूरा भावचक्र और जीवन-दृष्टि और दर्शन और परिवेश बदल चुका है। इस बदले हुए परिवेश में बगैर काफिर हुए, कुछ हो नहीं सकता। इसलिए काफिर होना पड़ेगा।

इससे समझ में आता है कि क्यों हास्य को इतना महत्त्वपूर्ण रस माना गया और क्यों क्वेपर ने कहा कि विदूषक जो है, वह वरुण का ही अभिनय करता है। वरुण देवता किसके हैं? इन्द्र के मित्र हैं और इन्द्र के सामने बाधा पहुँचाते हैं। विदूषक मामूली मसखरा नहीं है। यह 'अकबर-बीरबल विनोद' का बीरबल नहीं है। यह वरुण का अभिनय करनेवाला है। अपनी पुरानी देवमाला में देखें तो वरुण का क्या महत्त्व, क्या स्थान है और किस चीज का देवता है? समुद्र के साथ सम्बन्ध है। यह तो हुआ शास्त्र-पक्ष। उस शास्त्र की गुत्थी सुलझाई जानी चाहिए। और क्यों इसको एक विशेष दौर में कालिदास ने प्रवेश कराया? इस रोशनी में अगर शाकुन्तल को दोबारा देखें तो शाकुन्तल सुखान्त नहीं रह जाता है। शाकुन्तल का पूरा अर्थ बदल जाता है। आलोचक उसमें लोकहास्य वाला प्रकरण धीवर का ले आते हैं। दिखाते-विखाते उसमें नहीं हैं। नाटक में इस पक्ष की ओर विशेष ध्यान मेरा उपन्यासों के जरिये गया। मनोहर श्यान जोशी ने जिन दिनों 'कुरु-कुरु स्वाहा' लिखा था, हबीब तनवीर साहब का जे.एन.यू. में—यह इमरजेंसी के दौर के आसपास की बात होगी—वह 'मिट्टी की गाड़ी', पहाड़ियों के बीच जो बना हुआ है, उसके बाद वह 'एबंडंड थियेटर' हो गया। खुला बनाया

गया था। उसमें अकेला आप ही का नाटक खेला गया। उसके बाद उसमें कोई नाटक दोबारा नहीं खेला गया। हवाई जहाज ऊपर से जा रहा था और 'मिट्टी की गाड़ी' वहाँ हो रहा था। और 'कुरु-कुरु स्वाहा' नाम का उपन्यास मनोहर श्याम जोशी का आया था। 'कुरु-कुरु स्वाहा' में आता है कि नायक, पहुँचेली से पहली बार समुद्र पर शौच से निवृत्त होते समय अचानक मिलता है। ये जो 'वल्गर' ग्राम्य-क्रियाएँ कहलाती हैं, जिसको ग्राम्य-दोष लोग कहते हैं, जिनका सम्बन्ध मल-मूत्र विसर्जन आदि से है, अपान वायु छोड़ने आदि से है। वे चीजें बड़ी ही ग्रामीण समझी जाती हैं। ऐसी ग्रामीण चीजों को हास्य के द्वारा व्यक्त किया जाता है। एक अकेली पाद जो है, वह बहुतों की सत्ता को ध्वस्त कर देती है। वह एटम बम से ज्यादा बड़ी होती है। अभी जो कहा जा रहा था कि वाचिक से ज्यादा महत्त्व हो गया है आंगिक का। शरीर इतनी गड़बड़ चीज नहीं है। यह जो देह की दैहिकता है और पूरा-का-पूरा कामिक इसी सिलसिले में भटकता हुआ एक-दूसरे तक पहुँचता है। रूस के 'फार्मलिज्म' का बड़ा जिक्र हुआ है। मिखाइल बाख्तिन जिसने 'रेबले एंड हिज वर्ल्ड' नाम की किताब 1968 में लिखी थी। बाख्तिन को लोग डायलेक्टिक इमेजिनेशन का लेखक मानते हैं, विचारक मानते हैं। लेकिन बाख्तिन ने कार्निवाल पर पूरी-की-पूरी किताब लिखी है। और रेबले का हवाला देते हुए जो लिखा है, उसमें दरबार के अन्दर 'कोर्ट लाइफ' होती है जिसमें बहुत ही शिष्ट, संयत अदब से बैठना पड़ता है—चाहे वह मुगल दरबार हो, चाहे चौदहवें लुई का दरबार हो। वहाँ बैठने की तमीज, उठने-पहनने-ओढ़ने का सलीका होगा। इसके ठीक बाहर, दरबार के बाहर जो आम लोग गाँव के होते हैं, उन चीजों का कैसा मजाक उड़ाते हैं! यह भाँड का जो आप जिक्र कर रहे थे, उन भाँडों में देखें। दरबारी अदब में नायिका को फुलवाड़ी में ही मिलना चाहिए। यहाँ तक कि राम-सीता दोनों पुष्पवाटिका में मिलते हैं। लेकिन मनोहर श्याम जोशी के नायक और नायिका मिलते हैं पाखाने में। यहाँ शृंगार और हास्य का सम्बन्ध जुड़ता हुआ दिखाई पड़ेगा।

यह 'फिजिकेलिटी' जो है, शारीरिकता, दैहिकता, जो हमारे गाँव के लोगों में भरी पड़ी है, लोक-परम्परा में जिसका खूब इस्तेमाल किया है हबीब तनवीर ने, यह चीज केवल गाने तक नहीं है। वह अभिनय का, प्रयोग का अभिन्न हिस्सा है। उन क्रियाओं के द्वारा आप दिखाएँ। यह चीज ज्यादा विस्फोटक होती है, 'सबसर्विस' होती है। ये सारी चीजें ले जाती हैं कि आलोचनात्मक नाटक होना चाहिए, जो नाटक की भूमिका है, जो परम्परा एक जमाने में 'इप्टा' ने अपनाई थी। हमारे यहाँ दोनों साथ-साथ शुरू हुए हैं। तमाम चीजें, विरोधी चीजें, एक साथ ही शुरू होती हैं। अलकाजी का थियेटर और हबीब तनवीर का थियेटर, दोनों साथ निकले थे। एक सीरियस, वे शेक्सपियर से और इंग्लैंड से परम्परा लेकर

के आए थे। शीन कॉफ दुरुस्त करके करनेवाली बात। लेकिन एक दूसरी बात थी जो नज़ीर अकबराबादी से होकर, उस काफिर ग़ालिब से होते हुए आई थी। हबीब तनवीर ने उस परम्परा को, इप्टा की परम्परा को आगे बढ़ाया। मैं समझता हूँ कि उस परम्परा के लिए आज के माहौल में, हम जिस उत्तर आधुनिक दौर की बात कर रहे हैं, जहाँ से विश्व हिन्दू परिषद, बजरंग दल और ये मुखौटा लगानेवाले लोग जो हैं, इन मुखौटों के बीच एक पूरा-का-पूरा ऐसा नाटक जो हो रहा है, मैं मंच पर यह नाटक, आज का, देखना चाहता हूँ। इस नाटक की प्रस्तुति देखना चाहता हूँ और यह प्रस्तुति वही आदमी कर सकते हैं जिन्होंने कहा कि वह काफिर-दिल हो, कुफ्र हो। ईमान वाला आदमी तो बड़ा ही गम्भीर हुआ करता है, चाहे वह समाजवादी हो। माफ कीजिएगा, वह 'पार्टीलाइन' वाला ही होगा। ये जलेस और जसम के लोग नहीं कर सकते हैं। चाहिए उनको करना। ऐसे दौर में, पुराने जमाने में, जैसेकि चर्च जब 'डोमिनेंट' था तो रेबले ने कार्निवाल की थीम के द्वारा उस चर्च को चुनौती दी थी। आज जिस माहौल से गुजर रहे हैं, जिस निहायत कट्टरपंथी, संकीर्णतावादी दौर से, उस दौर में शायद यही थियेटर में चाहिए। फासिज्म के खिलाफ लड़ने के लिए 'कामिक' ब्रेख्त आया था। आज हिन्दुस्तान के लिए ऐसे उस ब्रेख्त की जरूरत है जिसने 'लाइफ ऑफ गैलीलियो' में दसवाँ अध्याय कार्निवाल का दिया है। पूरे बाइबिल-ध्वसंक के रूप में गैलीलियो को पेश किया गया है। इसलिए मैं समझता हूँ कि बाख्तिन ने 'रेबले एंड हिज वर्ल्ड' में जिस कार्निवाल की थ्योरी दी है और ब्रेख्त ने अपने 'गैलीलियो' नाटक में जिस कार्निवाल को जिद करके रखा है, वह महत्त्वपूर्ण है। आलोचना का या कहना चाहिए, नाट्य का वह सिद्धान्त है जो हमें भरत मुनि के 'नाट्यशास्त्र' से जोड़ता है। 'नाट्यशास्त्र' में जिक्र है और मैं समझता हूँ कि उसमें पूरी कथा, कुछ श्लोक नहीं आए हैं लेकिन 'इन्द्रम' नाटक जब खेला गया था, तो जो देवासुर-संग्राम उसमें हुआ, उस नाटक में, उस मंच पर किसी की टाँग टूटती है और जैसा वह नाटक होता है, पूरा ध्वंसक नाटक था। वायलेंस था पूरा। आर्तुआ की 'थियेटर ऑफ क्रुअलिटी' की हम लोग बात ज्यादा करते हैं। मेरा खयाल है कि उसमें जो विवरण मिलता है, उसमें कोई-न-कोई विदूषक अपनी टेढ़ी लकुटिया लिये हुए आया होगा और उसने और विध्वंसक रोल अदा किया होगा। वह कहानी कहाँ है 'नाट्यशास्त्र' की? इसलिए वह संस्कृत पाठक की परम्परा, यानी शृंगार या रसराज की परम्परा बहुत लोग निभा गए हैं। अच्छा काम किया है लोगों ने। आगे भी करेंगे। भवभूति कहते थे : 'एकोहि करुणं', तो करुण रस एक ही है, उसकी भी कहानी वे कह गए। लेकिन उसी 'नाट्यशास्त्र' में बीज एक और है, और जरूरी नहीं कि उसके लिए पश्चिम का कोई ब्रेख्त, नया ब्रेख्त आए। वही खोजे तभी हम उसकी ओर लपकें!

कमलेश दत्त जी की और राधावल्लभ जी की मदद से हम लोग वही चीज खुद खोज कर क्यों नहीं निकालते हैं? और मैं समझता हूँ कि वह ज्यादा प्रासंगिक होगा। मैं बधाई देता हूँ कला परिषद को और कमला प्रसाद जी को कि उस चीज की शुरुआत इन गोष्ठियों के द्वारा हो रही है, और प्रयोग के द्वारा हो रही है जिससे शायद एक नई हवा चलेगी, और चल सकती है। और वह हवा किसी भवन से नहीं बल्कि परिषद् से ही चले तो ज्यादा अच्छा है। धन्यवाद।

[मध्य प्रदेश कला परिषद द्वारा 1998-99 में 'रंगपर्व' के नाम से आयोजित सप्त दिवसीय संगोष्ठी में दिया गया वक्तव्य, 'कलावार्ता' में प्रकाशित]

# प्रगतिशील साहित्य : कुछ विचार

[1]

'प्रगतिशील' शब्द या प्रगतिशील साहित्य का एक इतिहास है। इस इतिहास में निश्चित रूप से उसने एक अर्थ ग्रहण कर लिया है और आज भी उस प्रगतिवाद की परम्परा में ही नई से नई साहित्यिक प्रवृत्तियों को हम जोड़ें और उन्हें प्रगतिवाद के उत्थान का ही अगला चरण मानकर चलें तो उससे हमारी परम्परा भी जुड़ेगी, साथ ही नई परिस्थितियों में हम प्रगतिशील साहित्य को सिद्धान्त और व्यवहार में किस रूप में लागू करेंगे, इससे ऐतिहासिकता की रक्षा के साथ ही स्पष्टता भी बनी रहेगी। मैं साहित्य के सन्दर्भ में आपको बहुत ही साफ कहूँ कि 'जनवाद' के प्रयोग के बारे में मेरे मन में कुछ हिचक भी है। हम लोग 'डेमोक्रेसी' के लिए 'जनवाद' का प्रयोग कर सकते हैं और साहित्य में जनवादी प्रवृत्ति होती है, हो सकती है, लेकिन जनवादी साहित्य जब हम कहते हैं तो इससे ज्यादा व्यापकता मुझे प्रगतिशीलता में दिखाई पड़ती है जिसकी सीमा 'जनवाद' से आगे बढ़कर 'समाजवाद' तक जाती है, जा सकती है।

[2]

प्रगतिशील लेखक साम्राज्यवाद-विरोधी थे पर यह ध्यान रखना जरूरी है कि वे जब साम्राज्यवाद का विरोध कर रहे थे तो केवल ब्रिटिश साम्राज्यवाद का ही विरोध नहीं कर रहे थे, बल्कि उस समय जो कविताएँ उन्होंने लिखी हैं, वह देशी पूँजीपतियों के भी खिलाफ हैं। इसलिए प्रगतिशील साहित्य में केवल साम्राज्यवाद का विरोध ही नहीं था, बल्कि देशी पूँजीपतियों का भी विरोध था, इस देश के जमींदारों का भी विरोध था।

[3]

मेरे सामने एक व्यावहारिक प्रश्न है : लेखकों और जनवादी लेखकों का संयुक्त मोर्चा। जैसे राजनीति में हम वामपंथी जनवादी एकता की बात कर रहे हैं, उसी

तरह साहित्य के क्षेत्र में भी अगर हम तमाम लेखकों को लामबन्द करके, एकजुट करके वामपंथी जनवादी एकता लागू करना चाहें—भले ही इस नाम की कोई संस्था न बने, बल्कि एक ऐसी जमीन हो जहाँ लेखकों की आपस में बातचीत हो सके, आपस में संवाद हो सके...? कुछ ऐसे राष्ट्रीय प्रश्न हैं जिन प्रश्नों पर तमाम लेखक एक साथ खड़े होकर कुछ चीजों के लिए संघर्ष कर सकते हैं—इस व्यावहारिक समस्या के अधीन ही अलग-अलग लेखकों के बारे में यह देखना जरूरी होगा कि उनके विचार क्या हैं और उनका लेखन क्या है? क्योंकि साहित्य के क्षेत्र में अगर यह धारणा बनती है तो इससे निर्धारित होगा कि उन लेखकों की आलोचना या समीक्षा करते समय हम क्या रुख अपनाएँ? ठोस उदाहरण लें—'कलम' के उसी अंक में हरिशंकर परसाई पर एक लेख छपा है और हरिशंकर परसाई के 'पहल' में प्रकाशित एक लेख की आलोचना की गई है। अगर हरिशंकर परसाई, सामान्यतः अपनी रचनाओं के द्वारा साम्राज्यवाद-विरोधी, सामन्तवाद-विरोधी और पूँजीवाद-विरोधी भूमिका अदा कर रहे हैं और किसी एक राजनीतिक प्रश्न पर दूसरे वामपंथी लेखक से उनका मतभेद होता है तो इसी आधार पर उनका पूरा-का-पूरा व्यक्तित्व अथवा साहित्य खंडित नहीं हो जाता।

## [4]

हम लोग जिस व्यक्तिवाद का विरोध कर रहे हैं, वह व्यक्तिवाद पुराना व्यक्तिवाद है। हमारे पुराने प्रगतिशील आन्दोलन का अनुभव बताता है कि उस जमाने में हम लोगों का एक बहुत बड़ा मुद्दा था—व्यक्तिवाद बनाम समष्टिवाद। उस समय के लेखक व्यक्तिवाद के विरुद्ध समष्टिवाद का समर्थन करते थे और इस आधार पर वे पुरानी परम्परा को महत्त्व देते थे—लोक-मंगल की बात करते थे, व्यापक रूप से सामाजिक-मंगल की बात करते थे, उन तमाम लेखकों को प्रगतिशील आन्दोलन ने अपने साथ लिया और जैसे-जैसे वर्ग-संघर्ष तीव्र होता गया, उनमें से कई लोग राष्ट्रीयता के नाम पर, भारतीयता के नाम पर और बुर्जुआ जनवाद के नाम पर प्रगतिशील आन्दोलन का साथ छोड़कर अलग हो गए—ऐसे कई लोग थे। यह एक लम्बी कड़ी है, जिसमें दिनकर भी हैं, भवानी प्रसाद मिश्र भी हैं, पंडित नन्ददुलारे वाजपेयी भी हैं, बहुत बड़ी संख्या है ऐसे लेखकों की। संघर्ष की तीव्रता के साथ वे तमाम लोग व्यापक प्रगतिशील आन्दोलन से खिसक गए। दूसरी ओर जो व्यक्तिवादी कहे जानेवाले लेखक थे, जो आधुनिकतावाद की तरफ मुड़ रहे थे, जिनकी हम लोगों ने ज्यादा कड़ी आलोचना की थी और उन्हें मुख्य शत्रु मानते थे, उनमें से कई परिस्थितियों के दबाव के कारण अपनी रचनाओं में प्रगतिशील आन्दोलन के ज्यादा करीब आए। यद्यपि ये समाजवाद को नहीं मानते थे, मार्क्सवाद

को नहीं मानते थे, लेकिन इस समाज-व्यवस्था के खिलाफ खड़ा होना है या इसका साथ देना है, राज्य-सत्ता का साथ देना है या राज्य-सत्ता का विरोध करना है—इस सवाल पर वे प्रगतिशील लेखकों के ज्यादा करीब थे। यद्यपि जैसा मैंने कहा कि अपने विचारों में वे निम्न-मध्यवर्गीय क्रान्तिकारिता के शिकार रहे। यह प्रश्न आज भी हमारे सामने है और जनवादी लेखक संगठन बनाते समय या जनवादी मोर्चा बनाते समय यदि हम केवल व्यक्तिवाद को मुद्दा बनाएँ तो समस्याएँ खड़ी होंगी। यह केवल रणनीति का प्रश्न नहीं है, बल्कि विचारधारा के स्तर पर भी व्यक्तिवाद की सीमाओं की ओर हम बराबर संकेत करेंगे, यह नहीं है कि इसके बारे में हम कुछ समझौता करेंगे या वे हमारे साथ आए इसलिए हम तरह देंगे, लेकिन हम फिर कहेंगे कि इन तमाम लेखकों को हम पूँजीवाद का समर्थक या पूँजीवादी विचारधारा का शिकार नहीं कहेंगे। इन तमाम लेखकों को हम साम्राज्यवाद का समर्थन करनेवाले लोगों में नहीं गिनेंगे क्योंकि ये नहीं करते। इसलिए नहीं कि हम उनको अपने साथ लेने के लिए इस ओर से आँख मूँदना चाहते हैं, बल्कि तथ्य यह है कि अपने लेखन में ये लोग—चाहे जिस रूप में वह आनेवाला हो, उपनिवेशवादी, नव-उपनिवेशवादी, साम्राज्यवादी, यहाँ तक कि पूँजीवादी व्यवस्था का भी समर्थन नहीं करते, किन्तु जैसाकि मैंने कहा कि निम्न-मध्यवर्ग की सीमा ऐसी है कि अपने विरोध में ये निम्नवर्गीय चेतना की सीमा से आगे नहीं जा पाते।

[प्रगतिशील लेखक संघ के किसी आयोजन में जबलपुर में दिया गया वक्तव्य। 'यात्रा' : मई, 1982 में प्रथम प्रकाशन। 'पहल-19' में पुनः प्रकाशित]

# लघु पत्रिकाओं की भूमिका

'सम्पर्क' का परिचय देते हुए, इसके सम्पादक जी ने कहा कि यह पत्रिका एक ऐसे मंच को प्रस्तुत करने का प्रयास कर रही है जहाँ विभिन्न दृष्टियों एवं विचारधाराओं के लेखक एकत्र-प्रकाशित हों और उनमें विचारों का आदान-प्रदान हो। आज के जमाने में जब कि उदारता जैसा मूल्य भी दुर्लभ हो चला है, संकीर्णता की भावना जहाँ बढ़ रही है, ऐसे समय अपनी प्राचीन परम्परा के अनुरूप यदि विचारों के क्षेत्र में सहिष्णुता ही नहीं बल्कि उससे आगे बढ़कर उदारतापूर्वक उन विचारधाराओं का स्वागत करने को प्रस्तुत हो तो स्वभावत: यह प्रयास सराहनीय कहा जाएगा। इस उदारता में जैसा सम्पादक जी ने कहा कि इसमें प्रगतिशील, जनवादी और इससे इतर दृष्टियाँ भी हैं। तो दृष्टियाँ तो दो होती हैं, बहुत हुआ तो त्रिनेत्र शिव होते हैं। उसके बाद यदि आगे बढ़ करके सहस्राक्ष आप हुए तो क्या गति होती है, यह आप जानते हैं। इसलिए किसी साहित्यिक पत्रिका में दो-तीन दृष्टियाँ रहें तब तो गनीमत है। इसके बाद यदि उसे सहस्राक्षी बनाने की कोशिश करेंगे तो कठिनाई पैदा होगी और इसका जो स्वरूप सामने आएगा, वह आपकी उदारता का परिचायक नहीं होगा बल्कि उसके द्वारा सम्भवत: आपमें एक कन्फ्यूजन की सृष्टि होगी।

यह इसलिए कहना आवश्यक है कि एक लेखक के नाते कोई भी आदमी ऐसी जगह प्रकाशित होना चाहता है जहाँ प्रकाशित होने में उसे सार्थकता का अनुभव हो। हर लेखक यह जानना चाहता है कि किनके साथ आप प्रकाशित हो रहे हैं? किन लोगों के बीच? यदि आप ऐसे स्थान पर प्रकाशित हों जहाँ बहुत घटिया चीज भी छप रही हो तो उस समय आप सम्मान या हर्ष का अनुभव नहीं करते हैं बल्कि ऐसा लगता है कि आपको नीचे स्तर पर उतार दिया गया है। इसलिए लघु या बड़ी, जैसी भी पत्रिका हो, इस बीच सम्पादक का बहुत बड़ा दायित्व हो गया है कि किसी लेखक को पहले अंक में तो आप प्रकाशित करते हैं पर कुछ उसे आश्वस्त कर सकें कि जहाँ आप प्रकाशित हो रहे हैं, वहाँ आप अपनी पूरी गरिमा के साथ और सार्थक ढंग से प्रकाशित हो रहे हैं, जहाँ आपकी रचना का प्रकाशन आपका अवमूल्यन नहीं है।

लेखक पारिश्रमिक का बहुत भूखा नहीं है। पहले अंक में लोग उदारतावश दे भी देते हैं लेकिन उसके बाद वे तुरन्त हाथ खींच लेते हैं, जब देखते हैं कि उसकी रचना किस प्रकार, कहाँ प्रकाशित हुई। मैं किस प्रकार और कहाँ के बारे में यह निवेदन कर दूँ—लेखक के लिए यह महत्त्वपूर्ण नहीं है कि आप उसे सर्वप्रथम स्थान दें। आप अन्त में छापें; यह कम महत्त्वपूर्ण नहीं है। महत्त्वपूर्ण है कि किन लोगों के बीच और कहाँ हैं आप? एक लेखक के नाते मेरी भी यह आकांक्षा होती है। अधिकांश पत्रिकाओं के सम्पादकों से, पत्रिकाओं से, अखबारों तक से लेखकों की यही शिकायत है। उदाहरण के लिए—दिल्ली से एक दैनिक प्रकाशित होता है, जिसके रविवारीय संस्करण में कविताएँ छपती हैं। आरम्भ में नये लोगों की बहुत चुनी हुई, बहुत अच्छी कविताएँ छपती रहीं। सौभाग्य से उसके सम्पादक स्वयं एक युवा सार्थक कवि हैं और बहुत अच्छा लगा उस दैनिक के रविवारीय संस्करण में नई प्रतिभाओं को खोजकर उनकी अच्छी कविताओं का प्रकाशन। ज्यादा नहीं छापते वे। एक कवि की दो या तीन कविताएँ छापते हैं या कभी कोई लम्बी कविता हुई तो एक ही कविता छापते हैं। चित्र के साथ भी वे छापा करते थे। किसी आधुनिक चित्रकार का एक चित्र भी उसके बैकग्राउंड में देते थे। धीरे-धीरे उसमें खराब कविताएँ छपने लगीं, बड़े लोगों की खराब कविताएँ छपने लगीं। बीच में दस खराब कविता छपने पर किसी अंक में एक अच्छी कविता आ भी जाए तो लगता था कि उसका अपमान है और फिर यह अनुभव किया जाने लगा कि ऐसी क्या विवशता है कि कविता आप छापें? नहीं मिलती हैं, न छापें। आप नहीं खोज पाते हैं तो न छापें; यह कवियों से बातचीत के दौरान मैंने अनुभव किया। इसलिए बहुत बड़ा दायित्व सम्पादक पर आ पड़ा है।

मैं कहूँगा कि रचनाओं को इकट्ठा कर लेना ही काफी नहीं है, उसके बाद और उसके साथ एक बहुत बड़ी जिम्मेदारी है जिसे आप सम्पादकीय विवेक कहिए। सम्पादकीय विवेक का परिचय हमारे समर्थ सम्पादकों ने दिया है। आचार्य महावीर प्रसाद द्विवेदी स्वयं बहुत बड़े कवि नहीं थे, स्वयं बहुत बड़े समालोचक भी नहीं थे, वे सर्वज्ञ न थे किन्तु 'सरस्वती' में जिस साहित्य-विवेक, काव्य-विवेक, समालोचना-विवेक और विचार-विवेक का परिचय उन्होंने दिया, वह विवेक आज भी श्रद्धा का विषय है और बहुत-कुछ सीखने लायक है। जरूरी नहीं कि किसी पत्रिका का सम्पादक स्वयं बहुत बड़ा साहित्यकार हो। लेकिन यदि उसे यह अनुभव है कि मैं बहुत बड़ा साहित्यकार नहीं हूँ फिर भी वह विनयशीलता, विनम्रता उसमें हो और उस विनयशीलता, विनम्रता के साथ बराबर उस विवेक का परिचय देता रहे, मैं समझता हूँ, वह भी एक बहुत बड़ा कार्य है और सम्पादन भी उसी प्रकार एक सृजनशील कर्म है।

आचार्य महावीर प्रसाद द्विवेदी के बाद प्रेमचन्द ने अपने 'हंस' और आरम्भिक वर्षों में और 'प्रतीक' द्वैमासिक और 'प्रतीक' मासिक में श्री सच्चिदानन्द वात्स्यायन अज्ञेय ने भी इसका परिचय दिया। बहुत दिनों तक 'कल्पना' ने इस विवेक का

परिचय दिया। इसलिए स्वाधीनता के पहले ही नहीं बल्कि स्वाधीनता-प्राप्ति के बाद की पत्रिकाओं में इस विवेक का परिचय मिलता रहा है और इससे लगता है कि हिन्दी में यह परम्परा सम्पादकों की एक जीवन्त परम्परा है, जहाँ उस साहित्य-विवेक की रक्षा की जाती थी और जहाँ प्रकाशित होकर कोई भी रचनाकार अपनी रचना की सार्थकता का अनुभव करता था।

एक बड़ा दायित्व 'सम्पर्क' के ऊपर है। विशेष रूप से वह एक महत्त्वपूर्ण साहित्यिक केन्द्र इलाहाबाद से प्रकाशित हो रही है, जहाँ आज भी सार्थक कवि, सार्थक कहानीकार, सार्थक उपन्यासकार, नाटककार और समालोचक मौजूद हैं; इसलिए प्रतिभाओं की आपको कमी नहीं पड़ेगी। सार्थक रचनाओं की भी कमी नहीं पड़ेगी, लेकिन इन रचनाकारों को आप क्या देते हैं, यह निर्भर करता है और इसके बारे में कई तरह के लतीफे चलते हैं। हमने उस्ताद नासिक के बारे में सुना है कि यदि कोई उनके यहाँ शेर सुनने के लिए पहुँच जाता था तो पहले वे जाँच करते थे कि उसको तमीज है कि नहीं। तो शुरू में कुछ मोहमिल ढंग के बेसिर-पैर के शेर सुना देते थे जिसमें एक दरिया का उदाहरण कुछ इस तरह दिया गया है :

*टूट दरिया की कलाई, जुल्फ़ उलझी बाम में।*
*मोरचे मखमल में देखे, आदमी बादाम में॥*

और इस पर 'वाह-वाह! वाह-वाह!!' सुनकर दो-चार और सुनाकर उन्होंने दफ़ा किया और समझ गए कि ये शेर सुनाने के काबिल नहीं हैं।

तो उदारता के साथ जब आप लेखकों से अभिभूत हों तो यह न भूलें कि यह इलाहाबाद की नगरी है। यहाँ उस्ताद नासिकों की भरमार है। आप जाएँगे रचना लेने के लिए तो देखेंगे ठोक-बजाकर कि कैसे हैं ये, और एकाध अंक निकलवा भी देंगे आपसे। इसके बाद फिर वही चीजें पकड़ा देंगे, जैसे उस्ताद शेर सुनाया करते थे। तो यह परीक्षा की घड़ी है।

हिन्दी में पत्रिकाओं की दुनिया में दो नये शब्द चले हैं—एक अनियतकालीन पत्रिका और दूसरी लघु पत्रिका। लगभग एक ही साथ ये शब्द चले हैं। सुविधाओं के कारण और सुविधाओं के अनुसार पत्रिका अनियतकालीन हो, इस पर आश्चर्य की कोई बात नहीं है। लेकिन जब यह अनियतकालीन एक नियत मूल्य बन जाए तो साहित्य का विनाश निश्चित है। इसलिए नियमित रूप से अगर कोई आदमी अनियमित रहा करे, दफ्तर या विभाग में कोई आदमी नियमित रूप से लेट आता हो तो फिर वह अनियतकालीन नहीं रह जाता। यह केवल विनोद की चीज नहीं, बहुत गम्भीरता से सोचने की जरूरत है।

उन्नीसवीं सदी के लेखक अपनी पूँजी से, अपने श्रम से पत्रिका निकालते थे। कभी-कभी पूरी पत्रिका उन्हें स्वयं लिखनी पड़ती थी। 'आनन्द कादम्बिनी'

प्रेमघन जी आदि से लेकर अन्त तक लिख दिया करते थे। पं. प्रताप नारायण मिश्र जैसे फक्कड़ आदमी 'ब्राह्मण' निकालते थे। चन्दा-वन्दा नहीं आता था और वे कविता में ही चन्दा माँगा करते थे :

*बहुत काल बीते जजमान।*
*अब तो करो दच्छिना दान हर हर गंगे॥*

लेकिन ध्यान से देखें तो उस समय की उनकी लाचारी और विवशता कि पत्रिका भी लिखें, छापें, जिल्दसाजी करें, फिर (मूल्य जो भी रखा हो लेकिन प्रेम ही मात्र मूल्य हुआ करता था) उसको लेकर पाठकों के पास जाएँ, कोई न पढ़ पावे तो पढ़कर सुनावें—एक लेख तीन दिन में सुनावें। यह सब कर अगर वे अनियत हों तो बात समझ में आए, लेकिन आप क्रम देखें तो उस काल की पत्रिकाएँ आज की तुलना में कम अनियत हैं। निश्चित तिथि से हफ्ता-दस दिन देर से निकलें, लेकिन महीने, दो महीने, वर्ष भर बाद निकलें, यह नौबत नहीं आनी चाहिए। इसलिए आज क्या हो गया है?

मैं इसे केवल अर्थाभाव, धनाभाव, सुविधा का अभाव नहीं मानता बल्कि मूल्य के रूप में मानता हूँ। यानी इस समय बहुत-से मूल्यों के ह्रास की बात हम लोग किया करते हैं जिसमें से शुद्ध संकल्प-शक्ति कहिए या नियम मात्र के प्रति अवहेलना दिखाई देती है। छायावाद और स्वच्छन्दतावादी कविता भी उतनी स्वच्छन्द नहीं हुई थी जितने इस बीच हम लोग परम स्वच्छन्द हो गए हैं। प्रूफ की गलती न हो, यह संकल्प लें। कोई वजह नहीं है कि 'सरस्वती' में प्रूफ की गलती यदि एक चली जाए तो सम्पादकगण की जैसे नींद हराम हो जाती थी। आज 'शोभा' है, 'अलंकार' है ऐसी पत्रिका, जिसमें प्रूफ की गलती न हो। हिन्दी कम्पोजिंग की हालत उस समय और भी खराब रही होगी। हम लोगों में इस बारे में जैसे कोई आग्रह ही नहीं है। लेखक बेचारा हाथ से लिखे, शुद्ध करे, टाइप करवाए, टाइप की भूल ठीक करे और वहीं पत्रिका में छपने पर प्रूफ की गलती से सारे परिश्रम पर पानी फिर जाए।

स्मृतिहीन होना कितनी खराब बात है! गीता में पूरा श्लोक इस पर कहा गया है :

*स्मृतिभ्रंशाद् बुद्धिनाशो बुद्धिनाशात्प्रणश्यति।*

यह स्मृतिभ्रंश जो है, वह बुद्धिनाश का लक्षण है और उसके बाद विनाश होता है। इसलिए साहित्यिक पत्रकारिता से जो हम लोग (जो लोग) जुड़े हुए हैं, हम लोगों को बहुत गहरा अन्तरावलोकन करने की आवश्यकता है, यानी सुविधाओं का रोना-धोना हम लोग बन्द कर दें। तब इससे कम सुविधाएँ थीं लेकिन वह जो एक अनुशासन, नियम, संकल्प और इसके साथ इन सबसे जुड़ी हुई जो सम्पादकीय नैतिकता थी, उस नैतिकता की रक्षा करें।

किसी भी पत्रिका के पास अपनी रचना आप भेजें, तो फिर प्रकाशित होने के बाद ही पता चलता था कि वह रचना कौन-सी है और क्या है? आज पत्रिका के दफ्तर में चले जाइए तो सम्पादक दस लोगों को पढ़कर सुना देंगे और पहले से ही पाठकों के पत्र भी मँगवा लेंगे, उसका प्रत्युत्तर भी मँगवाकर रख लेंगे। यह सम्पादकीय नैतिकता का ह्रास है। 'सरस्वती' के किसी अंक के प्रकाशित होने से पूर्व आचार्य महावीर प्रसाद द्विवेदी से यह कोई मालूम नहीं कर सकता था कि इसमें क्या जा रहा है। लेकिन जिस प्रकार विश्वविद्यालयों का परीक्षा-विभाग नाम मात्र के लिए गोपनीय रह गया है, उसी प्रकार साहित्यिक पत्र-पत्रिकाओं में भी नाम मात्र के लिए भी गोपनीयता नहीं है। चले जाइए, इसको देखकर चले आइए। उसका जवाब-ववाब तैयार-वैयार होकर सब वहाँ रखा हुआ है। इसलिए इन पत्रिकाओं के सम्पादन से जुड़े हुए जो कुछ नैतिक मूल्य हैं, नैतिकताएँ हैं, उनको ध्यान में रखना बहुत आवश्यक है। इसलिए मैं इस अनियतकालीनता को महत्त्वपूर्ण नहीं मानता हूँ। इस व्यवस्था का मैं बिलकुल कायल नहीं हूँ। यह हमारी नितान्त अयोग्यता का सूचक है। 'आलोचना' भी बहुत अनियमित निकलती थी। मैं यह दूसरों की समीक्षा नहीं कर रहा हूँ, आत्मसमीक्षा कर रहा हूँ। अनेक स्थानों पर यह एक 'साइड जॉब' रह गया है, मुख्य कर्म तो और है और लगे हाथों एक पत्रिका निकालना भी उद्देश्य हो गया है। और, सबका उद्देश्य बहुत साहित्यिक ही नहीं हुआ करता है। नाना उद्देश्यों से पत्रिकाएँ निकला करती हैं, जिसमें व्यावसायिकता बहुत छोटा उद्देश्य है।

उस व्यावसायिकता से इतर उद्देश्य हैं। इसलिए कुछ लोग एक-दो अंक निकाल करके अगर वह इकलौती रह जाए तब भी उद्देश्य की सिद्धि हो गई। आज इसका अच्छी तरह पता लगाया जाना चाहिए कि किसी पत्रिका का एक ही अंक निकलकर जो बन्द हो गई, उसका कारण उस उद्देश्य की पूर्ति है अथवा शुद्ध अर्थाभाव है या रचना का अभाव है?—इसकी ठीक-ठीक जाँच करनी चाहिए। कुछ पत्रिकाएँ एक ही अंक निकालने के उद्देश्य से ही निकलती थीं। ऐसी भी पत्रिकाएँ हैं कि जैसे ही उद्देश्य की पूर्ति हुई, पत्रिका बन्द। ये पत्रिकाएँ हमारे देश के उन राजनीतिक नेताओं के समान आई हैं जो वादा करके आए और फिर उसी प्रकार वादा बिसर गया जब काम निकल गया।

'लघु पत्रिका' शब्द हिन्दी में अभी भी अपरिभाषित है। लघु पत्रिका का क्या मतलब है? बहुत-से शब्द हम लोगों ने विदेशों से लिये, जो वहाँ सुपरिभाषित हैं, लेकिन हमने उसे बिना परिभाषित किये हुए ग्रहण कर लिया। हमने 'लिटिल मैगजीन' का 'लघु पत्रिका' के रूप में अनुवाद कर लिया। विचित्र बात तो यह है कि 'लघुमानव' तो इलाहाबाद में परिभाषित हो गया लेकिन 'लघु पत्रिका' परिभाषित नहीं हुई। विदेशों में जहाँ साहित्य और कला का संस्थानीकरण हुआ और वे संस्थानीकृत हुईं, एकेडमीज, इंस्टीट्यूशंस और इस प्रकार साहित्य और कला के

प्रतिष्ठित संस्थान अथवा प्रतिष्ठान जहाँ रहे, और उन प्रतिष्ठानों से एक विशेष प्रकार का साहित्य, एक विशेष प्रकार की कला जो आम तौर से लीकपीटू, पुरातन-पंथी, प्रयोगशून्य और पुरातन मान्यताओं की समर्थक विचाराधारा या जीवन-मूल्यों की पोषक पत्रिकाएँ भी निकला करती थीं, ऐसे देश में और ऐसे साहित्यों में प्रतिष्ठान के विरुद्ध लेखकों, कलाकारों में से वे लोग जो अपने को 'हरावल दस्ता' समझते थे, जिसको फ्रेंच में 'अवाँगर्द' कहते थे—एडवांस गार्ड के रूप में—ऐसे कलाकारों और साहित्यकारों ने जो पत्रिकाएँ निकालीं, वे लघु पत्रिकाएँ कहलाईं और उनको वे 'लघु पत्रिका' कहते थे।

अंग्रेजी के माध्यम से—जिनसे हम थोड़ा-बहुत परिचित हैं—अमरीका में साहित्यिक पत्रिकाएँ अधिकांश विश्वविद्यालयों से निकलनेवाली पत्रिकाएँ हैं; और ये विश्वविद्यालय बड़े पुराने विश्वविद्यालय हैं—दो-दो शताब्दियाँ मना चुके हैं। कुछ ऐसे लिटरेरी इन्स्टीट्यूट थे, उनकी (पत्रिकाएँ) निकलती थीं। कुछ एकेडमीज थीं, उनकी निकलती थीं—पचास-पचास, साठ-साठ साल से निकल रही हैं। उनके कार्यों में से एक कार्य है—साहित्य की, कला की या विचार की कुछ पत्रिका निकालना। इंग्लैंड में 'रॉयल सोसाइटी' है—अब ज्ञान-विज्ञान, दर्शन आदि से लेकर वे अनेक मैगजीन्स निकालती है। तो ये प्रतिष्ठान हैं जिनकी पत्रिकाएँ निकला करती थीं। इन प्रतिष्ठानों के विरुद्ध ऐसा भी हुआ कि उसी प्रतिष्ठान के अन्तर्गत, प्रतिष्ठान में काम करनेवाले लेकिन विद्रोही लोगों ने एक साहित्यिक पत्रिका निकाली—अपने सीमित साधन से—उदाहरण के लिए 'कैम्ब्रिज क्वाटरली'। लेकिन डॉ. एफ.आर. लेविस तथा तीन-चार नौजवान जो लेक्चरर भी नहीं हुए थे, ट्यूटर थे, उन्होंने मिलकर 1932 में 'स्क्रूटनी' नाम की पत्रिका निकाली। कैम्ब्रिज से निकलने के बावजूद वह लघु पत्रिका थी। वे वहाँ लेक्चरर थे और रिटायर होने से दो साल पहले बड़ी मुश्किल से रीडर हुए जबकि उनके पढ़ाए कई चेले अनेक विश्वविद्यालयों में प्रोफेसर हो चुके थे। 'स्क्रूटनी' लघु पत्रिका थी। 'एसेज इन क्रिटिसिज्म' ऑक्सफोर्ड से निकलनेवाली एक आलोचना की पत्रिका थी। वह शुरू में निकली लघु पत्रिका के रूप में, बाद में स्वयं प्रतिष्ठान हो गई। इसलिए एक बात यह भी ध्यान में रखने की है कि काल-क्रम कोई जरूरी नहीं है। जैसे लघुमानव महामानव हो जाता है, उसी तरह से लघु पत्रिका के रूप में एक पत्रिका निकले और बाद में वह स्वयं प्रतिष्ठान की पत्रिका बन जाए। 'पोयट्री मैगजीन' जब शुरू-शुरू में निकली थी तो वह लघु पत्रिका थी, जब एमिल लावल ने निकाली थी। इसलिए विदेशों में प्रतिष्ठान की पत्रिका के विरुद्ध 'हरावल दस्ते' के कुछ युवा लोगों ने साहित्य में कुछ नया करने के लिए लघु पत्रिकाएँ निकालीं और ये पत्रिकाएँ नियमित निकलीं। ये अपने को अनियतकालीन नहीं कहा करती थीं, जैसे हमारे यहाँ लोग कहा करते हैं। जब तक निकलीं, नियमित और जब उन लोगों ने यह देखा कि जिस साहित्यिक आन्दोलन के रूप में हमने

कार्य शुरू किया था, जिसके लिए पत्रिका निकाली, जब वह आन्दोलन अपना कार्य सम्पन्न कर चुका तो उसी तरह से 'डिसबैंड' कर दिया, जैसे कोई किसी काम के लिए खड़ी की हुई आर्मी डिसबैंड कर दी जाती है, जबकि आपने लड़ाई जीत ली है। इसके बाद खड़ा करने का मतलब आतंक का कोई कारण बनेगी। इसलिए लघु पत्रिकाएँ निकलीं, दस साल तक चलीं, कार्य सिद्ध होने के बाद बन्द कर दी गईं। घोषणा करके बन्द कर दिया कि वह लक्ष्य प्राप्त कर लिया और वह धारा स्वयं मुख्यधारा का अंग बन गई, स्वीकृत हो गई, अब उसकी जरूरत नहीं है।

यह पृष्ठभूमि बताकर मैं विदेशों का इतिहास केवल पृष्ठभूमि के रूप में रख रहा हूँ। जाँच करनी चाहिए हमें कि हमारे यहाँ प्रतिष्ठान बनाम 'हरावल दस्ते' की कब-कब भूमिका रही है, कहाँ रही है, कितनी वांछित रही है और कितनी नहीं रही है।

मेरा ऐसा खयाल है कि हिन्दी की साहित्यिक पत्रिका का आरम्भ ही लघु पत्रिकाओं के रूप में हुआ। भारतेन्दु हरिश्चन्द्र ने जो 'हरिश्चन्द्र चन्द्रिका' निकाली, 'कवि-वचन सुधा' निकाली, वह लघु पत्रिका थी, 'ब्राह्मण' लघु पत्रिका थी, 'हिन्दी प्रदीप' लघु पत्रिका थी। हिन्दी की साहित्यिक पत्रिकाएँ लघु पत्रिका के रूप में ही शुरू हुई थीं। उनके द्वारा नया गद्य आया था, नया साहित्य आया था, नया कथा-साहित्य आया था। स्वयं 'सरस्वती' को आप क्या कहेंगे? 'सरस्वती' जब निकली थी, नागरी प्रचारिणी सभा की मोहर के साथ निकली थी। यह नागरी प्रचारिणी सभा प्रतिष्ठान है लेकिन उस प्रतिष्ठान की क्या उम्र थी जब 'सरस्वती' वहाँ से निकली थी? उसकी अपनी एक पत्रिका थी शोध की—'नागरी प्रचारिणी पत्रिका'। लेकिन साहित्यिक पत्रिका जब निकली तो उसके सम्पादक-मंडल में पाँच आदमी थे। द्विवेदी जी तो पाँच साल बाद आए लेकिन स्वयं महावीर प्रसाद द्विवेदी ने जब 'सरस्वती' को सँभाला तो 'सरस्वती' भले ही एक प्रकाशन संस्थान से निकलती रही हो, पहला विद्रोह पंडित जी ने किया कि नागरी प्रचारिणी सभा से सम्बन्ध-विच्छेद किया। प्रतिष्ठान से निकलकर 'सरस्वती' प्रतिष्ठान-विरोधी पत्रिका के रूप में चली थी और महावीर प्रसाद द्विवेदी उस युग के नये साहित्य को प्रकाशित करके और प्रारम्भ में ब्रजभाषा के विरुद्ध खड़ी बोली की कविताएँ—मैथिलीशरण गुप्त को छापकर 'हरावल दस्ते' का काम कर रहे थे। आगे चलकर छायावाद से सहमत न होते हुए भी सुमित्रानन्दन पन्त की कविताएँ उसमें छपीं, स्वच्छन्दतावादी कविताएँ छपीं, 'उसने कहा था' कहानी छपी थी, 'पंच परमेश्वर' कहानी छपी थी। महावीर प्रसाद द्विवेदी 'सरस्वती' को प्रतिष्ठान की पत्रिका नहीं बना रहे थे बल्कि नई धारा का प्रवर्तन 'सरस्वती' के द्वारा हुआ।

मैं निवेदन करना चाहता हूँ कि भाषा और साहित्य के रूप में इस गरीब हिन्दी की जो विद्यापति, कबीर से चली आती हुई परम्परा है, आरम्भ से बहुत दिनों तक, शताब्दियों तक कभी प्रतिष्ठान की भाषा नहीं थी, न साहित्य ही। अज्ञेय जी ने बहुत

पहले एक लेख में लिखा था कि यह विरोध का, प्रतिष्ठान से संघर्ष का साहित्य रहा है और हिन्दी भाषा रही है। 'सरस्वती' के दौर में भी 1930 तक की हिन्दी की पत्रिकाओं को आप देखें, 'सरस्वती' बड़ी थी; 'समालोचक' नाम की पत्रिका जयपुर से निकलती थी, गहमरी जी इसके सम्पादक थे, चन्द्रधर शर्मा 'गुलेरी' उससे जुड़े हुए थे। बड़ी पतली-सी पत्रिका थी, मुश्किल से छोटे आकार की—बीस-तीस पेज की निकलती थी। वह अंक आपने भी देखा, वह लघु पत्रिका थी कि संस्थान की पत्रिका थी? क्या इसलिए उसे लघु कहें कि वह छोटी थी? मेरा ऐसा खयाल है कि हिन्दी पत्रकारिता के इतिहास में यह ऐसा दौर था कि सभी प्रतिष्ठित मानी हुई पत्रिकाएँ जो आज महान लगती हैं, सब लघु पत्रिकाएँ थीं। 'हंस' क्या थी? 'हंस' लघु पत्रिका थी कि प्रतिष्ठान था? 'विशाल भारत' को क्या कहेंगे आप? यद्यपि 'विशाल भारत' संस्थान से निकलता था। 'चाँद' क्या था? स्वतंत्रता के पूर्व की अनेक पत्रिकाएँ वस्तुतः हिन्दी की लघु पत्रिकाएँ रही हैं।

स्वतंत्रता-प्राप्ति के बाद, स्वराज्य मिलने के बाद, इस देश में प्रतिष्ठानों का निर्माण शुरू हुआ। 'कल्पना' लगभग तभी निकली है जबकि स्वतंत्रता प्राप्त हुई है; फिर भी 'कल्पना' को आप एक प्रतिष्ठान कहेंगे, जिसमें सभी युवा लोग छपे हैं, जो आज दिखाई पड़ रहे हैं। मार्कंडेय जी यहाँ हैं—ये सब लोग 'कल्पना' से शुरू किए थे। बद्री विशाल, क्योंकि समाजवादी पार्टी के थे, समाजवादी विचारों के थे। जाहिर है कि वह सरकारी पत्रिका नहीं थी, सरकारी संस्थान नहीं था। वर्षों तक निकलनेवाली 'कल्पना' लघु पत्रिका थी। अब बाद में कोई 'कल्पना' के विरुद्ध भी एक लघु-लघु करने लगे तो क्या कहा जाए? मैं समझता हूँ कि लघुओं के बीच हिन्दी में महान और लघु का संघर्ष कम हुआ है। हिन्दी में अनेक लघुओं के बीच संघर्ष हुआ है और जहाँ निम्न-मध्यवर्गीय का बहुत व्यापक प्रसार हुआ हो, अंग्रेजी शब्द के लिए क्षमा किया जाए, जहाँ अधिकांश लेखक पेटी बुर्जुआ हैं; यदि कोई कहे कि यूनिवर्सिटी में प्रोफेसर हैं, तनख्वाह ठीक-ठीक मिलती है तो इसलिए मुझे मध्यवर्ग या उच्च मध्यवर्ग जैसा लगा देंगे; मार्क्सवादी परिभाषा ठीक से निर्धारित करेंगे तब पता चलेगा कि हिन्दी में जिस वात्स्यायन जी को बहुत आभिजात्य आदि-आदि कहा जाता है, उनके बारे में भी वर्ग-दृष्टि से जब विचार करेंगे तो इस नतीजे पर पहुँचेंगे कि जन्म से, तनख्वाह से सब कुछ निर्धारित नहीं होता।

इसलिए हिन्दी में अधिकांश लघु पत्रिकाएँ लघुओं के विरुद्ध निकली हैं और लघुओं का गला काटती रही हैं, महान से टकराने की नौबत ही नहीं आई है। कहने के लिए लोग 'धर्मयुग' से भिड़ते रहे हैं। 'धर्मयुग' के सम्पादक ने अनेक लघु पत्रिकाओं को पालित-पोषित किया है; जैसे शासक दल बहुत-से विरोधियों को पाल-पोसकर तैयार करता रहा है। स्वाधीन भारत की राजनीति में हमने देखा है कि यहाँ जानबूझ करके यानी कुर्सी पर बने रहने के लिए प्रतिपक्ष तैयार किया जाता

है। क्या हिन्दी की लघु पत्रिकाओं की चर्चा करें? उनकी गौरवशाली गाथा की बात करें? हिन्दी की बहुत-सी लघु पत्रिकाएँ एक दौर में व्यावसायिक प्रतिष्ठानों की, 'जारज संतान' शब्द नहीं कहूँगा, लेकिन उसी से पैदा हुईं। कोई नैतिक आधार उनके पीछे नहीं रहा है। बावजूद इसके कि इस पूरे माहौल में, इस नगर से भी ऐसी पत्रिकाएँ निकली हैं, कुछ संकलन निकले हैं—'संकेत' कभी निकला था, 'निकष' निकला था। आरम्भ में एक लघु पत्रिका हमारे मित्र रामस्वरूप जी ने 'नये पत्ते' निकाली थी—निराला के नाम पर। लेकिन ऐसी पत्रिकाएँ कई निकलीं, ऐसे सबका नाम गिनाना कठिन है। अनेक मित्रों ने यहाँ विचारधारा की दृष्टि से लघु पत्रिकाएँ निकालीं। इस बीच अपेक्षाकृत विश्वसनीय लघु पत्रिकाएँ वे रही हैं, जो किसी-न-किसी निश्चित राजनीतिक विचारधारा अथवा साहित्यिक विचारधारा की पक्षधर रही हैं और उसके तहत निकलती रही हैं। उनमें एक अनुशासन था। अब मतभेद हो सकता है, उन पर संकीर्णता का आरोप लगा सकते हैं, लेकिन ये उस होड़ में 'रैटरेस' में नहीं शामिल थीं, जिसमें ये पत्रिकाएँ रहीं। 'नया पथ' एक दौर में निकलता था, फिर निकलना शुरू हुआ है। 'नया साहित्य' निकला था—कुछ ही अंक निकले थे। इसलिए 'नया पथ', 'नया साहित्य' एक विचारधारा के रूप में थे। बाद में वात्स्यायन जी (अज्ञेय) ने 'नया प्रतीक' नाम से निकाला। उनकी एक समझ थी, दृष्टि थी। वह सर्वव्यापी नहीं थी लेकिन इस तरह से सर्वग्रासी भी नहीं थी।

इन पत्रिकाओं को देख करके पन्त जी की कविता याद कर लेनी चाहिए : 'प्राण तुम लघु लघु गात'। तो ये लघु-लघु गात वाली जो पत्रिकाएँ निकलती रही हैं, सभी न अभिनन्दनीय हैं, न प्रशंसनीय हैं, न सब पर गर्व करने की जरूरत है; बल्कि निर्मम भाव से दो-टूक ऐसे प्रयत्नों की कड़ी आलोचना की जानी चाहिए और इस कड़ी आलोचना का प्रभाव होगा कि हिन्दी में कम-से-कम पत्रिकाओं की जो अराजकता है, कम होगी। इस अराजकता के सम्बन्ध में राजनीति में तो हमारा-आपका क्या जोर हो सकता है, हम किसिम-किसिम की पार्टियों का बनना-बिगड़ना तो रोक नहीं सकते हैं लेकिन साहित्य का जो कार्य है, मर्यादा है—ऐसे समय जब प्रतिष्ठान की पत्रिकाएँ अपना एक निश्चित स्वरूप बना चुकी हैं, उस धर्म का पालन जरूरी है। हिन्दी साहित्य सम्मेलन की शोध की पत्रिका निकलती है, क्रमशः निकल रही है। नागरी प्रचारिणी पत्रिका शोध की पत्रिका है। बिहार राष्ट्रभाषा परिषद् से पत्रिका निकलती है। ऐसे कुछ संस्थान बचे रह गए हैं, कुछ मुमूर्ष हैं, कुछ मर चुके हैं, वे भी साहित्यिक दृष्टि से निष्प्राण हो चुके हैं, उनकी भी पत्रिकाएँ निकल ही रही हैं और ये पत्रिकाएँ वैसी ही हैं, जैसा उन संस्थाओं के प्राण हैं। कोई उनसे कलह की, संघर्ष की स्थिति नहीं है।

*वृद्धास्ते न विचारणीयचरिता, तिष्ठन्ति किं मरणितम्!*

उनके प्रति आदर रखें लेकिन उनसे संघर्ष का सवाल ही नहीं है।

व्यावसायिक संस्थानों में साहित्य का कुछ भ्रम बना हुआ है। उनसे कुछ साप्ताहिक आदि निकल रहे हैं। उससे साहित्य का कुछ लेना-देना नहीं है, न कुछ बनना-बिगड़ना है, आखिर क्या संघर्ष है?

ऐसे समय संगठित ढंग से, कुछ मित्र एकत्र होकर कुछ पत्रिका निकालें, नियमित निकालें, ढंग से निकालें तो मुझे बहुत खुशी होगी। छह म्हीने बाद निकले लेकिन कहकर निकले कि हम छह महीने बाद निकालेंगे और निकले। कम निकले और अच्छी निकले। एक ही चन्द्रमा अन्धकार हरता है, अनेक तारों को लेकर क्या कीजिएगा, न निकालिए आप। वैसे इतना कहने के बावजूद मैं जानता हूँ कि कुछ आठ-आठ पन्नों की बुलेटिनें दोस्तों से निपटने के लिए निकालते ही रहेंगे आप। लेकिन बुलेटिनों का महत्त्व कुछ और होगा, भूमिका और होगी। ढंग की अगर एक साहित्यिक पत्रिका ईमानदार आदमी निकाल रहा है, तो मैं समझता हूँ कि यह साहित्य का भला होगा और सर्जनात्मकता सार्थक रूप से प्रकाश पा सकेगी।

[22 फरवरी, 1987 को 'साहित्य सम्पर्क' के लोकार्पण के अवसर पर हिन्दी साहित्य सम्मेलन इलाहाबाद के 'सत्यनारायण कुटीर' में दिया गया व्याख्यान। 'साहित्य सम्पर्क' (सं. रामस्वरूप द्विवेदी, इलाहाबाद), जुलाई-सितम्बर, 1987 में प्रकाशित]

# कृति की ओर लौटो

यह भाषा-शिक्षकों की संगोष्ठी है। इस अवसर पर पहली बात जो मैं कहना चाहता हूँ, वह यह कि भाषा-शिक्षक को निराला के शब्दों में 'ब्राह्मण समाज में ज्यों अछूत' समझा जाता है। भाषा-शिक्षक की भूमिका बहुत निम्न दर्जे की समझी जाती है। साइंस सब्जेक्ट या पॉलिटिकल साइंस पढ़ानेवाले बड़े गर्व से कहते हैं कि हम साइंस टीचर हैं। इलाहाबाद विश्वविद्यालय में आम तौर से इंग्लिश में जो प्रवेश लेते थे, उनसे जब कोई पूछता है कि आप क्या पढ़ रहे हो, तब वे तपाक से कहते थे—लिटरेचर। इंग्लिश नहीं। इंग्लिश एप्लाइड है। इंग्लिश माने लिटरेचर पढ़ते हैं। हिन्दी वाले भाषा पढ़ते हैं। आम तौर पर ऐसे लोग यह भूल जाते हैं कि भाषा-शिक्षण शिक्षा की बुनियाद है। पाणिनि केवल एक व्याकरण लिखने के कारण ऋषि माने जाते हैं। भाषा वह बुनियाद है, जो गूँगे इनसान को जानवरों से अलग करती है, उसे अपनी पहचान देती है। भाषा-शिक्षण का कार्य करनेवाले लोग यह बुनियादी कार्य करते हैं, जिसके द्वारा कोई मनुष्य अपनी पहचान प्राप्त करता है। हम भाषा से पहचानते हैं कि यह तमिल है, कन्नड़ है, महाराष्ट्री है। इसलिए जो चीज आपकी पहचान बताती है, वह भाषा है। भाषा किसी जाति या राष्ट्र को पहचान देती है और पशुओं से अलग करके मनुष्य बनाती है। पशुओं की भाषा को भाषा नहीं कहते हैं, मनुष्य की भाषा को ही भाषा कहते हैं। आपको मनुष्य होने का एहसास भाषा-शिक्षण ही कराता है। ऐसे शिक्षक को 'पुअर लैंग्वेज टीचर' कैसे कहा जा सकता है? हम इस हीन भाव को दूर करें और गर्व के साथ कहें—हम लोग पाणिनि के शिष्य हैं। उस ऋषि-तुल्य वैयाकरण के शिष्य और परम्परा के वाहक हैं।

पाणिनि के समय में संस्कृत की पढ़ाई होती थी। तीन किताबें पढ़ाई जाती थीं। 'अष्टाध्यायी' बहुत बड़ी थी। 'कौमुदी', 'अमरकोश' देख लिये, 'रघुवंश' पढ़ लिया और कह दिया—तैरो इस विशाल देश में। इतना पढ़ लेना पर्याप्त हुआ करता था। इसलिए एक तो हम भाषा-शिक्षकों की हीनताग्रंथि दूर हो। प्राइमरी से लेकर विश्वविद्यालय तक पढ़ानेवाला भाषा-शिक्षक उस स्वाभिमान को महसूस करे, जिसका उन्हें अधिकार है। जब तक आप यह महसूस नहीं करेंगे, तब तक

आप आगे कोई कार्य नहीं करेंगे, बल्कि पिछलग्गू बने रहेंगे, दबे रहेंगे—यह एहसास कराने की बहुत जरूरत है। यह एहसास कोई दूसरा नहीं कराएगा, आप खुद करेंगे, बल्कि आपके अन्दर से यह एहसास पैदा होगा।

मुझे लगता है कि हम लोगों को अन्तरावलोकन और सिंहावलोकन, दोनों की स्थितियों में होना चाहिए। अन्दर झाँककर देखें, पीछे मुड़कर देखें और तब वर्तमान दिशा के बारे में फैसला करें। ऐसे समय में आम तौर से छाती कूटनेवाले लोग मिलते हैं, मोहर्रमी मुद्रा में दिखाई पड़ते हैं, बहुत निराश हैं। बड़ी खराब स्थिति है। जो जितना ही बूढ़ा होगा, वह उतना ही आज की दिशा को निराशाजनक कहता होगा। और नई पीढ़ी वाले अन्दर-अन्दर क्षुब्ध होते रहेंगे। उसी वय को मैं भी पहुँचा हूँ, लेकिन मेरे लिए आज के हिन्दी-शिक्षण और उसके ऐसे कथन पर यह स्थिति निराशाजनक नहीं है, परन्तु चिन्ताजनक जरूर है। भाषा-प्रयोग में जितनी अराजकता आज दिखाई पड़ रही है, ऐसी पहले कभी नहीं थी। अंग्रेजी शब्दों का टूटा-फूटा प्रयोग इलेक्ट्रॉनिक मीडिया से लेकर पत्रकारिता और आम बोलचाल की भाषा में घुसा आ रहा है। ऐसे समय में जब भोजन के नाम पर भाषा यदि भोजन है, तो खिचड़ी का इतना प्रचलन हो गया है कि दाल-चावल अलग-अलग खाने की आदत ही छूटती चली जा रही है। ऐसी स्थिति को मैं अराजकता कहता हूँ। हिन्दी भाषा के इतिहास में पहले भी अराजकता के दौर बीच-बीच में आते रहे हैं। हमारी सभी भाषाओं ने कई अंग्रेजी शब्दों को पचाया और अपना बना लिया है। स्कूल-कॉलेज अब अंग्रेजी के शब्द नहीं रहे। ऐसे बहुत-से शब्दों को हमने ले लिया है। अरबी-फारसी के सम्पर्क में आने के बाद इनके शब्द हमने इतने ले लिये और पचा लिये कि अब वे सब हिन्दी के हो गए हैं। 'हिन्दी शब्दसागर' के संक्षिप्त रूप में तो अरबी-फारसी के शब्द भरे हुए हैं। हमने उनके तद्भव रूप बना लिये हैं। तुलसीदास जैसे महाकवि के 'रामचरितमानस' में अरबी-फारसी के शब्द भरे पड़े हैं। 'राम को दीनबन्धु, दीनदयालु कहकर फिर गरीबनिवाजु कहते हैं।' गरीबनिवाज का प्रयोग अरबी में किया जाता था, इसलिए निवाज का स्थान 'निवाजु' ने ले लिया है।

अनेक भाषाओं के सम्पर्क में आने पर दुनिया की सभी भाषाएँ ऐसा प्रभाव ग्रहण करती हैं। स्वयं अंग्रेजी वाले जो नई ऑक्सफोर्ड डिक्शनरी बना रहे हैं, उसमें हर साल एक लम्बी सूची देते हैं कि हमने दूसरी भाषाओं के कितने शब्द लिये हैं, जोड़े हैं, उनको अंग्रेजी का बनाया है। कहते हैं, 'भ्रम में जो दिया, तो ज्ञान में लो गिन-गिन।' ज्ञान में किसी चीज को लो, तो गिन-गिन कर लो। आँख बन्द करके न लीजिए। जो परोस दिया है, वह खा लो या आँख खोल कर देखो, कहीं उसमें कीड़े-मकोड़े न पड़े हों? इसलिए भाषा-सम्बन्धी अराजकता को रोकना चाहिए। भाषा का सबसे विकसित प्रयोग साहित्य में होता है। भाषा-शिक्षण और साहित्य-

शिक्षण, दोनों परस्पर जुड़े हुए हैं। साहित्य-शिक्षण में भी भाषा पर यदि आपका ध्यान नहीं रहेगा तो बार-बार आप अधकचरी टीकाओं के सहारे कविताएँ और आलोचना पढ़ाते रहेंगे।

इसलिए साहित्य-शिक्षण भाषा-शिक्षण से अनिवार्य रूप से जुड़ा हुआ है। यदि भाषा को लेकर चिन्ता है, तो साहित्य को लेकर उससे ज्यादा चिन्ता है। कारण यह है कि अब साहित्य को साहित्य के रूप में पढ़ने की और पढ़ाने की परिपाटी लुप्त नहीं तो क्षीण जरूर होती चली जा रही है। पिछले एक दशक से आप साहित्य में लिखी हुई पुस्तकों को देखें, तो सभी लोग विमर्श कर रहे हैं। दलित-विमर्श, स्त्री-विमर्श हो ही रहा है। ऐसे नाना प्रकार के विमर्श हो रहे हैं। मूल कृति अर्थात कविता को कविता की तरह, कहानी को कहानी की तरह, उपन्यास को उपन्यास की तरह, नाटक को नाटक की तरह पढ़ने-पढ़ाने की विधि समाप्त होती चली जा रही है। मुझे शक है कि विमर्श के नाम पर जो पुस्तकें लिखी जा रही हैं, उनको लेखक स्वयं दुबारा पढ़ता है कि नहीं, इस पर मुझे कोई अमर्श नहीं है। मैं परामर्श ही देना चाहूँगा कि अब यह विमर्श बहुत हो गया।

साहित्यिक कृतियाँ रस लेकर, मजे लेकर ध्यान से कब पढ़ी जाएँगी, अर्थात ऐसा पढ़ाएँ कि पढ़ाने का सुख मिले और यह लगे कि मैंने कुछ पढ़ाया है। अब यह चीज खत्म होती जा रही है। साहित्य को रस लेकर न पढ़ना-पढ़ाना एक चिन्ताजनक स्थिति है। तन्मय होना कुछ देर के लिए, उस अलौकिक दुनिया में हम थोड़ी देर के लिए रहें, यह अनुभव लगभग कक्षा से गायब होता जा रहा है। यदि विद्यार्थी आपकी कक्षा में केवल उपस्थिति के लिए बैठे हैं, तो लानत है हमको अध्यापक होने और अध्यापक बनने पर! हमें अन्तरावलोकन करने की जरूरत है। कमजोरी कहाँ है, उस पर अँगुली रखने की जरूरत है। अपना अन्तरावलोकन करने के साथ दूसरे को भी देखें। यह नहीं कि अपने ही अन्दर झाँकते रह जाएँ। यह दूसरा पक्ष है—सिंहावलोकन। सिंहावलोकन की स्थिति एक ही दिन में नहीं बनी है, इसका एक इतिहास है।

अध्यापक बोलना तो पसन्द करता है, पर सुनना नहीं। सबको अपनी आवाज बहुत प्यारी लगती है। उसके स्वाभिमान को चोट लगती है कि अब ये चले हैं हमको पढ़ाने! आप लोग सारे जगत के शिक्षक हैं। मैं आपको क्या शिक्षा दूँगा, लेकिन आपकी बिरादरी का यानी शिक्षक होते हुए मैं सिंहावलोकन कर रहा हूँ। 1920 के आसपास विश्वविद्यालय शिक्षा जब शुरू हुई, तो काशी हिन्दू विश्वविद्यालय, इलाहाबाद यूनिवर्सिटी आदि के पाठ्यक्रम में जो प्रश्नपत्र होते थे, उनके पाठ्यक्रम में संस्कृत का सारा का सारा इतिहास लगभग दो-ढाई हजार वर्ष पुराना था। वह सारा का सारा इतिहास समकालीन मानकर पढ़ा जाता था। अतीत की वस्तु मानकर नहीं पढ़ा जाता था। इसीलिए जब अंग्रेज भारत

आए, तब 'संस्कृत साहित्य का इतिहास' यानी 'हिस्ट्री ऑफ संस्कृत लिटरेचर' लिखा गया। जहाँ यह बहस थी कि कौन कब पैदा हुआ। कुछ समस्याएँ आज तक नहीं सुलझीं कि कालिदास कब हुए थे। पहले हमारे यहाँ टेक्स्ट आधारित पढ़ाई थी। एक विशेष कृति पढ़ाई जाती थी। कृतियों का पुंज नहीं पढ़ाया जाता था। चुनकर साहित्य की कृतियाँ पढ़ाई जाती थीं।

पहली बार जो उन्नीसवीं शताब्दी में 'हिन्दी साहित्य का इतिहास' लिखा गया, यह ग्रियर्सन द्वारा 'वर्नाक्यूलर लिटरेचर ऑफ मॉडर्न हिन्दुस्तान' 1885 के आसपास लिखा गया। इसने पुस्तकों की पूरी सूची दी, उनका परिचय दिया। यही नहीं बल्कि काव्य-विभाजन किया। भक्ति को दो-तीन भागों में बाँटा, सगुण को अलग रखा, निर्गुण को अलग रखा, सूफियों को अलग रखा। इसी तरह रीतिकाल को रखा। 'हिन्दुस्तान कम्पनी' नाम से आखिरी अध्याय है। उस समय उच्च कक्षाओं में जो आठ पर्चे रखे गए थे, उनका पाठ्यक्रम इस प्रकार था—आदिकाल, भक्तिकाल, रीतिकाल। इस तरह कविता के तीन अध्याय हो गए। इसके बाद गद्य का आरम्भ भारतेन्दु-काल पर। फिर कहानी, उपन्यास, नाटक को एक में मिला दिया। एक प्रश्नपत्र भाषाविज्ञान और हिन्दी भाषा का हुआ करता था, एक पश्चिमी आलोचना और पूर्वी आलोचना का हुआ करता था। छायावाद के आ जाने के बाद दो को मिलाकर एक कर दिया गया। यह क्रम बहुत दिनों तक चलता रहा। हमने समूचे हिन्दी साहित्य को कालों में बाँटकर खंड-खंड किया अर्थात हम लोगों ने ज्ञान के टुकड़े-टुकड़े किये। परिणाम यह हुआ कि अलग-अलग काल और कृतियों को बाँटने के बाद हिन्दी का एक पूर्ण चित्र हमारे सामने कभी आया ही नहीं। इतिहास का बोध तो हुआ लेकिन पर्चे में बँट जाने के बाद परम्परा का बोध नहीं हुआ।

निर्गुण धारा, सगुण धारा, सूफियों की धारा बाद तक चलती रही है। जायसी सूफियों के अन्तिम कवि नहीं थे। सूफी कवि तो उन्नीसवीं सदी तक होते रहे हैं। यह ऐसा देश है, जिसमें सारी धाराएँ-परम्पराएँ एक साथ चलती रही हैं। नतीजा यह हुआ कि हम लोग सृजनात्मक साहित्य को इतिहास समझकर पढ़ते रहे। हम साहित्य नहीं बल्कि इतिहास पढ़ते रहे हैं। इतिहास पढ़ने के कारण साहित्य की जो रसात्मकता है, वह बन्द हो चुकी है। बहुत दिनों तक पाठ्यक्रम में शामिल आलोच्य ग्रंथों की टीकाएँ तो लिखी जाती रही हैं, परन्तु उन पर काम आधुनिक युग में ही हुआ।

उसी रीतिकाल पर पहली बार रस लेकर आचार्य रामचन्द्र शुक्ल ने आलोचना कार्य किया है। इतिहास के रूप में आज रामचन्द्र शुक्ल का जो महत्त्वपूर्ण लेखन है, वह साहित्यिक कृतियों की साहित्यिकता, साहित्यिक निरूपण, साहित्यिक सौन्दर्य में है। उनका 'हिन्दी साहित्य का इतिहास' विवादास्पद रहेगा। उसमें सुधार करते रहेंगे,

लेकिन उस इतिहास में सबसे महत्त्वपूर्ण है, प्रत्येक कवि पर लिखी हुई आलोचना और उसमें दिये हुए उद्धरण। काशी हिन्दू विश्वविद्यालय में रामचन्द्र शुक्ल ने इतिहास नहीं बल्कि जायसी, कबीर, प्रसाद आदि कवियों के बारे में पढ़ाया है। उन्होंने प्रसाद जी के 'लहर' और 'आँसू' को पढ़ाया है। इनके सम्बन्ध में उनकी लिखी हुई टिप्पणियाँ मिली हैं। सूर के 'भ्रमर गीत' को भी उन्होंने पढ़ाया। वे साहित्यिक कृति को रस लेकर पढ़ाते थे।

हम अपने विद्यार्थी काल में बाबूराम सक्सेना द्वारा हिन्दी में लिखी 'सामान्य भाषाविज्ञान' पुस्तक पढ़ा करते थे। आज वे किताबें एकदम पुरातत्त्व और संग्रहालय की मालूम होती हैं। 1955 में पहली बार समर स्कूल ऑफ लिंग्विस्टिक्स हुआ, तब हम लोगों ने सुना कि लिंग्विस्टिक्स तो डिसक्रिप्टिव को कहते हैं। हिस्टोरिकल लिंग्विस्टिक, लिंग्विस्टिक नहीं है। तब पहली बार मालूम हुआ कि भाषाविज्ञान का पर्चा तो है, लेकिन हम लोग ऐतिहासिक भाषाविज्ञान पढ़ रहे हैं। इस हद तक यह देश इतिहास से भरा हुआ था।

आदमी जब मूल वस्तु को पढ़ता है, तो नजर काल के चक्र में घूमती रहती है। किसी विशेष बात पर एक जगह केन्द्रित नहीं होती। इतिहास अर्थात कालचक्र के कारण टेक्स्ट की क्लोज रीडिंग कम हुई। इंग्लैंड और यूरोप में भी इंग्लिश लिटरेचर के इतिहास का कोर्स ऐसे ही हुआ करता था। लगभग उसी ढाँचे पर हम लोगों ने अपना कोर्स रखा। इसलिए बहुत दिनों तक हम इतिहास के मारे रहे।

डॉ. रामकुमार वर्मा का व्याख्यान मैंने एक क्लास में अटेंड किया था। इसमें उन्होंने कहा कि एकांकी की परिभाषा देनी है और कहा : 'एकांकी हिन्दी साहित्य के कपोल पर चुम्बन है।' फ़िराक साहब छड़ी घुमाते हुए आए और कहा कि 'अगर एकांकी चुम्बन है, तो यह बताओ, पाँच अंकों वाला नाटक क्या होगा?' उस समय इस तरह की आलोचना हुआ करती थी।

स्वाधीनता के बाद साहित्य-शिक्षण का दूसरा दौर आया। धीरे-धीरे दिल्ली विश्वविद्यालय एक बड़े विश्वविद्यालय के रूप में उभरा। उसका हिन्दी विभाग भी बड़े रूप में उभरा। दिल्ली विश्वविद्यालय में हिन्दी की अधिक महत्ता थी। जो साहित्य साध्य है, उसका एक लम्बा दौर चला। भाषाविज्ञान लगभग हाशिए पर चला गया। यद्यपि इलाहाबाद में भाषाविज्ञान के कई लोग थे, जैसे—हरदेव बाहरी। उन्होंने शब्दकोश बनाया। परन्तु लगभग यह प्रक्रिया बन्द-सी हो गई। यदि भाषाविज्ञान की पढ़ाई नहीं करेंगे तो खास तौर से अनेक जनजातियों की भाषा का आकलन कैसे किया जाएगा?

अब सहृदयता दुर्बल हो गई है। कृति के साथ हृदय से हृदय मिलाकर अर्थात तार से तार मिलाकर झंकृत होने की प्रक्रिया ओझल हो गई है। इन चीजों की स्मृति-भर रह गई है। इन तमाम चीजों के बावजूद मुझे लगता है कि हम लोगों को

कृति की ओर फिर लौट चलना चाहिए। इतिहास का एक चक्र पूरा हो चुका है। हम अपने उन महान गुरुजनों को नहीं भूल सकते, जिन्होंने डूबकर हमें पढ़ाया। पंडित केशव प्रसाद मिश्र ने हमें कैसे तुलसीदास को पढ़ाया, निरला को पढ़ाया! गुरुवर विश्वनाथ प्रसाद मिश्र रीतिकाव्य, विद्यापति पढ़ाते थे। उस समय घंटा बज जाता था और पता नहीं चलता था। आज की केन्द्रीय चिन्ता है—कृति की ओर लौटो। इतिहास सिद्धान्तवादियों के लिए छोड़ दो। जिसने 'रामचरितमानस' पढ़ा नहीं है, वह 'रामचरितमानस' में दलित के प्रति क्या व्यवहार है, इस पर बहुत अच्छी किताब लिख सकता है, जैसे—धर्मवीर। ऐसे व्यक्ति तुलसीदास के बाहर मँडराते रहेंगे। उन्हें कृति के भीतर घुसने का सौभाग्य प्राप्त नहीं होगा।

[केन्द्रीय हिन्दी संस्थान, आगरा द्वारा फरवरी, 2008 में आगरा में आयोजित प्रथम राष्ट्रीय हिन्दी शिक्षक सम्मेलन के उद्घाटन के अवसर पर व्यक्त विचार। संस्थान द्वारा प्रकाशित पुस्तक 'हिन्दी शिक्षण : नये भविष्य की तलाश' में पहली बार प्रकाशित; सं. शम्भुनाथ]

# अनुवाद और संवाद

कई बड़े-बड़े लोगों ने अनुवाद किये हैं। कुछ लोग केवल अनुवादों के लिए जाने जाते हैं। दिलीप चित्रो मराठी के बहुत महत्त्वपूर्ण कवि हैं, लेकिन उन्होंने जो अनुवाद किये हैं—'तुका' के, उनके लिए मराठी में ज्यादा जाने जाते हैं। ए.के. रामानुजम स्वयं महत्त्वपूर्ण कवि हैं लेकिन वारकरी संतों और कन्नड़ के संत कवियों के जो अनुवाद उन्होंने अंग्रेजी में किये हैं, अधिक मौलिक और कवित्वपूर्ण माने जाते हैं। रामानुजम अपने अनुवादों के लिए जाने जाते हैं। छात्र-जीवन में मैंने भी कुछ कविताओं के अनुवाद किये थे। मैंने कीट्स की मशहूर कविता 'ला बेलदाम सौं मर्सी' का हिन्दी अनुवाद किया था। तब मैं ग्यारहवीं में था। फिर बंगला सीख गया तो रवीन्द्रनाथ की 'उर्वशी' का छन्दबद्ध अनुवाद किया। हमारी कॉलेज-मैग्जीन में ये दोनों अनुवाद छपे। उस दौर में कविताएँ भी लिखता था, इसीलिए अनुवाद भी किये। आगे चलकर तेजीतोरी की 'पुरानी राजस्थानी' का अंग्रेजी से हिन्दी में, गद्य में अनुवाद किया—अपने शोध के सिलसिले में।

तो अनुवादक मैं नहीं हूँ। लेकिन अब सोचता हूँ कि जैसे मैंने एक किताब लिखी है—'वाद विवाद संवाद', वैसे ही एक पुस्तक 'अनुवाद और संवाद' नाम से लिखूँ। अनुवाद की पद्धति—'टेक्नोलॉजी' पर नहीं। वह क्या होगी, मैं नहीं जानता लेकिन यह किताब अनेक सपनों-कल्पनाओं में से एक है। अनुवाद शब्द बहुत सार्थक और महत्त्वपूर्ण है। हमारे यहाँ कई रूपों में आता है। हम लोग भगवान का गुणानुवाद करते हैं। जानना चाहिए कि क्या अर्थ होता है गुणानुवाद में अनुवाद शब्द आने पर। कुछ लोग भाषान्तर भी कहते हैं। कई शब्द चलते हैं ट्रांसलेशन के लिए। महत्त्वपूर्ण है 'ट्रांस' करना। 'रामचरितमानस' की एक भी चौपाई ऐसी नहीं है, जो अनुवाद न हो। यदि 'मानव-पीयूष' पढ़ें तो पता चलेगा कि बाबा की प्रत्येक चौपाई, प्रत्येक दोहा कहीं-न-कहीं संस्कृत का कोई छन्द है, जिसे बाबा ने अवधी में ढालकर मौलिक बना लिया है।

## यह कैसे होता है?

लैटिन अमरीका की जनजातियों के बीच ईसाई धर्म का प्रचार करने एक पादरी गया था। वह ज्ञान की, धर्म की, बाइबिल की बातें करता था एक दिन सारे ट्राइबल्स ने मिलकर उस पादरी का वध कर दिया। इसलिए नहीं कि जनजातियाँ हत्या करती हैं, बल्कि इसलिए कि 'इसको मार के, फिर पका के खाएँगे', क्योंकि उनका विश्वास था कि इसका गुण और ज्ञान—हम अगर खा लेंगे तो हमारे अन्दर उसी रूप और मात्रा में आ जाएगा। इस तरह अनुवाद भी एक तरह का 'कैनेबलाइजेशन' है—नरभक्षण। अनुवादक 'कैनेबलाइजेशन' करता है। कृति को खा जाता है। जिस ग्रंथ को वह बहुत प्यार करता है और उसका सब कुछ ले लेना चाहता है तो उस पूरी-की-पूरी कृति को अपने भीतर ले लेना चाहता है। मेरी नातिन है। जब उसको बहुत प्यार उमड़ता है तो कहती है कि नानू, मैं तुम्हें खा जाऊँगी। वह खा जाना चाहती है। प्यार में भरकर सोचती है कि खा लेने पर मेरा सारा अस्तित्व उसके अन्दर चला जाएगा। किसी किताब को पढ़ते-पढ़ते आपको भी लगता होगा कि हम इसे खा जाएँ तो इसका सब कुछ हमारे अन्दर आ जाए। इस तन्मयता, तादात्म्य के साथ जो अनुवाद होता है, वह बिलकुल सृजन के समान होता है। वह सर्जना होती है। 'वन हंड्रेड ईयर्स ऑफ सॉलिट्यूड' मार्खेज की मशहूर कृति है। दुनिया की कई भाषाओं में उसका अनुवाद हो चुका है। अभी तक हिन्दी में नहीं हुआ था। स्पेनिश जाननेवाली सोन्या गुप्ता ने सीधे स्पेनिश से हिन्दी में उसका अनुवाद किया। शीर्षक दिया है : 'एकान्त के सौ वर्ष'। 'वन हंड्रेड ईयर्स ऑफ सॉलिट्यूड' का 'सॉलिट्यूड' वह एकान्त नहीं जो साधना का होता है। जेल-जीवन में सॉलिटरी कंफाइनमेंट नाम की चीज होती है, जिसे इस स्थिति में रखा जाता है कि उससे कोई मिल नहीं सकता। मार्खेज भी कृति में ब्राजील को ऐसे दिखाता है कि वह जैसे सॉलिटरी कंफाइनमेंट हो! वहाँ निवास करनेवाले जो लोग हैं, यह कृति उनके बारे में है। मैंने अनुवादिका से कहा कि एकान्त को कम-से-कम एकान्तवास तो तुम कर देतीं! यह भी कहा कि सौ वर्ष तुमने लिखा है, सौ साल लिख देतीं तो क्या अनर्थ हो जाता? हिन्दी अशुद्ध हो जाती? मैं उस अनुवाद की निन्दा नहीं कर रहा, उदाहरण दे रहा हूँ। मार्खेज ने ही कहा है कि हमारा जो अंग्रेजी अनुवादक है—जिसके कारण दुनिया ने मुझे जाना—ऐसा मालूम होता है कि उसने मेरी किताब पढ़ी, पढ़कर पचा ली और फिर किताब एक तरफ रखकर अंग्रेजी में लिखता चला गया। इसलिए मुझे वह अच्छा लगता है। मक्खी पर मक्खी मारने नहीं बैठा था वह।

एक बात ध्यान में रखिए—हिन्दी इसलिए समृद्ध नहीं कि बहुत-से लोग बोलते हैं या राष्ट्रभाषा है, राजभाषा है बल्कि इसलिए कि इस समय भारतीय साहित्य

में नब्बे फीसदी से ज्यादा अनुवाद हिन्दी में होता है। हिन्दी के माध्यम से दूसरी भाषाओं में अनुवाद होता है। यदि कन्नड़ का कोई आदमी बंगला का अनुवाद करना चाहे तो बंगला से सीधे अनुवाद नहीं करता, बंगला के हिन्दी अनुवाद का अनुवाद करता है। जैसे अंग्रेजी इसलिए विश्वभाषा है कि सारी भाषाओं का अंग्रेजी में अनुवाद तुरन्त होता है। अंग्रेजी से बाकी लोग अनुवाद करते हैं। जो भाषा सारी दुनिया के साहित्य को अनुवाद करके हजम कर लेती है, वह लगातार ताकतवर होती जाती है। हिन्दी इसीलिए समृद्ध है। मैं बड़ी नहीं कह रहा हूँ। राजभाषा, राष्ट्रभाषा नहीं कह रहा हूँ। तसलीमा नसरीन की बड़ी चर्चा अखबारों में हुई है। पता लगाइए कि तसलीमा की कितनी किताबों के अनुवाद कितनी भाषाओं में हुए हैं, तो आप पाएँगे कि सारी किताबों का अनुवाद सिर्फ हिन्दी में हुआ है, मलयालम में नहीं हुआ है, मराठी में नहीं मिलेगा, गुजराती में नहीं मिलेगा। तमिल में तो सिरे से गायब है। और बंगला इस मामले में सबसे कृपण है। बंगला इसमें गौरव महसूस करती है कि हमारा अनुवाद दूसरे करें, हम दूसरे का अनुवाद क्यों करें? यद्यपि यह प्रवृत्ति टूट रही है, खत्म हो रही है। प्रेमचन्द जैसे बड़े साहित्यकार का बहुत देर से, जब लेफ्ट-फ्रंट सरकार बनी, तब जाकर अनुवाद हुआ। इसके पहले प्रेमचन्द का बंगला-अनुवाद नहीं था।

मैंने भारतीय भाषा परिषद् से कहा कि एक प्रोजेक्ट देकर हिन्दी में अनूदित पुस्तकों की पूरी सूची, ग्रंथावली निकालिए। तब पता चलेगा कि हिन्दी में लम्बी परम्परा चली आ रही है। आज से नहीं शुरू हुई है। राजभाषा होने के कारण ऐसा नहीं हुआ है। यह कार्य बाकायदे वर्ष के हिसाब से होना चाहिए कि उन्नीसवीं शताब्दी में कितना अनुवाद हुआ था, बीसवीं शताब्दी में कितना हुआ, स्वाधीनता के पहले कितना हुआ और स्वाधीनता के बाद कितना हुआ है। और पिछले दस वर्षों में कितनी तेजी से हुआ है, यह पता चलेगा। एक ग्राफ बनेगा।

हिन्दी के गीतों की जो सांगीतिक प्रस्तुति है, वह भी कृति का संगीत में ट्रांसलेशन है। पूरी-की-पूरी खयाल गायकी—हिन्दुस्तान की गायकी, जो सारी दुनिया में प्रसिद्ध है, फैली हुई है, इसी कारण से। अकेला कबीर कहाँ-कहाँ गाया जाता है! कौन-कौन नहीं गाता है—जनजातियों से लेकर सभ्य, शिष्ट जनों तक! क्लासिकी गायन करनेवाले कुमार गन्धर्व जैसे लोग भी गाते हैं। अंग्रेजी में जिसे रेंडरिंग कहते हैं, संगीतबद्ध करना भी एक तरह से अनुवाद ही है। दूसरी कलाओं में भी करते हैं। नाट्य-प्रस्तुति भी अनुवाद जैसी ही है। अजीत कौर की आर्ट गैलरी में गुरु नानक देव के बड़े-बड़े चित्र हैं। किसी चित्र में नानक सूफी के रूप में आते हैं तो किसी में बौद्ध भिक्षु के रूप में दिखाए गए हैं। अर्पणा ने ऐसे लगभग तीस-चालीस चित्र बनाए हैं। चित्र के माध्यम से पूरा गुरुग्रंथ साहिब वहाँ मौजूद है। इस तरह गुरुग्रंथ साहिब को चित्रों में, संगीत में और अनुवाद में भी—कैसे भी सम्भव किया जा सकता है।

अनुवाद का कार्य दोयम दर्जे का नहीं है। घटिया और मौलिक लिखने की बजाय श्रेष्ठ कृतियों का अनुवाद ज्यादा सर्जनात्मक है और ज्यादा महत्त्वपूर्ण भी। जैसे देश की राजनीति को राजनीतिज्ञों के भरोसे नहीं छोड़ा जा सकता, उसमें दिलचस्पी लेना हर नागरिक की जिम्मेदारी है—उसी तरह अनुवाद-कर्म इतना महत्त्वपूर्ण है कि श्रेष्ठ कृतियों को हम तीसरे दर्जे के अनुवादकों के भरोसे नहीं छोड़ सकते हैं।

प्रस्तुति : व्योमेश शुक्ल

[मुनमुन सरकार स्मृति साहित्य सेतु सम्मान समारोह के अवसर पर मुख्य वक्ता पद से भारतीय भाषा परिषद् सभागार में दिया गया वक्तव्य। 'वागर्थ' : मार्च, 2004 में प्रकाशित]

# तुलनात्मक साहित्य : दिशा और दृष्टि

सच पूछिए तो इस देश में तुलनात्मक साहित्य की हवा अब लगभग एक दशक से चली है। अभी उसने आँधी व तूफान का रूप नहीं लिया है, यह गनीमत है। पहले तुलनात्मक साहित्य का केवल एक विभाग पूरे भारत में जाधवपुर विश्वविद्यालय में था। (कलकत्ता, जो इस देश के पूरब में है और सूरज को पूरब में ही उगना चाहिए था।) तुलनात्मक साहित्य का शुभारम्भ भी पूरब से ही हुआ है। लेकिन, कभी-कभी सूरज पश्चिम से भी उगता है और शमशेर बहादुर जी ने तो एक कविता लिखी है : 'सुना है कि मगरब में सूरज उगा है...ये पैगाम तो सिर के बल कोई लाए।' ये पंक्तियाँ कवि ने तब कही थीं जब रूस में समाजवाद का उदय हुआ था। तो, पश्चिम में एक नया सूरज उगा है और चूँकि यह उलटी बात हुई है इसलिए इस पैगाम को पैर के बल लाना तो कोई खास बात नहीं है। हकीकत तो तब होगी जब इस पैगाम को कोई सिर के बल लाए। तुलनात्मक साहित्य का सूरज पश्चिम से, गुजरात से भी उगा है। अभी-अभी मुझे पता चला कि दक्षिण गुजरात यूनिवर्सिटी सूरत में भी स्वतंत्र विभाग (तुलनात्मक साहित्य का) कायम हुआ है।

सच्चाई यह है कि अब तक तुलनात्मक साहित्य का अधिकांश कार्य आम तौर से अंग्रेजी विभाग के लोग करते रहे हैं, जो शुभ लक्षण है। या फिर वे लोग जो अंग्रेजी माध्यम से भारतीय साहित्य के बारे में लिखते रहे हैं। यद्यपि जाधवपुर यूनिवर्सिटी का तुलनात्मक साहित्य विभाग शुरू हुआ था तो उसके प्रथम अध्यक्ष मेरी जानकारी में बंगला के प्रसिद्ध कवि और आलोचक बुद्धदेव बोस थे। किन्तु, उस विभाग में बहुत दिनों तक अंग्रेजी माध्यम से, और विशेषत: बंगला किताब की तुलना फ्रेंच के साथ ज्यादा की जाती थी अर्थात वह यूरो-केन्द्रित विभाग था—पश्चिमोन्मुख था तथा उसमें भारतीय साहित्य से अपने-आपको जोड़ने का प्रयास कम पाया गया था। यह शायद 1947 के पहले की औपनिवेशिक जेहनीयत का असर था। शायद यह भी कारण हो सकता है कि चालीस के दशक में आधुनिकतावादी या मॉडर्निस्ट आन्दोलन के नये पढ़े-लिखे बुद्धिजीवी लोग आम तौर से भारतीय साहित्य को आधुनिक बनाने के लिए इतने व्याकुल थे कि वे इलियट-पाउंड की ओर ज्यादा देखा करते थे और अपनी जड़ों की खोज या अपनी जड़ों से जुड़ने का प्रयास नहीं

करते थे। शायद इन कारणों से चालीस के दशक में जो तुलनात्मक साहित्य हमारे यहाँ चला, वह पश्चिन्मोन्मुख ज्यादा था और उसमें अग्रणी भूमिका निभानेवाले लोग ज्यादातर अंग्रेजी साहित्य के पंडित और विद्वान हुआ करते थे। इस समय भी तुलनात्मक भारतीय साहित्य के अन्तर्गत अधिक सक्रिय लोगों में आधे से अधिक अंग्रेजी साहित्य के अध्यापक हैं तथा उनका माध्यम भी अंग्रेजी ही है। भाषा न परायी है और न अस्पृश्य। चाहे कार्य जिस भाषा के माध्यम से करें, लेकिन एक अच्छी बात है कि तुलनात्मक भारतीय साहित्य के प्रति रुझान हमारे देश में एक दशक से बढ़ा है। उसमें अंग्रेजी के माध्यम से काम करनेवाले लोग भी अब केवल अंग्रेजी में लिखे जानेवाले भारतीय साहित्य तक अपने को सीमित न रखकर भारतीय भाषाओं में लिखे जानेवाले साहित्य में भी गहरी रुचि ले रहे हैं और इस दिशा में काफी काम भी हुआ है। यह पृष्ठभूमि है।

मैं तुलनावादी नहीं हूँ। मेरे इस कथन में कोई अहंकार नहीं, आप विनम्रता समझें। वैसे मेरे गुरुदेव आचार्य हजारी प्रसाद द्विवेदी, जो स्वयं तुलनात्मक साहित्यवादी नहीं थे, उन्हें तुलनात्मक आलोचक कोई नहीं कहता, कोई मानता भी नहीं किन्तु उनके चरणों में बैठकर दो-तीन बातें मैंने सीखीं। पहली महत्त्वपूर्ण बात मुझे मालूम हुई जो आज के तुलनात्मक साहित्य का अध्ययन करनेवालों के लिए शायद जरूरी हो, वह यह कि ठीक-ठीक और सार्थक तुलनात्मक अध्ययन वही व्यक्ति कर सकता है जो रूटेड हो और अपने साहित्य में जिसकी जड़ें बहुत गहरी हों। जिसकी जड़ें किसी भी साहित्य में नहीं हैं, वह तुलनात्मक साहित्य में उपरफट्टू किस्म का सतही काम करेगा। सच्चा तुलनात्मक अध्ययन वही व्यक्ति कर सकता है जिसकी कम-से-कम एक साहित्य में इतनी गहरी जड़ें हों कि वह उन जड़ों के आधार पर और उनके सहारे वह इधर-उधर अपनी पँखुड़ियाँ फैलाता हो या अपनी टहनियाँ फैलाता हो तो कुछ सार्थक कार्य कर सकता है। जड़ों की गहराई के आधार पर ही सार्थक तुलना सम्भव है। इस दृष्टि से देखें तो उमाशंकर जोशी के कार्य का महत्त्व आपको मालूम होगा। इसी दृष्टि से समीक्षक और विवेचक शीतांशु जी का नाम भी यहाँ लेना होगा। इससे पहले सुरेश जोशी का कार्य भी है। तो, एक भाषा के साहित्य में रूटेड होना जरूरी है। जर्मन-फ्रेंच लोगों ने इसलिए अच्छा कार्य किया है, क्योंकि अपने साहित्य और अपनी भाषा में उनकी जड़ें गहरी थीं, अत: वे महत्त्वपूर्ण कार्य कर सके। माइमीसिस का प्रसिद्ध लेखक जर्मन परम्परा में रूटेड था। गुरुदेव हजारी प्रसाद द्विवेदी भी कई और भाषाएँ जानते थे, वे बंगाल से आए थे। उनके बारे में भ्रम फैलाया गया था—खास तौर से काशी के पंडितों द्वारा कि वे संस्कृत के पंडित थे। संस्कृत में भी काव्य के नहीं, ज्योतिष के पंडित थे, एक भ्रम यह भी था। काशी के पंडित यह भी कहा करते थे कि वे हिन्दी के कब से हो गए? वह यह भूल जाते हैं कि उनके पहले आचार्य रामचन्द्र शुक्ल ने किस विश्वविद्यालय से

हिन्दी की उपाधि प्राप्त की थी? वे कहाँ हिन्दी के थे? स्वयं आचार्य महावीर प्रसाद द्विवेदी क्या थे? लेकिन अपने संस्कार में, अभिरुचि में, साहित्य के बोध और मूल चेतना में, वह चेतना किस हद तक उन्होंने अपनी भाषा से प्राप्त की थी, यह उनकी कसौटी है और यही परख का आधार बन सकता है।

उनसे दूसरी चीज यह सीखी कि जो केवल हिन्दी जानता है, हिन्दी का साहित्य जानता है, वह कितना हिन्दी साहित्य जानता है? केवल हिन्दी का साहित्य जानकर आप पूरे हिन्दी साहित्य को नहीं जान सकते। हिन्दी के परम्परित विद्वान द्विवेदी जी को हिन्दी का विद्वान नहीं मानते थे। यह उन विद्वानों की सीमा थी, जो समझते थे कि हिन्दी साहित्य का अच्छा विद्वान होने के लिए केवल हिन्दी साहित्य को जानना जरूरी है। द्विवेदी जी ने स्वयं भक्ति-आन्दोलन पर कार्य करते हुए लिखा और अनुभव किया है कि हिन्दी के भक्ति-आन्दोलन को समझने के लिए केवल हिन्दी तक आप सीमित रहेंगे तो भक्ति-आन्दोलन को नहीं समझ सकते। उस भक्ति की जड़ें सुदूर कहीं तमिलनाडु में हैं तो कहीं पश्चिम में, गुजरात में, सौराष्ट्र में, बंगाल में ही नहीं बल्कि असम-उड़ीसा में भी हैं। एक टाँका न जाने कहाँ छिपा हुआ है, श्रीलंका में भी पाया जा सकता है। द्विवेदी जी ने अपने एक निबन्ध में हिन्दी भाषा के अन्तरावलम्बन पर लिखते हुए, भारतीय साहित्य पर लिखा है कि जाने क्यों विधाता के अज्ञात हाथों ने हमारे भाग्य को इस तरह सी दिया है कि अकेले एक टुकड़े के आधार पर हम अपने-आपको ही नहीं जान सकते हैं, समूचे भारत को जानना तो दूर की बात है। हमारे साहित्य को विधाता ने इस तरह से रचा है कि वह एक ऐसी कथरी है जिसकी सिलाई इस तरह से की गई है कि एक टाँका केरल में, तो एक श्रीलंका में या फिर एक कश्मीर में मिल सकता है। यह व्यावहारिक अनुभव के आधार पर उन्होंने जाना कि हिन्दी साहित्य के सम्यक् ज्ञान के लिए जरूरी है कि केवल हिन्दी साहित्य ही नहीं, अन्य भाषाओं के साहित्य को भी पढ़ा जाए।

तीसरी चीज जो मुझे मिली वह यह कि कुछ लोगों के लिए तुलनात्मक साहित्य एक 'डिसिप्लिन' बन गया है, जिसका खतरा मुझे बहुत ज्यादा है। जब विभाग बन जाता है, पीठ कायम होती है तो चिन्ता होती है कि एक ऐसी 'डिसिप्लिन' हो जिसकी सीमा रेखाएँ इस तरह से बनाई जाएँ जो दूसरों से अलग हों। बार-बार जोर दिया जाता है कि वह प्रॉपर डिसिप्लिन बने। तुलनात्मक साहित्य को एक प्रॉपर डिसिप्लिन, एक विशेष विद्याशाखा बनाने का जो प्रयास है, कुछ लोग इसीलिए कम्पेरेटिस्ट ही कहलाएँगे। आप जानते हैं कि जात-पाँत से बँटे हुए इस देश में जहाँ ज्ञान-विज्ञान की शाखाओं में विशेषीकरण बढ़ता चला जा रहा है, जिस दिन कम्पेरेटिव लिटरेचर विशिष्ट विद्याशाखा बना, उसकी मृत्यु करीब होगी। विशिष्ट तुलनावादी होते ही आप 'विशिष्ट' ब्राह्मण हो जाते हैं। और फिर छुआछूत—चौका, नहाना-धोना आदि रिचुअल्स बनने शुरू हो जाते हैं। तुलनावादियों का एक रिचुअल बनना इस देश

में आरम्भ हो चुका है। लोग कहते हैं—हम तो तुलनावादी हैं। इसलिए हम केवल तुलना ही करेंगे अर्थात अपनी भाषा के किसी कवि को रुचि से पढ़ा है, यह काम हम नहीं करेंगे। जब तक 'और' नहीं लगाएँगे (उमाशंकर जोशी और...) उनका काम नहीं चलेगा। इसलिए केवल उमाशंकर जोशी का अध्ययन-कर्ता तुलनावादी नहीं हो सकता। 'और' के बाद कुछ भी जोड़िए और तुलनावादी हो जाइए।

आचार्य हजारी प्रसाद द्विवेदी ने इसे 'डिसिप्लिन' के रूप में स्वीकार नहीं किया था, लेकिन उनके लिए साहित्य का तुलनात्मक अध्ययन उतना ही नैसर्गिक, स्वतःस्फूर्त और जरूरी था, जितना साँस लेना। वह उनकी डेली प्रैक्टिस थी। कबीर ने उच्च कोटि की साधना-समाधि की चर्चा करते हुए कहा है कि 'साधो सहज समाधि भली।' जो सिद्ध होता है, उसे अलग से एक-डेढ़ घंटा पूजा के लिए नहीं निकालना पड़ता। कबीर के शब्दों में : 'जहाँ-जहाँ डोलौं सोई परिकरमा जो कछु करौं सो सेवा, जब सोवौं तो करौं दंडवत पूजौं और न देव।' इसलिए मेरा डोलना ही परिक्रमा है, सोना ही दंडवत् है, मुझे अलग से किसी देवता की दंडवत् या परिक्रमा नहीं करनी पड़ती। तुलना जब इस प्रकार दैनन्दिन अभ्यास का विषय बन जाए तो शायद इसके बीच से सही तुलनात्मक अध्ययन निकले वरना तुलना के लिए 'तुलना' करना एक तरह की खानापूर्ति होगी, रिचुअल होगा, तुलनात्मक साहित्य में वह कोई सार्थक योगदान नहीं दे सकेगा। यही तीन बातें मैंने गुरुदेव के चरणों में बैठकर सीखीं। ये बातें उन्होंने कभी स्पष्ट रूप से कहीं नहीं लेकिन उनके आचार-व्यवहार और लेखन को देखकर मुझे लगा कि यह आदमी (जिसे यदि कहा जाए कि आप तो तुलनावादी हैं, तो शायद उसे आश्चर्य होगा) जिन्दगी भर गद्य बोलता रहा लेकिन नहीं जानता था कि गद्य किसे कहते हैं। लगभग उसी तरह के हममें से शायद अनेक लोग हैं। तुलनात्मक साहित्य के अध्येताओं को यह एहसास कराने की जरूरत है और यह उनका दायित्व होना चाहिए, वे किसी को डराएँ नहीं (कि तुम तुलनावादी नहीं हो जब तक 'और' नहीं लगाओगे)। अनजाने, प्राकृतिक रूप से जो भी विवेचक, विमर्शक, समीक्षक हैं, वे यदि अपने आलोचना-कर्म में सचमुच सार्थक कार्य कर रहे हैं तो वह तुलना किये बिना रह नहीं सकता और कहीं-न-कहीं वह किसी-न-किसी रूप में तुलनात्मक साहित्य का अभ्यास करता रहा है। वह एक लम्बी परम्परा है।

भारतीय आलोचना का इतिहास यदि देखा जाए तो—उन्नीसवीं सदी के अन्तिम वर्षों में और बीसवीं सदी के आरम्भ में रवीन्द्रनाथ के 'क्लासिक्स' पर लिखे लेखों में, तुलनात्मक साहित्य की छाया भरी पड़ी है। 'शाकुन्तल' पर लेख लिखा है, 'कादम्बरी चित्रा' लेख लिखा है, 'रामायण-महाभारत' पर लिखा है। इनमें उस दौर की प्रमुख चिन्ता, पश्चिम-पूर्व का साक्षात्कार-मुठभेड़ है। दोनों के बीच कहाँ पश्चिम से भारतीय साहित्य अपनी विशिष्ट रेखाएँ खींचता है, रवीन्द्रनाथ

अपनी प्रत्येक आलोचना में दिखाते हैं। 'शकुन्तला' त्रासदी है कि नहीं है और क्यों शकुन्तला का अन्त भारतीय इतिहास के सर्वथा अनुकूल है? यह ग्रीक त्रासदी नहीं हो सकता, शेक्सपीरियन ट्रेजेडी नहीं हो सकता था, नहीं हो सका। इस वैशिष्ट्य को अलगाते हुए रवीन्द्रनाथ ने एक तरह से तुलनात्मक साहित्य की नींव डाली है, जिसे हम भारतीय परम्परा का तुलनात्मक साहित्य कहते हैं। इसलिए, मैं समझता हूँ कि गोष्ठियों में हमारे जैसे लोग तुलनावादी न होते हुए भी इसमें शामिल हुए हैं। ऐसे लोगों को कम-से-कम आश्वस्त करने की जरूरत है। आप यह भी कह सकते हैं कि अपनी कमजोरियों के लिए मैं औचित्य ढूँढ़ रहा हूँ। परन्तु, शायद इसमें एक ऐसी समभावना है, जो हमारी आलोचना के विकास में योगदान दे सकती है।

एक बात की ओर और संकेत करना चाहूँगा कि तुलनात्मक साहित्य के सम्मुख (यूरोप-अमरीका में भी) एक संकट की घड़ी उपस्थित हो गई है। यह आज ही नहीं है बल्कि जब इंटरनेशनल कम्पेरेटिव लिटरेचर एसोसिएशन की दूसरी कांग्रेस अमरीका में हुई थी, तो 1958 में रेने वेलेक ने एक लेख—'क्राइसिस इन कम्पेरेटिव लिटरेचर' पढ़ा था। अभी तो अमरीका में इसकी शुरुआत ही हो रही थी लेकिन उस दूसरी कांग्रेस में एक बम के धमाके के समान रेने वेलेक ने 'क्राइसिस इन कम्पेरेटिव लिटरेचर' लेख पढ़ा था और मेरे विचार से उस संकट का हल बहुत वर्षों तक नहीं ढूँढ़ा जा सकता था। वह हमारे यहाँ भी है और वह एक सैद्धान्तिक संकट है। हमें नहीं भूलना चाहिए कि 1958 का वर्ष, जब अमरीका में अभी तक मोटे तौर से न्यू क्रिटिसिज्म का वर्चस्व समाप्त नहीं हुआ था, सूर्यास्त की ओर वह जरूर उन्मुख था। खास तौर से, नोर्थोपफ्राय (एनोटॉमी ऑफ क्रिटिसिज्म) और फ्रेंक कर्मोट, इन दो आदमियों ने न्यू क्रिटिसिज्म की बुनियाद पर ही हमला किया था। यह 1956-57 के आसपास की घटना होनी चाहिए। मोटे तौर से यहाँ नई आलोचना का वर्चस्व था। जैसाकि हम जानते हैं, नई आलोचना में क्रोचे की जो पुरानी मान्यता थी यानी काव्यकृति या साहित्यिक कृति के बारे में उनकी धारणा ऑरगैनिक थी। यहाँ टेक्स्ट पोइम ऑन द पेज के बाहरी अध्ययन पर बल न देकर रचना को अखंड इकाई माना जाता था और रचना को अखंड इकाई के रूप में स्वीकार किया गया था। ज्योंही आप इसे तोड़कर रचना के मूल स्रोतों को ढूँढ़ते हैं, प्रभावों को ढूँढ़ते हैं, दूसरी कृतियों से साम्य ढूँढ़ते हैं या वैषम्य ढूँढ़ते हैं तो आप कृति के 'बाहर' जाते हैं। इसे अंग्रेजी में इंट्रैजिक कहा जाता था। इसलिए साहित्यिक कृति का स्वयं का अपना काव्यार्थ क्या है, उसको समग्रता में आप ग्रहण करें। कृति को छोड़कर मूल स्रोतों की खोज, बाहरी प्रभावों की खोज, अन्य कृतियों से साम्य-वैषम्य ढूँढ़ना, यह बहिरंग समीक्षा है। और यह स्थापना ऐसी थी जिसमें तुलनात्मक साहित्य के लिए कोई गुंजाइश ही सम्भव नहीं थी क्योंकि तुलनात्मक साहित्य यही काम करता था। तुलनात्मक साहित्य आम तौर से ठोस ढंग से मूल स्रोतों की खोज करता

था—किसी साहित्यिक कृति का निर्माण किन-किन कृतियों से हुआ है, आदि-आदि। यथा—'रामचरितमानस' का अध्ययन करते हुए आप देखें कि रामकथा का मूल स्रोत कहाँ है, इसमें भक्ति-तत्त्व कहाँ से आया है, तो लोग कहेंगे कि रामकथा को वाल्मीकि से लिया, प्रसन्नराघव नाटक से लिया, दर्शन अध्यात्मरामायण से लिया, कुछ चीजें सूक्तियाँ आदि भागवत से ली हैं, आदि-आदि। इस प्रकार मूल स्रोतों का अध्ययन करके आप साबित करना चाहते हैं कि आप तुलनात्मक अध्ययन कर रहे हैं। एक कृति का प्रभाव किन-किन कृतियों पर पड़ा! आधुनिक काव्य में छायावादी कविता का अध्ययन करते समय अनेक लोगों ने पन्त के 'बादल' पर शेली के 'क्लाउड' का प्रभाव देखा या साम्य-वैषम्य की ओर निर्देश किया था।

अब नई समीक्षा ने एक चुनौती रखी। चुनौती रखी थी इलियट ने। वह रचना-प्रक्रिया का विवेचन करते हुए कहता है : 'कवि के मानस में उसके अनजाने, न जाने कितने प्रकार के परस्पर विरोधी अनुभव एकत्र होते रहते हैं और एक विशेष सर्जनात्मक क्षण में वे ऐसा रूप लेते हैं कि आप उनके टुकड़े-टुकड़े नहीं कर सकते।' नई समीक्षा की इस चुनौती ने वर्षों तक तुलनात्मक साहित्य अथवा उसके अध्ययन को एक एक्सट्रिंजिक (फालतू) खाते में डाला कि सच पूछा जाए तो यह तो आलोचना ही नहीं है; अर्थात यह साहित्यिक समीक्षा नहीं है, और कुछ है। यह चुनौती थी और इसी को आधार बनाकर रेने वेलेक ने पूरे तुलनात्मक साहित्य को 'गम्भीर प्रयास नहीं है' कहकर खारिज कर दिया था। यह सतही बहिरंग अध्ययन है, अन्तरंग नहीं क्योंकि अन्तरंग अध्ययन का मूलाधार होना चाहिए—उस सर्जनात्मक क्षण की पकड़ जिसमें विभिन्न अनुभव एक ऐसा समग्र, पूँजीभूत रूप ग्रहण करते हैं कि कृति (चाहे कविता हो या उपन्यास) एक ऑरगैनिक होल बन जाती है। मेरा खयाल है कि इसका जवाब भी तुलनात्मक साहित्य के पास नहीं था। खास तौर से तुलनात्मक साहित्य में जब तक फ्रेंच पॉजिटिविज्म का जोर था, जहाँ आम तौर से वह तथ्यपरक हुआ करता था। पत्रों, डायरी, लेखक की आत्मकृतियों के माध्यम से हम आम तौर से ऐतिहासिक सम्पर्कों का अध्ययन किया करते थे कि कब, किस लेखक ने दूसरी भाषा की विदेशी कृति पढ़ी। मलार्मे या बोद्लेयर ने फ्रेंच के अलावा क्या पढ़ा? और क्या ग्रहण किया? किस कवि या लेखक से वह मिला और उसके कारण क्या प्रभाव पड़ा? उदाहरण के लिए उन्नीसवीं सदी के ही नहीं, बीसवीं सदी के भी और आज के भी समकालीन भारतीय साहित्य का अध्ययन करते हुए, हम उन ऐतिहासिक सन्दर्भों का विश्लेषण करें कि पश्चिम के सम्पर्क में कौन लेखक, किस रूप में, किस तरह आता है? उन ऐतिहासिक सम्पर्कों का विश्लेषण करें। उन्नीसवीं सदी में, उदाहरण के तौर पर हिन्दी। शेक्सपियर के नाटकों से प्रभावित होकर 'मर्चेंट ऑफ वेनिस' पर तरह-तरह के नाटक और उपन्यास लोगों ने लिखे। कुछ ने 'मैकबेथ' से लिया क्योंकि वह ज्यादा चलता था। 'लियर' का भी प्रभाव पड़ा

होगा। तो लोगों ने उनके प्रचलित नाटकों से प्रभाव ग्रहण किए। किसी ने अनुवाद तो किसी ने छायानुवाद किया, भावानुवाद किया। किसी ने उसे अनुवाद न कहकर उसके आधार पर मौलिक कृति की रचना की। उदाहरण के लिए—हिन्दी में पहली कहानी किशारीलाल गोस्वामी की 'इन्दुमती' 1900 में छपी थी। वह 'टेम्पेस्ट' से प्रेरित आख्यान है। फर्क यह किया गया है कि वह हिन्दू-मुसलमानों में बदल दिया गया है। वह प्रेम-कहानी न होकर प्रतिशोध की कहानी बन गई है।

सारांश यह कि फ्रेंच पॉजिटिविज्म के असर के कारण इस तरह के सटीक तथ्यात्मक अनुसन्धान के आधार पर तुलनात्मक साहित्य का अध्ययन किया जाता था और वह इस हद तक बाहरी था कि नई समीक्षा की चुनौती को स्वीकार करने की स्थिति में नहीं था। 1970 के बाद एक नया मोड़ आया। पश्चिम में वही फ्रांस जो पॉजिटिविज्म का गढ़ था, उसी में थियरी—सो कॉल्ड थियरी चली, जो संरचनावाद के नाम से शुरू हुई। वे पॉजिटिविज्म के घोर विरोधी थे, दूसरे छोर पर थे। कहा गया कि पॉजिटिविज्म तो एक मेथड है—विदाउट थियरी। इसलिए संरचनावाद के विविध रूप चले। यह वही दौर है जब 1920 के आसपास रूसी रूपवादियों—वी. श्लोवस्की, तन्यानोव आदि—ने एक विशेष प्रकार का संरचनावाद प्रस्तुत किया था। इंग्लैंड में कम, अमरीका में बहुत ज्यादा इसका प्रभाव मानविकी की अन्य शाखाओं के साथ-साथ साहित्य पर भी पड़ा (अब तो खैर, उत्तर-संरचनावाद की चर्चा की जा रही है)। इस संरचनावादी अध्ययन के साथ ही नई समीक्षा की उस बुनियाद को पहली बार चुनौती मिली जिसे हम ऑरगैनिक होल कहते हैं। वह कायदे से स्ट्रक्चर है और वह दिया हुआ (प्रदत्त) नहीं हुआ करता, बल्कि आप प्रत्येक संरचना को पुनर्निर्मित करके टेक्स्ट को अर्थों की विविध संरचनाओं के रूप में निर्मित कर सकते हैं—जिसका कोई अन्त नहीं।

एक नया हमला और हुआ। जर्मन विद्वान फ्रांस रॉबर्ट (जो रिसेप्शन थियरी के लिए प्रसिद्ध थे) ने नई समीक्षा द्वारा निर्धारित टेक्स्ट की कल्पना या परिकल्पना को चुनौती दी और कहा—जिसे आप टेक्स्ट कहते हैं, वह फिक्स तो है नहीं। यह तो इस पर निर्भर है कि वह टेक्स्ट किस रूप में ग्रहण किया गया। ग्रहण की प्रक्रिया में मालूम हुआ कि जिन कृतियों को आप साहित्यिक कृति कहते हैं, इतिहास से मालूम होता है कि उन कृतियों को आरम्भ में साहित्यिक कृतियों के रूप में ग्रहण नहीं किया गया। बहुत दिनों बाद एक गैर-साहित्यिक कृति साहित्यिक कृति बन गई और साहित्यिक कृति गैर-साहित्यिक हो गई। बाइबिल धर्मग्रंथ था। इस क्रम में उसे कविता के रूप में पढ़ा जाने लगा। 'रामचरितमानस' आज भी बहुतों के लिए धर्मग्रंथ है। और हिन्दी के एक बड़े साहित्यकार ने कहा है कि 'रामचरितमानस' को यदि आप काव्य के रूप में पढ़ते हैं तो आप उसे नहीं पढ़ते हैं और नहीं समझते हैं। 'रामचरितमानस' का रिसेप्शन तो कायदे से धर्मग्रंथ के रूप में किया जाता है

इसलिए इसे धर्मग्रंथ के रूप में पढ़ने की जरूरत है। इस रिंसेप्शन ने यह साबित किया कि जिसे आप साहित्य का टेक्स्ट कहते हैं, वह वस्तुत: एक सम्प्रेषण-संकेत प्रणाली (कम्यूनिकेशन कॉन्टेक्स्ट) की देन है। एक सम्प्रेषण-सन्दर्भ है, जिसमें टेक्स्ट निर्मित होता है और ग्रहण किया जाता है। ऐसी स्थिति में, स्वाभाविक है कि नई समीक्षा ने जो ऑरगैनिक होल की बात की थी, वह टेक्स्ट अब उस जेली के समान हो गया जो पहले जमी हुई बर्फ थी। यह जेली वह है जो बार-बार क्रिएट और रिक्रिएट की जाती है और की जा सकती है, जो अस्थिर है। आप जानते हैं कि कोई भी चीज जब स्थिर न रहे, पिघलने लगे या गतिशील हो तो उसी के आधार पर उसके अध्ययन की प्रणालियाँ बदलती हैं। पद्धतियाँ और सिद्धान्त बदलते हैं। यह पहली चुनौती थी जिसने तुलनात्मक साहित्य को जड़ विधेयवाद (पॉजिटिविज्म) से उबारकर फिर उस जगह पहुँचाया जहाँ हम साहित्य का अध्ययन एक बड़े क्षेत्र में कर सकते हैं, जिसे मैंने फैक्च्युअल कम्यूनिकेशन सिच्युएशन कहा है। जहाँ उत्पादन तथा ग्रहण दो छोरों के बीच अर्थ ही सन्दिग्ध हो तो कविता अपने पृष्ठ पर नहीं रही, पोयम ऑन द पेज नहीं रह गई—पृष्ठ से हटकर कविता एक वृहत्तर सन्दर्भ में चली गई। इस सम्प्रेषण का गहरा सम्बन्ध संस्कृति से है। पाठक से नहीं बल्कि पाठक-समुदाय से है, जो निरन्तर बदलता रहता है, परिवर्तनशील है। इस तरह, साहित्य का अध्ययन संस्कृति के एक बड़े दायरे में चला गया। केवल शब्द और अर्थ का विधान नहीं रह गया, बल्कि टेक्स्ट अपने-आपमें एक वृहत्तर संकेत-प्रणाली का अंग बन गया।

मेरा खयाल है, इस चुनौती से स्वयं हमारे भारतीय कम्पेरेटिस्ट अनजान नहीं हैं। 'भारतीय साहित्य का अध्ययन करते समय भारतीय साहित्य एक है, यद्यपि अनेक भाषाओं में लिखा गया है।' यह पवित्र वाणी डॉ. राधाकृष्णन् दे गए थे, लेकिन यह पवित्र और सर्वथा निर्दोष होते हुए भी, मैं यह कहने की धृष्टता कर रहा हूँ कि निरर्थक है। यह अध्ययन का कोई सूत्र प्रदान नहीं करती। इसके चलते हमारे राष्ट्रवादी लोग व्यवहार में आजकल जबरदस्ती भारतीय साहित्य की एकता-एकात्मता पर विशेष बल दे रहे हैं। जैसे भारत टुकड़े-टुकड़े हो रहा है, वैसे उस एकता की टूटी हुई नैया को गह के पकड़कर रखना चाहते हैं किसी कीमत पर। तमाम भारतीय साहित्य में मिलनेवाला एक कॉमन प्वाइंट है यानी लगभग हम लोग इस समय गणित के एल.सी.एम. और जी.सी.एम. के दौर से गुजर रहे हैं और लघुत्तम समापवर्त्य और महत्तम समापवर्त्य निकाल रहे हैं। सारे भारतीय साहित्य को निचोड़कर जो अर्क है, उस तत्त्व की एकता पर हम ज्यादा जोर दे रहे हैं। दूसरी ओर इसकी प्रतिक्रिया में लोग प्रत्येक भारतीय भाषा में लिखे हुए साहित्य की विशिष्टता को इस हद तक रेखांकित करेंगे और कहेंगे कि दोनों में कोई सम्बन्ध ही नहीं है। तमिल वाले रास्ता दिखा रहे हैं और आश्चर्य नहीं है कि इस दिशा में दूसरी भाषाएँ

प्रगट करते हुए कहेंगी कि हम इतने विशिष्ट हैं कि सामान्य कोई बिन्दु ही नहीं है। यह राधाकृष्णन् वाले कथन की प्रतिक्रिया है। मैं समझता हूँ, इस डायकॉटमी के बीच, अखंड भारत और दूसरी ओर खंड-खंड का पाखंड भारत, इन दोनों के बीच तुलनात्मक साहित्य को खतरों से बचाने का कोई सैद्धान्तिक आधार होना चाहिए और जैसाकि मैंने कहा, वह सैद्धान्तिक आधार है कम्यूनिकेशन कॉन्टेक्स्ट। वह एक्च्युअल कम्यूनिकेशन कॉन्टेक्स्ट, जहाँ साहित्य का सृजन होता है और साथ ही साहित्य का ग्रहण भी होता है—अभिग्रहण नहीं, एप्रोप्रिएशन नहीं।

अंग्रेजी के प्रसिद्ध आलोचक एफ.आर. लीविस को यद्यपि अंग्रेजी के अलावा यूरोप की और भी तीन-चार भाषाएँ अच्छी आती थीं—जर्मन, फ्रेंच और अंशतः रशियन, लेकिन उन्होंने अंग्रेजी के अलावा किसी भी साहित्यिक कृति पर नहीं लिखा। अन्तिम दिनों में उन्होंने 'अन्ना करेनिना' पर लेख लिखा है और जो 'अन्ना करेनिना एंड अदर एसेज' नाम से छपा है। टॉल्स्टॉय में उनकी बहुत गहरी रुचि थी। आधुनिकतावादी आन्दोलन का समर्थन करने के बाद टी.एस. इलियट का अतिक्रमण करते हुए जब वे डी.एच. लारेंस की ओर उन्मुख हो रहे थे, उस दौर में जहाँ उनके लिए 'लाइफ' शब्द बड़ा पारिभाषिक शब्द था, वहीं सबसे बड़ा मूल्य भी था। वे कैपिटल लेटर से लाइफ लिखते थे। वह 'जीवन' उन्हें इलियट में नहीं दिखाई पड़ता था। वह रक्तहीन साहित्य लगता था। उनको लारेंस में और टॉल्स्टॉय में जीवन्तता दिखाई पड़ती थी। तब शायद लिखा। अंग्रेजी के अलावा किसी भाषा में नहीं लिखा। क्यों? इतनी भाषाओं के जानने पर भी तुलनात्मक साहित्य तो लिखा ही नहीं, किसी अन्य भाषा के साहित्य पर भी कोई टिप्पणी नहीं की। उनका कहना था कि 'महत्त्वपूर्ण' और सार्थक सर्जनात्मक साहित्य उस भाषा के साथ इतना जुड़ा रहता है और उसकी सही समीक्षा केवल इनसाइडर ही कर सकता है। मैं केवल अपनी भाषा अंग्रेजी में ही इनसाइडर हूँ और इतना संवेदनशील होने के कारण मैं समझता हूँ कि शायद एक हद तक मैं अंग्रेजी की कृतियों के बारे में तो कुछ कह सकता हूँ लेकिन इसके बाहर की कृतियों के बारे में, उन भाषाओं को जानते हुए भी (अनुवाद तो दूर, मूल मैं पढ़ सकता हूँ) मैं यह धृष्टता कभी नहीं करूँगा। बालचन्द्र राजन जो अंग्रेजी के प्रोफेसर हैं और बहुत दिनों तक कैम्ब्रिज में, ऑक्सफोर्ड में रहे हैं, अमरीकन विश्वविद्यालयों में रहे हैं, बहुत अच्छी अंग्रेजी जानते थे और उनकी इतनी मान्यता थी कि टी.एस. इलियट पर आलोचनाओं की प्रथम प्रकाशित पुस्तक का सम्पादन उन्होंने किया था। उस पुस्तक पर लीविस ने टिप्पणी करते हुए कहा कि अच्छी अंग्रेजी जानता है पर इनसाइडर नहीं है। अंग्रेजी भाषा की उन संवेदनाओं से, सूक्ष्मताओं से, सूक्ष्म अर्थ-छायाओं से परिचित नहीं है। मैंने यह उदाहरण इसलिए दिया कि पारमार्थिक धरातल पर शंकर के देश में हम लोग रहते हैं इसलिए परमार्थ सत्य तो यही है कि आप जिस भाषा के इनसाइडर हैं,

उसी की समीक्षा आपको करनी चाहिए। दूसरी भाषा को जानते हुए भी उस जगह कदम नहीं रखना चाहिए। आप पैदा हुए हैं गुजरात में, इसलिए गुजराती आती है; मैं हिन्दी प्रदेश में पैदा हुआ हूँ, इसलिए हिन्दी मुझे आती है, यह गलत है। अर्जित करना पड़ता है और हमें नहीं भूलना चाहिए कि सर्जक कथाकार भाषा अर्जित करते हैं इसलिए आलोचक के नाते जब हम गुस्ताखी करते हैं तो हमें समझना चाहिए।

मुझे याद है कि घूमते हुए यात्रा के दौरान गार्सिया मार्टिस दिल्ली आए थे। एक हफ्ते ठहरे। अचानक लोगों को पता लगा और घेर लिया। कहा कि बोलिए, कुछ बोलिए। अंग्रेजी उनको आती है। कुछ लोग अंग्रेजी में सवाल पूछ रहे थे। बहरहाल कुछ लोग जो स्पेनिश जानते थे, वहाँ पहुँच गए। वे कुछ बोले ही नहीं। लोग सवाल पूछते रहे। उन्होंने कहा, मैं पेशे से पत्रकार हूँ और मैंने बहुत-सी पत्रकारिता के काम किये हैं लेकिन साहित्य के बारे में मैं आपसे कोई बात नहीं कर सकता। लोगों ने कहा, यदि आपको अंग्रेजी बोलने में कठिनाई हो तो आप स्पेनिश में बोलिए। स्पेनिश का एक वाक्य बोलते हुए उन्होंने कहा : 'इतना द्वन्द्व मेरे मन में होता है, आप मुझसे अंग्रेजी में बोलने की बात कर रहे हैं। मैं लेखक हूँ।' मैं भाषा के प्रति संवेदनशीलता की बात कह रहा हूँ जो गर्सिया मार्टिस ने कही। इसलिए परमार्थ सत्य तो मुझे यही प्रतीत होता है कि वहाँ किसी भी प्रकार के उच्चकोटि के तुलनात्मक साहित्य की समभावनाएँ क्षीण हैं, कम हैं, कुछ स्तर का नहीं हो सकता। हर बड़ा आलोचक अपनी भाषा का आलोचक होता है। रामचन्द्र शुक्ल बंगला बहुत अच्छी जानते थे और बंगला का अनुवाद किया है, प्रसंगवश बंगला साहित्य के बारे में उल्लेख भी किया है। उस समय के अन्य लोगों की तरह से भारत की कुछ भाषाएँ सभी लोग जानते थे। लेकिन, आधिकारिक रूप से उनकी समीक्षा हिन्दी के बारे में ही मानी जाती है। यही बात गुजराती के लोगों और मराठी के लोगों के बारे में भी होगी।

व्यावहारिक सत्य के स्तर पर तुलनात्मक साहित्य हमारे देश में बहुत आवश्यक है—अत्यन्त आवश्यक है। व्यवस्थित ढंग से उसका अध्ययन-अध्यापन और अनुसन्धान आवश्यक है। यह पैदा ही हुआ है 'अन्य' की खोज से। एन्थ्रोपोलॉजी के लोग यूरोपीय सभ्यता के एक विशेष वातावरण में रहते थे। उन्नीसवीं सदी की औद्योगिक क्रान्ति होने के बाद जब औद्योगिक पूँजीवादी समाज बना तो एन्थ्रोपोलॉजी व एन्थ्रोपोलॉजिस्ट उन सभ्यताओं के अध्ययन की ओर गए, जो तथाकथित आदिम कहलाती हैं। 'अन्य' की खोज में गए और उससे दोनों तरह के विकास हुए, जिसे सांस्कृतिक सापेक्षतावाद (कल्चरल रिलेटिविज्म) कहते हैं। इसी दृष्टि से तुलनात्मक सभ्यताओं का तुलनात्मक अध्ययन शुरू हुआ, संस्कृतियों का तुलनात्मक अध्ययन शुरू हुआ, विभिन्न धर्मों का तुलनात्मक अध्ययन शुरू हुआ और इन चीजों के कारण एक विशेष प्रकार की लिबरल वैल्यूज, लिबरल एजुकेशन बनी। इस देश में

इतनी कूपमंडूकता भाषा के स्तर पर, धर्म के स्तर पर, संस्कृति के स्तर पर बढ़ती जा रही है। उसके साथ ही, अहंमन्यता, असहिष्णुता और दूसरे को हीन समझने की भावना भी बढ़ती जा रही है। यद्यपि वह उन्नीसवीं सदी का उदारतावाद था जिसने बताया कि इतने प्रकार की नैतिकताएँ होती हैं। इतनी सापेक्षताएँ हैं कि आप किसी एक को श्रेष्ठ कहें, यह सम्भव ही नहीं। बल्कि, लोगों ने इतनी दूर तक कहा कि लेविस्ट्रोक का जो यह पूरा-का-पूरा काम है जिसमें लातिन अमरीकी सभ्यताओं का अध्ययन करते हुए उन्होंने यह निष्कर्ष निकाला कि हम लोग पेरिस वाले अपने-आपको इतना सभ्य और ज्ञानी, स्वप्नद्रष्टा आदि-आदि समझते हैं, हमसे ज्यादा इस मामले में ह्यूमन इन तमाम चीजों के बावजूद वे हैं, जिनको हम आदिवासी कहते हैं। एक मूल्य भी इससे प्रतिष्ठित हुआ। मैं यह इसलिए कह रहा हूँ कि मैंने उड़िया के एक छोटे-से उपन्यास का अनुवाद पढ़ा तो मेरा वह अहंकार चूर हो गया क्योंकि मैं समझता था कि प्रेमचन्द जैसा ग्राम्यजीवन का चित्रण करनेवाला भारत में कोई हुआ ही नहीं। तब मुझे लगा कि यह छोटी-सी भाषा यानी बोलनेवालों की कम संख्या, पिछड़ा प्रदेश, उन्नीसवीं शताब्दी में इतनी उच्चकोटि की रचना कि जिस बंगला में बंकिम हो चुके हों, उसी समय उस सदी के अन्त में फकीर मोहन जैसा अद्‌भुत मेधावी कथाकार पैदा हुआ। इसलिए तुलनात्मक साहित्य की शुरुआत में हम अन्य को जानें, दूसरों को जानें, अनुवाद के माध्यम से भी जानें। जानने से स्वयं हमारे साहित्यिक दृष्टिकोण पर एक ऐसा गहरा असर पड़ेगा कि जिसका लाभ पूरे देश को तो होगा ही, स्वयं अपने साहित्य के लिए होगा, इसके बारे में कोई दुविधा नहीं है।

सच पूछिए तो मेरी यह आकांक्षा है कि समस्त भारतीय विश्वविद्यालयों में जितने भाषा विभाग हैं, उन सभी में कम-से-कम एक-दो तुलनात्मक साहित्य के कोर्स अनिवार्य हों। इससे इन भाषाओं का कल्याण होगा, वरना हम लोग स्थिरता और जड़ता के दौर से गुजर रहे हैं। हम लोग जो पाठ्यक्रम बना रहे हैं, उसके बारे में संक्षेप में टिप्पणी करूँगा। दक्षिण गुजरात विश्वविद्यालय, सूरत में साहित्य के अलावा अन्य दो शास्त्रों को आपने जोड़ा है—दर्शन यानी तत्त्वज्ञान और मनोविज्ञान। मेरी अपनी समझ यह बनी है कि समाजशास्त्र के बिना यह अधूरा ही रहेगा। बल्कि सच पूछिए तो विदेशों में भी तुलनात्मक साहित्य का समाजशास्त्र अनिवार्य अभिन्न अंग है और गुजरात के लिए बहुत जरूरी है। यह धारणा भ्रान्त होगी कि यहाँ इस प्रदेश (गुजरात) पर सामाजिक-आर्थिक-सांस्कृतिक कारणों से शुद्ध साहित्यवाद, शुद्ध कलावाद, रूपवाद की इतनी गहरी छाया है जिसने आलोचना का अहित किया हो या न किया हो, स्वयं सर्जनात्मक साहित्य का बहुत अहित किया है। वह ऐसा समाज-निरपेक्ष साहित्य है, जबकि भाषा उसकी समृद्ध है। अखा की परम्परा वाला साहित्य, सरस्वतीचन्द्र की परम्परा वाला साहित्य केवल कलावाद को ही

अपना पैमाना मान ले तो वह रक्तहीन साहित्य है। सब कुछ है, आपने इतना पक्का कुआँ खोद रखा है जिसमें संगमरमर की सीढ़ियाँ लगी हैं, पानी नहीं है। इसलिए यहाँ साहित्य के समाजशास्त्र के सन्दर्भ के बिना अध्ययन रूपवादी तुलनात्मक साहित्य का अध्ययन बनकर रह जाएगा। अत्यन्त विनम्रता से कहना चाहूँगा कि यहाँ 'अवश्य' अवश्य जोड़ा जाए। जाधवपुर का तुलनात्मक साहित्य विभाग यदि विकास नहीं कर सका तो बुद्धदेव की उस विरासत के कारण, जहाँ साहित्य के समाजशास्त्र की कमी थी। दुर्भाग्य से अमियदेव भी लगभग वैसे ही रूपवादी हैं। हमें उस दायरे से निकलना होगा। रूपवाद के दायरे को छोड़ने का अर्थ यह नहीं कि आप मार्क्सवाद की ओर लपककर चले जाएँ। साहित्य का समाजशास्त्र मार्क्सवाद नहीं है। अनेक धाराएँ हैं। सच पूछिए तो गुजरात ने तो भारत में समाजशास्त्र की दिशा में रास्ता दिखाया है। आई.वी. देसाई, ए.आर. देसाई—इन दोनों ने तो भारत में समाजशास्त्र की नींव रखी है। उस भाषा में, साहित्य में, समाजशास्त्र अध्ययन का विषय न बने, साहित्यकार को सहारा न दे तो एक विडम्बना की बात होगी, यह दूसरी टिप्पणी है।

तीसरी टिप्पणी यह है कि दो कृतियों को आमने-सामने करके हम आलोकित करते हैं। बुनियादी प्रश्न यह था कि यदि एक साहित्यिक कृति अखंड-अविभाज्य है तो उसके मूल स्रोतों को खोजना या प्रभाव ढूँढ़ना एक बात है। रचना-प्रक्रिया मूल चीज है। किसी कृति का समग्रता में आस्वाद लेना और फिर (समीक्षा तो विश्लेषण है) उस क्रिएटिव मोमेंट को पकड़ना (उस सर्जनात्मक क्षण को) और सर्जनात्मक प्रक्रिया का विश्लेषण करते हुए हम यदि स्रोतों की ओर भी जाएँ, प्रभावों की ओर भी जाएँ, रूढ़ियों की ओर भी जाएँ तो यह एक दूसरी बात है। यह ठीक-ठीक स्रोत-खोज नहीं है, ठीक-ठीक प्रभावान्वेषण नहीं है, बल्कि 'रामचरितमानस' को समग्रता में लेते हुए उसके मूल कथ्य को ग्रहण करना है और इस क्रम में फिर हम यह देखते हैं कि यह आदमी न जाने कहाँ-कहाँ से लेते हुए कैसे रचता है? महत्त्वपूर्ण यह नहीं कि क्या लिया—बल्कि यह देखें कि स्रोत-खोज और प्रभाव-खोज आम तौर से किन दिशाओं की ओर ले गई है। आप देखें तो स्रोत-प्रभाव खोजनेवालों ने यह किया कि लेखक का अपना कुछ नहीं है। मौलिकता का सवाल जो आप कर रहे हैं, स्रोत-खोज, प्रभाव-खोज कृति की मौलिकता के सामने प्रश्नचिह्न लगाता है। विचित्र बात है कि जिस इलियट ने सारे यूरोप के सन्दर्भ में ऑरगैनिक कॉन्सेप्ट की बात की, साथ ही स्रोत और इन्फ्लुएंस को लेकर 'वेस्टलैंड' में उसको एक लम्बी टिप्पणी देनी पड़ी थी तो कई लोगों ने कहा कि वे टिप्पणियाँ गुमराह (मिसलीड) करती हैं। वे न होतीं तो अच्छा था। इसलिए महत्त्वपूर्ण है वह सर्जनात्मक क्षण और किसी कृति की सृजन-प्रक्रिया का विश्लेषण करते हुए जो विधि आप अपनाते हों, वह अपनाएँ। यह तुलनात्मक साहित्य नहीं है। यह न स्रोत-खोज है बल्कि उस

कृति का विश्लेषण ही है अर्थात तुलना का विश्लेषण है। यह तुलना के अन्तर्गत नहीं आता, विश्लेषण के अन्तर्गत आता है।

जैसाकि कहा जाता है, दो हीरे रखे जाएँ तो नया प्रकाश आता है, मैं इस क्रम में दो कृतियाँ आलोकित करना चाहूँगा। सुनने में काफी अच्छा लगता है लेकिन स्थिति यह है कि एक कृति पढ़ते समय आलोचक या पाठक के दिमाग में कोई और याद आता रहे, तो वह तो एस्थेटिक एक्सपीरियंस के खिलाफ है। यह तो लगभग वही बात हुई कि आप अपनी प्रेमिका के साथ बैठे हैं, उसका मुँह निहार रहे हैं और पूर्ववर्ती दो प्रेमिकाएँ आपको याद आ रही हैं। मेरा खयाल है कि आपका तत्काल सम्बन्ध-विच्छेद हो जाएगा, वह लड़की भाग खड़ी होगी कि यह मुझे नहीं देख रहा है, तमाम छायाएँ ही देख रहा है। साहित्य के आस्वाद के लिए यह बड़ी खतरनाक चीज है। एकमेव, अद्वितीय, यूनिकनेस में हम विश्वास करते हैं। इसलिए दूसरी कृतियों का आलोचक इतना ज्यादा प्रकाश डालेगा कि मूल ही गायब हो जाएगा।

एक बार मैं अहमदाबाद से दिल्ली जा रहा था। सौभाग्य से विमान में उमाशंकर जी थे! उन्होंने एक अद्‌भुत बात बताई। उन्होंने कहा, 'जानते हो, हेमचन्द्र ने उपमा अलंकार का क्या लक्षण बताया है? उपमा अलंकार के लक्षण मम्मट, भामह सबके बहुत-से लक्षण दोहराए गए हैं।' (क्षमा कीजिएगा, हेमचन्द्र के बारे में मेरी धारणा बहुत खराब रही है, यद्यपि अपभ्रंश का विद्यार्थी रहा हूँ। वे कलिकाल सर्वज्ञ थे। बारह सौ विद्वान उनके साथ काम करते थे। उन्होंने 'शब्दानुशासन', 'काव्यानुशासन' लिखा तथा स्वयं कवि भी थे।) उन्होंने उपमा का लक्षण बताया—हृद्यं साधर्म्य उपमा। हम लोग अभी तक यही जानते हैं कि उपमान और उपमेय, प्रस्तुत-अप्रस्तुत दो चीजों का साधर्म्य दिखाना ही 'उपमा' है। हेमचन्द्र ने हृद्य शब्द जोड़कर मौलिकता दिखाई है। हेमचन्द्र ने उदाहरण दिया कि 'कुम्भ ही मुख है' तो क्या यह उपमा होगी? साम्य तो है। गोल-गोल घड़े जैसा है। रोटी भी गोल ही होती है। तवा भी गोल होता है। साधर्म्य तो है, रूप साम्य तो है। कहीं-कहीं धर्म-साम्य भी दिखाई पड़ जाएगा। हेमचन्द्र ने उसमें 'हृद्य' जोड़ा। आज तुलनात्मक साहित्य पर चर्चा करते हुए उमाशंकर जी का वह कथन याद आ जाता है। किन्हीं भी दो कृतियों की तुलना क्या तुलनात्मक साहित्य हो जाएगा? 1951 में शचीरानी ने पहली किताब प्रकाशित की जो हिन्दी में तुलनात्मक साहित्य की कृति थी, जिसमें सूरदास के साथ मिल्टन की तुलना की गई थी। कारण यह था कि दोनों अन्धे थे। आप देखें, आंचलिक उपन्यास रेणु ने लिखे हैं, आंचलिक उपन्यास बहुत-से लोगों ने लिखे हैं। अब आंचलिकता के सन्दर्भ में रेणु के साथ किसकी-किसकी तुलना नहीं की गई है? हिन्दी में इस समय तुलनात्मक साहित्य पर जो शोध-प्रबन्ध प्रकाशित हुए हैं, निन्यानबे प्रतिशत वाहियात हैं, किसी लायक नहीं हैं (कहने के लिए क्षमा चाहता

हूँ), दुर्भाग्य से सभी छपे हैं। प्रश्न है कि तुलना के लिए जब चीजों का चयन आप करते हैं, वह निर्णायक है। आप क्यों चुनते हैं? एक हाइपोथीस्सि के तहत आप चुनते हैं। एक उदाहरण देना चाहता हूँ—प्रेमचन्द का नाम आते ही गोर्की के साथ हम तुलना करते हैं, तो प्रगतिशील आन्दोलन को लेकर। दोनों की मृत्यु लगभग एक साथ हुई थी। किसान-मजदूरों के दोनों ही पक्षधर थे। कहा जाता है, गोर्की की समाजवाद में आस्था थी, प्रेमचन्द की भी थी। रूस के प्रसिद्ध नेस्कोविन को बहुत ही दुःखद आश्चर्य हुआ, भारत वालों के अज्ञान पर और कहा कि यदि प्रेमचन्द की सार्थक तुलना आपको करनी है तो टॉल्स्टॉय के साथ करनी चाहिए, गोर्की के साथ तुलना अनुचित है। उससे कुछ नहीं निकलनेवाला है। गोर्की का आरम्भिक साहित्य घुमक्कड़ी वाला है। बाद का 'माँ' और 'मजदूरों' की जिन्दगी के बारे में है। प्रेमचन्द का साहित्य किसान का है। जिस रूस का चित्रण टॉल्स्टॉय ने किया, वह खेतिहर रूस था। मार्क्सवादी लोगों ने लेनिन को भी नहीं पढ़ा है। हालाँकि टॉल्स्टॉय में किसानों की क्रान्ति का दर्शन है, फिर भी लोगों ने प्रेमचन्द के साथ गोर्की की तुलना कर दी है।

महत्त्वपूर्ण यह है कि तुलना जरूर हो—दो के बीच। दो चुनें कैसे? किस प्रकार चुनें कि वह हृद्य हो? इन तुलनाओं के बीच भोला भाई ने एक लम्बी सूची दी है। अच्छी सूची है और ज्ञानवर्धक भी है। उदाहरण के लिए 'टो.एस. इलियट इन इंडिया', 'इंडिया एंड टी.एस. इलियट' विषय उन्होंने बताया था। आप देखें, आंचलिक वाले आधार पर, बहुत सावधानी बरतने की जरूरत है कि रेणु के साथ व्यंकटेश माडगूलकर, गोपीनाथ मोहन्ती और तीनों बन्द्योपाध्याय हैं। उन्होंने भी आंचलिक उपन्यास लिखे हैं। किसी के भी साथ तुलना कीजिए, कोई एतराज नहीं है। सवाल यह है कि क्या खोजने के लिए आप तुलना करने जा रहे हैं? हाइपोथीसिस क्या है? दो असम्बद्ध चीजों में सम्बन्ध-सूत्र ढूँढ़ लेना एक बड़ी डिस्कवरी हुआ करती है। यदि वह डिस्कवरी नहीं तो तुलनात्मक साहित्य कुछ भी नहीं है। किस सत्य की खोज कर रहे हैं? कहाँ वह पेड़, सेब, कहाँ धरती—विज्ञान ने दोनों के बीच गुरुत्वाकर्षण के सम्बन्ध को ढूँढ़कर एक नई थियरी ढूँढ़ी थी। इसी प्रकार, कहाँ ग्रीक, कहाँ संस्कृत! दोनों में पहली बार विलियम जोन्स को लगा कि सम्बन्ध-सूत्र है, जो आकस्मिक नहीं बल्कि ऐतिहासिक है, मूल स्रोत से निकला हुआ है। भाषाविज्ञान के क्षेत्र में यह एक क्रान्तिकारी चीज है। सारी तुलनाओं के दौरान साहित्य का कोई सत्य ढूँढ़कर आप ले आते हैं या नहीं, यह बड़ी चीज है। क्या ढूँढ़ते हैं आप? और यदि यह तुलनाएँ, चाहे दूर नितान्त भिन्न वस्तुओं में हो, उनमें कोई साम्य न दिखाई पड़ता हो, प्रतीति न होती हो, उनमें उस सत्य की खोज करके यदि आप तुलनात्मक पद्धति के द्वारा ले आते हैं तो मैं समझता हूँ कि तुलनात्मक साहित्य सार्थक होगा। वरना, उसके रूप-विधान की, बाकी चीजों की

तुलना करके आप कुछ नहीं कर सकते। अब उन खोजों के सिलसिले में मैं केवल दो उदाहरण देकर समाप्त करूँगा।

मेरे मन में एक बात आई कि तीन लेखकों की तुलना करनी चाहिए—अज्ञेय, बुद्धदेव बोस और मरडेकर। 1940 के आसपास हमारे साहित्य में तथाकथित आधुनिकतावाद या प्रयोगशीलता और रोमांटिक धारा—छायावाद जैसी प्रवृत्ति थी, उनसे भिन्न एक नई प्रवृत्ति का प्रवर्तन मराठी के मरडेकर, बंगला के बुद्धदेव और हिन्दी के अज्ञेय ने किया। इन तीनों के कारण हमारे साहित्य में, भारत में आधुनिकता का क्या रूप बना? और इन तीनों की वह कौन-सी शक्ति थी तथा दुर्बलता थी, जिसके कारण हमारे यहाँ आधुनिकतावाद ने जो रूप लिया, उसमें वे कमजोरियाँ रह गईं, जिसने बहुत दूर तक हमारे साहित्य को प्रभावित किया? यानी इस मॉडर्निज्म को क्रिटिकली देखने का सवाल है। ये कौन से इंटेलेक्चुअल्स थे, कितने रूटेड थे, कितने पश्चिमोन्मुख थे, अपनी परम्परा से कितने परिचित थे? इनके कारण हम कहते हैं कि हमारा आधुनिकतावाद भारतीय है। कितना भारतीय हो सका है? इनकी परिणति अन्ततः क्या हुई? इन तमाम चीजों को देखने के लिए एक हाइपोथीसिस है जिसके आधार पर तीनों की तुलना करते हुए उनसे एक चीज निकलती हुई दिखाई पड़ती है। इस क्रम में मैं कहना चाहूँगा, जैसाकि मैंने पहले संकेत किया कि एक भाषा में रूटेड होना बहुत जरूरी है। केवल अज्ञेय की समीक्षा करते हुए मैं यह दिखा सकता हूँ, हालाँकि बुद्धदेव और मरडेकर प्रसंगवश ही आएँगे। मैं इतना ही कर सकता हूँ। अज्ञेय की आधुनिकता के अध्ययन के लिए बंगला, मराठी वाले को पकड़ो और फिर इसी पैटर्न पर हम देखें कि अन्य भारतीय भाषाओं के आधुनिकतावाद का प्रवर्तक कौन था? क्या किया है उसने?

पिछले सत्र में यह सवाल उठा था कि संस्कृत या प्राकृत या अपभ्रंश के साथ हिन्दी को जोड़कर देखें या नहीं? मैं सिर्फ यह कहना चाहता हूँ कि उसे तुलनात्मक कहें या न कहें? साहित्य के समाजशास्त्र के अध्ययन के क्रम में मैंने पाया है कि साहित्य एक ऐसा संस्थान (इन्स्टीट्यूशन) है जिसकी अपनी कुछ रूढ़ियाँ होती हैं। गुरुदेव हजारी प्रसाद द्विवेदी ने हिन्दी साहित्य के आदिकाल की कथानक रूढ़ियों पर जो काम किया है, उसमें बताया है कि हम बहुत सारी चीजों को मौलिक समझते हैं लेकिन हमें मालूम होता है कि उनके पीछे हजारों साल का समय है। ये रूढ़ियाँ केवल उपमा वाली ही रूढ़ियाँ नहीं हैं बल्कि एक ऐसी सामूहिक अवचेतन (कलेक्टिव कॉन्शियसनेस) है, जिसके कारण सती सावित्री आदि जो नारी चरित्र हैं, वे आज भी रूप बदलकर नये उपन्यासों में दिखाई पड़ते हैं; अर्थात राधा या उर्वशी के नाम पर लिखे हुए काव्य ही तुलनीय नहीं हैं बल्कि आपको आश्चर्य होगा कि आधुनिक उपन्यास हमारे प्राचीन मिथकीय समयों और रूढ़ियों के ही प्रकार-भेद हैं। नोर्थोपफ्राइ ने अपने 'एनोटॉमी ऑफ क्रिटिसिज्म' में दिखाने की कोशिश की कि सारी दुनिया

के साहित्य का नेगेटिव स्ट्रक्चर एक है। कुछ मिथ हैं जो बार-बार रिकरिंग रूप में आते हैं। इसका एक भाषावैज्ञानिक आधार है। चॉम्स्की ने जब कहा कि भाषाओं के सरफेस के स्ट्रक्चर पर तो बड़ी बहस हुई है लेकिन मानस कोष (सेल्स) इस तरह की बनी हुई है कि सबका ग्रामेटिकल स्ट्रक्चर तो एक है, जो डीप स्ट्रक्चर है, कुछ ही कॉमन स्ट्रक्चर हैं और अंग्रेजी पढ़ानेवालों ने यह स्ट्रक्चरल मेथड लागू किया। बुनियादी चीज देखने की यह है कि वह कौन-सी भीतरी संरचनाएँ हैं, जो शताब्दियों तक एक जाति के अन्तर्गत रहीं? उनकी खोज हम करें, जिसके आधार पर समूचा साहित्य रचा जाता हो। जरूरी नहीं कि 'राम' पर लिखा उपन्यास ही राम का अनुसरण करता हो। कहीं-न-कहीं एक राम, एक रावण, एक सीता हमारे मन में ऐसी बैठी हुई हैं कि आधुनिक नॉवेल लिखते समय हम वही राम ढूँढ़कर ले आएँगे। एक पैटर्न बना हुआ है। तुलनात्मक साहित्य का पाठ्यक्रम बनाने में रूस वालों ने बहुत काम किया है, रूसी रूपवादियों ने। हाइपोलॉजी खोजना ज्यादा जरूरी है, बजाय फुटकल तथ्यों की खोज करने और उनमें समानताएँ दिखाने के। रूढ़ियों-समयों का अध्ययन तुलनात्मक साहित्य का एक बहुत बड़ा हिस्सा होना चाहिए जिससे आज के दौर में जहाँ रोज-ब-रोज साहित्यिक प्रवृत्तियाँ बदलती हैं, और हम समझते हैं कि हर प्रवृत्ति नई है। उनके बीच कम-से-कम हम एक नैरन्तर्य का एहसास करा सकेंगे कि साहित्य सचमुच बुनियादी रूप में साहित्य है। इन तमाम परिवर्तनों के बावजूद उस नैरन्तर्य की खोज आज के युग में बहुत जरूरी हो गई है। वरना, हम लोग एक विच्छेदवादी युग के दौर से गुजर रहे हैं, जहाँ हर दशक एक नई शुरुआत की घोषणा करता हुआ दिखाई पड़ता है और लगता है कि पहले से हमारा कोई लेना-देना नहीं है।

[सरदार पटेल विश्वविद्यालय, वल्लभ विद्यानगर में दिया गया भाषण।
'तुलनात्मक साहित्य : स्वरूप और सन्दर्भ' पुस्तक में प्रथम प्रकाशन]

# हिन्दी कविता का परिदृश्य और नवगीत

हिन्दी कविता में जिस तरह नई कविता नाम की एक धारा चली, उसी प्रकार नवगीत की दुनिया में भी कवि बहुत अच्छा काम कर रहे हैं और बहुत अच्छे नवगीत लिखे जा रहे हैं। शायद इसमें किसी को सन्देह नहीं होना चाहिए और इसमें किसी को आपत्ति भी नहीं होनी चाहिए। रूप, भाषा, छन्द, शिल्प और अन्तर्वस्तु की दृष्टि से नवगीत के रचनाकार उसको नया स्वरूप प्रदान करने का प्रयास कर रहे हैं। हिन्दी कविता में बदलाव की दृष्टि से ऐसे प्रयास कई बार किये गए हैं। इसलिए साठोत्तरी गीतकाव्य के कुछ रचनाकार भी नई अन्तर्वस्तु और नये रचना-विधान के अनुसार गीत को नवगीत का स्वरूप प्रदान करना चाहते हैं तो इसमें किसी को आपत्ति नहीं होनी चाहिए।

यह सच है कि गीत तो गेय होता है। यदि नई अन्तर्वस्तु के साथ भी नवगीत को गाया जा सकता है तो अति उत्तम है। जहाँ तक गीत की अन्तर्वस्तु की अभिव्यक्ति का सवाल है तो उसमें मानवीय अनुभव और विचार तो अवश्य आएँगे। किन्तु कुछ गीत लोकगीत होते हैं, कुछ समूहगान होते हैं और कुछ जनगीत भी होते हैं। जैसे रवीन्द्रनाथ टैगोर का 'जन गण मन अधिनायक जय हे' एक जनगीत है जो समूह में गाया जाता है जिसमें देशभक्ति की भावना को महत्त्व दिया गया है।

वेद की ऋचाओं को भी गाने के लिए छन्दबद्ध करके गेय बनाया गया है। इसलिए ऋचाएँ वैदिक सन्देश को प्रचारित और प्रसारित करने में बहुत सहायक हुई हैं। इन्हें हम गीत का आदिम स्वरूप भी कह सकते हैं। इसलिए गीत में अपार समभावनाएँ हैं। ऐसी पुरानी आदिम विधा की उपेक्षा नहीं की जा सकती। मुझे इसे स्वीकार करने में कोई हिचक नहीं है कि नवगीत ने गीतकाव्य को सिर्फ भाषा, शिल्प और छन्द की नवीनता ही नहीं प्रदान की है बल्कि उसकी अन्तर्वस्तु को युगानुरूप सामाजिक चेतना देकर उसको प्रासंगिकता भी प्रदान की है। उसमें युग बोलता है, उसमें वर्तमान समय की धड़कनें सुनाई पड़ती हैं। मैं यह भी मानता हूँ कि 'नवगीत और उसका युगबोध' (सं. राधेश्याम बंधु) पुस्तक हिन्दी गीतकाव्य को युगबोध से परिचित कराने में सहायक हुई है। यदि युग के बदलाव के साथ कोई गीतकार अपने गीतों की भाषा, लय और अन्तर्वस्तु में बदलाव नहीं लाता है और

पुराना ही राग अलापता है तो वह कभी प्रासंगिक नहीं हो सकता। यदि कोई कवि आज 'विनय-पत्रिका' लिखे तो उसमें वह सफल नहीं हो सकता और प्रासंगिक भी नहीं हो सकता। साथ ही आज के नये गीतों में भी उसको कोई स्थान नहीं मिल सकता। यह समय की माँग है कि कवि की रचनाधर्मिता युगानुरूप होनी चाहिए।

इस बदलाव के साथ अब यह भी तय हो चुका है कि आज का गीत केवल प्रेम, शृंगार और निजी भावनाओं की अभिव्यक्ति का ही माध्यम नहीं है, बल्कि आज का गीत जिसे हम नवगीत कहते हैं, आम आदमी के दुख-दर्द, तकलीफ, दैनिक समस्याओं, संघर्ष तथा आक्रोश की अभिव्यक्ति का माध्यम भी बना है। गीतों में जब नौ रसों की बात की जाती है तो गीत केवल शृंगार और प्रेम का ही माध्यम नहीं हो सकता। गीत कभी-कभी समूहगान के रूप में जनता की आवाज भी बन जाता है। चूँकि नवगीत ने जनभावना और जनसमस्याओं को अपनी अन्तर्वस्तु के रूप में स्वीकार किया है इसलिए वह जनसंवाद-धर्मिता की कसौटी पर खरा उतर सका है। समय की चुनौती के अनुसार यदि गीत की अन्तर्वस्तु बदलती है तो उसका सुर और कहने की भंगिमा भी बदलती है। नवगीत इसी बदलाव का सुपरिणाम है।

इसलिए अब यह भी जरूरी है कि कोई गीत विचारहीन नहीं हो सकता। जब भाव और विचार में सामंजस्य होता है तभी सार्थक और श्रेष्ठ गीत लिखा जा सकता है। यदि कोई आलोचक गद्य-कविता के लिए विचार जायज मानता है और गीत के लिए विचार जरूरी नहीं मानता है तो इस प्रकार के दोहरे प्रतिमान मान्य नहीं हो सकते। इस तरह की किसी भी निजी मान्यताओं से मैं सहमत नही हूँ। भाव और विचार आपस में जुड़े होते हैं। इसलिए यह कहना गलत है कि गीतकार बुद्धिहीन और विचारहीन होते हैं। हृदय और बुद्धि का जब तालमेल होता है तभी श्रेष्ठ और प्रौढ़ गीत लिखा जा सकता है। यदि कोई अच्छा गायक किसी गीत को प्रभावशाली ढंग से प्रस्तुत करता है और वह गीत यदि विचारहीन है तो वह प्रबुद्ध श्रोता को न प्रभावित कर सकेगा और न उसको कोई वैचारिक ताकत भी दे सकेगा। विचारहीन सतही गीतों को तो कोई भी नहीं पसन्द करेगा। गीत में गीतकार का समस्त अस्तित्व उपस्थित होता है। ऐसा कभी नहीं हो सकता कि गीतकार का हृदय कहीं और जा रहा है और बुद्धि कहीं और जा रही है। विभाजित व्यक्तित्व से कभी अच्छा गीत नहीं लिखा जा सकता। जब कोई श्रोता कोई भावपूर्ण समृद्ध गीत सुनता है तो उससे उसे बौद्धिक खुराक भी मिलती है और यदि उसके दिल में कोई कमजोरी होती है तो वह भी दूर होती है। इसलिए अच्छा गीत सम्पूर्ण व्यक्तित्व से ही लिखा जा सकता है और उसी से प्रबुद्ध श्रोता अच्छा आस्वाद भी पा सकता है

समय की चुनौती के अनुसार गीतों के सुर, भाषा और उसकी अन्तर्वस्तु में बदलाव आता है और इसे हम रोक नहीं सकते। यदि नई कविता के लिए वैचारिकता आवश्यक है तो गीतकाव्य के लिए भी वैचारिकता आवश्यक है। हिन्दी कविता में

दोहरे प्रतिमानों का कोई औचित्य नहीं है। यदि कोई समीक्षक गीतकाव्य में आए वैचारिकता को अनावश्यक मानता है, तो यह उसकी निजी धारणा हो सकती है। मैंने ऊपर भी कहा है कि गीत या नवगीत वही श्रेष्ठ होता है जिसमें हृदय और बुद्धि का संयुक्त सामंजस्य होता है। जो रचना समय की चुनौतियों को स्वीकार नहीं करती, वह प्रासंगिक नहीं हो सकती। यदि कोई गीतकार अपनी रचना में युग के यथार्थ को रखता है, तो यह उसकी जागरूकता मानी जाएगी। किन्तु यदि कोई समीक्षक या पाठक इसका विरोध करता है तो यह उसकी हीनता मानी जाएगी। आज रमेश रंजक जैसे बहुत-से नवगीतकार हैं जो अपने गीतों में सामाजिक यथार्थ और समस्याओं को व्यक्त करने में सक्षम हैं और पाठकों को प्रभावित करते हैं।

नईम भी नवगीत के एक अच्छे रचनाकार हैं। अभी उनकी स्मृति में देवास में एक संगोष्ठी आयोजित की गई थी। उसमें मुझे भी आमंत्रित किया गया था और मैंने उसमें भाग भी लिया था। मैंने उनके बारे में कहा था कि नईम ने बहुत अच्छे गीत लिखे हैं जिसमें मालवा की बोली की लोक-संवेदना व्यक्त हुई है और मालवा की माटी की गंध भी मिलती है। किन्तु बाद में वे उर्दू में गजलें लिखने लगे थे। इसमें कोई आश्चर्य नहीं है कि नईम सामाजिक सरोकारों के एक अच्छे नवगीतकार थे। इस प्रकार मैंने अपनी समीक्षा में कई नवगीतकारों की भी चर्चा की है।

इसलिए हम मानते हैं, नवगीत भी साहित्य का अभिन्न अंग है। जिस तरह हिन्दी कविता की मुख्यधारा में नई कविता का महत्त्व है, उसी के समानान्तर नवगीत भी एक महत्त्वपूर्ण विधा है। उसकी उपेक्षा नहीं होनी चाहिए। मेरे भाई ठाकुरप्रसाद सिंह ने अपने नवगीत संग्रह 'वंशी और मादल' में बहुत अच्छे नवगीत लिखे हैं। यदि कोई समीक्षक नवगीत के मूल्यांकन में, पाठ्यक्रमों के चयन में उसकी उपेक्षा करता तो माना जाएगा कि उसका दृष्टिकोण न्यायसंगत नहीं है और हीनता का शिकार है। यह माना जा सकता है कि जिस तरह सभी नई कविता अच्छी नहीं होती, उसी तरह सभी नवगीत भी अच्छे नहीं होते। किन्तु इसी के साथ यह भी सत्य है कि नवगीत कोई सस्ती चीज नहीं है। यह मुझे स्वीकारने में कोई दिक्कत नहीं कि आज बहुत सार्थक नवगीत लिखे जा रहे हैं, नवगीत संग्रह प्रकाशित हो रहे हैं। 'नवगीत और उसका युगबोध' (सं. राधेश्याम बंधु) मुझे कई नवगीत अच्छे पढ़ने को मिले। इसलिए समीक्षकों से यह कहूँगा कि नवगीत को आँख मूँदकर बुहारने की जरूरत नहीं बल्कि अच्छे नवगीतों की सराहना भी होनी चाहिए। नवगीत अब हिन्दी कविता की एक महत्त्वपूर्ण केन्द्रीय विधा है। आज उसको प्रोत्साहित करने की जरूरत है।

किन्तु यहीं नवगीत के बारे में यह भी कहना चाहता हूँ कि आज के नवगीतकार अपने नवगीत को कवि-सम्मेलनी लोक-रिझाऊ गीत बनाने का प्रयास न करें और नवगीत की रचनाशीलता के स्तर के बारे में कोई समझौता न करें। नवगीत को भाषा, शिल्प और अन्तर्वस्तु की दृष्टि से एक सार्थक रचनात्मक रूपाकार प्रदान करें। जायसी

ने एक जगह लिखा है कि 'मैं पंडितन करे पिछलगा' अर्थात् मैं कवियों, विद्वानों का अनुयायी हूँ और प्रशंसक हूँ। जायसी की तरह समीक्षक, पाठक भी कवियों का 'पिछलगा' ही होता है। मैं भी कवियों का 'पिछलगा' हूँ। कवि यदि कुछ रचते हैं तो समीक्षक उसको पढ़कर, गुनकर, समझकर उस पर अपनी समीक्षात्मक टिप्पणी लिखता है। इसलिए समीक्षकों को कवियों का कृतज्ञ होना चाहिए। नवगीतकारों को भी सजग रहकर सार्थक, समृद्ध और स्तरीय गीतों का सृजन करना चाहिए जिससे हिन्दी कविता के इतिहास में समीक्षक उसको उचित स्थान दिला सकें। मैं नवगीत का कभी विरोधी नहीं रहा और आज भी नहीं हूँ। मैंने नवगीत संग्रहों की भूमिका भी लिखी है और 'नवगीत और उसका युगबोध' जैसी पुस्तकों का लोकार्पण भी किया है और उसके महत्त्व पर प्रकाश भी डाला है। मेरा किसी से भेदभाव नहीं है। नवगीत की भी एक अलग दुनिया है और नवगीत भी हमारी विरासत है। इसलिए नवगीत और नवगीतकारों से हमें बड़ी उम्मीदें हैं।

[निश्चित प्रश्नों के वाचिक उत्तरों का लिखित रूप। पुस्तक 'नवगीत के नये प्रतिमान', सम्पादक : राधेश्याम बंधु, कोणार्क प्रकाशन में प्रकाशित]

# साहित्यिक पत्रकारिता और कल्पना

## प्रदीप त्रिपाठी द्वारा एक बातचीत

**प्रदीप त्रिपाठी :** भाषा के विकास में 'कल्पना' पत्रिका की क्या भूमिका रही है?

**नामवर सिंह :** 'कल्पना' के प्रधान सम्पादक आर्येन्द्र शर्मा थे। वे संस्कृत के विद्वान थे और उनकी हिन्दी भाषा पर अच्छी पकड़ थी। हिन्दी को राजभाषा बनाने के क्रम में या उसके बाद हिन्दी भाषा के विकास की तरफ लोगों का काफी ध्यान जाने लगा था। 'कल्पना' में उसी समय 'यह बेचारी हिन्दी' नाम से एक स्तम्भ शुरू हुआ, जिसकी उस समय जरूरत थी। इस दिशा में वह स्तम्भ काफी महत्त्वपूर्ण रहा। उन्होंने उस समय के रचनाकारों द्वारा जो शब्द प्रयोग किये जाते थे, उसे पूर्णतः व्यवस्थित करने का प्रयास किया। मुझे स्मरण है, 'सरस्वती' में एक अनस्थिरता का विवाद चला था और अन्ततः द्विवेदी जी को इसमें हार माननी पड़ी थी। बालमुकुंद गुप्त जी उस समय सही थे कि स्थिर का अनस्थिर नहीं होता है। 'अन' का प्रयोग वहाँ होता है, जब शब्द 'स्वर' से शुरू हो। उस समय भाषा के विकास में 'सरस्वती' पत्रिका के माध्यम से महावीर प्रसाद द्विवेदी ने जो भूमिका निभाई, उसे आर्येन्द्र शर्मा ने आगे बढ़ाया, जिसकी तरफ अन्य पत्रिकाओं का ध्यान नहीं जा रहा था। साहित्यिकता के स्तर पर यदि देखा जाए तो उस दौर में 'कल्पना' से बेहतर अन्य कोई पत्रिका नहीं थी। कुल मिलाकर देखें तो भाषा व साहित्य को लेकर जो काम 'सरस्वती' पत्रिका का रहा, उसी को 'कल्पना' ने आगे बढ़ाया।

**प्रदीप त्रिपाठी :** साहित्य की लगभग सभी विधाओं को 'कल्पना' ने जगह दी है। विधागत स्तर पर देखें तो 'कल्पना' ने किस विधा को ज्यादा महत्त्व दिया?

**नामवर सिंह :** 'कल्पना' सभी विधाओं की बड़ी संतुलित पत्रिका थी। उसका हर विधा पर समान फोकस था। उसने हर विधा को महत्त्व दिया। ऐसा नहीं है कि वह केवल आलोचना-प्रधान पत्रिका थी। उसमें कहानी, कविता, एकांकी, उपन्यास, निबन्ध, संस्मरण—सभी विधाओं को समान जगह मिली है। यही उस पत्रिका की खासियत भी थी। यहाँ तक कि इसने दूसरी भाषा की कृतियों को भी अनुवाद के

रूप में सामने लाने का पूरा प्रयास किया।

**प्रदीप त्रिपाठी :** 'कल्पना' में लगभग सभी विधाएँ एक साथ छप रही थीं। आज इस तरह की पत्रिकाओं का अभाव क्यों है?

**नामवर सिंह :** देखिए, इसके सम्पादक बद्रीविशाल पित्ती लोहिया जी के शिष्य थे। लोहिया जी हिन्दी-प्रेमी थे, समर्थ आदमी थे। एक ऐसा आदमी जो पैसेवाला हो, भाषा-साहित्य में रुचि रखता हो तो निश्चित रूप से पत्रिका को बेहतर रूप दे सकता था और दिया भी। वह बिजनेस के लिए नहीं निकाल रहे थे। उनका उद्देश्य भाषा और साहित्य का विकास करना था, उसी दिशा में उन्होंने काम किया। इस तरह का काम आज की पत्रिकाएँ नहीं कर पा रही हैं। उनमें कुछ-न-कुछ कमियाँ जरूर हैं, जिनकी तरफ लोगों का ध्यान नहीं जा रहा है। इस पर आज सोचने की जरूरत है।

**प्रदीप त्रिपाठी :** 'कल्पना' ने किन-किन साहित्यिक आन्दोलनों को विकसित करने में अपनी भूमिका निभाई?

**नामवर सिंह :** यह पत्रिका किसी आन्दोलन से नहीं जुड़ी हुई थी, न ही नई कहानी, न ही नई कविता से। पित्ती जी समाजवादी पार्टी से सम्बद्ध थे, साथ ही लोहिया जी के हिन्दी-प्रेम से भी प्रभावित थे। यह किसी साहित्यिक मंडली, दल या आन्दोलन के साथ नहीं थे, यह सच है। यह उस दौर की महत्त्वपूर्ण पत्रिका थी, जिसका अखिल भारतीय रूप था।

**प्रदीप त्रिपाठी :** स्थायी स्तम्भों के माध्यम से इस पत्रिका ने अपने समय के जिन सवालों को उठाया, वे कितने महत्त्वपूर्ण थे?

**नामवर सिंह :** साहित्यिक स्तम्भों में 'साहित्य-धारा' वाला कॉलम बहुत ही महत्त्वपूर्ण था। उसमें समकालीन साहित्य की टिप्पणियाँ होती थीं। शायद इस कॉलम को मार्कंडेय ही लिखते थे। स्तम्भों को लेकर यदि देखा जाए तो पूरी साहित्यिक पत्रिकाओं में जो स्थान इस पत्रिका का रहा है, इतनी यादगार पत्रिका अभी तक नहीं निकली।

**प्रदीप त्रिपाठी :** अगर वैचारिकी की बात करें तो इसमें कई विचारधाराओं के लोग एक साथ छप रहे थे। अगर इस दृष्टि से आप इस पत्रिका को देखें तो क्या कहेंगे?

**नामवर सिंह :** हाँ, एक प्रकार से देखा जाए तो वह पूर्णत: सम्पादक के ऊपर निर्भर होता है कि वह अपनी पत्रिका को किसी एक विचारधारा या गुट तक सीमित न करके उसे लोकतांत्रिक और उदार दृष्टि से देखता है। यह चीज 'कल्पना' में थी। यही कारण है कि विभिन्न विचारों व प्रवृत्तियों के लोग इसमें सहयोग करते थे। यह उसकी सफलता थी। साहित्यकारों में जो मतभेद थे, वे अपनी-अपनी जीवन-दृष्टि और शैली के थे, इसलिए लोगों को इसमें आपत्ति नहीं थी। यह एक मंच जैसी थी।

लोग इसमें सहयोग करते थे। लोगों में मतभेद जरूर थे, लेकिन कटुता नहीं थी। उस समय किसी की ईमानदारी पर शक करना या किसी भी तरह की गुटबाजी नहीं थी।

**प्रदीप त्रिपाठी :** अनूदित कृतियों को 'कल्पना' ने जिस तरह से महत्त्व दिया है, उस तरह आज की पत्रिकाएँ अनूदित कृतियों के प्रकाशन से विमुख क्यों होती जा रही हैं?

**नामवर सिंह :** इसलिए कि यहाँ कहानियाँ और अन्य विधाओं में लिखनेवाले बहुत हैं और जो विदेशी भाषा की रचनाएँ हैं, उनको लोग पुस्तकाकार छाप रहे हैं। ऐसा नहीं कि विदेशी साहित्य का हिन्दी में अनुवाद नहीं हो रहा है, हो रहा है। कविताओं, कहानियों, उपन्यासों आदि का खूब अनुवाद हो रहा है। वे ज्यादातर पुस्तकाकार छप रही हैं। कुछ एक पत्रिकाओं में भी छप जाती हैं।

**प्रदीप त्रिपाठी :** जैसे उस दौर में बहुत-सी महत्त्वपूर्ण पत्रिकाएँ निकल रही थीं—'सारिका', 'धर्मयुग', और 'आलोचना' के आप प्रधान सम्पादक भी हैं। जिस तरह से 'कल्पना' अनेक विधाओं का समायोजन करके चल रही थी, उस तरह की चीजें आज की पत्रिकाओं में क्यों नहीं आ पा रही हैं?

**नामवर सिंह :** हाँ, 'कल्पना' एक सम्पूर्ण पत्रिका थी, लेकिन अब अलग-अलग विधाओं के लिए अलग-अलग पत्रिकाएँ हो गई हैं। जैसे 'हंस' है, मुख्यतः कथा की पत्रिका। 'आलोचना' मुख्यतः आलोचना के लिए हो गई है। इस प्रकार देखें तो जब अलग-अलग विधाओं के लिए अलग-अलग पत्रिकाएँ प्रकाशित होने लगीं तो पहले जैसी—'कल्पना' जैसी स्थितियाँ खत्म हो गईं। आज विभिन्न राजधानियाँ भी अपने-अपने प्रदेश की स्वतंत्र पत्रिकाएँ निकाल रही हैं, और अच्छी पत्रिकाएँ निकल रही हैं।

**प्रदीप त्रिपाठी :** इसके अलावा 'कल्पना' अन्य पत्रिकाओं से किस प्रकार अलग थी ?

**नामवर सिंह :** 'कल्पना' एक मुकम्मल पत्रिका थी, जिसमें कविता, कहानी, उपन्यास, आलोचना प्रमुखता से एक साथ छपते थे। यहाँ तक कि इसके सम्पादकीय भी कुछ महत्त्वपूर्ण होते थे। साहित्य की विभिन्न मासिक गतिविधियों के अतिरिक्त इसमें अनूदित कृतियों व स्तम्भों का भी प्रमुख स्थान था। 'सरस्वती' की तरह यह भी एक मुकम्मल पत्रिका थी। यानी कहना चाहिए कि कुछ पत्रिकाएँ जो मुकम्मल होती हैं, जैसे 'सरस्वती' के बाद प्रेमचन्द की पत्रिका 'हंस' थी, बहुत अच्छी पत्रिका थी। उसी तरह से 'कल्पना' थी। ऐसी कई और पत्रिकाएँ हैं, जिनका स्मरण करना तो सम्भव नहीं है, लेकिन स्वाधीनता के बाद हर प्रदेश से महत्त्वपूर्ण पत्रिकाएँ निकलीं। जैसे उदयपुर से 'मधुमती', भोपाल के भारत भवन से 'पूर्वग्रह' आदि।

इस प्रकार से हम देखें तो 'कल्पना' पत्रिका भी एक अलग लीक पर चलनेवाली पत्रिका थी, जिसका हिन्दी की साहित्यिक पत्रिकाओं में महत्त्वपूर्ण स्थान है।

**प्रदीप त्रिपाठी :** इतनी महत्त्वपूर्ण पत्रिका होने के बावजूद ऐसे कौन-से कारण थे, जिससे 'कल्पना' 1975-76 तक आते-आते निष्क्रिय होने लगती है और अन्ततः बन्द हो गई?

**नामवर सिंह :** इसके सम्पादक को लगने लगा कि 'कल्पना' अब अपना काम कर चुकी है। उन्हें लगा कि अब यह पत्रिका अपना वही स्तर कायम नहीं रख सकेगी और जिस स्तर की पत्रिका हमने निकाल दी है, अब उस स्तर की हम रक्षा नहीं कर सकते हैं तो इसको बन्द करना ही बेहतर समझा। मसलन, कहानी, कविता, आलोचना की अलग-अलग पत्रिकाएँ छपने लगीं। यहाँ तक कि कई शोध-पत्रिकाएँ भी निकलने लगीं तो 'कल्पना' के सम्पादक ने देखा कि अब पत्रिकाएँ तो अपना काम कर रही हैं। इस होड़ में 'कल्पना' का पहले जैसा तेवर नहीं रहेगा। इसलिए उन्होंने ऐसे समय में इसको बन्द करने में ही समझदारी देखी, और कोई बात नहीं थी।

['डेली न्यूज़' के लखनऊ संस्करण में 2 अगस्त, 2015 को
'तब किसी पर शक या गुटबाजी नहीं थी' शीर्षक से प्रकाशित]

# छन्द की आधुनिकता

कविता के केन्द्र में हमेशा छन्द रहा है। शम्भुनाथ जी उसकी लड़ाई नवगीत के आन्दोलन के नाम पर लड़ते हैं। मैं इस समझ के साथ आया था कि हमारे अत्यन्त आदरणीय शम्भुनाथ जी द्वारा सम्पादित 'नवगीत सप्तक' के बहाने हम लोग नये गीतों पर चर्चा करेंगे, पर अब हम सुविधा के लिए 'केन्द्र में छन्द' पर विचार करेंगे। मैं उन दिनों बनारस में था जब शम्भुनाथ जी ने 'नवगीत सप्तक' की चर्चा मुझसे की थी। मैंने आदर भाव से कहा कि नाम में से 'सप्तक' हटा दीजिए, इस पर छाप लगती है। दूसरे, आप छन्द की कविता लिखनेवाले हैं। जब भी आप 'नवगीत' के साथ 'सप्तक' लगाएँगे तो बराबर 'तार सप्तक' याद आता रहेगा—अज्ञेय का...और अपने को भी जब आदमी उठाता है तो...'चौथा सप्तक' जो उन्होंने निकाला, आज उसका कोई नाम भी नहीं लेता है। संगीत में सप्तक तीन ही होते हैं। चार सप्तक होता ही नहीं है। 'दूसरा सप्तक' छपा तो 'तार सप्तक' जैसा ऐतिहासिक नहीं बना। शम्भुनाथ जी ने पूछा कि नाम कैसा है? मैंने कहा, एक-दो लोगों को और जोड़कर इसका नाम 'नवगीत नवरत्न' कर दीजिए। आम तौर से 'नवरत्न' की बहुत लम्बी परम्परा है। लेकिन उनके दिमाग में कुछ और था और वे विश्वास करते थे कि अपनी जगह ठीक हैं। समझदार थे, जानते थे कि 'नवगीत' कोई आन्दोलन नहीं है और जैसे दूसरे आन्दोलन चलाए गए तो हर आन्दोलन में राष्ट्रीय आन्दोलन की हमारी रूढ़ियाँ बदलीं, प्रगतिवाद की बदलीं, जनवाद की बदलीं, तो नवगीत कोई आन्दोलन नहीं था। जहाँ तक नवीनता का सवाल है, गीतों में नवीनता तो आनी ही थी, आनी चाहिए थी। शम्भुनाथ जी के समय में गीत का दूसरा रूप था। अब तक की सारी कविताओं से अलग।

शम्भुनाथ जी पुराने समय के थे, लेकिन समय के साथ चलने का हौसला रखते थे। इतना बड़ा काम सामने रखा गया था—समय की शिला पर। इसके बाद बनारस में 1952 में ठाकुर प्रसाद सिंह ने नये तरह के गीत लिखे। उन दिनों हम भी कवि-सम्मेलनों में जाते थे। एक कवि-सम्मेलन की याद है। पहला गीत उन्होंने पढ़ा था : 'मन मेरा हो रहा बाँसुरी, मन मेरा हो रहा'। यह गीत ताजा हवा के झोंकों की तरह है। बहुत-से लोगों ने यहाँ तक कहा कि यह हमारी तरह

मौलिक गीत थोड़े है। झारखंड के आदिवासियों के सुनहरे भविष्य की झलक उसमें मिलती थी। आदिवासियों के गीत सुने थे, उनके भाव लेकर वे गीत बने हैं। 'हो रहा बाँसुरी' और 'मेरे घर के'—ये गीत सुनाए उन्होंने। यह निरी वाग्वैदग्धता नहीं है, यह एक सच्चाई है—चेतना समय की आई थी उन गीतों में। मैं कह रहा हूँ कि लोकगीतों की दुनिया में ताजा हवा के झोंके की तरह...बंसीवादक...आदिवासी। आदिवासियों के लोकगीत की दुनिया छाएगी और कोई उनका गहरा, ऊँचा भाव प्रदान करेगा। और जिसने देखा नहीं हो, उनके लिए शम्भुनाथ जी—बनारस में ही वे पैदा हुए और फिर वहीं किया पूरा अपना काम। गीतों की, छायावादी गीतों की ताजगी, स्वतःस्फूर्तता, सहजता कम होने लगी कि लोग—नई कविता लिखनेवाले और इनका विरोध करनेवाले लोग भी—नतमस्तक रह गए। आज भी शम्भुनाथ जी के काम को लोग याद करते हैं। उसके बाद 1989 में परिवर्तन देखा। 1989 के आसपास एक पत्र मिला। उस पत्र में उन्होंने निराला के गीतों की प्रशंसा की। शब्दचित्र है :

*लेकिन सागवान के...बान कूटता है*
*मुँगरी लेकर*
*सुख का राज लूटता है*
*अच्छे बाँधों वाले*
*ऐसे बैठे-ठाले*
*काज टूटता है*
*बान कूटता है।*

लेकिन गीत के मँझधार में जाने के पश्चात् उन गीतों की संगीतमयता तिरोहित होने लगी। गद्यात्मक होने लगा गीत। यथार्थ की ओर बढ़ता हुआ। शम्भुनाथ जी ऐसे ही गीत पसन्द करते थे और उन्हें ही नवगीत मानते थे। स्वयं वे पहले जिस तरह के गीत लिखते थे, गीत का जो रूप बना था शम्भुनाथ जी के मन में, 1989 तक आते-आते उसमें काफी बदलाव आ गया। क्यों ये गीत? (इसलिए नहीं कि निराला ने लिखा है तो होना ही चाहिए), लेकिन धान कूटता है—गीत क्यों नहीं है? कौन-सी चीज़ है जिसे कि निराला ने ऊबड़-खाबड़ यथार्थ को भी नहीं लिखा? और शायद निराला की पंक्ति जो मैं आपको सुनाता हूँ : 'उनमे न मिला है हृदय-छन्द।' मित्रो! ये मामला छन्द का नहीं बल्कि हृदय-छन्द का है। छन्द से मुक्ति के गीतों का दौर है और साहित्य में छन्दरहित वातावरण है। यह कविता का जो एक दूसरा छन्द प्रकट हो रहा है, बुरा न मानें, हर आदमी छल-छन्द की बात कर रहा है। मैं छन्द का अपमान नहीं कर रहा हूँ : 'शतं वद एकम'। नैं तो 'एकम' में भी नहीं हूँ, केवल 'वद'। मेरा खयाल है, 'नवगीत सप्तक' के पुनर्मुद्रण से गीत की

परम्परा नये रूप में आई है। गीत में भी कुछ बहुत अच्छे गीत होते हैं—कुछ अच्छे होते हैं और कुछ कम अच्छे होते हैं, जैसे कविता में भी बहुत अच्छी, अच्छी और कम अच्छी कविता होती है। शम्भुनाथ जी का तो मैं शिष्य ही रहा हूँ। मेरे गुरु थे वे। उनका अन्दाज अलग था। बड़े गीतकार थे। नाटक लिखे, आलोचना लिखी, फिर गीत-विधा में भी उन्होंने नये प्रयोग किये।

नई कविता का आन्दोलन जब साहित्य में प्रभावी तौर पर उभरा तो उसके समर्थकों ने गीत की आलोचना शुरू की। यद्यपि नई कविता के सारे कवि पहले गीत या छन्द को लेकर काम करते रहे—अच्छा काम। तो उनका मानना था कि गीत में वह बात नहीं आ सकती, आज की ज़िन्दगी की, ज़िन्दगी के कटु यथार्थ की—जिसे नई कविता अभिव्यक्त कर पा रही है। ठाकुर प्रसाद सिंह ने सन्थाली चेतना के लोकराग में पगे बड़े अच्छे गीतों की उन दिनों रचना की जो 'वंशी और मादल' में शामिल हुए। मैं स्वयं भी गीत लिखने लगा था। जीवन का जो गद्य है, वह आज काव्य का रूप धारण करके आ रहा है। गीतकार संख्या में बहुसंख्यक, लेकिन प्रवृत्ति में अल्पसंख्यक हो गए हैं। शम्भुनाथ जी गीत के बड़े समर्थ कवि थे। उन्होंने इसे एक तरह से चुनौती मानकर नये शिल्प और बिम्ब-विधान के साथ नये तरह के गीत लिखने शुरू किए और फिर नवगीत के आन्दोलन का बीड़ा ही उठा लिया।

शम्भुनाथ जी नवगीत को भावाभिव्यक्ति की एक प्रभावी विधा के रूप में स्थापित करना चाहते थे। उनका इरादा काव्य की प्रयोगशाला में कुछ नित्य-नवीन करने का था। नंवगीतकारों को उनकी इस मूल भावना का सम्मान करते हुए कार्य करना चाहिए। आप जो करें, उसमें ताजगी, स्वत:स्फूर्तता और कुछ नवीनता हो, तभी उसका प्रभाव होगा। 'नवगीत दशक' के तीन खंडों के बाद उन्होंने 'नवगीत अर्द्धशती' निकाला और इस अभियान को सम्पूर्णता तक पहुँचाते हुए वर्ष 1989 में 'नवगीत सप्तक' प्रकाशित कर दिया। प्रकाशन के पूर्व ही मैंने उनकी महत्त्वपूर्ण भूमिका भी देखी थी जो इस नये संस्करण में भी प्रकाशित है।

मित्रो! आज का युग आरक्षण का है। हमारे नवगीतकार मित्रों को शायद इसीलिए बड़ी शिकायत हो गई है। खास तौर से आलोचना से। साहित्य किसी की बपौती नहीं है। आप माँग नहीं कर रहे, यह आपका हक है। प्रश्न याचना का नहीं, अधिकार हासिल करने का है। वाज़िब शिकायत है कि नवगीत पर आलोचना ने अपेक्षित ध्यान नहीं दिया। मगर मेरा कहना है कि हिन्दी कविता का आँगन बहुत बड़ा है और इसमें छोटे-से-छोटे और बड़े-से-बड़े कवि के लिए उपयुक्त स्थान हमेशा सुरक्षित रहता है। जरूरत उसे सिर्फ खोजने की है। तो नवगीतकारों को भी साहित्य के इतिहास में अपना स्थान स्वयं ही खोजना पड़ेगा, और वह स्थान आप अपने पुरुषार्थ से तलाशेंगे—किसी की कृपा से नहीं। जब वह स्थान उन्हें मिल

जाएगा, तब उन्हें किसी से भी शिकायत नहीं होगी। साहित्य में हर चीज के लिए जगह होती है, पर हर चीज की अपनी जगह होती है और वह संघर्ष से बनती है, आलोचना से नहीं...।

'नवगीत दशक', 'नवगीत अर्द्धशती' और 'नवगीत सप्तक', उनमें और 'नया-पुराना' और इस तरह की गीतों की जो बहुत सारी मोटी-मोटी पत्रिकाएँ होती हैं, उनमें प्रकाशित गीतों के आधार पर अगर आप नवगीत को परिभाषित करें तो मुझे लगता है कि सबसे पहला कथ्य के स्तर पर नवगीत जो है—वह अकविता की तरह, नई कविता की तरह, कहानी की तरह, अकहानी की तरह। ये जो शहरीकरण के साथ-साथ हमारे जीवन में आनेवाले विसंगत अनुभव हैं—वे अनुभव जो हमें परम्परागत अनुभवों से काटते हैं और जिनको व्यक्त करने के लिए नई कविता सामने आई थी या नई कहानी सामने आई थी, तो नवगीत में भी कथ्य के स्तर पर आप उन्हीं चीजों को सामने रख रहे हैं और यह नवगीत की सामर्थ्य है। और इसी को लेकर जो निरन्तर गीत-नवगीत लिखे जाते रहे, जिनमें नये और ऐसे उपमान आए हैं जो पहले के गीतों में नहीं हैं, तो वहाँ गीत अपने नयेपन की सामर्थ्य के साथ सामने आता है। स्वयं निराला ने बड़ी संख्या में नई तरह के गीत लिखे तो वहाँ से गीत के नयेपन की शुरुआत एक तरह से होती है। अपनी विक्षिप्तावस्था में भी श्रेष्ठ गीतों की रचना वे करते रहे। जीवन के यथार्थ को व्यक्त करने की उनकी कला बेजोड़ है। इसी 'नवगीत सप्तक' में उनका एक गीत देखें...

*रे कुछ न हुआ तो क्या?*
*जग धोखा तो रो क्या?*

*सब छाया से छाया*
*नभ नीला दिखलाया*
*तू घटा और बढ़ा*
*और गया और आया*
*होता क्या फिर हो क्या?*

*चलता तू थकता तू*
*रुक-रुक फिर चलता तू*
*कमजोर दुनियाँ हो*
*तो कह क्या सकता तू*

*जो धुला उसे धो क्या?*

गिरिजा कुमार माथुर ने कहा था कि छन्द और लय के बिना कविता नहीं लिखी जा सकती। एक तरह से उनकी बात ठीक थी। दूसरी चीज़ जो कहना चाहता हूँ, बहुत खराब है। ज्ञात हुआ है कि...और यहाँ कहा भी गया है कि यह जो 'नवगीत सप्तक' तैयार किया गया, उसे पाठ्य-पुस्तक के लिए तैयार किया गया था। क्या वह रचना जो किसी विश्वविद्यालय या स्कूल के पाठ्यक्रम में नहीं है, वह साहित्य नहीं है? ऐसे तमाम साहित्यकार मिल जाएँगे जो कभी किसी पाठ्यक्रम में नहीं रहे तो क्या उनका साहित्य व्यर्थ है? कविता समय के साथ बदलती है। चलन ऐसा हो गया है कि अगर आप किसी आन्दोलन के साथ जुड़ जाते हैं तो आपका नाम लिया जाएगा और नहीं जुड़ते हैं तो नहीं लिया जाएगा। यह दुर्भाग्यपूर्ण स्थिति है। मगर है। शायद यही सोचकर शम्भुनाथ जी ने नवगीत को आन्दोलन के रूप में प्रतिष्ठित करने के लिए इतनी जद्दोजहद की, जबकि सच यह है कि नवगीत आन्दोलन नहीं, युग के सत्य और जीवन के अनुभव को व्यक्त करने की एक सशक्त विधा है। कटु सत्य है कि हमारे समय में भी जिन पर पहले बिलकुल ध्यान नहीं दिया गया, उनको हमने स्वीकार कर लिया। अपनी भूल-सुधार करते हुए, उनके महत्त्व को स्वीकार किया। इसलिए नवगीतकारों को बहुत निराश होने की जरूरत नहीं है। समय आ रहा है जब उनके महत्त्वपूर्ण योगदान को रेखांकित किया जाएगा।